lonely planet

Bali et Lombok

ÉDITION ÉCRITE ET ACTUALISÉE PAR

Ryan Ver Berkmoes

17 façons
de voir Bali et Lombok

1

Fêtes de Bali et de Lombok

1 Alors que vous êtes en train de prendre un café à Seminyak ou à Ubud, les sons d'un gamelan retentissent et la circulation s'arrête dans un fracas assourdissant pour laisser place à une foule apprêtée portant des pyramides de fruits, des parasols ornés de pompons et des masques de Barong hirsutes. Cette procession, qui s'en va aussi vite qu'elle apparaît, laisse derrière elle de scintillants éclats de soie dorée et blanche et de délicats pétales d'hibiscus. Des dizaines de processions se déroulent ainsi à Bali quotidiennement. En bas à gauche : cérémonie, Pura Samuan Tiga (p. 173), Ubud

La péninsule de Bukit

2 Un trait de sable blanc surgit de l'océan Indien pour épouser la courbe d'une vaste crique surplombée de falaises calcaires, elles-mêmes coiffées d'une végétation tropicale de toute beauté... Une destination qui semble idyllique et qui l'est réellement. La côte ouest de la péninsule de Bukit (p. 98), à l'extrémité sud de Bali, est parsemée de plages de rêve : telles Balangan, Bingin et Padang Padang. Depuis la terrasse des sympathiques bars de surfeurs construits sur pilotis, la vue est imprenable. Il n'y a plus qu'à se laisser aller. En bas à droite : Balangan Beach (p. 101)

JONES/SHIMLOCK-SECRET SEA VISIONS / GETTY IMAGES ©

2

MICHELE FALZONE / GETTY IMAGES ©

ANDREY ARTYKOV / GETTY IMAGES ©

Surfer à Bali

8 Bali ne compte plus les endroits magiques pour surfer. Il s'agit d'ailleurs de la toute première destination en Asie qui a vu le surf décoller en tant que discipline sportive, pour ne jamais s'essouffler depuis. Bien au contraire ! Les surfeurs continuent de sillonner l'île à moto à la recherche de la vague idéale. La houle est retombée ? Le prochain spot est à 5 minutes ! Ne manquez pas le rendez-vous des surfeurs de Balian Beach (p. 256).

Les îles Gili sous l'eau

9 Peu d'endroits sont aussi propices à la plongée que les îles Gili (p. 288), cernées de superbes récifs coralliens où croisent des raies mantas. Plusieurs centres professionnels proposent des cours de plongée adaptés à tous les niveaux. De la plage, les récifs sont faciles d'accès aux amateurs de snorkeling, qui ont de bonnes chances d'apercevoir des tortues. Pour aller encore plus loin, essayez l'apnée (p. 297) ; Gili est un endroit parfait pour pratiquer cette activité. En haut à droite : poisson-clown, Gili Trawangan (p. 290)

Selong Blanak

10 La beauté sauvage et la faible fréquentation du littoral sud de Lombok laissent songeur quant au potentiel touristique de la région. Un regard sur la plage immaculée de Selong Blanak (p. 286) suffit pour s'en rendre compte. Du village, un pont branlant conduit à une plage de sable bordée d'une eau turquoise où la baignade est délicieuse. La baie se termine par un croissant de sable blanc et fin. La plupart du temps, cette plage de rêve est quasi déserte.

Rizières de Jatiluwih

11 Des rubans de verdure ondulent à flanc de coteau : les rizières en terrasses de Jatiluwih (p. 231) sont aussi ingénieuses que gracieuses, et témoignent de l'amour et du respect séculaires des riziculteurs balinais pour leur terre. À pied, à vélo ou en voiture, les mots vous manqueront pour décrire ce camaïeu de verts aperçu de la petite route qui serpente au milieu de ce bassin fertile. L'Unesco a distingué la zone entière, en ajoutant les traditions de la riziculture balinaise sur la Liste du patrimoine mondial.

Kuta Beach

12 C'est à Kuta Beach (p. 48) que le tourisme a vu le jour à Bali. Et c'est bien normal. La plage de Kuta s'étend en arc de cercle vers un nord-ouest brumeux jusqu'à Echo Beach. La vague, née au large dans l'océan Indien, vient s'y éteindre en longs *breaks* symétriques. Au sud, 12 km de sable vous promettent moults massages, bières fraîches et rencontres amicales, tandis qu'au nord vous attendent des lieux branchés ou de petits refuges de solitude.

Seminyak

13 À Seminyak (p. 73), on se demande souvent si l'on est encore à Bali. La créativité balinaise s'exprime ici sans entrave, et la capitale du faste accueille des boutiques originales tenues par des stylistes locaux, des restaurants parmi les plus éclectiques et les meilleurs de l'île, ainsi que de petits hôtels de charme qui rompent avec les clichés. Et, surtout, Balinais, expatriés et touristes communient dans une tranquille joie de vivre dans des cafés et bars hors du temps. Ci-dessous : La Plancha (p. 80)

Lever de soleil sur Trawangan

14 Si vous pensez que l'île de Gili Trawangan (p. 290) est époustouflante de jour, attendez de la voir à l'aube, après une nuit de fête. Ici, pas de décor clinquant ou surfait, ni de prix d'entrée exorbitants. Le lieu a gardé un côté brut, du temps où les soirées commençaient par des raves sur la plage. Les DJ locaux y mixent généralement des sons ethniques, tandis que les DJ les plus connus se montrent plus imprévisibles.

13

14

RANDI ANG / GETTY IMAGES ©

FELIX HUG / GETTY IMAGES ©

CREATIVITY IS BORDERLESS / GETTY IMAGES ©

Danse balinaise

15 La danse à Bali semble à l'opposé de l'indolence qui paraît régner sur l'île. Ce peuple si tranquille est à l'origine d'un art exigeant une précision extrême. Une danseuse de *legong* passe des années à apprendre minutieusement une série de mouvements complexes, possédant chacun un sens et composant un langage exprimant une grâce hypnotique. Vêtus de soie et d'ikat, les artistes racontent des histoires imprégnées de croyances et de traditions de l'hindouisme balinais. Diverses représentations ont lieu chaque soir à Ubud (p. 167).

Surfer à Lombok

16 Presque la moitié du globe sépare Lombok de l'Antarctique, ce qui constitue une distance suffisamment grande pour que les rouleaux de l'océan Indien gagnent en vitesse et en force ! Il n'est donc pas étonnant que le littoral de l'île offre des vagues aussi spectaculaires que celle, légendaire et périlleuse, de Tanjung Desert (ou Desert Point ; p. 32). Si cela vous intimide, dirigez-vous plutôt vers la ville de Kuta (p. 281), à proximité de laquelle vous attendent des dizaines de spots stimulants.

L'ascension du Rinjani

17 Dominant tout le nord de Lombok, le Gunung Rinjani (p. 276), avec ses 3 726 m, est le deuxième plus haut volcan d'Indonésie. Le trek (p. 277) jusqu'au sommet n'est pas à prendre à la légère : il faut disposer d'un guide, de porteurs et ne pas craindre l'effort. La route serpente vers le sommet jusqu'à une immense caldeira, d'où l'on peut jouir d'une vue spectaculaire sur le lac sacré (un important lieu de pèlerinage), en contrebas, ainsi que sur le cône fumant du volcan, le Gunung Baru, encore très actif.

Cuisine

Les spécialités balinaises sont relevées et audacieuses. La cuisine est riche d'années d'échanges culturels et commerciaux avec des navigateurs du monde entier. Vous trouverez aussi toutes sortes de plats internationaux.

Seminyak Le plus grand choix de bonnes tables. Un tour du monde culinaire. (p. 77)

Kerobokan L'endroit le plus tendance pour se restaurer ; très bons *warung* balinais (p. 85).

Région de Canggu Des cafés ouvrent sans cesse dans ce nouveau secteur animé. (p. 91)

Denpasar Cafés locaux qui servent des plats balinais et indonésiens exceptionnels. (p. 124)

Ubud Nombreux restaurants et cafés originaux. La plupart sont bio, tous sont délicieux. (p. 163)

Shopping

L'île de Bali est remplie de boutiques et d'étals divers vendant T-shirts bon marché, vêtements de créateurs locaux et nombreux articles pour toutes les bourses.

Seminyak Il semble y avoir des stylistes partout à Seminyak, la vérité est que la plupart des gens ici le sont ! (p. 81)

Kerobokan Au nord de Seminyak, une succession de boutiques vend toutes sortes de tissus. (p. 88)

Ubud Artisanat, art, livres, tenues de yoga et bien d'autres choses encore. (p. 168)

Sud d'Ubud Nombreuses boutiques artisanales dans des villes comme Mas ; ne ratez pas le marché de Sukawati. (p. 179)

En haut : femmes portant des offrandes à un temple d'Ubud (p. 139)
En bas : Pura Taman Ayun (p. 254)

Mois par mois

À NE PAS MANQUER

Nyepi, mars ou avril

Galungan et Kuningan, variable

Ubud Writers & Readers Festival, octobre

Bali Arts Festival, juin-juillet

Perang Topat, novembre ou décembre

Février

La saison des pluies laisse un peu de répit, après les fêtes de Noël et du Nouvel An (haute saison).

Fête du Nyale

La récolte rituelle des vers marins (*nyale*) a lieu sur la plage de Seger, à côté de Kuta à Lombok. Des joutes poétiques et des spectacles de gamelan s'enchaînent jusqu'à l'aube, quand les vers apparaissent. La fête a lieu parfois en mars.

Mars

La fin de la saison des pluies correspond à la basse saison touristique.

Nyepi (Jour du silence)

Fête hindoue majeure de Bali, Nyepi célèbre le passage à la nouvelle année. Toute activité cesse pour convaincre les mauvais esprits que l'île est inhabitée et qu'ils doivent quitter Bali pour une autre année. La nuit précédente est organisé le traditionnel *ogoh-ogoh* où d'énormes dragons en papier mâché sont brûlés. Peut aussi se tenir début avril.

Avril

Le climat devient sec après la mousson, mais les îles sont encore préservées des visiteurs.

Bali Spirit Festival

Un festival de musique, de danse et de yoga en plein essor organisé par le Yoga Barn à Ubud. Plus de 100 ateliers et concerts, un marché... Parfois fin mars mais généralement début avril. (p. 152)

Malean Sampi

Courses de buffles sur des terrains gorgés d'eau à Narmada, près de Mataram (Lombok). Les participants se cramponnent à leur attelage. Périlleux, boueux et amusant. Début du mois.

Mai

Mois idéal. Ce n'est pas la haute saison, mais les randonnées sont possibles, et le niveau de l'eau des rivières est assez haut pour le rafting. Les pluies annuelles ont cessé (quelques précipitations sont toujours possibles).

Bali Arts Festival, Singaraja

Chaque année, dans le nord de Bali, a lieu cette grande fête. Pendant une semaine, danseurs et musiciens de toute la région présentent leurs spectacles – telle la troupe de Jagaraga. En mai ou en juin. (p. 237)

Juin

L'aéroport commence à s'animer un peu plus, mais le mois de juin reste une excellente période.

Bali Arts Festival, Denpasar

Cette fête de Denpasar est l'événement majeur

de l'agenda culturel de Bali. Installé dans le centre des arts Taman Wedhi Budaya, il met à l'honneur la danse et la musique traditionnelles balinaises. Des groupes locaux s'y produisent. Mi-juin à mi-juillet. (p. 123)

Juillet

Après août, juillet est le mois où l'affluence se fait la plus marquée, à Bali et sur les îles Gili (Lombok est plus calme). Pensez à réserver tôt.

Bali Kite Festival

Dans le sud de Bali, le ciel est dominé par les cerfs-volants une bonne partie de l'année. Souvent très grands (10 m et plus), ils volent à des altitudes qui inquiètent les pilotes. Selon la symbolique religieuse, ils inciteraient les dieux à garantir des récoltes abondantes. Pendant le festival, le ciel s'emplit de ces étonnantes créations. (p. 116)

Août

Les visiteurs sont toujours nombreux pendant cette période, la plus animée à Bali. Réservez votre chambre et vos tables bien à l'avance et attendez-vous à voir du monde, même dans les rues d'Ubud d'ordinaire calmes le soir.

Fête de l'indépendance de l'Indonésie

Célébré dans tout le pays, le 17 août marque la proclamation

JAMES MORGAN / GETTY IMAGES ©

En haut : cerfs-volants pendant le Bali Kite Festival (p. 116)

En bas : cérémonie de préparation à Nyepi (Jour du silence ; p. 326)

GALUNGAN ET KUNINGAN

Galungan, qui commémore la mort d'un tyran légendaire du nom de Mayadenawa, est l'une des festivités majeures de Bali. Pendant 10 jours, toutes les divinités descendent sur terre pour cette occasion. Des Barong (créatures mythiques mi-lion, mi-chien) paradent de temple en temple et de village en village, alors que les habitants festoient et rendent visite à leurs familles. Les célébrations culminent avec la fête de Kuningan, à l'occasion de laquelle les Balinais remercient les dieux et leur disent au revoir.

Tous les villages de Bali célèbrent Galungan et Kuningan en grande pompe et les visiteurs sont les bienvenus.

Le calendrier de 210 jours (*wuku*), aussi appelé Pawukon, est utilisé pour déterminer les dates des festivals. Il comprend 10 types de semaines – composées de 1 à 10 jours – qui se superposent. Le chevauchement de ces semaines délimite les jours de bon augure. Voici les dates des prochaines célébrations de Galungan et de Kuningan :

ANNÉE	GALUNGAN	KUNINGAN
2015	15 juillet	25 juillet
2016	7 septembre	17 septembre
2017	5 avril et 1er novembre	15 avril et 11 novembre

de l'indépendance de l'Indonésie, gouvernée par les Pays-Bas jusqu'en 1945. Des myriades d'écoliers défilent avec enthousiasme dans les rues de Bali. La circulation dans les rues est ralentie (tout comme les jours de répétition qui précèdent) et des feux d'artifice sont tirés.

Octobre

Le ciel s'obscurcit plus souvent avec les pluies saisonnières, mais le climat reste agréable et l'activité revient à la normale.

Ubud Writers & Readers Festival

Organisé à Ubud, ce festival accueille bon nombre d'auteurs et de lecteurs du monde entier pour célébrer la littérature, en particulier celle relative à Bali. (p. 152)

Carnaval de Kuta

Grande fête sur la plage de Kuta : jeux, art, concours, surf et bien d'autres divertissements. Premier week-end d'octobre et jours suivants. (p. 52)

Novembre

Il pleut davantage, mais pas au point de gâcher votre séjour. Un mois plus tranquille.

Perang Topat

Cette amusante “guerre du riz” se déroule au Pura Lingsar, à la sortie de Mataram (Lombok). Défilés costumés et batailles de boules de *ketupat* (riz gluant) entre les communautés hindoues et *wetu telu*. Peut aussi se tenir en décembre.

Décembre

Mois chargé pour Bali et les îles Gili, surtout pendant les fêtes de fin d'année. Hôtels, restaurants et boutiques tournent à plein régime.

Peresean

Il s'agit d'un art martial pratiqué à Lombok. Les concurrents, torse nu, se battent avec des bâtons et des boucliers en cuir. Le premier qui fait couler le sang gagne. Tous les ans à Mataram. Fin du mois.

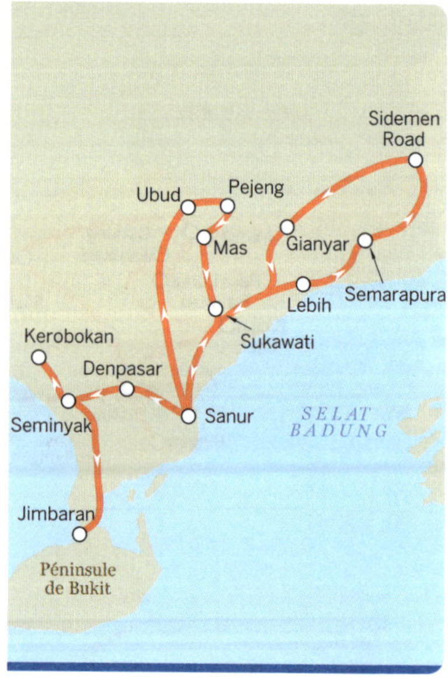

1 SEMAINE Le meilleur de Bali

Sept jours seront vite passés à la découverte du meilleur de Bali.

Louez une chambre en bord de mer à **Seminyak** ou à **Kerobokan** et profitez des boutiques et de la plage. Dînez de poisson et de fruits de mer à **Jimbaran**, au retour d'une escapade d'une journée au temple peuplé de singes d'**Ulu Watu**.

À l'est, suivez la route côtière pour accéder à des plages sauvages comme celle proche du **Pura Masceti**, puis aux ruines de la cité royale de **Semarapura**. Remontez vers le nord par la spectaculaire **Sidemen Road**, longeant des rizières, de verdoyantes vallées et des montagnes drapées de nuages. Cap à l'ouest ensuite pour rejoindre **Ubud**.

Si votre budget le permet, choisissez l'un des nombreux hôtels d'Ubud avec vue sur les rizières. Faites-vous dorloter dans un spa avant d'essayer l'un des excellents restaurants. Des spectacles de danse se déroulent également tous les soirs à Ubud. Visitez les ateliers d'artisans, tels celui de sculpture sur bois de **Mas**. Promenez-vous dans les rizières et les vallées et explorez les musées, vitrines de la vitalité de la peinture locale.

3 SEMAINES Escapades à Bali

Cet itinéraire s'adresse aux voyageurs qui souhaitent poser leur valise et explorer Bali en plusieurs petites escapades. Installez-vous dans une chambre en bord de plage à **Sanur**, par exemple à l'Hotel La Taverna ou au Tandjung Sari, qui combinent charme, raffinement et décontraction.

Escapade 1 : les marchés et musées de la toute proche **Denpasar**, suivis par les boutiques de **Seminyak** et de **Kerobokan**. Terminez par un dîner de poisson et de fruits de mer à **Jimbaran**.

Escapade 2 : faites route vers **Ubud** et profitez de votre après-midi pour arpenter les rues, voir les boutiques, les galeries et les musées. Découvrez ensuite les temples de **Pejeng**, les sculpteurs de **Mas** et le marché de **Sukawati**.

Escapade 3 : suivez la côte qui longe les plages volcaniques vers l'est. Arrêtez-vous à **Lebih** pour son temple et sa plage de mica étincelant au soleil. Enfoncez-vous dans les terres à la découverte des ruines du temple de **Semarapura** et de son marché, puis, vers le nord, longez la pittoresque **Sidemen Road**. Enfin, direction l'ouest pour découvrir **Gianyar**, où vous vous régalerez au marché de nuit.

Ci-dessus : l'eau puisée dans une rivière d'Ubud (p. 139)

À droite : bois sculpté, village de Mas (p. 174)

JUERGEN RITTERBACH / GETTY IMAGES ©

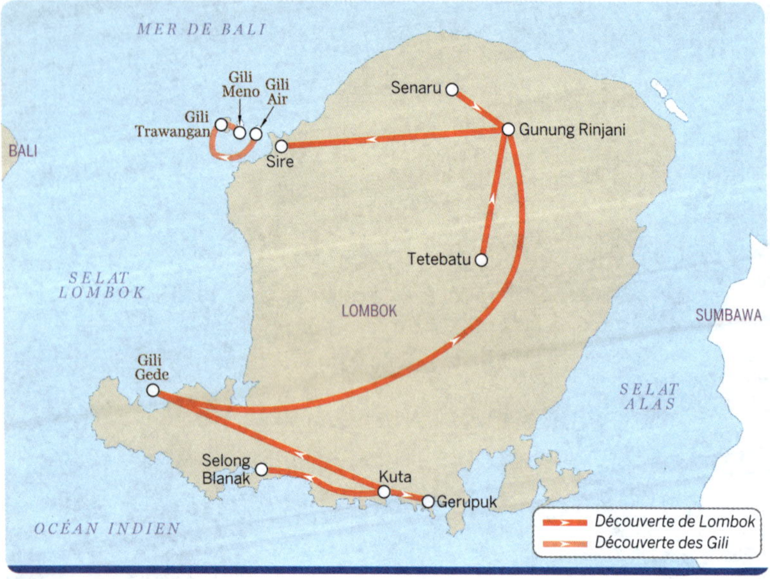

2 SEMAINES Découverte de Lombok

Entre plages et volcan emblématique, Lombok est le paradis des activités de plein air.

Installez-vous à **Kuta** et profitez pendant un jour ou deux de ses plages. À l'est ou à l'ouest, une douzaine de baies, dont la superbe **Selong Blanak**, vous enchanteront. Une fois sur place, goûtez aux joies du surf dans le sud de l'île. **Gerupuk** est l'endroit parfait pour prendre des cours ou se mesurer à des vagues épiques. Non loin, le sud-ouest de l'île est plus tranquille ; idéal pour des baignades dans des eaux paisibles ou pour la navigation entre une douzaine de petites îles. La petite **Gili Gede** constitue une base parfaite.

Il vous reste à découvrir le **Gunung Rinjani**. On peut explorer ses contreforts à **Tetebatu** ou en entreprendre l'ascension depuis **Senaru** pour gagner le cratère, le lac ou le sommet (selon le temps, l'énergie et la motivation dont vous disposez). Ne manquez pas la magnifique vallée de Sembalun. Terminez votre circuit par un séjour dans un complexe haut de gamme sur les plages blanches de **Sire**.

1 SEMAINE Découverte des Gili

Ces trois minuscules poches de sable blanc au large de Lombok pourront aisément occuper tout votre séjour, entre les sorties de plongée, les fêtes et le farniente sur les délicieuses plages.

C'est à **Gili Air**, avec son agréable front de mer, que l'on adoptera le rythme insulaire. Il est facile d'y lâcher prise, en lisant un bouquin, en piquant une tête pour se rafraîchir, en s'initiant au snorkeling ou en se délectant, à prix doux, de poissons et de fruits de mer.

Vient ensuite **Gili Trawangan** (**Gili T**). Votre journée type débutera par une sortie de plongée, à Shark Point, par exemple, se poursuivra par un déjeuner santé, puis une sieste. Plus tard, explorez les rivages et arrêtez-vous au coucher du soleil pour boire un cocktail sur la côte ouest. Après le dîner, suivez le rythme dans l'une des pétillantes fêtes de l'île.

Troisième étape, la tranquille **Gili Meno**. Une fois votre hébergement réservé, vous n'aurez plus rien à faire, hormis vous émerveiller de la pure beauté de l'île. Si vous parvenez à vous éloigner de la plage, profitez-en pour observer les aigrettes sur le lac de l'intérieur de l'île.

Préparer son voyage

Sports et activités

Bali est un endroit sensationnel pour s'adonner à de nombreuses activités de plein air. Les eaux qui cernent l'île offrent des plongées de classe internationale et certains des meilleurs *breaks* de surf du monde. Sur la terre ferme vous attendent des randonnées à travers les rizières en terrasses, autour de lacs de montagne et à l'assaut des volcans. À Lombok, ne manquez pas les excellents spots de plongée et de surf et le légendaire trek jusqu'au volcan Rinjani.

Surf

C'est le surf qui, dans les années 1960, a donné un coup de fouet au tourisme à Bali. De nombreux Balinais s'y sont mis, avec un style que d'aucuns disent influencé… par les gracieuses danses traditionnelles.

Où surfer à Bali

Les vents arrivant de l'océan Indien, les spots de surf sont situés dans la partie sud de l'île et sur la côte nord-ouest de Nusa Lembongan, où la houle s'engouffre dans le détroit formé avec la côte balinaise.

Pendant la saison sèche (d'avril à septembre), la côte ouest offre les meilleures vagues, car les vents arrivent du sud-est ; c'est aussi en cette saison que Nusa Lembongan se prête le mieux au surf. À la saison humide, préférez la partie est de Bali, de Nusa Dua à Padangbai. En cas de vent du nord – ou si le vent est tombé –, essayez la côte sud de la péninsule de Bukit.

Notez que les meilleurs spots sont presque toujours assortis d'une belle plage du même nom.

Balangan

Suivez Jl Pantai Balangan et ses nouveaux hébergements pour surfeurs jusqu'à atteindre le parking surplombant les cafés de la plage de Balangan. Balangan est une

Le top des activités de plein air

Meilleurs spots de surf

Ulu Watu, un site mondialement connu que tout surfeur digne de ce nom devrait affronter au moins une fois ; Tanjung Desert (Desert Point), légendaire et difficile à atteindre, à Lombok ; et Batu Bolong, un spot idéal toute l'année.

Meilleurs spots de plongée/ snorkeling

Pulau Menjangan, un tombant spectaculaire, où vous pourrez suivre le mur ou vous laisser dériver ; Tulamben pour son épave de cargo de la Seconde Guerre mondiale et ses sites de snorkeling et de plongée proches du rivages ; ainsi que les eaux limpides des îles Gili, pour tous types de plongée et de snorkeling, avec la possibilité d'apercevoir des tortues marines.

Les plus belles randonnées

Munduk pour ses paysages luxuriants, parfumés d'épices et ponctués de cascades ; Ubud et les rizières alentour pour une merveilleuse balade d'une heure à une journée ; et Tirta Gangg pour ses verdoyantes rizières en terrasses, ses points de vue splendides et ses temples.

Spots de surf de Bali et Lombok

gauche rapide qui déroule sur un fond rocheux peu profond, impossible à surfer à marée basse, mais intéressante à mi-marée quand les déferlantes dépassent 1 m. Quand les vagues atteignent 2,5 m, c'est magique.

Balian

Quelques pics partent de l'embouchure de la Sungai Balian (rivière Balian) dans la partie ouest de Bali. La meilleure vague est une belle gauche, régulière et surfable à mi-marée ou à marée haute si le vent ne souffle pas. Choisissez votre hébergement, de la simple *guesthouse* à l'hôtel de luxe.

Batu Bolong

Au nord de Kerobokan, à l'extrémité nord de la baie, Batu Bolong (souvent appelé Canggu) possède une belle plage de sable blanc qui se transforme le soir en un lieu festif à la mode. Les vagues atteignent de 1,5 à 2 m au maximum. Une belle droite vous attend à marée haute.

Bingin

Accessible au pied d'une falaise. Allez-y de préférence à mi-marée ; avec une houle de 2 m, vous y trouverez des gauches tubulaires courtes mais parfaites. Les falaises qui surplombent la plage sont parsemées d'hébergements de tous styles.

Impossibles

Juste au nord de Padang Padang, cette vague stimulante qui déroule au large donne trois pics changeants avec des tubes gauches rapides qui se rejoignent quand les conditions sont optimales.

Keramas et Ketewel

Ces deux plages s'étirent au nord-est de Sanur. Ce sont deux *beach breaks* avec des droites qui peuvent être difficiles à marée basse et ferment à plus de 2 m. Les vagues sont assez régulières toute l'année et vous pourrez même surfer le soir au large du nouveau *resort* pour surfeurs Komune Bali.

Région de Kuta

À marée haute, lancez-vous à proximité du club de sauvetage de Kuta, à l'extrémité sud de la route qui longe la plage. À marée basse, testez les tubes de **Halfway Kuta**, sans doute le meilleur spot de Bali pour les débutants. Si vous vous sentez un peu rouillé, commencez par les *beach breaks*, mais restez tout de même vigilant.

Plus au nord, les vagues de **Legian Beach** sont parfois très puissantes, avec des gauches et des droites sur les bancs de sable au niveau de Jl Melasti et de Jl Padma.

Les plus expérimentés pourront se diriger vers les récifs au sud des *beach breaks*, à environ 1 km au large de la côte. **Kuta Reef**, vaste étendue de coraux, offre différents types de vagues. Vous pourrez atteindre le spot en pagayant une vingtaine de minutes, mais le plus simple est de s'y rendre en bateau. La vague principale est une gauche classique qu'il vaut mieux surfer à mi-marée ou à marée haute, avec une houle allant de 1,5 à 2 m, et qui déploie un beau tube.

Medewi

Plus loin sur la côte sud de l'ouest de Bali, vous pourrez surfer une gauche douce. Déferlant sur fond de rocher, elle pourra vous mener jusqu'à l'embouchure de la rivière. Passé le *take off* vertical, la vague déroule bien. Hébergements à proximité.

Nusa Dua

Durant la saison humide, surfez de préférence du côté est de l'île, où vous trouverez de beaux *reef breaks*. Le récif situé à proximité de Nusa Dua promet des houles régulières. La vague principale est à 1 km de la plage au sud de Nusa Dua – passez le golf et repérez Gegar Beach devant le *resort* Mulia : des bateaux attendent les surfeurs. Vous y trouverez des gauches et des droites idéales à marée basse ou à mi-marée par faible houle. Au nord, devant le Club Med, on surfe un *reef break* de droite rapide avec tubes, appelé **Sri Lanka**, de préférence à mi-marée.

Nusa Lembongan

Cette île est séparée de la côte sud-est de Bali par le Selat Badung (détroit de Badung).

Le détroit est très profond et forme d'énormes houles qui viennent se briser sur les récifs au large de la côte nord-ouest de Lembongan. **Shipwrecks**, que l'on voit clairement depuis la plage, est la vague la plus courue ; il s'agit d'une longue droite assortie d'un bon tube à mi-marée avec une houle de près de 2 m.

Un peu plus au sud, **Lacerations** est une droite creuse très rapide qui déferle sur des rochers très peu profonds qui lui ont valu son nom. Encore plus au sud, vous pourrez vous attaquer à une gauche plus facile appelée **Playgrounds**. Le spot de Lembongan est à son avantage par vent d'est, à savoir durant la saison sèche.

Padang Padang

Souvent appelé Padang tout court, ce *reef break* gauche très peu profond est situé au large d'une plage très populaire, juste en dessous d'hébergements sommaires. Renseignez-vous bien avant de vous aventurer sur ce spot, c'est une vague très difficile, qui permet de surfer à partir de 2 m, à mi-marée ou à marée haute.

Inutile de vous y essayer si vous ne savez pas surfer les tubes, que ce soit dos ou face à la vague. Après un *take off* vertical, il faut prendre de la vitesse en bas de vague avant de remonter dans le tube. À ne tenter que si vous avez le cœur bien accroché.

Sanur

Sanur Reef déroule une vague creuse avec d'excellents rouleaux. Elle est irrégulière et ne marche qu'avec une houle d'au moins 2 m, mais elle devient de première classe au-dessus de 2,5 m et très délicate au-dessus de 3 m. On trouve d'autres récifs plus au large, la plupart propices au surf.

Hyatt Reef, à plus de 2 km du rivage, comprend un pic droit irrégulier qui peut se révéler excellent à marée haute. Une droite classique se trouve au large du Grand Bali Beach Hotel.

Côte sud

La côte de l'extrême sud de la péninsule de Bukit accueille des surfeurs à toute époque de l'année par vent du nord ou sans vent – partez très tôt pour éviter les vents du large. La péninsule est bordée de récifs et il y a de grosses houles, mais l'accès au spot est difficile. Le littoral n'est guère qu'une longue falaise (pour descendre jusqu'à **Nyang-Nyang**, vous devrez franchir plus de 500 marches).

Ulu Watu

Lorsque les vagues de Kuta Reef atteignent 1,5 à 2 m, celles d'Ulu Watu, le *break* le plus connu de Bali, font de 2 à 2,5 m. Ce site est à l'extrémité sud de la baie et reçoit régulièrement plus de vagues que Kuta.

Teluk Ulu Watu (la baie d'Ulu Watu) ne semble vivre que pour le surf – des jeunes des environs se proposeront de waxer votre planche et de vous apporter des boissons jusqu'à la grotte, point d'accès habituel aux vagues. En outre, vous trouverez des *warung* et nombre d'hébergements.

Ulu Watu compte environ 7 *breaks* différents. Le **Corner** est juste en face de vous, sur la droite. Il s'agit d'une gauche creuse, montant à 2 m environ et qui casse vite. Le fond rocheux est très peu profond, aussi tâchez d'éviter de tomber la tête la première. Par marée haute, essayez l'excellent **Peak**, efficace de 1,5 à 2,5 m, avec, à l'occasion, des vagues plus grosses en plein sur le Peak même. Vous pouvez partir à l'*inside* de ce côté ou plus bas sur le *line up* (où les surfeurs attendent la vague). C'est une très bonne vague.

Il y a une autre gauche au large de la falaise qui forme le flanc sud de la baie. Elle casse à l'*outside* par forte houle et, dès qu'elle atteint un bon 2 m, une gauche se forme devant un temple à l'extrémité sud. Derrière le Peak, lorsqu'il est à son maximum, se crée un *bombora* (récif submergé) baptisé **Bommie**. C'est une autre grosse gauche, qui ne se forme que lorsque la houle dépasse 3 m. Avec des vagues normales de 1,5 à 2,5 m, on observe aussi des *breaks* au sud du Peak.

Regardez où les autres surfeurs pagaient et suivez-les. Dans le doute, demandez à quelqu'un. Descendez dans la grotte et commencez à pagayer pour en sortir. Si la houle est forte, vous serez emporté sur votre droite, mais pas de panique, il est assez facile de contourner le bouillon des vagues en longeant la falaise. Pour revenir, vous devrez regagner la grotte. Par forte houle, dirigez-vous du côté sud de la grotte, car le courant se dirige vers le nord.

Où surfer à Lombok

Lombok possède plusieurs bons spots habituellement peu fréquentés.

Gerupuk

Cette baie de 6 km à l'est de Kuta offre quatre spots qui permettent de surfer en tout temps. Meilleur à la marée montante, et praticable toute l'année, **Bumbang** offre un tube droit idéal pour tous. **Gili Golong** est excellent à moyenne et haute marée, entre octobre et avril. **Don-Don** a besoin d'une grosse houle pour offrir des conditions optimales. Enfin, **Kid's Point** (ou Pelawangan) ne se forme qu'avec une très forte houle – les tubes n'en finissent pas ! Vous devez prendre un bateau pour remonter chaque vague.

Gili Trawangan

Trawangan possède un spot de surf du côté de la pointe sud-ouest de l'île, au large du Surf Bar. C'est une droite rapide qui se casse en deux sections, dont l'une est plus abrupte et se brise sur du corail peu pointu. Elle peut être surfée toute l'année, de préférence à marée haute.

Mawi

À 18 km environ à l'ouest de Kuta, la splendide baie de Mawi offre une belle gauche avec un *take off* tardif et un tube sur la fin. Elle est à son mieux à la saison sèche, de mai à octobre, avec des vents *offshore* et une houle sud-ouest. Il y a des rochers et des coraux dangereux sous l'eau, sans compter les forts contre-courants.

Tanjung Desert

Situé dans un endroit reculé, Tanjung Desert (Desert Point) est une vague d'exception, élue "meilleure vague du monde" par le magazine *Tracks*. Elle est réservée aux surfeurs expérimentés, dans un secteur aux vagues longues et plates.

Elle offre un tube gauche qui peut permettre un *ride* de 300 m, et ne cesse de grossir du départ à l'arrivée (qui se fait sur des coraux extrêmement coupants). Tanjung Desert ne se forme vraiment que lorsqu'il y a une grosse houle – plutôt de mai à septembre. Casque et chaussons en Néoprène sont nécessaires à marée basse.

Matériel : acheter ou louer ?

Les planches courtes conviennent bien aux petites vagues, mais quelques centimètres de plus ne seront pas superflus à Bali et Lombok. Ainsi, pour les plus grosses vagues (de plus de 2,5 m), un surfeur de taille et de corpulence moyennes utilisera une planche de 7 pieds (2,10 m environ).

Sachez que les douanes balinaises voient d'un mauvais œil les voyageurs transportant plus de deux ou trois planches.

Vous trouverez des boutiques de surf à Kuta et ailleurs dans le sud de Bali. On peut louer des planches (entre 50 000 et 100 000 Rp par jour) et tout l'équipement dans les zones touristiques où se pratique le surf. Si vous avez besoin d'une

Plongeur au milieu des perches de mer pourpres

réparation, renseignez-vous auprès des autres surfeurs.

Autres équipements recommandés :

- Un sac de transport solide pour l'avion
- Une sangle pour le transport
- Des chaussures pour descendre sur les rochers
- Votre wax préférée (si vous êtes difficile)
- Une combinaison (mi-cuisses ou sans jambes) et des bottes en Néoprène
- Un T-shirt en Néoprène, à manche longue, ou autre protection contre le soleil, le vent, etc.
- Un casque de surf pour se protéger des récifs

Écoles de surf

Les écoles de surf sont basées tout près de Kuta Beach, à Kuta et Legian, et plus au nord sur Batu Bolong Beach. Les vagues et les hébergements de Kuta et de la péninsule de Bukit sont appréciés depuis fort longtemps, tandis que le secteur de Canggu a récemment gagné en popularité.

Dans le sud de Bali sont installés plusieurs fabriquants de planches renommés, dont Luke Studer (p. 69) à Kuta, et Dylan Longbottom à Canggu, où il tient le Dylan Board Store (p. 93).

À Sanur, la Rip Curl School of Surf (p. 113) donne des cours de planche à voile et loue des planches de stand-up paddle.

Surf Goddess (☎0858 997 0808 ; www.surfgoddessretreats.com). Séjours de surf pour femme (cours et hébergement dans une *guesthouse* chic de Seminyak).

Plongée et snorkeling

Avec ses eaux tièdes, ses immenses récifs coralliens et sa fabuleuse faune marine, Bali a tout pour plaire aux férus de plongée et de snorkeling. De nombreuses écoles de plongée forment les débutants tout en organisant des sorties adaptées aux plus chevronnés. Les îles Gili sont une excellente destination, et Lombok offre de bons spots, notamment sur la côte nord-ouest.

Du matériel de snorkeling est disponible sur la plupart des sites, mais il vaut mieux apporter son propre matériel pour explorer certaines côtes moins visitées. Sur les îles Gili, vous trouverez une école d'apnée ainsi que la Gili Islands Dive Association (Gida), un groupe d'écoles de plongée qui œuvre pour établir des normes professionnelles et protéger l'environnement.

de longues randonnées. Les parcours se font à la journée au départ du village le plus proche, en partant avant l'aube pour éviter les nuages qui recouvrent les sommets en milieu de matinée. Pas besoin de matériel de camping.

Où randonner à Lombok

Le Gunung Rinjani attire des randonneurs du monde entier. Ce volcan, le deuxième plus élevé d'Indonésie, possède une signification culturelle et spirituelle pour les populations locales. Il est aussi d'une beauté stupéfiante : le rebord de la vaste caldeira domine un lac d'un bleu cobalt large de 6 km, qui s'étend à quelque 600 m en contrebas.

Les services d'un guide sont essentiels, car chaque année on déplore des accidents mortels. On peut organiser l'ascension du Rinjani dans les villages de la vallée de Sembalun, à Senaru et à Senggigi.

Matériel : acheter ou louer ?

Prévoyez tout le matériel nécessaire. Les guides fournissent parfois une partie de l'équipement, mais n'y comptez pas trop. Selon la randonnée, prévoyez :

- Lampe torche (lampe de poche).
- Vêtements chauds pour les hautes altitudes.
- Habits imperméables – les averses sont fréquentes et la brume est présente sur la plupart des montagnes.
- Bonnes sandales ou chaussures de marche – autant d'articles que vous ne trouverez pas sur place.

Guides et agences

Vous trouverez des guides et des agences de randonnée dans les régions d'Ubud, de Gunung Agung et de Tirta Gangga, à Bali, et dans la vallée de Sembalun, à Lombok. Parmi les autres agences balinaises, citons :

LES PLUS BELLES RANDONNÉES

La randonnée est l'un des plaisirs d'un séjour à Bali, qui offre de belles balades partout sur l'île, que ce soit pour une heure ou une journée.

Bali

OÙ ?	QUOI ?
Danau Buyan et Danau Tamblingan	Lacs de montagne naturels, peu de monde, excellents guides
Gunung Agung	Lever du soleil et temples isolés
Gunung Batukau	Ascension dans les nuages, peu de monde
Gunung Batur	Rabatteurs, mais paysages uniques
Munduk	Paysages luxuriants, parfumés d'épices et ponctués de cascades
Région de Sidemen Road	Rizières en terrasses, collines luxuriantes et temples solitaires. Hébergements confortables
Taman Nasional Bali Barat	Isolé, en pleine nature, animaux sauvages
Tirta Gangga	Rizières en terrasses, superbes points de vue et temples isolés dans les montagnes
Ubud	Belles balades, d'une heure à une journée. Rizières en terrasses, vallées luxuriantes et monuments anciens

Lombok

Lombok offre aussi des chemins de randonnée souvent isolés, difficiles ou bien les deux.

OÙ ?	QUOI ?
Air Terjun Sindang Gila	L'une des nombreuses cascades à explorer
Îles Gili	Tour des îles et des plages à pied
Gunung Rinjani	Grandiose pour des randonnées : grimpez les 3 726 m, puis redescendez vers un lac de cratère sacré et des sources chaudes
Vallée de Sembalun	Parfum d'ail sur les flancs du Rinjani

Bali Nature Walk (☎0817 973 5914 ; dadeputra@hotmail.com). Randonnées dans des zones reculées de la région d'Ubud, avec des parcours à personnaliser selon vos envies.

Bali Sunrise Trekking & Tours (☎0818 552 669 ; www.balisunrisetours.com). Treks dans les montagnes du Centre.

Consignes de sécurité pour la randonnée

Quelques conseils à suivre pour partir d'un bon pied :

- Vous devez régler les frais et obtenir les autorisations requises par les autorités locales.
- Vous devez être en bonne forme physique et vous sentir prêt à marcher pour une période prolongée.
- Renseignez-vous sur les conditions environnementales de votre itinéraire. Le temps peut se révéler froid et humide au sommet des volcans.
- Assurez-vous auprès de votre guide qu'il ne vous emmènera que sur des sentiers correspondant à votre niveau.
- Soyez bien équipé. En fonction du parcours et de la saison, vous devrez emporter des vêtements de pluie ou une réserve d'eau supplémentaire. Prenez une lampe torche ; votre guide n'en possédera peut-être pas.

Vélo

On voit de plus en plus de cyclistes sur les routes très fréquentées de Bali. Le principal avantage du vélo est qu'il permet de s'immerger dans l'environnement : vous pourrez entendre le bruissement du vent dans les rizières ou le son d'un gamelan, tout en humant le parfum des fleurs. Les routes de l'intérieur vous feront vite oublier les embouteillages dans les villes du Sud.

Dans les régions les plus peuplées de Lombok, les routes sont plates et la circulation est moins chaotique qu'à Bali.

Si la chaleur tropicale vous incommode, sachez que lorsque vous roulez sur un terrain plat ou en descente, la brise modère réellement les effets de la chaleur.

Où faire du vélo à Bali

De Denpasar au sud jusqu'à Sanur à l'est, et de Kerobokan à Kuta à l'ouest, la circulation est dense et les routes étroites. Ailleurs sur l'île, vous trouverez des parcours traversant de splendides paysages. Pour une expérience unique, explorez les petites routes désertes de Nusa Penida.

VÉLO : QUELQUES SUGGESTIONS

Impossible de se perdre sur une île de la taille de Bali. Quelques endroits à découvrir à vélo :

OÙ ?	QUOI ?
Péninsule de Bukit	Falaises, criques et plages à découvrir sur les côtes ouest et sud. Promenade le long de la plage à Nusa Dua. Évitez la zone de l'aéroport, très fréquentée.
Montagnes du Centre	Ambitieux. Danau Bratan, Danau Buyan et Danau Tamblingan à explorer. Descente de la côte nord par Munduk et vers le sud par des petits chemins partant de Candikuning.
Est de Bali	Route côtière bordée de plages. Le nord de la côte, ponctué de rizières en terrasses paisibles, est peu fréquenté. Hébergement dans des lodges pour cyclistes le long de Sidemen Road.
Nord de Bali	Lovina : bon point de départ pour des balades d'une journée vers des temples et des cascades isolés. La côte nord-est possède des complexes hôteliers appréciés des cyclistes faisant le tour de Bali.
Nusa Lembongan	Petite île, avec des plages constituant des buts motivants pour chaque balade. Traversez l'étroit pont suspendu et explorez Nusa Ceningan.
Nusa Penida	Pour des cyclistes aguerris apportant leur vélo. Quasiment pas de circulation et panoramas imprenables sur la mer. Falaises abruptes, sable blanc et nature luxuriante.
Ubud	Beaucoup de prestataires sont installés ici. Petites routes de montagne menant à des monuments anciens et vue à couper le souffle sur les rizières en terrasses.
Ouest de Bali	Rizières et jungle à Tabanan, Kerambitan et Bajera. Plus à l'ouest, de petites routes mènent à des torrents de montagne, des plages désertes et des temples cachés.

Où faire du vélo à Lombok et aux îles Gili

À l'est de Mataram, plusieurs sites sont idéals pour une journée d'excursion – vers le sud jusqu'à Banyumulek via Gunung Pengsong, avant de revenir vers Mataram. Certaines routes côtières de Lombok sont vallonnées et sinueuses – roulez vers le nord de Senggigi à Pemenang, puis (si vous êtes en forme) revenez en faisant l'ascension du col de Pusuk. Les îles Gili sont également bien adaptées aux balades à vélo, malgré leur petite superficie.

Matériel : acheter ou louer ?

Les cyclistes aguerris choisiront de prendre leur matériel personnel ou loueront du matériel haut de gamme auprès de **Planet Bike Bali** (☎0361-746 2858 ; Jl Gunung Agung 148, Denpasar ; ⏲9h-18h30 lun-sam, 9h-15h dim). Nombreuses marques en stock. Des vélos et des casques sont également à louer dans plusieurs autres boutiques.

Agences

Les circuits partent des montagnes du Centre, dans des villages haut perchés comme Kintamani ou Bedugul. Votre agence vous conduira au sommet, d'où vous descendrez par des routes de montagne assez tranquilles au milieu de paysages luxuriants et de villages typiques. Comptez entre 40 et 70 $US (vélo, équipement et déjeuner). Le transport depuis/vers les hôtels du sud de Bali et d'Ubud est généralement inclus. À retenir :

- La plupart des circuits incluent le transfert depuis l'hôtel, avec parfois des rendez-vous dès 6h30 à Kuta.
- Les circuits classiques se déroulent de 8h30 à 16h et comportent des pauses et des arrêts.
- Hélas, les casques ne sont pas toujours fournis. Assurez-vous que votre agence en prête.

Voici une liste de prestataires :

Archipelago Adventure (☎0361-808 1769 ; www.archipelago-adventure.com ; adulte/enfant à partir de 55/45 $US). Plusieurs circuits. À Bali, il propose des balades autour de Jatiluwih et Danau Buyan, et du VTT au départ de Kintamani.

Bali Bike-Baik Tours (☎0361-978 052 ; www.balibike.com ; circuits à partir de 450 000 Rp). Descentes de Kintamani, avec des arrêts fréquents dans des hameaux et des fermes rizicoles.

Bali Eco Cycling (☎0361-975557 ; www.baliecocycling.com ; circuits à partir de 420 000 Rp). Au départ de Kintamani, vous traverserez de petites routes de campagne jusqu'à Ubud. Autres formules valorisant la culture rurale.

Banyan Tree Cycling Tours (☎0361-805 1620, 0813 3879 8516 ; www.banyantreebiketours.com ; circuits à partir de 450 000 Rp). Bagi, un Indonésien, propose des excursions d'une journée dans les collines qui dominent Ubud. Les circuits permettent de rencontrer les villageois ; aussi, une randonnée cycliste décrite comme "extrême".

C.Bali (☎0813 5342 0541 ; www.c-bali.com ; circuits à partir de 430 000 Rp). D'excellents circuits sur le Gunung Batur, dans ses environs et autour du lac. L'antidote aux itinéraires classiques.

Rafting

Le rafting est toujours très apprécié, le plus souvent sous la forme d'excursions d'une journée au départ du sud de Bali ou d'Ubud. Le prestataire vient vous chercher, vous conduit sur le lieu du départ, fournit l'équipement et l'instructeur, et vous ramène à l'hôtel en fin de journée. Mieux vaut choisir la saison humide (novembre à mars) ou juste après. À d'autres périodes, le niveau de l'eau pourrait être trop bas.

Quelques agences optent pour la Sungai Ayung (rivière Ayung), près d'Ubud, qui compte de 25 à 33 rapides de catégorie II à III (spectaculaires mais sans danger). La Sungai Telagawaja, près de Muncan, dans l'est de Bali, plus accidentée et plus sauvage, est aussi très prisée.

Des remises sont souvent accordées sur les tarifs affichés, n'hésitez pas à demander. Quelques prestataires fiables :

Bio (☎0361-270 949 ; www.bioadventurer.com ; adulte/enfant à partir de 79/65 $US). Sur une embarcation individuelle ou une chambre à air. Les circuits se déroulent dans l'ouest de Bali.

Bali Adventure Tours (☎0361-721480 ; www.baliadventuretours.com ; descente en rafting adulte/enfant à partir de 79/52 $US). Sungai Ayung. Propose aussi du kayak.

Mega Rafting (☎0361-246 724 ; www.megaraftingbali.com ; adulte/enfant à partir de 66/50 $US). Sungai Ayung.

Sobek (☎0361-729 016 ; www.balisobek.com ; adulte/enfant 79/52 $US). Expéditions sur la Sungai Ayung et la Sungai Telagawaja.

Préparer son voyage

Voyager avec des enfants

À Bali, voyager avec des *anak-anak* (enfants) est une expérience enrichissante. Les Balinais considèrent que les enfants font partie intégrante de la communauté et que tout le monde doit se sentir responsable de leur bien-être. Les bambins de tout âge profiteront donc de nombreuses marques d'attention et d'une kyrielle d'activités qui rendront leur séjour mémorable.

Bali et Lombok pour les enfants

Les enfants représentent un atout social à Bali, et tout le monde se montrera très intéressé par le vôtre. Vous devrez apprendre à dire son âge et son sexe en *bahasa indonesia* – *bulau* (mois), *tahun* (année), *laki-laki* (garçon) et *perempuan* (fille). Vous trouverez les nombres en *bahasa indonesia* dans le chapitre *Langue*, p. 397. Pensez aussi à poser les mêmes questions à votre interlocuteur.

Lombok est en général plus calme que Bali et la circulation est moins dangereuse. Si les habitants adorent les enfants, ils sont cependant moins démonstratifs que les Balinais. Les services destinés aux enfants sont également moins développés.

Pour les enfants, le point fort de la destination est, bien sûr, la gamme des activités de plein air. Toutefois, de nombreuses sorties culturelles peuvent aussi leur plaire, notamment les suivantes :

Danse – Ennui assuré ? Eh bien non ! Les décors d'une soirée de Barong au palais d'Ubud ou au Pura Dalem Ubud leur rappelleront irrésistiblement ceux d'un film d'aventure. Certes, le *legong* est déconseillé aux plus remuants, mais le Barong met en scène singes, monstres, sorcières et autres créatures fascinantes.

À ne pas manquer

Sur les plages

Des écoles de surf de Kuta Beach aux cerfs-volants de Sanur Beach, les enfants de tout âge seront comblés.

Dans l'eau

Jeux dans l'océan à Nusa Lembongan ou snorkeling à Pulau Menjangan… Et pourquoi ne pas patauger dans les rizières, peuplées de canards, de grenouilles et autres amusantes créatures ?

À cœur joie

Les apprentis grimpeurs sont acceptés au Bali Treetop Adventure Park de Candikuning et les jeux d'eau encouragés au Waterbom Park à Tuban.

Avec les animaux

Le Sacred Monkey Forest Sanctuary d'Ubud, le Bali Bird Park au sud d'Ubud, l'Elephant Safari Park au nord d'Ubud, sans oublier le Bali Safari & Marine Park dans l'est de l'île.

Jouer à Indiana Jones

Dans les sources sacrées de Tirta Empul, dans le palais aquatique de Tirta Gangga au nord-est d'Ubud, ainsi qu'au Pura Luhur Ulu Watu, magnifique temple abritant quantité de singes.

Les régions en un clin d'œil

Kuta et Seminyak sont les principales villes de la partie la plus touristique de Bali, à savoir le magnifique ruban de plages de sable qui s'étire au sud, de l'aéroport jusqu'à Echo Beach. Quant à la péninsule de Bukit, elle offre à la fois des spots de surf isolés associés à de vastes complexes balnéaires.

Dans tous les sens du terme, Ubud est le cœur de Bali. Ses rizières sont les plus belles de l'île, avec celles de la côte est. Si le littoral oriental est dépourvu de grandes villes, la station de Padangbai ou la côte autour d'Amed sont très prisées.

De spectaculaires volcans dominent le centre de Bali. Peu peuplés, le nord et l'ouest de l'île proposent de beaux spots de plongée.

Lombok est essentiellement montagneuse, volcanique et rurale, tandis que les petites îles Gili sont bordées de récifs coralliens et ourlées de sable blanc.

Kuta et Seminyak

Plages
Vie nocturne
Shopping

Kuta Beach

Le célèbre croissant de sable battu par les flots de Kuta s'étire sur 12 km. Après Legian, Seminyak, Kerobokan et Canggu, il s'achève sur les rochers près d'Echo Beach. À Kuta, bars de plage et vendeurs ambulants sont légion.

Faire la fête

Seminyak et Kerobokan abritent des restaurants et cafés de premier choix. Les couchers de soleil y sont superbes, tandis que les bars et les discothèques prennent des airs sophistiqués. La vie nocturne de Legian et de Kuta est survoltée.

Boutiques de Seminyak

Seminyak est le royaume du shopping à Bali. Le choix est fantastique.

p. 46

Sud de Bali et les îles

Plages
Surf
Plongée

Balangan Beach

Les plages constellent toute la côte sud de Bali : les petites criques de sable blanc comme Balangan sont idylliques et donnent envie de s'allonger sur un transat pour admirer les vagues.

Breaks d'Ulu Watu

Il n'y a pas de mot pour décrire les *breaks* de surf de la côte ouest de la péninsule de Bukit : les nombreux spots autour d'Ulu Watu sont connus dans le monde entier. Les surfeurs peuvent loger tout près.

Nusa Penida sous-marine

Les meilleurs lieux se trouvent autour des îles. À Nusa Penida, les plongées demandent un peu d'expérience, mais on peut admirer des tombants vertigineux et une faune marine impressionnante.

p. 96

Ubud et ses environs

Culture
Bien-être
Balades

Danseurs et artistes

Ubud est le centre de la culture balinaise. Des spectacles de danse, de musique et de marionnettes ont lieu chaque soir. On y trouve des artistes talentueux, dont des graveurs sur bois fabriquant des masques.

Spas

Spas, médecine traditionnelle et cours de yoga constituent l'essence même d'Ubud. D'innombrables prestations sont proposées, des massages à petits prix aux formules d'une journée dans des spas luxueux.

Découvrir la nature

Les rizières d'Ubud sont parmi les plus belles de Bali. Vous pourrez y marcher une petite heure ou toute une journée, profiter des vallées, des villages et vous imprégner de la beauté de la nature.

p. 139

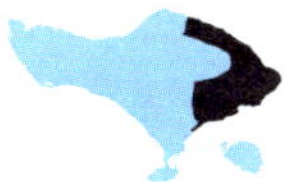

Est de Bali

Plages
Randonnée
Histoire

Pasir Putih

De nombreuses plages de sable volcanique parsèment la route côtière. La véritable star est Pasir Putih, assez isolée, qui se distingue par ses vagues paisibles, ses belles plages de sable et ses vendeurs décontractés.

Déambuler sur Sidemen

Les rizières et les paysages les plus mémorables de Bali se trouvent à l'est. Sidemen Road, une route traversée par des chemins de randonnée, serpente à travers collines et vallées. Les plus courageux se lèveront tôt pour partir à l'assaut du Gunung Agung.

Passé tragique

Taman Kertha Gosa abrite les ruines émouvantes d'un palais perdu lorsque la famille royale préféra le suicide à la reddition aux Néerlandais en 1908.

p. 182

Montagnes du Centre

Randonnée
Culture
Solitude

Randonnée à Munduk

Le centre de l'île offre une kyrielle de randonnées sur les volcans et autour des lacs. Autour de Munduk, des balades dans la brume vous mèneront à des plantations d'épices ou à des cascades dans la jungle.

Un temple remarquable

Le Pura Luhur Batukau est perché sur les flancs du Gunung Batukau. Nimbé de brume, le site permet de se familiariser avec les croyances balinaises et de communier avec la nature.

Randonnées lointaines

Une visite au Pura Luhur Batukau peut être suivie d'une retraite solitaire dans l'un des lodges voisins, d'un trek dans les montagnes volcaniques ou de balades dans les rizières de Jatiluwih.

p. 219

Nord de Bali

Hôtels
Détente
Plongée

Hôtels de Pemuteran

Le croissant d'hôtels sur la plage de Pemuteran fait la fierté du nord de Bali. Ses complexes hôteliers accueillants à l'architecture soignée sont proches de Pulau Menjangan.

Lovina la paisible

Installez-vous sur un transat sur le sable gris de Lovina, prenez un livre et laissez le temps s'écouler, à moindre coût. Même les vagues sont calmes : la côte nord est en grande partie protégée par des récifs.

Pulau Menjangan

Pulau Menjangan n'usurpe pas sa réputation : un récif au tombant de 30 m, une faune et une flore variées – de la sardine à la baleine – qui enchantent plongeurs et snorkeleurs.

p. 234

Ouest de Bali

Surf
Plages
Rizières

Medewi

Les *breaks* de Medewi ont leurs adeptes et une petite communauté de surfeurs a mis sur pied de modestes *guesthouses*, mais aussi des établissements plus chics. Les habitants peuvent donner des cours.

Balian Beach

Balian Beach est la plage principale de la côte ouest. Elle vaut le détour, que vous soyez surfeur ou non. Côté hébergement, il y en a pour tous les goûts, du plus simple au luxueux.

Tabanan

L'Unesco a inscrit le système de riziculture de Bali sur la Liste du patrimoine mondial. Certaines rizières de la région de Tabanan comptent parmi les plus belles du pays. À voir aussi : un petit musée et le Pura Taman Ayun.

p. 252

Lombok

Randonnée
Littoral
Chic tropical

Gunung Rinjani

L'aura de ce volcan majestueux imprègne le nord de Lombok. Des chemins de randonnée serpentent jusqu'à sa stupéfiante caldeira, où son lac de cratère, ses sources chaudes et son petit cône fumant éblouissent les visiteurs.

Côte sud

La superbe côte sud de Lombok, restée sauvage, est battue par les vagues, qui font le bonheur des surfeurs. Il existe aussi des plages désertes, propices à de merveilleuses baignades dans une eau azur.

Sire

Pour une immersion totale dans une ambiance tropicale-chic, la région de Sire dispose de somptueux complexes hôteliers associant décor en bambou et chaume, et confort haut de gamme.

p. 261

Îles Gili

Plongée
Plages
Détente

Récifs de corail

Les îles Gili vous subjugueront par leur vie marine fascinante, l'une des plus riches d'Indonésie. Idéales pour la plongée, le snorkeling et aussi l'apnée. Bonnes chances de voir des tortues.

Plages de Gili Air

Prenez votre crème solaire, votre serviette, une bouteille d'eau et un bon livre et partez dès le matin pour faire le tour de Gili Air à pied. En chemin, arrêtez-vous sur toutes les plages qui vous feront envie.

Gili Meno

C'est ici que vous trouverez la plage de vos rêves : palmiers, sable blanc étincelant, eau turquoise, et la cabane en bambou qui vend boissons et poisson frais. C'est là tout le charme de Meno.

p. 288

Sur la route

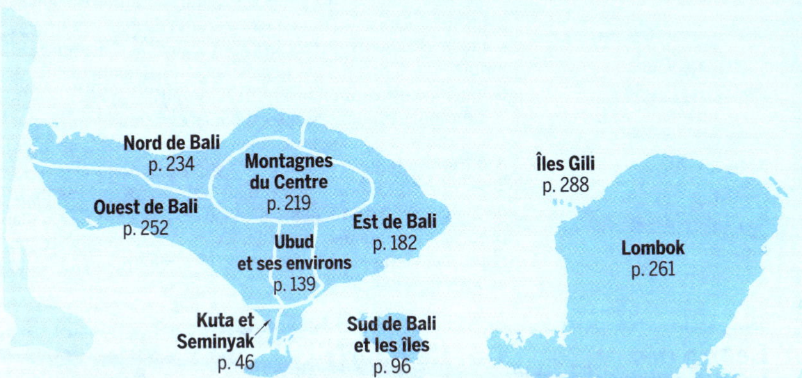

Nord de Bali
p. 234
Montagnes
du Centre
p. 219
Ouest de Bali
p. 252
Est de Bali
p. 182
Ubud
et ses environs
p. 139
Kuta et
Seminyak
p. 46
Sud de Bali
et les îles
p. 96
Îles Gili
p. 288
Lombok
p. 261

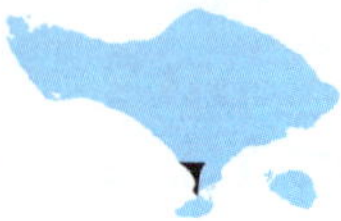

Kuta et Seminyak

Dans ce chapitre ➜

Le top des restaurants

- Sardine (p. 86)
- Biku (p. 86
- Take (p. 67)
- Gusto Gelato & Coffee (p. 86)
- Mama San (p. 79)

Le top des hébergements

- Hotel Tugu Bali (p. 93)
- Oberoi (p. 77)
- Double-Six (p. 55)
- Un's Hotel (p. 54)
- Samaya (p. 77)

Pourquoi y aller

Bondée et frénétique, cette partie méridionale de Bali, le long de l'immense ruban de plages débutant à proximité de l'aéroport et s'étendant vers le nord, est celle où la plupart des touristes commencent et achèvent leur séjour dans l'île.

À Seminyak et à Kerobokan fleurissent restaurants, cafés, boutiques de créateur, spas, etc., qui n'ont rien à envier au reste du monde, tandis que Kuta et Legian continuent d'attirer clubbeurs et familles de vacanciers. Plus au nord, autour de Canggu, les plages sont plus sauvages mais commencent néanmoins à attirer les touristes.

Boutiques branchées, discothèques ouvertes toute la nuit, restaurants et couchers de soleil fabuleux, et un tourbillon continu d'activités en tout genre complètent le tableau. Et, alors que ce monde semble bien loin de la spiritualité et de la sérénité habituellement associées à l'île, voilà qu'une procession religieuse de Balinais en route vers l'un des nombreux temples bloque toute la circulation... et vient balayer tous vos doutes.

Quand partir

➜ **Haute saison** Vu le succès toujours grandissant de Bali, mieux vaut éviter la haute saison (juillet-août et autour de Noël et du Nouvel An) pour visiter Kuta, Seminyak et leurs alentours. L'afflux de vacanciers pendant la haute saison rend l'obtention d'une chambre avec vue ou la réservation d'une table dans un bon restaurant difficile ; même faire du shopping peut devenir une sinécure.

➜ **Avril-juin, septembre** Il est souvent préférable de venir entre avril et juin, ou en septembre : il y a moins de monde et, de plus, le temps est plus sec et légèrement plus frais.

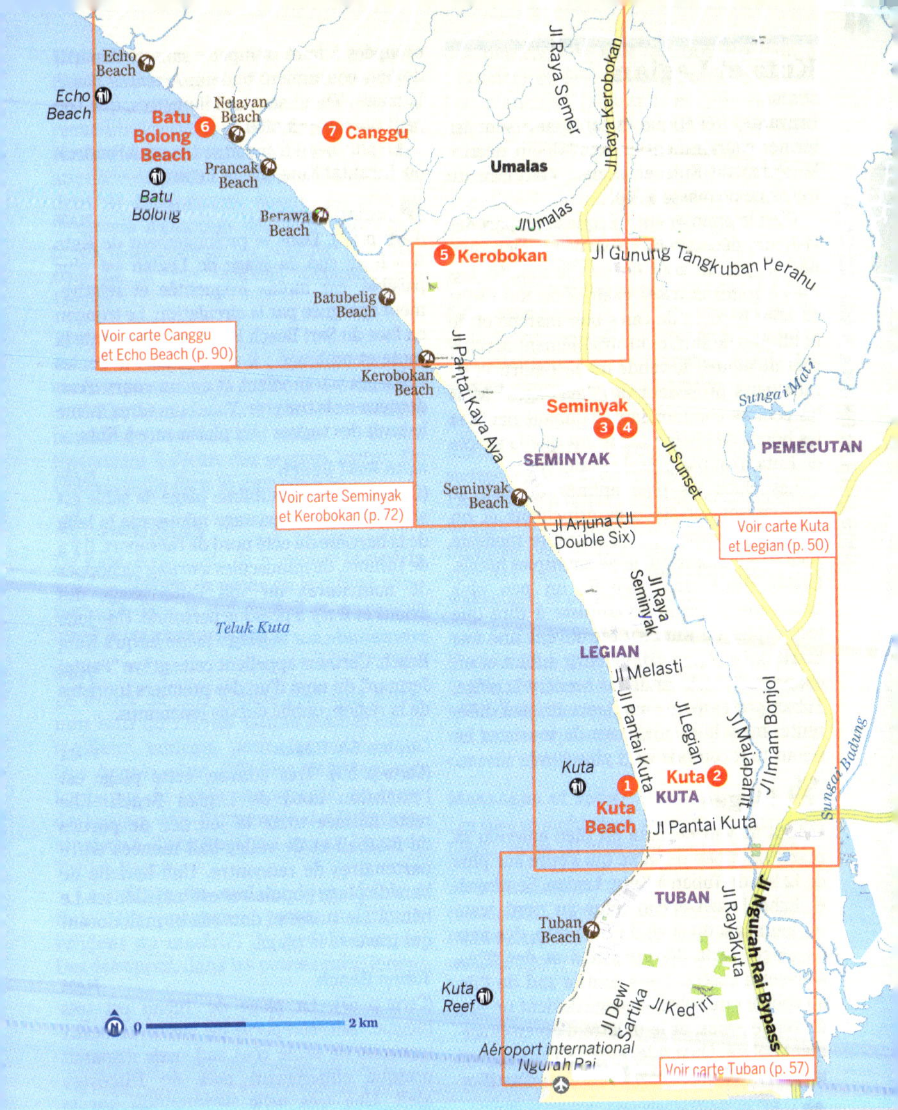

À ne pas manquer

1. Une journée de farniente à **Kuta Beach** (p. 48), véritable aimant à touristes de Bali
2. Une nuit endiablée dans les clubs animés et le tourbillon nocturne de **Kuta** (p. 67)
3. Le shopping dans la myriade de boutiques de **Seminyak** (p. 81)
4. Un coucher du soleil en sirotant une bière achetée à un marchand sur la plage de **Seminyak** (p. 81)
5. Un repas savoureux dans l'un des fabuleux restaurants, toujours plus nombreux, de **Kerobokan** (p. 85)
6. L'ambiance branchée et les surfeurs de **Batu Bolong Beach** (p. 91).
7. Une escapade dans les terres sur les petites routes tortueuses de **Canggu** (p. 89), entre rizières et somptueuses villas.

Kuta et Legian

Les incontournables
1 Kuta Beach ... C7
2 Legian Beach ... B3

À voir
3 Double Six Beach ... A1
4 Mémorial ... D6
5 Site du Sari Club ... D6
6 Temple Vihara Dharmayana ... E8

Activités
7 Cheeky Monkeys ... C6
8 Jamu Traditional Spa ... C5
9 Naruki Surf Shop ... D6
10 Pro Surf School ... C5
11 Putri Bali ... C1
12 Rip Curl School of Surf ... A1

Où se loger
13 Bali Mandira Beach Resort ... B4
14 Bendesa ... D6
15 Blue Ocean ... B1
16 Double-Six ... A1
17 Hotel Ayu Lili Garden ... D5
18 Hotel Kumala Pantai ... B2
19 Island ... C2
20 Kayun Hostel Downtown ... D6
21 Kuta Bed & Breakfast ... E8
22 Love Fashion Hotel ... D5
23 Mimpi Bungalows ... D7
24 Poppies Bali ... D7
25 Puri Agung Homestay ... D7
26 Sari Beach Hotel ... B3
27 Seaside Villas ... B2
28 Sri Beach Inn ... C3
29 Stones ... C5
30 Suji Bungalow ... D7
31 Un's Hotel ... C5

Où se restaurer
32 Ajeg Warung ... C8
33 Balcony ... C5
34 Balé Udang ... F2
35 Bemo Corner Coffee Shop ... E7
36 Boardriders Café ... D4
37 Fat Chow ... C6
38 Gourmet Sate House ... E4
39 Indo-National ... C3
40 Kopi Pot ... D6
41 Marché de Kuta ... E8
42 Marché nocturne de Kuta ... E8
43 Made's Warung ... D7
44 Mozarella ... B2
45 Poppies Restaurant ... D7
46 Saleko ... C1
47 Stakz Bar & Grill ... D6
48 Take ... D4
49 Warung Asia ... B1
50 Warung Murah ... B1
51 Warung Yogya ... C3
52 Zanzibar ... A1

Où prendre un verre et faire la fête
53 Apache Reggae Bar ... D6
54 Bounty ... D7
55 Capil Beach Bar ... A1
56 Cocoon ... A1
57 Engine Room ... D6
58 Jenja ... C1
59 Sky Garden Lounge ... D6
60 Twice Bar ... D6
61 Velvet ... C6

Achats
62 Beachwalk ... C6
63 Carrefour ... G5
64 Freedom Surfshop ... C5
65 Istana Kuta Galleria ... F5
66 Luke Studer ... E3
67 Mega Shop ... C1
68 Next Generation Board Bags ... C5
69 Rip Curl ... D6
70 Sriwijaya ... B1
71 Summervan ... C1
72 Surfer Girl ... D7

le cadre paisible d'un complexe hôtelier, les salles de massage donnent sur un joli jardin intérieur. Si vous avez toujours rêvé de vous transformer en cocktail de fruits, profitez des soins à la noix de coco, à la papaye et autres, souvent dans des bains parfumés.

Putri Bali SPA
(Carte p. 50 ; 0361-736852 ; Jl Raya Seminyak 13 ; massages à partir de 60 000 Rp ; 9h-21h). Ce joli établissement, qui doit une partie de sa renommée à sa crème de bain, pratique des prix très compétitifs, pour des prestations très professionnelles comparées aux innombrables salons en bord de rue.

Circuits organisés

Il existe de nombreux circuits pour parcourir Bali, d'une demi-journée à plusieurs jours, à réserver auprès des hôtels et des nombreux stands tapissés de brochures. Pour des détails sur les circuits, voir p. 389.

Fêtes et festivals

Des **compétitions de surf** ont lieu tout au long de l'année.

Carnaval de Kuta CARNAVAL
(www.kutakarnival.com ; oct). Le premier carnaval de Kuta s'est tenu en 2003 et avait pour but de célébrer la vie après la tragédie

de 2002. La fête est organisée sur la grande plage de Kuta avec des jeux, des créations artistiques, des compétitions, du surf et bien plus encore, pendant 5 jours. En général, elle se double d'un festival gastronomique.

Où se loger

Kuta, Legian et Tuban comptent des centaines d'hébergements. Tuban et Legian abritent surtout des établissements de catégories moyenne et supérieure ; les adresses bon marché se trouvent, elles, plutôt à Kuta et au sud de Legian. Pratiquement tous les hôtels, indifféremment du prix, possèdent climatisation et piscine. Des dizaines de nouveaux hôtels de chaîne apparaissent dans la région. Quelconques, ils sont souvent très mal situés (lire l'encadré p. 374).

Tout établissement situé à l'ouest de Jl Legian se trouve à moins de 10 minutes de marche de la plage.

Tuban

Un chapelet de grands hôtels, fréquentés par les groupes, jalonne la plage (parfois inexistante) de Tuban. Ces établissements sont prisés des groupes ; beaucoup proposent un large choix d'activités pour les enfants.

Patra Jasa Bali Resort & Villas RESORT **$$**
(Carte p. 57 ; ☎0361-935 1161 ; www.thepatrabali.com ; Jl Ir H Juanda ; ch 80-200 $US ;). À l'extrémité sud de Tuban près de Kuta Reef Beach, ce complexe discret et paisible est proche de l'animation grâce à la promenade de bord de plage. La spacieuse propriété est dotée de 2 piscines et d'immenses jardins. Les 228 chambres sont classiques mais plaisantes, tandis que les villas ont l'atout d'une belle vue sur la mer depuis leur terrasse.

Kuta

Arpenter ruelles et *gang* à la recherche d'une chambre bon marché tient souvent du rite de passage. Malgré le nombre croissant de chaînes, les petits établissements familiaux sont encore nombreux. Certains des hôtels de Jl Legian sont du genre à supposer qu'un homme seul qui réserve une chambre simple souhaite en réalité une chambre double, et cherche de la compagnie.

SUR LA PLAGE

Les hôtels situés dans Jl Pantai Kuta sont séparés de la plage par une grande artère au sud de Jl Melasti.

Stones RESORT **$$$**
(Carte p. 50 ; ☎0361-300 5888 ; www.stoneshotelbali.com ; Jl Pantai Kuta ; ch à partir de 160 $US ;). De l'autre côté de la route par rapport à Kuta Beach, ce nouveau complexe, affilié à Marriott, se targue d'une immense piscine et de près de 300 chambres réparties dans des bâtiments de 5 étages. Le style est chic et contemporain, et les équipements (TV à écran HD, etc.) sont sophistiqués.

CENTRE DE KUTA

Vous avez de bonnes chances de trouver un hébergement bon marché dans les rues suivantes : Gang Sorga, Gang Bedugul et Jl Lebak Bene.

♥ **Hotel Ayu Lili Garden** HÔTEL **$**
(Carte p. 50 ; ☎0361-750557 ; ayuliligardenhotel@yahoo.com ; près de Jl Lebak Bene ; ch avec ventil/clim à partir de 150 000/250 000 Rp ;). Sis dans un quartier assez calme à proximité de la plage, cet hôtel familial à l'ancienne loue 22 chambres de style bungalow. Bonnes prestations et avec un supplément vous profiterez de bonus comme un réfrigérateur.

Mimpi Bungalows HÔTEL **$**
(Carte p. 50 ; ☎0361-751848 ; kumimpi@yahoo.com.sg ; Gang Sorga ; ch 250 000-500 000 Rp ;). Les moins chères des 12 chambres de style bungalow sont les plus avantageuses (mais n'ont que des ventilateurs). Le jardin, agrémenté d'orchidées, offre de l'ombre et une piscine correcte.

Kuta Bed & Breakfast GUESTHOUSE **$**
(Carte p. 50 ; ☎0821 4538 9646 ; www.hanafi.net ; Jl Pantai Kuta 77 ; ch à partir de 250 000 Rp ;). Juste en face du Bemo Corner, cette toute nouvelle *guesthouse* compte 9 chambres confortables. Elle est dotée de tous les équipements de base, à 10 minutes à pied de la plage (10 minutes en voiture de l'aéroport).

Suji Bungalow HÔTEL **$**
(Carte p. 50 ; ☎0361-765804 ; www.sujibglw.com ; près de Poppies Gang I ; avec ventil/clim à partir de 250 000/380 000 Rp ;). Très gai, le Suji regroupe 47 bungalows et chambres autour d'une piscine (toboggan pour enfants) dans un vaste et paisible jardin. Vérandas et terrasses invitent au farniente. Wi-Fi dans certaines chambres.

Bendesa HÔTEL **$**
(Carte p. 50 ; ☎0361-754366 ; www.bendesaaccommodation.com ; en retrait de Poppies Gang II ; ch 15-40 $US ;). Les 42 chambres

KUTA, BERCEAU DU TOURISME À BALI

En 1839, Mads Lange, marchand de coprah et aventurier danois, implanta avec succès un comptoir près de l'actuelle Kuta et devint un médiateur apprécié entre les rajas (princes ou seigneurs) locaux et les Hollandais qui cherchaient à étendre leur territoire. Son entreprise déclina dans les années 1850 et il mourut subitement, probablement empoisonné, alors qu'il s'apprêtait à retourner au Danemark. Sa **tombe** (carte p. 57 ; Jl Tuan Langa) se trouve là où il vivait, un coin tranquille et ombragé, près de la rivière. Lange élevait des dalmatiens et, aujourd'hui, les habitants croient un peu le revoir dans tout chien tacheté de noir et blanc.

Le tourisme balnéaire démarra à Bali dans les années 1930, lorsque Bob et Louise Koke – couple de globe-trotteurs américains – eurent ouvert une petite pension sur la plage de Kuta, alors quasi déserte. Leurs hôtes, des Européens et des Américains pour la plupart, logeaient dans des paillotes de style balinais. Bob initia les gens du pays au surf, que lui-même avait découvert à Hawaii.

Kuta changea vraiment à la fin des années 1960, lorsqu'elle devint une étape sur l'itinéraire des hippies entre l'Australie et l'Europe. Au début des années 1970, on pouvait y trouver des *losmen* (petits hôtels de style balinais) installés dans de ravissants jardins, des restaurants accueillants, des vendeurs de champignons magiques et une exquise douceur de vivre. Des Indonésiens entreprenants profitèrent des possibilités économiques offertes par l'arrivée des touristes et des surfeurs, s'associant souvent pour cela à des étrangers trop heureux de trouver un prétexte pour demeurer sur l'île.

Legian, le village au nord, commença à se développer au milieu des années 1970 comme une alternative à Kuta. Aujourd'hui, on a bien du mal à voir où commence une localité et où s'arrête l'autre.

occupent un bâtiment de 3 niveaux donnant sur la piscine. L'endroit réussit à rester tranquille, au cœur de l'agitation. Proprettes, les chambres les moins chères ont l'eau froide (parfois avec baignoire). Wi-Fi dans certaines chambres seulement.

Puri Agung Homestay GUESTHOUSE $

(Carte p. 50 ; ☎0361-750054 ; près de Gang Bedugul ; ch avec ventil/clim à partir de 120 000/200 000 Rp ; ❄). Les fêtards apprécient les 12 chambres sombres (eau froide uniquement) de cette jolie petite *guesthouse*, pourvue d'un jardin pareil à une grotte. Pour ceux qui préfèrent vivre le jour, les chambres du dernier étage sont plus lumineuses.

Kayun Hostel Downtown AUBERGE DE JEUNESSE $

(Carte p. 50 ; ☎0361-758442 ; www.kayun-downtown.com ; Jl Legian ; dort à partir de 190 000 Rp ; ❄ 📶 🏊). Cette nouvelle auberge de jeunesse ne manque pas de style, mais cela peut passer inaperçu en raison de sa proximité avec les plus fameuses discothèques de Kuta. Dortoirs de 4 à 20 lits, petite piscine et petit-déjeuner inclus.

♥ **Un's Hotel** HÔTEL $$

(Carte p. 50 ; ☎0361-757409 ; www.unshotel.com ; Jl Benesari ; ch 33-80 $US ; ❄ 📶 🏊). L'entrée, bien cachée, laisse augurer de la tranquillité de cet hôtel. Deux bâtiments à étage (celui du sud est le plus calme) abritent 30 chambres spacieuses (les moins chères avec ventil), avec meubles anciens, chaises longues en rotin et sdb extérieures. Les balcons, ornés de bougainvillées, donnent sur la piscine.

♥ **Poppies Bali** HÔTEL $$

(Carte p. 50 ; ☎0361-751059 ; www.poppiesbali.com ; Poppies Gang I ; ch 85-120 $US ; ❄ @ 📶 🏊). Une institution de Kuta. Le luxuriant domaine accueille 20 bungalows à toit de chaume et baignoire extérieure. Possibilité de lits jumeaux ou extra-larges. Piscine entourée de sculptures et de fontaines, au milieu d'un jardin – on oublie la ville autour.

Love Fashion Hotel HÔTEL $$

(Carte p. 50 ; ☎0361-849 6688 ; www.lovefhotels.com ; Jl Legian 121 ; ch à partir de 100 $US ; ❄ 📶 🏊). En plein cœur de Kuta (ils se réclament de Legian, mais soyons réaliste !), ce nouvel hôtel tape-à-l'œil de 202 chambres est la propriété de la chaîne télévisée Fashiontv, souvent diffusée dans les discothèques. La décoration est très clinquante, avec miroirs et jeux de lumière. Jacuzzi et bar sur le toit.

Legian

SUR LA PLAGE

Au nord de Jl Melasti, une partie de la route bordant la plage est enclose d'un portail interdisant quasiment toute circulation. Du coup, les hôtels du secteur profitent d'une promenade calme et goudronnée, sur le front de mer.

Sari Beach Hotel HÔTEL $$

(Carte p. 50 ; 0361-751635 ; www.saribeachinn.com ; près de Jl Padma Utara ; ch à partir de 60 $US ;). Au bout d'un long *gang*, cet hôtel en bord de plage propose des prix attrayants. Chacune des 21 chambres est dotée d'un patio et les plus belles, d'une grande baignoire. Petites statues et jeux d'eau égaient le verdoyant jardin. Trois nuitées au minimum.

Bali Mandira Beach Resort HÔTEL $$$

(Carte p. 50 ; 0361-751381 ; www.balimandira.com ; Jl Padma 2 ; ch à partir de 150 $US ;). Le jardin, où fleurissent des oiseaux de paradis, est à l'image de cet hôtel de 191 chambres aux prestations complètes. Les bungalows, redécorés, sont équipés d'une sdb semi-extérieure. La spectaculaire piscine perchée au-dessus d'un bel édifice en pierre (qui abrite un spa) offre une magnifique vue sur l'océan, à l'instar du café.

Seaside Villas VILLAS $$$

(Carte p. 50 ; 0361-737138 ; www.seasidebali.com ; 18 Jl Pantai Arjuna ; 150-400 $US ;). Sur une portion de plage prisée au sud de la très branchée Double Six Beach, ces 3 villas de 1 à 3 chambres entourées de jardins luxuriants rappellent les constructions d'adobe de Santa Fé, au Nouveau Mexique, et jouissent d'une intimité étonnante vu leur emplacement. La plage est à deux pas, après une double porte, une fontaine et un parking.

CENTRE DE LEGIAN

Island HÔTEL $

(Carte p. 50 ; 0361-762722 ; www.theislandhotel-bali.com ; Gang Abdi ; dort à partir de 20 $US, ch à partir de 50 $US ;). Une trouvaille ! Caché dans un joli lacis de venelles à l'ouest de Jl Legian, ce hôtel élégant se situe au croisement des *Gang* 19, 21 et Abdi. Il possède un dortoir "deluxe" à 8 lits.

Sri Beach Inn GUESTHOUSE $

(Carte p. 50 ; 0361-755897 ; Gang Legian Tewngah ; ch avec ventil/clim à partir de 200 000/350 000 Rp ;). Au bout d'une série de sentiers menant au cœur du vieux Legian, là où bruissent les palmiers, vous attendent 5 chambres d'hôtes, avec eau chaude, clim (réfrigérateur pour les plus chères). Tarifs avantageux pour les locations au mois.

DOUBLE SIX BEACH

Blue Ocean HÔTEL $

(Carte p. 50 ; 0361-730289 ; près de Jl Pantai Arjuna ; ch avec ventil/clim à partir de 250 000/400 000 Rp ;). Idéalement situé, presque sur la plage, cet hôtel sommaire dispose d'agréables sdb extérieures avec eau chaude. Sur les 25 chambres, beaucoup sont équipées de cuisine. À proximité, l'animation bat son plein jour et nuit.

Hotel Kumala Pantai HÔTEL $$

(Carte p. 50 ; 0361-755500 ; www.kumalapantai.com ; Jl Werkudara ; ch 80-160 $US ;). Quelque 173 chambres spacieuses, avec sdb en marbre (douche et baignoire distinctes), dans des bâtiments sur 3 niveaux, au cœur d'un luxuriant jardin, face à la très courue Double Six Beach. Copieux petit-déjeuner buffet. Tarifs Wi-Fi élevés (Wi-Fi dans certaines chambres seulement).

Double-Six RESORT $$$

(Carte p. 50 ; 0361-730466 ; www.double-six.com ; 66 Double Six Beach ; ch à partir de 400 $US ;). Sis à l'emplacement du légendaire club du même nom, ce nouveau complexe luxueux est à la pointe du high-tech. La plupart des chambres et suites spacieuses donnent sur la plage éponyme. Innombrables services, dont ceux d'un majordome disponible 24h/24. La piscine de 120 m est l'une des plus grandes de Bali. Il est prévu d'aménager un vaste bar sur le toit.

Où se restaurer

On ne compte plus les endroits où se restaurer à Kuta et à Legian, notamment les cafés servant sandwichs, pizzas et petits plats indonésiens. Au milieu de tout cela se cachent d'authentiques *warung* balinais.

Si vous recherchez l'atmosphère relax des cafés de voyageurs, il suffit d'arpenter les *gang* en suivant la foule. Pour faire des provisions, les épiceries Circle K, omniprésentes, sont ouvertes 24h/24.

Quant aux vastes restaurants de Jl Sunset, qui font l'objet d'une intense promotion, ils souffrent du bruit de la circulation et visent une clientèle de groupes.

LES COW-BOYS DE KUTA

On les voit sur toutes les plages du sud de Bali. Ces jeunes gens à la peau ambrée et tatouée, aux cheveux longs, affichent tous la même amabilité. Surnommés les "Kuta cow-boys", ils accompagnent volontiers les femmes d'un certain âge (du Japon, d'Australie ou d'ailleurs) venues trouver un compagnon sur les plages de Bali...

Les rapports entre ces étrangères et les Balinais ne se résument pas à un simple échange d'argent contre des services sexuels (une pratique illégale à Bali) : si les cow-boys de Kuta ne reçoivent pas d'argent directement, leurs "amies" leur paient généralement repas, cadeaux, et même parfois le loyer.

Le documentaire *Cow-Boys in Paradise* (www.cowboysinparadise.com) d'Amit Virmani parle de ce phénomène balinais. Le réalisateur en eut l'idée après qu'un jeune garçon balinais lui a dit vouloir "offrir ses services sexuels aux filles japonaises" quand il serait grand. Ce film se penche sur la vie de ces jeunes hommes de Kuta en explorant les effets économiques et affectifs de ces flirts éphémères et répétés avec des touristes.

jardin luxuriant, il est orné de petits galets au sol et dégage une atmosphère romantique. Le menu annonce des plats occidentaux, thaïlandais et balinais. Le *rijstaffel* (divers mets indonésiens accompagnés de riz) et les produits de la mer sont très appréciés.

Made's Warung INDONÉSIEN $$

(Carte p. 50 ; ☎0361-755297 ; www.madeswarung.com ; Jl Pantai Kuta ; repas à partir de 40 000 Rp ; ⊙8h-23h). Made fut le premier *warung* touristique à Kuta et son menu occidentalisé a été maintes fois copié. Les plats comme le *nasi campur* (riz avec différents accompagnements) sont servis dans une salle ouverte à l'avant qui rappelle l'époque où Kuta était éclairée au moyen de lampes à pétrole.

LE LONG DE JL LEGIAN

Les possibilités de restauration semblent infinies le long de Jl Legian ; elles sont loin d'être toutes bonnes.

Kopi Pot CAFÉ $$

(Carte p. 50 ; ☎0361-752614 ; Jl Legian ; repas 60 000-150 000 Rp ; ⊙8h-minuit ; wifi). À l'ombre des arbres, une adresse très prisée pour ses cafés, ses milk-shakes et sa farandole de desserts. La salle à manger ouverte, sur plusieurs niveaux, se situe à l'écart de la pollution de Jl Legian.

Boardriders Café CAFÉ $$

(Carte p. 50 ; ☎0361-761838 ; Jl Legian 362 ; plats à partir de 55 000 Rp ; ⊙8h-22h ; wifi). Dans ce café branché, qui fait partie d'une immense boutique Rip Curl, on peut feuilleter des magazines de surf parmi le grand choix de milk-shakes, burgers, *fish and chips*, viennoiseries, jus de fruits et smoothies.

LE LONG DE POPPIES GANG II ET SES ENVIRONS

♥ **Fat Chow** ASIATIQUE $$

(Carte p. 50 ; ☎0361-753516 ; www.fatchowbali.com ; Poppies Gang II ; plats à partir de 45 000 Rp ; ⊙10h-22h). Un café traditionnel ouvert à l'avant, revisité avec style et modernité. Pour déguster les plats aux accents chinois et asiatiques, choisissez entre les longues tables de pique-nique, les petites tables et les transats. Les nombreux mets sont à partager entre amis. Nos coups de cœur : la salade asiatique croquante, les petits pains au porc, les crevettes de Tokyo et le burger oriental.

Stakz Bar & Grill INTERNATIONAL $$

(Carte p. 50 ; ☎0361-762129 ; www.stakzbarandgrill.com ; Jl Benesari ; plats 40 000-80 000 Rp ; ⊙8h-23h). Ce café très populaire compte quelques clients célèbres (notamment le joueur de rugby australien Todd Carney, connu pour ses démêlés avec la justice, et l'ex-détenue Schapelle Corby, accusée de trafic de drogue) et brille par son excellente cuisine, en particulier ses délicieux burgers, salades et sandwich bios. Installez-vous dans un canapé et sirotez en verre en réfléchissant à une façon d'inscrire votre nom à la une des journaux.

Balcony INTERNATIONAL $$

(Carte p. 50 ; ☎0361-757409 ; Jl Benesari 16 ; repas 50 000-150 000 Rp ; ⊙6h-23h). Décor tropical aéré surplombant l'agitation de Jl Benesari. Partez d'un bon pied grâce au menu du petit-déjeuner proposant œufs et crêpes. Le soir : pâtes, viande grillée et quelques classiques indonésiens.

Les plus belles plages de Bali et Lombok

Bali et Lombok, ourlées de plages de sable dont la couleur varie du blanc au noir, sont bordées de majestueuses vagues, puissantes ou calmes. Elles attirent de nombreux visiteurs, venus y bronzer, pratiquer le yoga, courir, surfer, faire de la plongée ou du snorkeling et, bien sûr, passer du bon temps. Le choix est tel que vous n'aurez pour seules limites que votre imagination… et la durée de votre séjour.

- Plages
- Surf
- Plongée
- Vie marine

Ci-dessus : coucher du soleil à Kuta Beach (p. 48), Bali

FELIX HUG / GETTY IMAGES ©

1. Kuta Beach (p. 48), Lombok 2. Padang Padang Beach (p. 104)
3. Echo Beach (p. 94) 4. Gili Trawangan (p. 290)

PAUL KENNEDY / GETTY IMAGES ©

Plages

Les plages sublimes sont si nombreuses à Bali et Lombok que le plus simple tient à les classer par région. Chacun des cinq secteurs ci-après recèle sa part de merveilles balnéaires.

De Tuban à Echo Beach

S'étendant sur 12 km en direction du nord-ouest, depuis l'aéroport jusqu'à Pererenan Beach (p. 94), c'est la plage qui a rendu l'île de Bali célèbre. Ce terrain de jeux aux multiples facettes séduira un public varié – surfeurs, branchés, familles, solitaires, fêtards, etc.

Plages de Bukit

De nombreuses falaises de la côte ouest de la péninsule de Bukit (p. 98) abritent de petites criques de sable blanc. Ainsi en va-t-il à Balangan, Bingin et Padang Padang. Si rejoindre ces plages (et leurs voisines) peut se révéler ardu, la vue sur les *breaks* de surf est fantastique, les petits *warung* sont encore en bambou et les eaux, sublimes.

Plages de la côte est

Ce vaste croissant de sable noir volcanique issu des pentes du Gunung Agung débute au nord de Sanur et borde la côte est de l'île (p. 183). Certaines plages sont désertes, d'autres fréquentées par des surfeurs, alors que d'autres plus nombreuses encore mènent à des temples et à la découverte d'authentiques tranches de vie balinaises.

Plages du sud de Lombok

Sachez-le : la plus belle Kuta Beach ne se trouve pas à Bali, mais le long de la côte sud de Lombok (p. 280). À l'est et à l'ouest de cette Kuta, vous attendent une dizaine de somptueuses baies ourlées de sable blanc, épargnées par l'industrie du tourisme.

Plages des îles Gili

Les îles Gili (p. 288) – Trawangan, Meno et Air – sont toutes bordées de ravissantes plages. Vous pourrez les arpenter, faire du snorkeling au large, céder à la gourmandise et tout simplement vous détendre.

Surf

Pour maints voyageurs, le surf est la principale motivation d'un séjour à Bali. De fait, la culture du surf fait partie intégrante de l'identité insulaire. À Lombok, le rythme de vie est plus serein, mais les vagues tout aussi puissantes.

Kuta Beach

Kuta Beach (p. 48), la première plage de surf de Bali, a toujours la cote. On ne peut qu'être séduit par cette immense étendue de sable, où les surfeurs profitent d'excellents *breaks* faciles à rejoindre depuis le rivage. Pour s'initier, il est facile de s'en remettre à l'une des multiples écoles de surf, dont les cours ont lieu tout au long de la journée.

Echo Beach

Echo Beach (p. 94) a l'attrait de puissantes vagues doublées d'une foule de spectateurs. Il s'agit en fait du prolongement de la plage de Batu Bolong, tout aussi populaire. Les deux sont bordées de cafés où affluent les fans.

Ulu Watu

Ulu Watu (p. 105) est un spot de surf légendaire. C'est l'apogée d'une série de vagues qui déferlent le long de la côte ouest de la péninsule de Bukit. Les conditions sont parfois difficiles et l'on peut passer des jours à essayer de trouver la vague parfaite.

Nusa Lembongan

Nusa Lembongan (p. 128), au large de Bali, est idéale pour surfer des jours durant. Les *breaks* – accessibles en bateau – sont à proximité, derrière les récifs. Mais on y trouve également des hébergements bon marché avec vue sur les vagues, idéal pour choisir à quel moment se jeter à l'eau.

Tanjung Desert

Tanjung Desert (Desert Point ; p. 267) à Lombok est acclamée à juste titre, même si c'est un spot reculé. La saison y est courte – mai à septembre – et le *break*, une vague d'exception, difficile même pour les plus expérimentés, est une récompense pour tous.

1

1. Surfeur, Ulu Watu (p. 105) **2.** Surfeur, péninsule de Bukit (p. 98) **3.** Transport des planches de surf sur Kuta Beach (p. 48), Bali

3

TOM COCKREM / GETTY IMAGES ©

1

2

1. Plongeur, Nusa Penida (p. 136) 2. Corail au large de Pulau Menjangan (p. 247) 3. Plongeur observant l'épave du *Liberty* à Tulamben (p. 216)

Plongée

Les îles sont émaillées d'excellents spots de plongée et les prestataires de qualité pour accompagner vos explorations ne manquent pas. Des simples plongées le long d'une paroi de corail aux sorties pour observer d'impressionnantes créatures marines, il existe forcément un site adapté à vos envies et à votre niveau.

Tulamben

Sur la route côtière de l'est de Bali, Tulamben (p. 215) regroupe plusieurs centres de plongée. Le cargo *Liberty*, coulé lors de la Seconde Guerre mondiale, gît à un jet de pierre de la rive. Vous pourrez plonger et snorkeler sur l'épave, suivre des cours et participer à des excursions.

Gili Trawangan

L'îlot est fabuleux pour pratiquer la plongée et le snorkeling (p. 290). Les sites où explorer les profondeurs et les récifs ne manquent pas autour des trois îles Gili. On y pratique l'apnée (*freediving*), et le snorkeling est possible directement depuis les plages.

Nusa Penida

Rarement visitée, Nusa Penida (p. 136) est entourée de fonds sublimes. Les conditions peuvent être difficiles – un excellent centre de plongée est indispensable – mais, selon l'époque de l'année, on peut croiser d'énormes poissons-lunes et des raies mantas.

Nusa Lembongan

Une bonne base (p. 128) pour explorer les multiples sites de l'île, dans les mangroves des environs et les deux îles voisines. Bien encadré, vous pourrez faire une plongée dérivante entre Nusa Ceningan et Lembongan. Les mangroves se prêtent à des heures de snorkeling et de plongée.

Pulau Menjangan

Avec ses dizaines de sites splendides, c'est le spot (p. 247) le plus connu de Bali. La plongée y est excellente : poissons tropicaux, coraux mous, visibilité souvent très bonne, grottes ainsi qu'un tombant spectaculaire. Allez-y à la faveur d'une excursion avec nuitée à Pemuteran.

Autres activités

Sate Bali COURS DE CUISINE

(Carte p. 72 ; 0361-736734 ; Jl Kayu Aya 22 ; cours à partir de 375 000 Rp ; 9h30-13h30). Sate Bali organise un excellent cours de cuisine balinaise, sous la houlette du chef réputé Nyoman Sudiyasa. Les participants apprennent à préparer les épices et les *sambal*, qui servent ensuite à parfumer le canard, le poisson et le porc.

Deluta Surf SURF

(Carte p. 72 ; Jl Petitenget 40x ; location surf à partir de 100 000 Rp/jour ; 9h-19h). Location de planches et de matériel de surf près de Seminyak Beach.

Où se loger

Les hébergements ne manquent pas à Seminyak, qu'il s'agisse d'hôtels internationaux, tel l'Oberoi, ou de modestes établissements cachés dans les ruelles. C'est également ici que débute la zone des villas, laquelle s'étend vers le nord en empiétant sur les rizières. Pour nombre de visiteurs, le rêve absolu tient d'une villa avec piscine privée.

Dans le sud de Bali, d'innombrables hôtels de chaîne de catégorie moyenne ajoutent Seminyak à leur nom pour gagner en prestige, même s'ils sont parfois très éloignés de la ville ; certains sont même situés à Denpasar (voir encadré p. 374) !

LES MÉANDRES DE SEMINYAK

Le cœur de Seminyak borde Jl Kayu Aya (ou Jl Oberoi/Jl Laksmana), une artère tortueuse. Depuis la très animée Jl Basangkasa, elle part en direction de la plage, puis bifurque vers le nord à travers une partie de Seminyak que certains appellent Jl Petitenget (le nom officiel, mais peu usité, de la rue est Jl Pantai Kaya Aya). Quand elle s'incurve dans Seminyak et entre dans Kerobokan, cette artère est bordée d'une profusion de restaurants, de boutiques haut de gamme et d'hôtels. On l'appelle généralement Jl Raya Petitenget lorsqu'elle finit par virer à l'est et croise Jl Raya Kerobokan. L'aménagement de trottoirs a rendu cette voie, jadis un cauchemar piétonnier, plus adaptée au lèche-vitrines ou à la flânerie de café en café.

Jl Camplung Tanduk et ses environs

Ned's Hide-Away GUESTHOUSE $

(Carte p. 72 ; 0361-731270 ; nedshide@dps.centrin.net.id ; Gang Bima 3 ; ch avec ventil/clim à partir de 150 000/200 000 Rp ;). Cette *guesthouse* est gérée par une famille adorable. D'un bon rapport qualité/prix, les 16 chambres modestes sont installées derrière le Bintang Supermarket. Une nouvelle annexe renferme des chambres très économiques et d'autres plus confortables.

Green Room GUESTHOUSE $

(Carte p. 72 ; 0361-738894 ; www.thegreenroombali.co ; Gang Puri Kubu 63B ; ch 40-80 $US ;). Une adresse abordable avec un petit côté "île de Robinson Crusoé". Piscine et *bale* (pavillon traditionnel) doté d'un espace média. Décor tropical dans certaines des chambres (les moins chères avec ventil). Plage à 400 m.

Inada Losmen GUESTHOUSE $

(Carte p. 72 ; 0361-732269 ; putuinada@hotmail.com; Gang Bima 9; s/d partir de 130 000/150 000 Rp). Adresse très économique cachée dans un *gang* derrière le Bintang Supermarket, à quelques minutes à pied des clubs, de la plage et des autres joies de Seminyak. Les 12 chambres sont petites et assez sombres.

Raja Gardens GUESTHOUSE $$

(Carte p. 72 ; 0361-730494 ; jdw@eksadata.com ; en retrait de Jl Camplung Tanduk ; ch ventil/clim à partir de 400 000/600 000 Rp ;). Pratiquement sur la plage, cette maison d'hôtes bénéficie du calme et de vastes pelouses. Ses 9 chambres, plutôt monacales, sont pourvues d'une sdb extérieure et de pléthore de plantes en pot.

Villa Karisa HÔTEL $$

(Carte p. 72 ; 0361-739395 ; www.villakarisabali.com ; Jl Drupadi 100X ; ch 85-140 $US ;). Idéalement situé dans un petit *gang* à l'écart de l'agitation de Jl Drupadi, ce grand hôtel de style villa loue des chambres tout confort décorées d'ancien. Les hôtes se retrouvent dans le salon commun ou autour de la piscine de 12 m. La chambre "Shiva" est rehaussée d'antiquités de style javanais.

Sarinande Beach Inn HÔTEL $$

(Carte p. 72 ; 0361-730383 ; www.sarinandehotel.com ; Jl Sarinande 15 ; ch 450 000-650 000 Rp ;). Excellent rapport qualité/prix pour ces 26 chambres (sur 2 niveaux) encadrant une petite piscine. La décoration est un peu vieillotte, mais l'endroit, impeccable. Parmi les commodités figurent réfrigérateur, TV satellitaire, lecteur DVD et un café, sans oublier la plage, à 3 minutes à pied.

Luna2 Studiotel BOUTIQUE-HÔTEL $$$
(Carte p. 72 ; 0361-730402 ; www.luna2.com ; Jl Sarinande 20 ; ch 220-450 $US ;). La décoration très réussie de ce superbe hôtel évoque des peintres modernes comme Mondrian et Roy Lichtenstein. Les 14 studios aux couleurs vives sont équipés de cuisine, gadgets, balcons et accès au Space, le bar sur le toit. Également un cinéma de 16 places où sont notamment projetés des classiques de Kubrick, qui collent parfaitement au cadre de l'établissement.

Jl Kayu Aya et ses environs

De nouveaux complexes ouvrent leurs portes le long de la plage à Seminyak et Kerobokan. Parmi les plus prestigieux, l'Alila Seminyak, proche du Pura Petitenget, devrait être inauguré courant 2015.

Mutiara Bali HÔTEL $$
(Carte p. 72 ; 0361-734966 ; www.mutiarabali.com ; Jl Braban 77 ; ch 100-140 $US, ch 70-140 $US, villas à partir de 250 $US ;). Dissimulé dans une petite rue derrière Jl Kayu Aya, le Mutiara n'en est pas moins proche de quelques bons restaurants (200 m) et de la plage (800 m). Grandes et joliment meublées, les 29 chambres sont réparties dans des bâtiments sur 2 niveaux autour d'une piscine bordée de frangipaniers ; aussi, 17 villas privées.

Oberoi HÔTEL $$$
(Carte p. 72 ; 0361-730361 ; www.oberoihotels.com ; Jl Kayu Aya ; ch à partir de 300 $US, villas à partir de 550 $US ;). Face à l'océan, ce magnifique hôtel de style balinais, au luxe raffiné et discret, compte parmi les plus beaux. Chaque logement possède sa propre véranda et les villas entourées de murs avec vue sur la mer disposent d'une piscine. Depuis le café dominant la plage quasi privée, forte de nombreuses prestations, tout est luxe, calme et volupté.

Samaya VILLA $$$
(Carte p. 72 ; 0361-731149 ; www.thesamayabali.com ; Jl Kayu Aya ; villas à partir de 450 $US ;). Discret mais raffiné, le Samaya est l'une des meilleures options sur la plage du sud de Bali. Ses 30 luxueuses villas de style contemporain ont chacune une piscine privée. Le "Royal Compound", de l'autre côté de la route, s'occupe de la location de villas plus importantes. La nourriture est excellente, à commencer par le petit-déjeuner.

Pradha Villas VILLA $$$
(Carte p. 72 ; 0361-735446 ; www.pradhavillas.com ; Jl Kayu Jati 5 ; villas 250-500 $US ;). Les 11 villas sont à deux pas de certains des meilleurs restaurants, et de la plage, de Seminyak. De taille variable, chacune se prolonge d'un jardin clos avec piscine. Les Jacuzzis apportent une touche romantique et le petit-déjeuner est personnalisé.

Casa Artista GUESTHOUSE $$$
(Carte p. 72 ; 0361-736749 ; www.casaartistabali.com ; Jl Sari Dewi ; ch 135-200 $US ;). Une élégante maison d'artiste dont la propriétaire, danseuse professionnelle de tango, donne des cours. Les 10 petites chambres aux noms évocateurs, tels que "Passion" ou "Inspiration", occupent une belle maison de 2 étages avec piscine. Lustres en cristal dans certains espaces.

Où se restaurer

Outre la concentration de restaurants dans Jl Kayu Aya, on trouve de bonnes tables pour tous les budgets un peu partout. Certains restaurants se transforment nuitamment en night-clubs et, inversement, certains bars et discothèques servent une bonne cuisine.

Par ailleurs, Seminyak compte d'innombrables cafés.

Jl Camplung Tanduk et ses environs

Warung Mimpi INDONÉSIEN $
(Carte p. 72 ; 0361-732738 ; Jl Camplung Tanduk ; repas à partir de 40 000 Rp ; 8h-22h). Délicieux petit *warung*, ouvert sur la rue, au milieu de la cacophonie nocturne. Mari et femme mitonnent des classiques indonésiens frais et savoureux.

Kreol Kitchen AUSTRALIEN MODERNE $$
(Carte p. 72 ; 0361-738514 ; www.kreolkitchen.com ; Jl Drupadi 56 ; plats à partir de 50 000 Rp ; 8h-22h lun-sam). La cuisine australienne moderne est préparée avec des produits de Bali. Le mélange entre saveurs asiatiques et occidentales s'exprime dans des plats

Earth Cafe & Market
CAFÉ $$

(Carte p. 72 ; 0361-732805 ; www.earthcafebali.com ; Jl Kayu Aya ; plats à partir de 40 000 Rp ; 7h-23h ;). L'accent est mis sur le bio dans ce café-boutique végétarien récemment agrandi au beau milieu des commerces haut de gamme de Seminyak. Faites votre choix parmi salades créatives, sandwichs ou délices aux céréales complètes. À la carte des boissons figurent des jus de fruits frais tels que le "party detox" ("détox spécial fête").

Sate Bali
INDONÉSIEN $$

(Carte p. 72 ; 0361-736734 ; Jl Kayu Aya ; repas à partir de 100 000 Rp ; 11h-22h). Bien que situé au beau milieu d'une brochette de magasins, on apprécie ce petit café pour la cuisine balinaise traditionnelle du chef Nyoman Sudiyasa (qui tient aussi ici une école de cuisine). Le menu *rijstaffel* (165 000 Rp) est une symphonie de saveurs et de plats.

Ginger Moon
ASIATIQUE $$

(Carte p. 72 ; 0361-734533 ; www.gingermoonbali.com ; Jl Kayu Aya 7 ; plats 70 000-160 000 Rp ; 11h-minuit ;). L'Australien Dean Keddell fait partie des jeunes chefs qui ont succombé au charme de Bali. Son établissement est très attrayant, avec beaucoup d'espace, du bois sculpé et des palmiers. Le menu tient d'un florilège des meilleures spécialités asiatiques et les portions sont prévues pour être partagées.

Wacko Burger
BURGERS $$

(Carte p. 72 ; 0361-739178 ; www.wackoburger.com ; Jl Kayu Aya ; plats à partir de 50 000 Rp ; 12h-21h30). L'adresse idéale pour déguster burgers, oignons frits, frites, milk-shakes et autres, avec un large choix de sauces et de condiments. À l'écart de la route, dans une galerie marchande truffée d'œuvres d'art un peu ringardes.

Grocer & Grind
CAFÉ $$

(Carte p. 72 ; 0361-730418 ; www.grocerandgrind.com ; Jl Kayu Jati 3X ; plats à partir de 40 000 Rp ; 7h-22h ;). Ce qui s'apparente de prime abord à un énième café australien pimpant est l'un des établissements les plus branchés de Bali. Les sandwichs, salades et copieux petits-déjeuners de cette chaîne locale au développement fulgurant rencontrent un franc succès. À déguster dehors ou à table dans l'espace épicerie climatisé.

Bali Bakery
CAFÉ $$

(Carte p. 72 ; 0361-738033 ; www.balibakery.com ; Jl Kayu Aya ; plats à partir de 40 000 Rp ; 7h30-22h30 ;). Ses tables ombragées et sa belle carte de pâtisseries, de salades, de sandwichs et d'autres délices en font l'endroit le plus agréable de cette galerie marchande branchée de Seminyak Square. Un bon endroit pour se détendre avant de retourner faire du shopping.

Ultimo
ITALIEN $$

(Carte p. 72 ; 0361-738720 ; www.balinesia.co.id ; Jl Kayu Aya 104 ; repas 60 000-220 000 Rp ; 11h-23h). Vaste et toujours très couru, Ultimo se démarque de la pléthore de restaurants du secteur de Seminyak. Choisissez une table dominant l'animation de la rue ou installez-vous au calme, dans l'un des jardins ou à l'intérieur. Carte étonnamment authentique et armada de serveurs aux petits soins.

La Lucciola
FUSION $$$

(Carte p. 72 ; 0361-730838 ; Jl Petitenget ; plats 120 000-400 000 Rp ; 9h-22h). Restaurant de bord de mer raffiné avec, à l'étage, une belle vue sur les vagues, par-delà la jolie pelouse et la plage. Les clients se pressent dans le bar pour le coucher du soleil. Carte créative et internationale aux accents italiens.

Où sortir et prendre un verre

À Seminyak, la ligne de démarcation entre restaurants, bars et discothèques est un peu floue. Si l'on n'y trouve pas de club ouvert jusqu'à l'aube, les inconditionnels peuvent se replier au petit matin dans les établissements de Kuta et de Legian, plus au sud. Manneke-pis (p. 79) est réputé pour ses concerts de jazz organisés certains soirs.

Jl Camplung Tanduk est bordée de nombreux bars s'adressant aussi bien aux homos qu'aux hétéros ; le voisinage veille à la limitation du niveau sonore.

Jl Camplung Tanduk et ses environs

La Plancha
BAR

(Carte p. 72 ; 0361-730603 ; près de Jl Camplung Tanduk ; 8h-minuit). Le meilleur des bars de plage parmi ceux de la promenade au sud de Jl Camplung Tanduk. La Plancha propose les sempiternels parasols et fauteuils poires aux couleurs vives sur le sable et sert un menu aux influences espagnoles. Après le coucher du soleil, place aux DJ ou à des événements spéciaux, par exemple des fêtes sur la plage ou des projections de films de surf.

Bali Jo BAR
(Carte p. 72 ; ☎0361-847 5771 ; www.balijoebar.com ; Jl Camplung Tanduk ; ⊙15h-3h ; 📶). Les drag-queens font vibrer la maison, la foule dans la rue et le quartier entier en chantant à tue-tête tous les soirs. Curieusement, c'est un endroit intimiste où il fait bon siroter un verre choisi sur la longue liste des cocktails.

Ryoshi Seminyak House of Jazz BAR
(Carte p. 72 ; ☎0361-731152 ; Jl Raya Seminyak 17 ; ⊙musique à partir de 20h lun, mer et ven). Sous un toit de chaume traditionnel, cette filiale d'une chaîne locale de restaurants japonais organise des concerts de jazz trois soirs par semaine sur une scène intime. S'y produisent parmi les meilleurs talents du coin et de passage.

Dix Club GAY
(Carte p. 72 ; ☎0878 6568 6615 ; Jl Camplung Tanduk ; ⊙15h-3h). Fréquenté par une clientèle fidèle plutôt éclectique, ce petit bar incarne la convivialité. Des spectacles de cabaret y sont régulièrement programmés, avec force boas en plumes.

Jl Kayu Aya

Red Carpet Champagne Bar BAR
(Carte p. 72 ; ☎0361-737889 ; www.redcarpetchampagnebar.com ; Jl Kayu Aya 42 ; ⊙11h-tard). Choisissez parmi plus de 200 sortes de champagne dans ce bar glamour ultrasophistiqué, dans la rue la plus huppée de Seminyak. Foulez avec désinvolture le tapis rouge, puis buvez quelques flûtes en dégustant des huîtres au milieu des froufrous. Le bar ouvre sur la rue (mais en hauteur), afin que vous puissiez observer la plèbe.

COUCHERS DE SOLEIL À SEMINYAK

Une fois arrivé sur la plage au bout de Jl Camplung Tanduk, vous pourrez tourner à gauche et faire une virée dans les bars de plage (modestes ou luxueux). En bifurquant à droite, vous irez du côté des clubs branchés, comme le Ku De Ta, ou vers de sympathiques vendeurs de bière offrant des chaises en plastique et poussant parfois la chansonnette en s'accompagnant à la guitare.

Ku De Ta CLUB
(Carte p. 72 ; ☎0361-736969 ; www.kudeta.net ; Jl Kayu Aya 9 ; ⊙8h-tard). Le Tout-Bali (et quiconque aspire à en faire partie) se retrouve au Ku De Ta. La journée, des m'as-tu-vu surjouent les blasés en regardant la plage de sable. La foule afflue au coucher du soleil pour fumer un cigare au bar ou pour déguster une cuisine éclectique. Au fil de la nuit, la musique se fait de plus en plus forte.

Townhouse BAR
(Carte p. 72 ; ☎0361-885 0577 ; www.thetownhousebali.com ; Jl Kayu Aya ; ⊙8h-minuit dim-lun, 8h-3h mar-sam). Très en vogue, cet établissement polyvalent, fort de 5 niveaux, comporte un bar à jus de fruits, un restaurant et un lounge à cocktails très chics et un bar sur le toit. Dansez au son des DJ puis gagnez le toit pour profiter de la vue sur le "centre-ville" de Seminyak et l'océan Indien au loin.

Zappaz BAR
(Carte p. 72 ; ☎0361-742 5534 ; Jl Kayu Aya ; ⊙11h-minuit). Le Britannique Norman Findlay se produit ici tous les soirs. Suppléé par un groupe, il continue de jouer et de chanter avec le même enthousiasme, et le même niveau, depuis des années. La nourriture, en revanche, est à éviter.

Achats

Les magasins de Seminyak ont de quoi occuper le chaland des journées entières. Boutiques de créateur – la jeune industrie de la mode balinaise est très dynamique –, échoppes rétro chics, galeries d'art clinquantes, grands magasins à prix de gros et ateliers familiaux figurent au nombre des tentations locales.

Pour trouver les meilleures boutiques, commencez dans Jl Raya Seminyak, au niveau du Bintang Supermarket, puis dirigez-vous vers le nord dans Jl Basangkasa. Les détaillants se concentrent dans la zone immobilière à la mode de Jl Kayu Aya et dans Jl Kayu Jati puis, au nord, dans Jl Raya Kerobokan jusqu'à Kerobokan. Attention, ne vous laissez pas berner par les trottoirs tout neufs, au risque de choir sinon dans l'un des trous béants encore présents.

Si vous avez besoin d'aide pour vous y retrouver dans cette enclave consumériste, jetez un coup d'œil à la rubrique "Retail Therapy" dans le *Bali Advertiser* (www.baliadvertiser.biz). Elle est rédigée par

Marilyn (www.retailtherapybali.com), une ancienne commerçante qui porte un regard expert sur les boutiques du moment et propose des circuits de shopping sur mesure.

Accessoires

Vivacqua ACCESSOIRES
(Carte p. 72 ; 0361-736212 ; Jl Basangkasa 8 ; 10h-18h). Vend des sacs de toutes formes et de toutes tailles, des élégants et minuscules que l'on prend pour aller dans un restaurant chic de Kerobokan aux grands capables d'accueillir toutes sortes d'affaires de plage.

Sabbatha ACCESSOIRES
(Carte p. 72 ; 0361-731756 ; Jl Raya Seminyak 97 ; 10h-18h). Aussi fascinants qu'ostentatoires, de somptueux sacs à main et autres articles sont exposés comme autant de trésors.

Accessoires de plage et boutiques de surf

Les boutiques de surf de Seminyak rappellent celles de Kuta et vous trouverez aussi des succursales des grandes marques.

Drifter MATÉRIEL DE SURF
(Carte p. 72 ; 0361-733274 ; www.driftersurf.com ; Jl Kayu Aya 50 ; 9h-21h). Vêtements de surf, planches, matériel, livres et marques comme Obey et Wegener. Cette boutique doit sa réputation à la personnalité de ses fondateurs, deux surfeurs malins, et à l'excellent niveau des prestations. Également un petit café et un patio.

Blue Glue VÊTEMENTS POUR FEMME
(Carte p. 72 ; 0361-731130 ; www.blue-glue.com ; Jl Raya Seminyak 16E ; 9h-21h). De marque française, ces maillots de bain sont fabriqués à Bali. Également un **point de vente** (carte p. 72 ; Jl Basangkasa ; 9h-20h) proposant des fins de série à prix mini.

O'Neill MATÉRIEL DE SURF
(Carte p. 72 ; 0361-733401 ; www.oneill.com ; Jl Kayu Aya ; 9h-21h). Ce monument californien est implanté à Bali. Ses produits, entre vêtements décontractés, combinaisons de plongée et articles de surf, ont fait leurs preuves.

Librairies

Periplus Bookshop LIVRES
(Carte p. 72 ; 0361-736851 ; Jl Kayu Aya, Seminyak Sq ; 8h-22h). Cette chaîne de belles librairies, présente sur toute l'île, possède quantité d'ouvrages de design balinais, ainsi que des best-sellers, des journaux et des magazines.

Vêtements

À Bali, nombre de talentueux créateurs produisent leurs vêtements sur place.

Lulu Yasmine VÊTEMENTS POUR FEMME
(Carte p. 72 ; 0361-736763 ; www.luluyasmine.com ; Jl Kayu Aya ; 9h-21h). Pour dessiner ses élégantes lignes de vêtements, la créatrice Luiza Chang puise son inspiration dans ses voyages autour du monde.

Paul Ropp VÊTEMENTS
(Carte p. 72 ; 0361-735613 ; www.paulropp.com ; Jl Kayu Aya ; 9h-21h). La boutique principale de l'un des grands couturiers de Bali (pour homme et femme). Ses articles, pour la plupart fabriqués à quelques kilomètres de là dans les collines au-dessus de Denpasar, combinent des soies et des cotons somptueux à des couleurs chatoyantes, voire tape-à-l'œil, dans un style largement inspiré des *tie and dye* des années 1960.

Biasa VÊTEMENTS
(Carte p. 72 ; 0361-730308 ; www.biasabali.com ; Jl Raya Seminyak 36 ; 9h-21h). Boutique principale de la créatrice Susanna Perini, installée à Bali, dont la ligne exotique et élégante pour homme et femme mêle coton, soie et broderie, et aurait toute sa place dans une station balnéaire huppée. Il y a un autre **point de vente** au n°47 de Jl Basangkasa 47.

Niconico VÊTEMENTS
(Carte p. 72 ; 0361-738875 ; Jl Kayu Aya ; 9h-21h). Le créateur allemand Nico Genge propose des sous-vêtements, des tenues de vacances et des maillots de bain privilégiant la sobriété au clinquant. Il possède de nombreuses boutiques à Seminyak mais celle-ci dispose de la collection complète et d'une galerie d'art à l'étage.

Milo's VÊTEMENTS
(Carte p. 72 ; 0361-822 2008 ; www.milos-bali.com ; Jl Kayu Aya 992 ; 10h-20h). L'emblématique couturier balinais de parures en soie possède une somptueuse boutique dans le secteur des créateurs. À ne pas manquer : les batiks aux motifs d'orchidées colorés.

Divine Diva VÊTEMENTS POUR FEMME
(Carte p. 72 ; 0361-732393 ; www.divinedivabali.com ; Jl Kayu Aya 1A ; 9h-19h). Les beautés pulpeuses trouveront ici une joyeuse collection de modèles fabriqués sur l'île. Vous pourrez passer commande aux tailleurs travaillant sur place.

Mist VÊTEMENTS POUR FEMME
(Carte p. 72 ; ☎0361-737959 ; www.mistasiapacific.com.au ; Jl Kayu Aya 42 ; 9h-21h). La créatrice australienne Penny Pinkster excelle dans les vêtements sobres et confortables. Sa spécialité : les caftans.

Dinda Rella VÊTEMENTS POUR FEMME
(Carte p. 72 ; ☎0361-734228 ; www.dindarella.com ; Jl Raya Seminyak ; 10h-19h). Les sublimes robes de soirée de cette marque réputée sont dessinées et fabriquées à Bali. L'adresse idéale pour dénicher une tenue sexy et chic. Il y a une autre boutique dans Jl Kayu Aya.

Le Toko VÊTEMENTS
(Carte p. 72 ; Jl Kunti ; 9h-19h). Un créateur français basé à Bali imagine ces vêtements élégants au style tropical, parfaits pour une garde-robe de vacances.

Animale VÊTEMENTS
(Carte p. 72 ; ☎0361-734223 ; www.animale.com ; Jl Kayu Aya ; 9h-21h). L'une des marques les plus connues de Bali, Animale propose des collections pour homme et pour femme, dont le style classique fait la part belle aux couleurs et à l'élégance. Visitez leur **boutique** (carte p. 72 ; ☎0361-737 1544 ; Jl Raya Seminyak 31 ; 9h-20h) pour d'importantes remises sur leurs lignes les plus informelles.

Karma Koma VÊTEMENTS POUR FEMME
(Carte p. 72 ; ☎0361-741 7820 ; www.karmakoma.fr ; Jl Basangkasa ; 9h-20h). Une marque française de vêtements en coton à la fois pratiques, élégants et confortables.

Bamboo Blonde VÊTEMENTS POUR FEMME
(Carte p. 72 ; ☎0361-731864 ; www.bambooblonde.com ; Jl Kayu Aya 61 ; 9h-21h). Une jolie boutique de créateur emplie de robes à froufrous, de tenues sport ou sexy et de vêtements plus classiques.

Lily Jean VÊTEMENTS POUR FEMME
(Carte p. 72 ; ☎0811 398 272 ; www.lily-jean.com ; Jl Kayu Aya ; 10h-20h). D'affriolantes petites culottes viennent compléter une ligne osée de vêtements pour femme, en majorité fabriquée à Bali. Non loin, un autre point de vente, couvert de plantes, propose des articles en coton tout simples.

Galeries d'art

♥ **Theater Art Gallery** MARIONNETTES
(Carte p. 72 ; Jl Raya Seminyak ; 9h-20h). Récemment agrandie, cette galerie est spécialisée dans les marionnettes (pièces anciennes ou reproductions) utilisées dans le théâtre balinais traditionnel. Vaut le coup d'œil.

Kendra Gallery ART
(Carte p. 72 ; ☎0361-736628 ; www.kendragallery.com ; Jl Drupadi 88B ; 10h-19h). Cette galerie haut de gamme organise régulièrement des expositions créatives et bien conçues ainsi que des événements spéciaux.

Biasa Art Space ART
(Carte p. 72 ; ☎0361-847 5766 ; www.biasaart.com ; Jl Raya Seminyak 34 ; 9h-20h). Cette vaste et belle galerie – espaces intérieurs sur plusieurs niveaux et extérieurs autour d'un jardin – appartient à Susanna Perini, créatrice de la marque de vêtements Biasa. Les expositions privilégient les œuvres audacieuses d'artistes locaux et internationaux.

Kody & Ko ART
(Carte p. 72 ; ☎0361-737359 ; Jl Kayu Cendana ; 9h-21h). Les bouddhas polychromes en vitrine donnent le ton de cette boutique d'art et d'articles de décoration. Des expositions sont régulièrement organisées dans la grande galerie mitoyenne.

Kemarin Hari Ini ART
(Carte p. 72 ; ☎0361-735262 ; www.kemarinhariini.com ; Jl Basangkasa ; 9h-20h). Les objets en verre et autres encadrés chatoient dans la lumière de cette galerie claire et spacieuse. Des œuvres primitives voisinent avec des créations modernes épurés.

Articles pour la maison

♥ **Ashitaba** ARTISANAT
(Carte p. 72 ; Jl Raya Seminyak 6 ; 9h-20h). C'est à Tenganan, un village bali-aga de l'est de l'île, que sont fabriqués ces beaux articles ouvragés : récipients, bols et porte-monnaie notamment (à partir de 50 000 Rp) au tressage soigné.

White Peacock ARTICLES POUR LA MAISON
(Carte p. 72 ; ☎0361-733238 ; Jl Kayu Jati 1 ; 9h-20h). Craquez pour d'adorables coussins, des tapis, des nappes et autres jolies choses vendues dans cette boutique aux allures de maisonnette.

St Isador TEXTILES
(Carte p. 72 ; ☎0361-738836 ; Jl Kaya Aya 44 ; 9h-20h). Les ateliers en étage produisent une foule de ravissants draps, oreillers, etc. avec des tissus importés de toute l'Asie.

Indivie ARTISANAT
(Carte p. 72 ; ☎0361-730927 ; www.indivie.com ; Jl Raya Seminyak, Made's Warung ; ⏱9h-21h). Les œuvres de jeunes créateurs basés à Bali sont exposées dans ce singulier espace, un peu tape-à-l'œil.

Samantha Robinson ARTICLES POUR LA MAISON
(Carte p. 72 ; ☎0361-737295 ; www.samantharobinson.com.au ; Jl Kayu Jati 2 ; ⏱9h-20h). Dans sa petite boutique, cette créatrice de porcelaine de Sydney vend un grand choix d'objets.

Renseignements

Seminyak partage de nombreux services avec Kuta et Legian.

ARGENT

Central Kuta Money Exchange (carte p. 72 ; www.centralkutabali.com ; Jl Kunti 117X, Bali Deli ; ⏱7h-22h). Un bureau de change fiable.

DÉSAGRÉMENTS ET DANGERS

Seminyak est dans l'ensemble beaucoup plus tranquille que Kuta et Legian. Mais ne manquez pas de lire les avertissements (voir p. 365 et p. 377), en particulier ceux qui concernent la mer et la pollution de l'eau.

POSTE

Agence postale (carte p. 72 ; ☎0361-761592 ; Jl Raya Seminyak 17, Bintang Supermarket ; ⏱8h-20h). Pratique et plaisante.

SERVICES MÉDICAUX

Kimia Farma (carte p. 72 ; ☎0361-916 6509 ; Jl Raya Kerobokan 140 ; ⏱24h/24). Située à un grand carrefour, elle fait partie de la meilleure chaîne de pharmacies de Bali et on y trouve tous les médicaments prescrits.

Comment s'y rendre et circuler

Vous n'aurez aucun mal à héler un taxi équipé d'un compteur. Une course dans un taxi d'aéroport coûte environ 85 000 Rp depuis l'aéroport et environ 50 000 Rp dans l'autre sens. Vous pouvez aussi longer la plage à pied. Legian n'est qu'à 15 minutes.

Kerobokan

☎0361

Kerobokan, qui part du nord de Seminyak, abrite certains des plus beaux restaurants de Bali, des trains de vie fastueux et encore des plages. Les nouveaux complexes hôteliers criards se mêlent aux ensembles de villas. En certains endroits, le mélange de commerces et de rizières en terrasses est détonnant.

Plages

Kerobokan Beach PLAGE
(Carte p. 90). Bien que bordée de complexes clinquants et de clubs branchés, la plage de Kerobokan se révèle étonnamment calme. Or son accès plutôt malaisé tient la foule à distance : en effet, toutes les routes partant à l'ouest de Jl Petitenget s'arrêtent en cul-de-sac dans des propriétés. Vous pourrez atteindre la plage depuis Seminyak Beach plus au sud ou depuis Batubelig Beach.

Toutefois, l'accès le plus direct consiste à traverser Potato Head (p. 87) ou le complexe hôtelier W (p. 85). Les vagues sont plus violentes que plus au sud, soyez prudent quand vous vous baignez.

Batubelig Beach PLAGE
(Carte p. 90). La bande de sable se rétrécit dans ce secteur, mais il y a de bons endroits pour prendre un verre, en toute simplicité ou dans le luxe. Facilement accessible via Jl Batubelig, c'est un bon point de départ pour longer le croissant de plage direction nord-ouest jusqu'aux plages plus populaires et même jusqu'à Echo Beach.

Sachez cependant qu'à environ 500 m au nord, une rivière et un lagon se jettent dans l'océan. Il y a entre 0 et 1 m d'eau, voire bien davantage s'il a plu. Dans ce dernier cas, vous devrez emprunter l'amusante passerelle au-dessus du lagon pour rejoindre un café discret, d'où vous pourrez appeler un taxi (voir aussi p. 91).

À voir

Manger, boire, faire du shopping, aller à la plage et dormir : telles sont les activités pratiquées à Kerobokan. L'un des points de repère dans le paysage est la **prison de Kerobokan** (carte p. 72 ; Jl Gunung Tangkuban Perahu), de sinistre réputation, où fut incarcéré le Français Michaël Blanc.

Activités

Sundari Day Spa SPA
(Carte p. 72 ; ☎0361-735073 ; www.sundaridayspa.com ; Jl Petitenget 7 ; massage à partir de 230 000 Rp ; ⏱9h-20h). Ce joli spa s'efforce d'offir les services d'un complexe cinq-étoiles, mais à tarifs raisonnables. Les huiles de massage et autres produits sont bio.

Amo Beauty Spa SPA

(Carte p. 72 ; ☎0361-275 3337 ; www.amospa.com ; 100 Jl Petitenget ; massages à partir de 180 000 Rp ; ⊙9h-21h). Avec tous les top-modèles asiatiques que l'on y croise, on se croirait dans un studio de *Vogue*. En plus des massages sont proposés soins capillaires, soins des pieds ou encore épilations à la cire unisexes.

Jiwa Bikram Yoga YOGA

(Carte p. 72 ; ☎0361-841 3689 ; www.jiwabikramyogabali.com ; Jl Petitenget 78 ; cours à partir de 175 000 Rp ; ⊙9h-20h). Bien situé, cet établissement sans prétention organise différents types de cours de yoga, notamment du bikram yoga, du hot flow et du yin yoga.

Spa Bonita SPA

(Carte p. 72 ; ☎0361-731918 ; www.bonitabali.com ; Jl Petitenget 2000X ; massage à partir de 110 000 Rp ; ⊙9h-21h). Intégré à l'empire Waroeng Bonita, ce spa pour homme propose tout un éventail de prestations dans un cadre simple et raffiné.

Où se loger

Le problème des hôtels de catégorie moyenne mal situés touche également Kerobokan (voir p. 374). Au milieu des villas cossues et des complexes balnéaires, vous trouverez quelques adresses d'un bon rapport qualité/prix.

Guess House Hostel AUBERGE DE JEUNESSE $

(Carte p. 72 ; ☎0361-473 0185 ; www.guesshousehostel.com ; Jl Petitenget ; dort à partir de 170 000 Rp ; ❄@📶). En plein cœur de l'animation de Kerobokan, cette auberge de jeunesse assez récente comporte des dortoirs de 4, 6 et 10 lits. Il y a une cuisine, des sdb communes, une consigne à bagages, etc. Petit-déjeuner inclus.

Grand Balisani Suites HÔTEL $$

(Carte p. 90 ; ☎0361-473 0550 ; www.balisanisuites.com ; Jl Batubelig ; ch 80-200 $US ; ❄@📶🏊). Une propriété sophistiquée, donnant directement sur la plage prisée de Batubelig. Les 96 chambres spacieuses se prolongent d'une terrasse avec meubles en tek (certaines fortes d'un superbe point de vue). Wi-Fi dans les espaces communs uniquement.

Villa Bunga HÔTEL $$

(Carte p. 72 ; ☎0361-473 1666 ; www.villabunga.com ; Jl Petitenget 18X ; ch 40-80 $US ; ❄📶🏊). Véritable aubaine en plein centre de Kerobokan, ce petit hôtel compte 13 chambres réparties sur 2 niveaux autour d'une petite piscine. Quoique pas très grandes, les chambres sont modernes, propres et équipées d'un réfrigérateur.

Taman Ayu Cottage HÔTEL $$

(Carte p. 72 ; ☎0361-473 0111 ; www.tamanayucottage.com ; Jl Petitenget ; ch 40-100 $US ; ❄@📶🏊). Excellent rapport qualité/prix et fabuleux emplacement. La plupart des 52 chambres sont situées dans des bâtiments de 2 étages, autour d'une piscine entourée de grands arbres. Tout est un peu défraîchi, mais l'addition raisonnable compense largement.

♥ **Buah Bali Villas** VILLAS $$$

(Carte p. 72 ; ☎0361-854 9797 ; www.thebuahbali.com ; Jl Petitenget, Gang Cempaka ; villa à partir de 200 $US ; ❄📶🏊). Cette petite propriété compte seulement 7 villas (1 à 2 chambres). Comme dans beaucoup de résidences voisines, chacune possède son jardin clos avec piscine privée et agréable salon extérieur. L'emplacement est idéal : les adresses les plus prisées comme Biku et Potato Head sont à 5 minutes à pied.

W Retreat & Spa Bali – Seminyak COMPLEXE HÔTELIER $$$

(Carte p. 72 ; ☎0361-473 8106 ; www.starwoodhotels.com ; Jl Petitenget ; ch à partir de 400 $US ; ❄@📶🏊). Si l'on y retrouve l'ambiance habituelle soignée mais un peu aseptisée de nombreux hôtels W Retreat, on ne peut bouder l'emplacement sur une plage battue par les flots et la vue époustouflante. On y trouve restaurants et bars chics et branchés. Les chambres ont toutes un balcon mais ne donnent pas toujours sur l'océan.

Où se restaurer

Kerobokan compte certaines des meilleures tables de l'île, aussi bien économiques que haut de gamme.

Jl Petitenget

♥ **Warung Eny** INDONÉSIEN $

(Carte p. 72 ; ☎0361-473 6892 ; Jl Petitenget ; plats à partir de 35 000 Rp ; ⊙8h-22h). Dans ce minuscule *warung* ouvert à l'avant et presque entièrement dissimulé derrière des plantes en pot, Eny cuisine tout elle-même. Repérez la pancarte en bord de route, qui synthétise l'ambiance : "The love cooking"

Pantai BAR
(Carte p. 90 ; Batubelig Beach ; 9h-21h). Les autorités détruisent régulièrement les bars-cabanes qui apparaissent le long de ce beau tronçon de plage juste au nord du complexe W, mais Pantai résiste et continue de proposer des boissons bon marché, des tables dépareillées et une superbe vue sur les vagues et le coucher du soleil.

Mozaic Beach Club CLUB
(Carte p. 90 ; 0361-473 5796 ; www.mozaic-beachclub.com ; Jl Pantai Batubelig ; plats à partir de 150 000 Rp ; 10h-1h). Le restaurant d'origine, établi à Ubud, accorde beaucoup d'attention au moindre détail, tradition qui perdure dans ce beau club de bord de mer. Vous pourrez lézarder près de la superbe piscine ou papillonner entre le restaurant et le bar sophistiqués, sur plusieurs niveaux. Il y a moins de monde qu'on pourrait le croire et les boissons du jour sont accompagnées de tapas gratuites.

Achats

Des boutiques chics s'implantent sur Jl Petitenget. Jl Raya Kerobokan, au nord de Jl Sunset, compte d'intéressants magasins de déco et d'articles pour la maison. Sur Jl Raya Mertanadi, les magasins d'articles pour la maison foisonnent, beaucoup ressemblant plus à des fabriques qu'à des showrooms.

JJ Bali Button ART ET ARTISANAT
(Carte p. 72 ; Jl Gunung Tangkuban Perahu ; 9h-19h). D'innombrables perles et boutons en coquillage, plastique, métal et autres matériaux sont proposés dans cet endroit, qui s'adresse aux créatifs. Les boutons en bois aux gravures travaillées coûtent 700 Rp. Les enfants auront du mal à partir.

Bathe BEAUTÉ, ARTICLES POUR LA MAISON
(Carte p. 72 ; 0361-473 7580 ; www.bathestore.com ; Jl Petitenget 100X ; 9h-20h). Améliorez encore le confort de votre villa au moyen de bougies et de sels de bain artisanaux achetés dans cette boutique qui rappelle un dispensaire du XIXe siècle. On ne peut s'empêcher de sourire devant la baignoire remplie de canards en plastique.

Namu VÊTEMENTS
(Carte p. 72 ; 0361-279 7524 ; www.namustore.com ; Jl Petitenget 23X ; 9h-20h). La créatrice Paola Zancanaro confectionne des vêtements de plage confortables et décontractés. Tissus délicieusement agréables au toucher, nombreuses soieries peintes à la main.

Ganesha Bookshop LIBRAIRIE
(Carte p. 72 ; Jl Petitenget ; 8h-23h). Dans un coin du restaurant Biku, cette minuscule antenne de la meilleure librairie de l'île (à Ubud) recèle des perles de la littérature et autres trésors sur la région.

VIRÉE SHOPPING

À l'est de Seminyak et de Kerobokan s'étend une succession de rues bordées d'une grande variété de magasins intéressants qui vendent souvent des produits de leur fabrication : articles de maison, colifichets, tissus... Arrivé à la prison de Kerobokan, suivez vers l'est Jl Gunung Tangkuban Perahu durant 2 km, puis bifurquez vers le sud dans une rue portant le même nom (c'est Bali !).

Cette Jl Gunung Tangkuban Perahu est particulière et serpente jusqu'à Jl Gunung Soputan, flanquée de boutiques de part et d'autre. Au sud, elle devient Jl Gunung Athena, puis s'étend vers l'est et prend le nom de Jl Kunti II, où elle s'achève à l'intersection très fréquentée avec Jl Sunset et Jl Kunti.

IQI (0361-733181 ; Jl Gunung Tangkuban Perahu 274 ; 9h-18h). Sets de table (5 $US environ l'ensemble) et autres articles tissés sur place.

Wijaya Kusuma Brass (0813 3870 4597 ; Jl Gunung Soputan ; 9h-18h). Accessoires en cuivre pour l'ameublement et la maison.

Yoga Batik (Jl Gunung Athena ; 9h-18h). Les célèbres tissus indonésiens sous toutes leurs formes.

Rainbow Tulungagung (Jl Gunung Athena ; 9h-18h). Artisanat à base de marbre et de pierre. Les porte-savon font des souvenirs aisés à rapporter.

Hobo ARTICLES POUR LA MAISON

(Carte p. 72 ; 0361-733369 ; www.thehobostore.com ; Jl Raya Kerobokan 105 ; 9h-20h). L'élégance le dispute à l'insolite dans cette jolie boutique où sont exposés cadeaux et articles pour la maison, dont la plupart logeront sans problème dans votre bagage à main. Cette partie de Jl Raya Kerobokan compte de nombreux magasins intéressants.

Carga ARTICLES POUR LA MAISON

(Carte p. 72 ; 0361-847 8180 ; Jl Petitenget 886 ; 9h-21h). Cette jolie boutique est installée à l'écart du tumulte de Jl Petitenget, dans une maison ancienne entourée de palmiers. Élégants ou plus fantaisistes, les objets ont été glanés dans toute l'Indonésie.

Pourquoi Pas ANTIQUITÉS

(Carte p. 72 ; Jl Raya Mertanadi ; 9h-19h). Le restaurant L'Assiette, attenant, appartient à la même famille française que cette boutique qui croule sous les merveilles de tout l'archipel, et d'Asie du Sud-Est en général.

Nôblis ARTICLES POUR LA MAISON

(Carte p. 72 ; 0815 5800 2815 ; Jl Raya Mertanadi 54 ; 9h-19h). Un choix royal vous attend ici, avec des articles de décoration princiers du monde entier.

You Like Lamp ARTICLES POUR LA MAISON

(Carte p. 72 ; 0361-733755 ; Jl Raya Mertanadi ; 9h-19h). De jolies petites lampes en papier de formes variées – beaucoup peuvent recevoir des bougies – à prix imbattables. Si vous ne trouvez pas votre bonheur dans les rayons, le personnel, à l'étage, vous confectionnera en un tournemain la lampe souhaitée.

Bambooku ARTICLES POUR LA MAISON

(Carte p. 72 ; 0361-780 7836 ; www.bambooku.com ; Jl Raya Mertanadi ; 9h-19h). Le linge de maison à base de fibres de bambou est la spécialité de cette boutique bien ordonnée. Le tissu est étonnament doux et très apprécié des personnes souffrant d'allergies. Un ensemble de draps et taies d'oreiller pour lit double coûte 1 800 000 Rp.

Renseignements

Central Kuta Money Exchange
(carte p. 72 ; www.centralkutabali.com ; Jl Raya Kerobokan 51 ; 8h-20h). Un bureau de change fiable.

Comment s'y rendre et circuler

Comptez au moins 100 000 Rp pour un taxi depuis l'aéroport. Aux heures de pointe, le trajet peut durer presque une heure, quel que soit le sens. Gardez également à l'esprit que Jl Raya Kerobokan est parfois extrêmement polluée sur de longues périodes.

Même le plus malin des chauffeurs de taxi peut se perdre dans le labyrinthe des villas ; mieux vaut donc toujours avoir un plan ou des indications précises lors de ses déplacements. Pour héler un taxi, rejoignez un axe principal.

Bien que la plage puisse sembler irrésistiblement proche, peu de routes et de *gang* y mènent depuis l'est.

Canggu et ses environs

0361

Au nord et à l'ouest de Kerobokan, le secteur de Canggu est la région de Bali qui connaît l'essor le plus rapide. La plupart des infrastructures sont créées le long de la côte, bordée d'une immense plage, laquelle demeure malgré tout assez peu fréquentée. Kerobokan cède la place à Umalas à l'intérieur des terres et à Canggu à l'ouest, tandis qu'à proximité, Echo Beach est devenu un grand terrain de construction.

Les villas isolées empiètent peu à peu sur les rizières. La circulation peut vite devenir infernale, car, ici comme ailleurs, le réseau routier a plusieurs années de retard sur le développement immobilier. Dans ce labyrinthe de ruelles étroites, vous découvrirez des cafés originaux, de bonnes tables et des boutiques créatives. Laissez-vous guider par le bruit des vagues pour gagner les superbes plages, notamment celle de Batu Bolong.

Umalas

Au nord de Kerobokan s'étend une mosaïque de rizières ponctuées de villas d'expatriés. Lancé sur les petites routes, dénichez quelque ravissant *warung*, boutique originale ou autre bonne surprise.

Activités

Bali Bike Hire LOCATION DE VÉLOS

(Carte p. 90 ; 0361-202 0054 ; www.balibikehire.com ; Jl Raya Semer 61 ; à partir de 60 000 Rp/jour). Une équipe passionnée propose un large choix de vélos d'excellente facture, dispense une foule de conseils pour pédaler sur les

Canggu et Echo Beach

Canggu et Echo Beach

Les incontournables

1 Batu Bolong Beach A2

À voir

2 Batubelig Beach C3
3 Berawa Beach B2
4 Echo Beach A1
5 Kerobokan Beach C3
6 Nelayan Beach B2
7 Pererenan Beach A1
8 Prancak Beach B2

Activités

9 Bali Bike Hire D1
10 Canggu Club C2
11 Desa Seni C2

Où se loger

12 Big Brother Surf Inn C1
13 Canggu Bed & Breakfast C1
14 Coconuts Guesthouse Canggu B1
15 Desa Seni C2
16 Echoland A1
17 Grand Balisani Suites C3
18 Green Room A1
19 Hotel Tugu Bali A1
20 Jepun Bali A1
21 Legong Keraton B2
22 Pondok Nyoman Bagus A1
23 Serenity Eco Guesthouse & Yoga B2
24 Surfers Paradise A1
25 Widi Homestay B2

Où se restaurer

26 Bali Buda D1
27 Beach House A1
28 Betelnut Cafe B1
29 Bungalow C2
30 Dian Cafe A2
31 Green Ginger C2
32 Indotopia C2
Monsieur Spoon .... (voir 37)
33 Nook D2
Old Man's .... (voir 30)
34 Sate Bali A1

Où prendre un verre et faire la fête

35 Mozaic Beach Club C3
36 Pantai C3

Achats

37 Dylan Board Store B1

routes balinaises souvent tortueuses et organise divers circuits guidés en vélo.

Où se restaurer

Explorez les petites routes à l'est de Jl Raya Kerobokan et vous découvrirez une myriade de *warung* intéressants servant différents types de cuisine.

Nook ASIATIQUE $$
(Carte p. 90 ; ☎0813 3806 0060 ; Jl Umalas I ; plats à partir de 40 000 Rp ; ⏲8h-22h ; 📶). Presque aussi ravissant que la vue sur les rizières depuis les fenêtres à l'arrière, ce modeste restaurant en plein air est apprécié pour son interprétation créative des plats asiatiques. Au programme : ambiance moderne et saveurs tropicales. Mention spéciale aux petits-déjeuners et aux sandwichs de midi.

Bali Buda CAFÉ $$
(Carte p. 90 ; ☎0361-844 5936 ; www.balibuda.com ; Jl Banjar Anyar 24 ; plats à partir de 35 000 Rp ; ⏲8h-22h ; ❄📶🖉). Cette belle succursale de l'original d'Ubud propose d'excellentes viennoiseries et des produits d'épicerie bio. Dans le petit café, on vous servira des jus de fruits et des smoothies très sains, ainsi que des plats végétariens pour la plupart. Venez prendre le petit-déjeuner avant d'aller visiter le Tanah Lot au moment où les gens les plus raisonnables s'y rendent : avant midi.

BALADE SUR LA PLAGE

Il est généralement possible de marcher sur le sable entre Batubelig Beach et Echo Beach (4 km) en une à deux heures. Cette superbe balade tient d'une succession de temples, de minuscules campements de pêcheurs, de vagues puissantes, de contingents de surfeurs et de ravissants établissements de plage. Seul problème : après de fortes pluies, certains cours d'eau deviennent trop profonds pour être enjambés, surtout ceux situés juste au nord-ouest de Batubelig. Mettez vos affaires dans un sac étanche en prévision d'une éventuelle traversée à gué.

Pour qui ne souhaite guère revenir sur ses pas, on trouve facilement des taxis proches des grandes plages.

Achats

Reza Art 2 ANTIQUITÉS
(☎0821 9797 4309 ; Jl Mertasari 99 ; ⏲10h-18h). D'innombrables lampes de toutes les tailles se mêlent aux antiquités et autres objets de marine. Une véritable chasse aux trésors !

Canggu

Davantage un état d'esprit qu'un lieu à proprement parler, Canggu est le nom fourre-tout donné à cette portion de terre truffée de villas entre Kerobokan et Echo Beach. Le secteur est très prisé, et si certains logent sur place, d'autres viennent pour une excursion à la journée depuis une autre région de Bali. Près du Canggu Club, un tronçon de 1 km de Jl Pantai Berawa constitue *de facto* le centre de Canggu.

Plages

Les plages de Canggu sont le prolongement de l'étendue de sable qui commence à Kuta. Bondées ou quasi désertes, il y a de tout.

♥ Batu Bolong Beach PLAGE
(Carte p. 90). La plage de Batu Bolong est la plus populaire du secteur de Canggu. On y croise généralement un intéressant mélange d'habitants, d'expatriés et de visiteurs occupés à flâner dans les cafés, surfer sur les vagues ou lézarder sur un coin de sable.

Il s'agit d'une plage classique, avec location de parasols et de transats. Vous pourrez louer des planches de surf (100 000 Rp/jour) et prendre des cours. Dominant l'ensemble, le complexe du **Pura Batumejan** (carte p. 90), vieux de plusieurs siècles, possède un fabuleux temple pareil à une pagode.

Vous pourrez vous déplacer en taxi dans le secteur de Canggu (50 000 Rp) ou un peu plus loin, jusqu'à Seminyak (100 000 Rp) par exemple.

Berawa Beach PLAGE
(Carte p. 90). Berewa Beach, où le sable gris volcanique descend abruptement dans l'eau écumeuse, dispose de deux cafés de surfeurs donnant sur les vagues rugissantes. L'immense propriété du magnat de la mode Paul Ropp surplombe la plage.

Prancak Beach PLAGE
(Carte p. 90). Quelques vendeurs de boissons et un grand parking font partie des services disponibles sur cette plage, rarement bondée. Le grand temple **Pura**

Dalem Prancak (carte p. 90) accueille d'importantes cérémonies. L'agréable balade sur Berawa Beach recèle 1 km de sable léché par les vagues.

Nelayan Beach PLAGE
(Carte p. 90). Une série de bateaux de pêche et de paillotes indiquent la paisible Nelayan Beach, qui fait face à des villas dans les terres. Selon le niveau d'eau de la rivière, il est plus ou moins facile de rejoinder à pied les plages de Prancak et Batu Bolong.

Activités

Spot de surf réputé, Canggu attire quantité de Balinais et d'expatriés le week-end. On y trouve des espaces de stationnement (généralement 2 000 Rp) et des cafés et *warung* où se restaurer après avoir passé du temps dans l'eau ou sur la plage.

Desa Seni YOGA
(Carte p. 90 ; ☎0361-844 6392 ; www.desaseni.com ; Jl Kayu Putih 13 ; cours à partir de 140 000 Rp ; ⏲variables). Hôtel luxueux installé dans des maisons traditionnelles en bois. Les non-résidents peuvent aussi choisir des cours de yoga dispensés tous les jours, très appréciés notamment des expatriés.

Canggu Club CLUB DE SPORT
(Carte p. 90 ; ☎0361-844 6385 ; www.cangguclub.com ; Jl Pantai Berawa ; pass journalier adulte/enfant 240 000/120 000 Rp ; 📶). Une clientèle d'expatriés se retrouve au Canggu Club, version modernisée d'un cercle de l'époque de l'Empire britannique. La vaste pelouse verdoyante et soignée se prête au croquet. On peut aussi jouer au tennis, au squash, au polo et au cricket, ou encore profiter du spa et du bassin de 25 m. L'accès au club est souvent compris dans la location des villas. Le nouveau **Splash Waterpark**, un parc aquatique clinquant, est très populaire.

Où se loger

♥ **Widi Homestay** CHEZ L'HABITANT $
(Carte p. 90 ; ☎0819 3303 2322 ; widihomestay@yahoo.co.id ; Jl Pantai Berawa ; ch à partir de 250 000 Rp ; ❄📶). Une *guesthouse* familiale, impeccable et sympathique. Les quatre chambres sont équipées de l'eau chaude et de la clim. La plage est à 100 m à peine.

Serenity Eco Guesthouse & Yoga GUESTHOUSE $
(Carte p. 90 ; ☎0361-747 4625 ; www.balivillaserenity.com ; Jl Nelayan ; s/d à partir de 180 000 350 000 Rp ; ❄📶🏊). 🍃 Ce superbe hôtel, véritable oasis au milieu des villas stériles et barricadées, comprend aussi bien des chambres simples avec sdb commune que des jolies doubles avec clim et sdb. Le domaine, fantaisiste, est à 5 minutes à pied de la plage. Yoga (à partir de 75 000 Rp) et location de planches de surf, de vélos, de voitures et autres.

Canggu Bed & Breakfast GUESTHOUSE $
(Carte p. 90 ; ☎0818 568 364 ; www.hanafi.net ; Jl Raya Semat, Gang Jalat X 1265 ; ch 350 000-500 000 Rp ; ❄📶🏊). Dans un petit village doté de bons *warung* pas chers, cette nouvelle *guesthouse* est construite en U autour d'une jolie piscine. Les chambres ont tout le confort nécessaire. À environ 2 km des plages et juste en retrait de Jl Raya Semat.

Big Brother Surf Inn GUESTHOUSE $
(Carte p. 90 ; ☎0819 9937 3914 ; www.bigbrotherbali.com ; Jl Pantai Berawa 20 ; ch à partir de 33 $US ; ❄📶). Une touche d'élégance embellit cette *guesthouse* balinaise traditionnelle à la décoration minimaliste, avec une dominante de blanc. Les 6 chambres sont spacieuses et disposent d'un salon extérieur surplombant un petit jardin. L'emplacement est paisible, en retrait de la route.

♥ **Coconuts Guesthouse Canggu** GUESTHOUSE $$
(Carte p. 90 ; ☎0361-800 0608 ; www.coconutsguesthouse.com ; Jl Pantai Batu Bolong ; ch à partir de 70 $US ; ❄📶🏊). Les 5 chambres aérées de cette *guesthouse* moderne sont très confortables. Certaines bénéficient d'une belle vue sur les rizières (celles qui subsistent) et toutes sont équipées d'un réfrigérateur et d'une décoration reposante. Contemplez le coucher du soleil depuis l'espace détente sur le toit ou plongez dans la piscine de 10 m de long. La plage de Batu Bolong est à 700 m.

Green Room HÔTEL $$
(Carte p. 90 ; ☎0361-846 9186 ; www.thegreenroombali.com ; Jl Subak Catur ; ch 60-150 $US ; 📶🏊). Dans une ambiance hippie-chic, vous serez aux premières loges pour admirer les vagues de Canggu. Allongé sur la véranda à l'étage, on contemple les vagues (et la villa en construction) au loin. Les 14 chambres sont confortables et aérées.

Legong Keraton HÔTEL $$
(Carte p. 90 ; ☎0361-473 0280 ; www.legongkeratonhotel.com ; Jl Pantai Berawa ; ch 80-250 $US ;

(❄@📶🏊). Face à la plage tranquille de Berewa, le Legong Keraton est un hôtel bien tenu de 40 chambres, le genre idéal pour un séminaire d'entreprise. Le jardin profite de l'ombre des palmiers et la piscine jouxte la plage. Les meilleures chambres occupent des bungalows face à l'océan.

Hotel Tugu Bali HÔTEL **$$$**

(Carte p. 90 ; ☎0361-473 1701 ; www.tuguhotels.com ; Jl Pantai Batu Bolong ; ch à partir de 250 $US ; ❄@📶🏊). Sur Batu Bolong Beach, cet hôtel ravissant oscille entre musée et galerie d'art, notamment dans les pavillons Walter Spies et Le Mayeur, aux chambres ornées de souvenirs de ces artistes.

L'étonnante collection d'antiquités et d'œuvres d'art se retrouve dans tout l'hôtel. Spa et nombreuses possibilités de restauration ; cours de cuisine onéreux (à partir de 100 $US).

Desa Seni HÔTEL **$$$**

(Carte p. 90 ; ☎0361-844 6392 ; www.desaseni.com ; Jl Kayu Putih 13 ; ch 135-400 $US ; ❄@📶🏊). Dix maisons traditionnelles en bois, vieilles de deux siècles, ont été importées d'Indonésie et aménagées pour offrir tout le confort. Les résidents profitent d'une cuisine saine et bio et de cours de yoga.

Où se restaurer

Green Ginger ASIATIQUE **$**

(Carte p. 90 ; ☎0878 6211 2729 ; Jl Pantai Berawa ; repas à partir de 30 000 Rp ; 🕗8h-21h30 ; ✎). Œuvres d'art, profusion de plantes à fleurs et meubles originaux caractérisent ce joli café bohème donnant dans une rue de Canggu en rapide mutation. On y mange des spécialités végétariennes fraîches et savoureuses et des plats de nouilles de toute l'Asie.

Monsieur Spoon CAFÉ **$**

(Carte p. 90 ; Jl Pantai Batu Bolong ; en-cas à partir de 20 000 Rp ; 🕗6h-21h ; ❄). Les belles viennoiseries à la française (le croissant aux amandes est divin) sont la spécialité de cette petite chaîne de cafés balinaise. Dégustez des pâtisseries, des sandwichs dont le pain est parfaitement cuit et de bons cafés, dans le jardin ou à l'intérieur.

Bungalow CAFÉ **$**

(Carte p. 90 ; ☎0361-844 6567 ; Jl Pantai Berawa ; plats à partir de 30 000 Rp ; 🕗8h-18h ; ❄). Ce café rétro-chic est installé suffisamment loin de la route pour échapper aux gaz d'échappement. Installez-vous sur la véranda et profitez d'un environnement paisible, où le bois est à l'honneur. Grand choix de cafés, jus de fruits, smoothies, sandwichs, salades et desserts.

Indolopia ASIATIQUE **$**

(Carte p. 90 ; ☎0822 3773 7760 ; Jl Pantai Berawa 34 ; plats à partir de 30 000 Rp ; 🕗8h-22h ; 📶). Également appelé "Warung Vietnam", voici le roi du *pho*. La soupe contient de beaux morceaux de bœuf, des nouilles de riz parfaitement cuites et des légumes savoureux. Envie de sucré ? Jetez votre dévolu sur les crêpes à la banane de Saigon.

Dian Cafe INDONÉSIEN **$**

(Carte p. 90 ; ☎0813 3875 4305 ; Jl Pantai Batu Bolong ; plats à partir de 30 000 Rp ; 🕗8h-22h). Des grands classiques indonésiens et occidentaux, à prix très doux, sont servis dans ce pavillon en plein air, à quelques mètres de la plage. Douches pour les surfeurs.

Betelnut Cafe CAFÉ **$$**

(Carte p. 90 ; ☎0821 4680 7233 ; Jl Pantai Batu Bolong ; plats à partir de 45 000 Rp ; 🕗7h-22h ; ❄📶). Une atmosphère hippie-chic règne dans ce café au toit de chaume, pourvue d'une agréable salle à manger en plein air à l'étage. La cuisine est saine, mais sans excès : on peut aussi manger des frites ! Il y a des jus de fruits et beaucoup de plats à base de légumes. Bonnes viennoiseries et délicieux milk-shakes.

Old Man's BURGERS, INTERNATIONAL **$$**

(Carte p. 90 ; ☎0361-846 9158 ; Jl Pantai Batu Bolong ; plats à partir de 50 000 Rp ; 🕗8h-minuit). Difficile de choisir où s'asseoir pour siroter sa bière dans ce vaste établissement en plein air, en retrait de Batu Bolong Beach. Le menu vise une clientèle de surfeurs : burgers, pizzas, *fish and chips* et salades (pour les surfeurs bio). Il y a souvent des concerts le soir (généralement des classiques du rock).

Achats

Dylan Board Store PLANCHES DE SURF

(Carte p. 90 ; ☎0857 3853 7402 ; Jl Pantai Batu Bolong ; 🕗12h-18h). Le célèbre dompteur de vagues Dylan Longbottom tient cette boutique de planches de surf sur mesure. Très talentueux, il crée des modèles pour les débutants comme pour les professionnels. Il garde aussi en réserve beaucoup de pièces prêtes à être vendues.

Renseignements

Vous trouverez des DAB, des épiceries et des marchés dans la principale rue de Canggu, Jl Pantai Berawa.

Comment s'y rendre et circuler

Pour rejoindre Canggu par la route depuis le sud, prendre Jl Batubelig vers l'ouest à Kerobokan, presque jusqu'à la plage, puis bifurquer vers le nord, après d'énormes villas et boutiques d'expatriés, en suivant une route sinueuse. Le trajet par la route de Jl Raya Kerobokan, fréquemment embouteillée, est bien plus long.

Comptez au moins 80 000 Rp pour rejoindre Canggu en taxi depuis Kuta ou Seminyak. S'il est rare de trouver un taxi dans la rue, n'importe quel commerçant pourra en appeler un pour vous.

Une moto est idéale pour explorer la région : beaucoup de routes secondaires sont à peine assez larges pour une voiture et les véhicules ne peuvent pas se croiser.

Echo Beach

À 500 m au nord-ouest de Canggu Beach, Echo Beach est l'un des spots de surf les plus populaires de Bali, ce qui se traduit par un grand nombre de boutiques de surf. Les projets de construction n'ont pas épargné le secteur et un affreux complexe encore inexploité défigure la partie est. S'il y a trop de monde, marchez sur 200 m dans un sens ou dans l'autre pour plus de quiétude.

Au coucher du soleil, on se bouscule pour boire un verre en admirant le ciel d'un rose éclatant.

Les taxis d'une coopérative locale vous attendent pour vous ramener à Seminyak et vers le sud moyennant 100 000 Rp ou plus.

Echo Beach — PLAGE

(Pantai Batu Mejan ; carte p. 90). À marée haute, les surfeurs et leur public viennent profiter de la gauche qui atteint régulièrement 2 m de haut. Juste devant les travaux de construction, le tronçon de sable gris disparaît parfois à marée haute, mais il y a des étendues beaucoup plus larges à l'est et à l'ouest. Batu Bolong Beach est à 500 m à l'est.

Où se loger et de restaurer

Des cafés, du plus simple au plus glamour, sont installés face à des vagues qui sont parmi les plus régulières de Bali. Sirotez une boisson tout en commentant les performances des surfeurs ou jetez-vous à l'eau !

Echoland — GUESTHOUSE $

(Carte p. 90 ; ☎0361-887 0628 ; www.echoland-bali.com ; Jl Pantai Batu Mejan ; dort à partir de 160 000 Rp, ch ventil/clim à partir de 420 000/600 000 Rp ;). À environ 300 m de la plage, cet édifice compact de 2 niveaux renferme 17 chambres et des dortoirs. L'espace détente sur le toit est agréablement ombragé et offre un beau point de vue. Des cours de yoga sont proposés (à partir de 80 000 Rp/heure).

Jepun Bali — GUESTHOUSE $

(Carte p. 90 ; ☎0361-361 0613 ; www.jepunbalihomestay.com ; Jl Pantai Batu Mejan ; ch à partir de 250 000 Rp ;). À environ 600 m d'Echo Beach, 9 chambres modernes, sommaires mais propres, sont aménagées dans un bâtiment de 2 niveaux. Vous apprécierez les projections de film, données en plein air dans le grand jardin.

Sate Bali — INDONÉSIEN $

(Carte p. 90 ; ☎0361-853 3626 ; Echo Beach ; plats 25 000-75 000 Rp ; 8h-19h). Cette branche de l'excellent restaurant de Seminyak propose une cuisine un cran au-dessus de ce qui attend généralement les surfeurs. À l'angle d'une rue sur le front de mer, l'emplacement vous permettra de surveiller les vagues tout en vous régalant de classiques indonésiens.

♥ Beach House — CAFÉ $$

(Carte p. 90 ; ☎0361-747 4604 ; www.echobeachhouse.com ; Jl Pura Batu Mejan ; plats 40 000-110 000 Rp ; 8h-22h ;). Face à l'océan, l'élégant Beach House regroupe plusieurs chaises longues et sofas pour se détendre et tables de pique-nique. Au menu : petit-déjeuner, salades, grillades ou calmars à l'aïoli. Les barbecues du soir, avec poissons, fruits de mer et steaks au son de la musique live, rencontrent un franc succès, surtout le dimanche.

Pererenan Beach

Cette plage encore épargnée par les promoteurs est idéale pour profiter des vagues en toute tranquillité. Elle se situe à 300 m d'Echo Beach par la plage et les rochers et à environ 1 km par la route. **Pererenan Beach** (carte p. 90) marque aussi la fin de la vaste étendue de sable qui part des environs de l'aéroport.

Où se loger et se restaurer

L'endroit regroupe aussi deux bons cafés, moins fréquentés qu'à Echo Beach, mais jouissant de points de vue tout aussi somptueux.

Pondok Nyoman Bagus GUESTHOUSE **$**
(Carte p. 90 ; ✆0361-848 2925 ; www.pondoknyoman.com ; Jl Pantai Pererenan ; ch 300 000-600 000 Rp ; ❄📶🏊). Sis juste derrière la plage, ce bâtiment récent sur 2 niveaux possède 14 chambres avec terrasses et balcons et une piscine à débordement, forte de l'un des plus somptueux panoramas de Bali. Le café du 2e niveau sert une nourriture correcte et bénéficie d'un beau point de vue.

Surfers Paradise BUNGALOWS **$$**
(Carte p. 90 ; ✆0818 567 538 ; www.andysurfvilla.com ; Jl Pantai Pererenan ; ch 500 000-700 000 Rp ; ❄📶🏊). Ces 5 petits bungalows, distribués autour d'une petite cour sont gérés par une adorable famille balinaise. À 12 personnes, on peut louer toute la propriété et organiser une fiesta mémorable.

Sud de Bali et les îles

Dans ce chapitre ➡

Le top des restaurants

- Bumbu Bali (p. 111)
- Char Ming (p. 118)
- Warung Satria (p. 124)
- Café Teduh (p. 125)
- Minami (p. 116)

Le top des hébergements

- Indiana Kenanga (p. 133)
- Temple Lodge (p. 103)
- Alila Villas Uluwatu (p. 106)
- Belmond Jimbaran Puri (p. 99)
- Tandjung Sari (p. 115)

Pourquoi y aller

On ne saurait prétendre connaître vraiment Bali sans en avoir exploré la partie sud. De fait, Denpasar, la capitale de l'île, s'étend dans toutes les directions. C'est un lieu animé qui compte des marchés traditionnels, des galeries marchandes clinquantes et de délicieux restaurants. Elle conserve une grande richesse historique et culturelle, alors même qu'elle tend à absorber les plaques tournantes touristiques que sont Seminyak, Kuta et Sanur.

La péninsule de Bukit (à l'extrêmité sud de Bali) offre de nombreuses possibilités. À l'est, Tanjung Benoa est dominée par des complexes hôteliers au bord de la plage, tandis que Nusa Dua se voudrait le royaume isolé des hôtels cinq étoiles. Toutefois, c'est sur la côte ouest que ça bouge vraiment. Criques et plages sont parsemées de petites *guesthouses* originales et d'établissements écologiques haut de gamme. Ici règne une atmosphère décontractée dans le plus pur esprit surf d'Ulu Watu.

À l'est, l'île de Nusa Penida domine l'horizon, tandis que la petite Nusa Lembongan constitue une escapade insulaire incontournable.

Quand partir

➡ **Haute saison** Pour mieux profiter d'une visite du sud de Bali, l'idéal est d'éviter les mois de juillet et d'août ainsi que les fêtes de Noël et du Nouvel An. En effet, pendant la haute saison, le nombre de visiteurs explose et les chambres à Bingin, Tanjung Benoa, Sanur et Nusa Lembongan, notamment, sont prises d'assaut. Beaucoup de voyageurs préfèrent la période d'avril à juin, puis septembre.

➡ **Février-novembre, mai-août** Pour surfer, rien de mieux que les célèbres spots de la côte ouest de la péninsule de Bukit, entre février et novembre, et la période de mai à août, particulièrement propice à la pratique du surf.

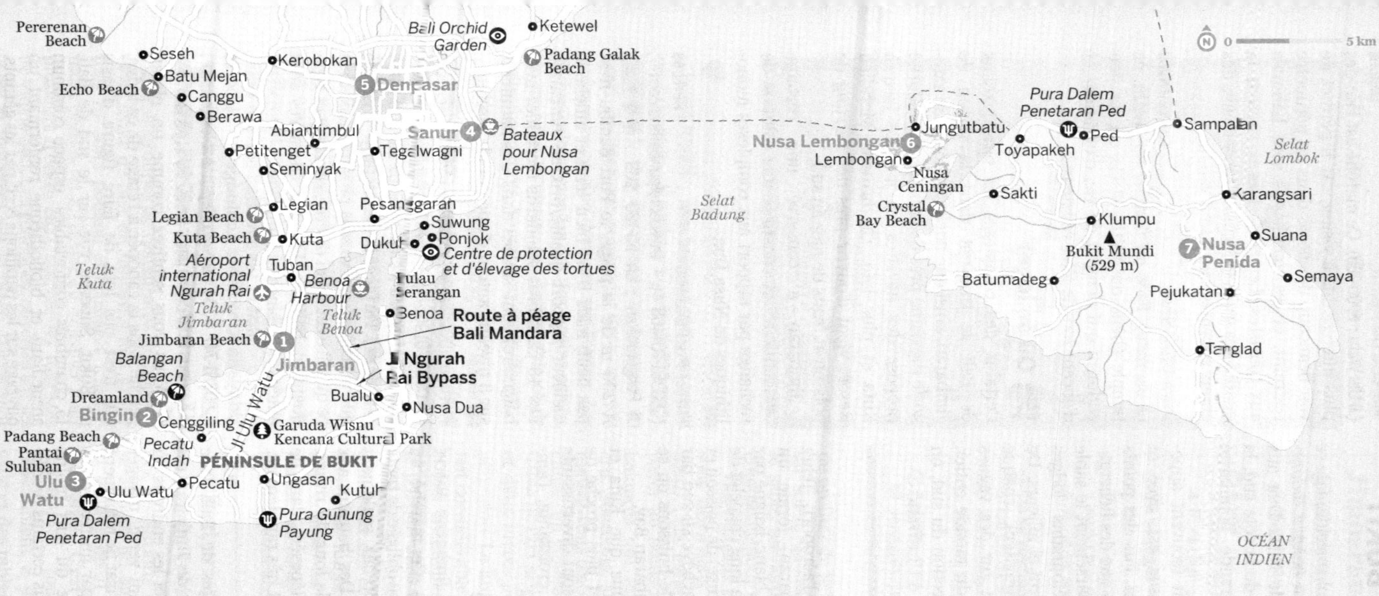

À ne pas manquer

1 Une langouste à faire griller dans l'un des nombreux *warung* de produits de la mer au bord de l'eau, à **Jimbaran** (p. 98)

2 Un établissement rétro-chic où passer la nuit, à **Bingin** (p. 102)

3 Le surf à **Ulu Watu** (p. 105) sur des vagues de classe internationale

4 La pleine lune à **Sanur** (p. 112), couvrant Nusa Penida d'un voile de mystère

5 Le meilleur des repas à 2 $US, à déguster à **Denpasar** (p. 124)

6 Quitter Bali pour une île plus petite et plus paisible : **Nusa Lembongan** (p. 128)

7 La plongée à **Nusa Penida** (p. 136), parmi des raies mantas et d'autres poissons de grande taille

Balangan Beach et Ulu Watu

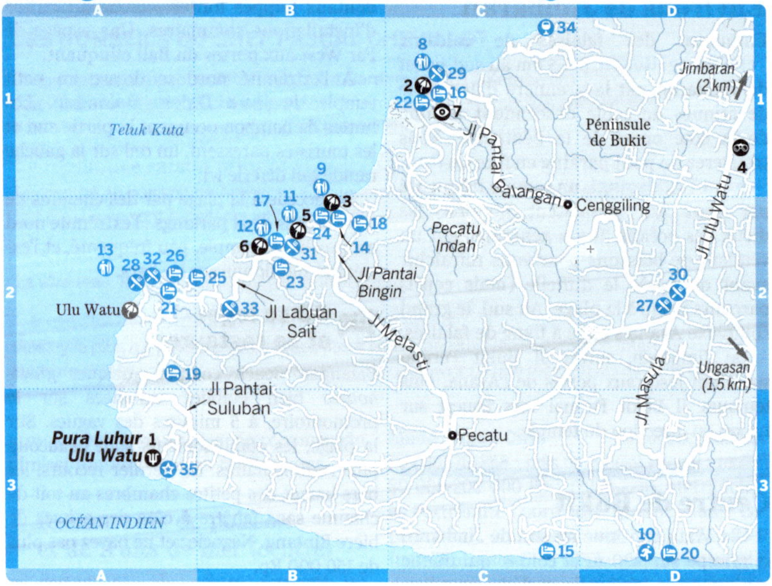

embrasse le ruban azur de la mer agitée. Les plats indonésiens simples sont raccord avec les 4 chambres spartiates attenantes (environ 150 000 Rp), lesquelles sont tout au plus meublées d'un matelas posé au sol. Il existe de nombreuses options similaires.

Depuis/vers Balangan Beach

Balangan Beach est à 6,2 km de Jl Ulu Watu sur Jl Pantai Balangan. Prenez vers l'ouest au carrefour du Nirmala Supermarket.

Les taxis de Kuta demandent 60 000 Rp (au moins) l'heure pour l'aller-retour et l'attente.

Pecatu Indah

Ce complexe balnéaire de 400 ha s'élève entre le centre de la péninsule de Bukit et la côte. Cette terre aride n'a pas empêché la construction d'un immense hôtel, de maisons, d'appartements et d'un parcours de golf de 18 trous très gourmand en eau, acheminée en partie par les nombreux camions qui arrivent des montagnes du centre de Bali.

La pièce maîtresse de ce complexe est une plage privatisée autrefois fréquentée par les surfeurs et appelée Dreamland. Désormais appelée "Nouvelle Kuta Beach", elle est surplombée par un club clinquant.

Bingin

En constante évolution, Bingin compte plusieurs hébergements peu conventionnels mais élégants, disséminés sur les falaises et sur **Bingin Beach**, la plage de sable blanc en contrebas. Jl Pantai Bingin, lisse et longue de 1 km, part de Jl Melasti (cherchez les panneaux des hôtels) puis se divise en enchevêtrement d'allées.

Le paysage est superbe, avec ses falaises boisées qui s'élèvent au-dessus de cafés de surfeurs et de l'écume de la mer azur. La plage est à 5 minutes de marche au bas d'un chemin assez escarpé. Les vagues y sont souvent agitées, mais la plage de sable parsemée de rochers est calme et le bruit des vagues, envoûtant.

Un vieil habitant, posté à une intersection en T près du parking, collecte 5 000 Rp à toute personne empruntant le sentier qui descend à la plage.

Où se loger et se restaurer

Un grand nombre d'hébergements sont disséminés le long des falaises et à proximité. Tous ont au moins un café, mais pour l'animation nocturne, mieux vaut aller vers Ulu Watu. En bas de la falaise, dans une poignée de cabanes de bambou au toit de

Balangan Beach et Ulu Watu

chaume, sont louées des chambres rudimentaires près de l'eau pour environ 100 000 Rp.

Adi's Home Stay — BUNGALOWS $

(0816 297 106, 0815 5838 8524 ; près de Jl Pantai Bingin ; ch avec ventil/clim à partir de 250 000/400 000 Rp ;). Face à un joli jardin, 9 chambres neuves et confortables aux airs de bungalows. Au bout d'une minuscule allée, près du parking de la plage. Petit café.

Bingin Garden — GUESTHOUSE $

(0816 472 2002 ; tommybarrell76@yahoo.com ; près de Jl Pantai Bingin ; ch à partir de 250 000 Rp ;). Les 6 chambres de style bungalow entourent un terrain soigné avec une grande piscine. En retrait des falaises, à environ 300 m du sentier qui descend à la plage.

Temple Lodge — BOUTIQUE-HÔTEL $$

(0857 3901 1572 ; www.thetemplelodge.com ; près de Jl Pantai Bingin ; ch 70-250 $US ;). Cet établissement, superbement aménagé, est composé de huttes et de bungalows faits de chaume, de bois de grève et d'autres matériaux naturels. Une plateforme surplombe la mer et la vue est splendide depuis la piscine à débordement (et de certaines des 7 chambres). Possibilité de prendre ses repas. Cours de yoga le matin.

Mick's Place — BOUTIQUE-HÔTEL $$

(0812 391 3337 ; www.micksplacebali.com ; près de Jl Pantai Bingin ; ch/villa à partir de 100/300 $US ;). L'eau turquoise de la petite piscine à débordement s'accorde à celle de la mer en contrebas. Cet établissement hippie-chic n'accueille pas plus de 16 personnes. Cinq bungalows et une villa grand style y sont installés dans un cadre luxuriant. La journée, vue panoramique sur les *breaks* de surf.

Mu — BUNGALOWS $$

(0361-847 0976 ; www.mu-bali.com ; près de Jl Pantai Bingin ; ch 90-200 € ;). Ces 12 bungalows individuels aux toits de chaume sont dispersés dans un complexe avec piscine panoramique sur la falaise. Tous ont des salons extérieurs, certains sont équipés de clim dans les chambres et d'une baignoire à eau chaude avec vue. Deux des bungalows comptent plusieurs chambres.

Impossibles Beach

À environ 100 m à l'ouest de Jl Pantai Bingin sur Jl Melasti, vous verrez un autre virage en direction de l'océan. Suivez cette route goudronnée sur 700 m et cherchez le panneau griffonné sur un mur indiquant **Impossibles Beach**. Suivez le chemin glissant et tortueux et, bientôt, vous serez récompensé par une crique déserte comportant du sable et des blocs de roche.

Padang Padang

La **plage de Padang Padang** est une petite crique parfaite. Elle se trouve près de Jl Labuan Sait, où une rivière se jette dans la mer. Il est facile de s'y garer et elle est accessible par une courte marche à travers un temple et sur un chemin bien goudronné où vous serez sollicité par des singes gourmands. Près du sable, on trouve quelques zones d'ombre et de modestes *warung*, ainsi que des planches de surf à louer. En haute saison, l'endroit peut connaître une forte affluence.

Les plus aventureux pourront profiter d'une plus longue étendue de sable blanc pratiquement déserte qui démarre du côté ouest de la rivière. Demandez aux habitants comment vous y rendre ou empruntez l'escalier escarpé près de Thomas Homestay.

Depuis Kuta, un taxi avec compteur coûte environ 150 000 Rp et met au bas mot une heure, suivant la circulation.

Où se loger et se restaurer

Jl Labuan Sait à Padang Padang voit apparaître de bons restaurants et hébergements, notamment à 200 m de l'entrée de la plage, où l'on trouve aussi des distributeurs.

Pour loger au plus près des vagues, plusieurs *guesthouses* à flanc de falaise sont accessibles par un sentier abrupt depuis le promontoire. Le sentier commence au bout d'une allée serpentant sur 200 m à partir de Jl Labuan Sait, à l'ouest d'Om Burger. Outre des repas sommaires, vous pourrez y acheter des articles de base (eau, Bintang, etc.).

Le samedi et les nuits de pleine lune, c'est la fête sur la plage, avec barbecue de fruits de mer et musique jusqu'à l'aube.

Bali Rocks GUESTHOUSE $

(☎0817344788 ; www.bali-rocks.com ; ch 125 000-150 000 Rp). Au pied de la falaise, ce petit bijou au toit de chaume loue des chambres simplissimes avec vue époustouflante sur les vagues et l'océan. Douche et toilettes se trouvent en bas de quelques volées de marches. À marée haute, on peut sauter directement dans l'eau.

Thomas Homestay GUESTHOUSE $

(☎0813 3803 4354 ; près de Jl Labuan Sait ; ch à partir de 250 000 Rp). Admirez la magnifique vue panoramique sur cette côte spectaculaire. Depuis la route principale, un chemin très accidenté de 400 m conduit à 13 chambres basiques (certaines ont des sdb communes). Des escaliers descendent jusqu'à une section généralement déserte de Padang Padang Beach, à l'ouest de la rivière. Superbe vue depuis le café.

♥ **Le Sabot** BUNGALOWS $$

(☎0812 3768 0414 ; www.lesabotbali.com ; ch à partir de 60 $US). Sur les falaises de Bukit, ces 4 bungalows datant des années 1960 sont divins : eau chaude, électricité, réfrigérateurs, grands lits et terrasses dotées d'une vue somptueuse. Mais le chemin pour y accéder est rude.

LE PILLAGE DE LA PÉNINSULE DE BUKIT

De nombreux environnementalistes voient dans l'aride péninsule de Bukit un présage des défis auxquels sera confronté Bali – les réserves en eau sont en effet insuffisantes pour faire face au développement de l'île. Les petites *guesthouses* qui parsemaient jadis les plages sur la côte ouest font place aujourd'hui à de grandes installations gourmandes en eau. Outre le développement de Pecatu Indah, un nombre croissant de projets sont en passe de détruire les belles falaises en calcaire pour les remplacer par des constructions en béton.

Peu de contrôles viennent réguler cette croissance. Les centaines de camions-citernes, immobilisés dans les bouchons sur Jl Ulu Watu, alimentent la zone en eau quotidiennement. Parallèlement, la construction de nombreuses routes sur la côte sud a contribué à faire pousser les villas et leurs piscines privées comme des champignons.

Les efforts menés localement pour limiter les excès visent essentiellement à sauver du boom immobilier les vastes mangroves de la baie de Benoa, à l'entrée de la péninsule.

Pink Coco Bali HÔTEL $$
(☎0361-824 3366 ; www.pinkcocobali.com ; Jl Labuan Sait ; ch 60-150 $US ;). L'une des piscines de cet hôtel romantique est joliment carrelée de rose. Dans un somptueux décor mexicain, les 21 chambres, agrémentées de touches artistiques, disposent de terrasses et de balcons. On y accueille des surfeurs. Location de vélos et autres équipements.

Om Burger HAMBURGERS $$
(☎0812 391 3617 ; Jl Labuan Sait ; plats à partir de 50 000 Rp ; 8h-22h ;). Dégustez un délicieux (et énorme) hambuger en profitant de la vue à l'étage. La carte comporte quelques suggestions saines (patates douces frites, jus vitaminés, etc.). Adresse très fréquentée, il faut attendre pour avoir une table le soir.

Ulu Watu et ses environs

Ulu Watu désigne désormais communément la pointe sud-ouest de la péninsule de Bukit. Il comprend le temple sacré et le célèbre spot de surf du même nom.

À environ 2 km au nord du temple, des marches descendent une falaise spectaculaire jusqu'aux légendaires *breaks* d'Ulu Watu. Divers cafés et boutiques de surf sont installés sur la paroi presque à pic. La vue est magnifique, tout comme le cadre.

À voir et à faire

Pura Luhur Ulu Watu TEMPLE HINDOU
(Jl Ulu Watu ; entrée avec location de sarong et de sash 20 000/10 000 Rp ; 8h-19h). Ce temple majeur est juché à la pointe sud-ouest de la péninsule, au sommet d'une falaise vertigineuse qui plonge dans les vagues incessantes. Un porche voûté inhabituel, flanqué de statues de Ganesh, mène à l'intérieur, où des sculptures élaborées du bestiaire mythologique balinais recouvrent les murs en brique de corail.

Seuls les fidèles peuvent pénétrer dans le sanctuaire intérieur, sur la petite saillie de terre. La vue sur l'océan Indien depuis les falaises est magique. Au coucher du soleil, arpentez le sommet de la falaise vers la gauche (au sud) du temple pour vous isoler de la foule.

Ulu Watu fait partie des sanctuaires importants de la côte sud dédiés aux esprits de la mer. Le brahmane javanais Empu Kuturan fonda un premier temple à cet endroit au XIe siècle, qui fut complété par Nirartha, un autre prêtre javanais ayant fondé les temples en bord de mer de Pura Tanah Lot, de Rambut Siwi et de Pura Sakenan. Nirartha se retira à Ulu Watu à la fin de sa vie, quand il atteignit le *moksa* (libération des désirs terrestres).

Une danse *kecak* a lieu au coucher du soleil – en haute saison, des embouteillages se forment.

SACRÉS SINGES

Le Pura Luhur Ulu Watu abrite des dizaines de singes gris. Quand ils ne sont pas occupés à copuler, ils attrapent tout ce qui passe, lunettes de soleil, sacs à main, chapeaux... Si vous voulez déclencher une émeute, montrez-leur une banane !

Ulu Watu SURF
Ulu Watu (Ulu pour les intimes) est un *break* légendaire, à la fois rêve et cauchemar. Non loin, **Pantai Suluban** le concurrence de près. Depuis le début des années 1970, ces spots ont attiré des surfeurs du monde entier et les longues gauches semblent se dérouler sans fin.

On trouve dans la zone de nombreuses petites auberges et des *warung* qui vendent ou louent des planches de surf et proposent nourriture, boissons et même des massages.

Où se loger et se restaurer

Les falaises surplombant les principaux *breaks* d'Ulu Watu sont bordées de cafés et de bars. On y trouve également nombre d'hébergements bon marché et de catégorie moyenne ; mieux vaut en visiter plusieurs.

Gong GUESTHOUSE $
(☎0361-769976 ; www.thegonguluwatubali.com ; Jl Pantai Suluban ; ch à partir de 200 000 Rp ;). Face à un petit bâtiment doté d'une jolie piscine, 12 chambres propres, bien ventilées, disposent d'eau chaude et, certaines, à l'étage, d'une vue lointaine sur la mer. À 1 km environ au sud des cafés à flanc de falaise d'Ulu Watu. Les hôtes sont charmants.

Uluwatu Cottages BUNGALOWS $$
(☎0361-207 9547 ; www.uluwatucottage.com ; Jl Labuan Sait ; ch à partir de 60 $US ;). Nouvel établissement bienvenu proposant 14 bungalows confortables répartis sur un vaste terrain sur la falaise, à 400 m à l'est des cafés d'Ulu Watu (200 m environ en retrait de Jl Labuan Sait). La vue est splendide.

Mamo Hotel HÔTEL $$
(☎0361-769882 ; www.mamohoteluluwatu.com ; Jl Labuan Sait ; ch 60-100 $US ;). À l'entrée de la zone, au-dessus des *breaks* d'Ulu Watu, cet hôtel moderne loue 30 chambres relevant d'un bon choix de catégorie moyenne. Le bâtiment principal de 3 étages entoure une belle piscine. Café aéré et très fréquenté.

Delpi Rock Lounge CAFÉ $
(Plats à partir de 50 000 Rp ; 12h-21h). Dans ce café de l'Empire Delpi, on s'installe dans un transat, sur la plateforme d'un promontoire rocheux presque encerclé par la mer. Plus haut sur la falaise, un café loue 3 chambres basiques (à partir de 350 000 Rp).

Yeye's Warung CAFÉ $
(Jl Labuan Sait ; plats à partir de 30 000 Rp ; 12h-minuit). Lieu de rencontre à l'écart des falaises, entre Padang Padang et Ulu Watu. Ambiance détendue, bières bon marché et savoureuse cuisine thaïlandaise, ainsi que de bonnes pizzas.

Single Fin CAFÉ $$
(☎0361-769941 ; repas à partir de 60 000 Rp ; 8h-23h). Depuis le café à 3 niveaux perché sur la falaise, la vue sur les vagues et les surfeurs est imprenable. Les boissons sont un peu chères et la cuisine est passable, mais peu importe, surtout au crépuscule !

Où sortir

Danse kecak DANSE
(Pura Luhur Ulu Watu, près de Jl Ulu Watu ; 100 000 Rp ; coucher du soleil). Même si le spectacle est clairement destiné aux touristes, le cadre magnifique du Pura Luhur Ulu Watu, dans un petit amphithéâtre d'une partie boisée, en fait l'un des plus évocateurs de l'île. La vue sur la mer est aussi belle que la danse. Très prisé en saison haute.

Depuis/vers Ulu Watu et ses environs

La meilleure façon de découvrir la région d'Ulu Watu est d'être motorisé. Attention, près de Pecatu Indah, la police contrôle souvent les Occidentaux à moto. Sachez que vous pouvez être verbalisé pour une simple jugulaire mal ajustée.

En allant aux cafés des falaises d'Ulu Watu depuis l'est, sur Jl Labuan Sait, vous verrez une route d'accès au parking près des falaises. Après le pont, une route secondaire conduit à un autre parking, situé à 200 m au sud des cafés des falaises.

Le trajet en taxi depuis Seminyak coûte au moins 200 000 Rp et prend plus d'une heure, du fait de la densité du trafic.

Ungasan et ses environs

Si, à Ulu Watu, on célèbre le surf, à Ungasan, c'est le bien-être que l'on met en avant. Des carrefours situés près de ce village, par ailleurs quelconque, partent des routes qui gagnent la côte sud et les complexes, parmi les plus chics de Bali, qui y sont installés. Le turquoise infini des hypnotiques eaux de l'océan Indien finit de convaincre : on a bien atteint le bout du monde et il se révèle très confortable.

À voir et à faire

Pura Mas Suka TEMPLE HINDOU
On accède au petit temple par une route étroite et sinueuse à travers un paysage aride de pierres rouges qui change soudainement lorsqu'on atteint le complexe Karma Kandara, attenant au temple. Exemple parfait de temple balinais au bord de la mer, il est souvent fermé. Pensez-y avant de vous lancer sur le chemin difficile qui y mène.

Finns Beach Club BEACH CLUB
(☎0361-848 2111 ; www.finnsbeachclub.com ; près de Jl Masuka ; pass à la journée adulte/enfant 250 000 Rp/gratuit ; 8h-20h). Installé sur une poche de fin sable blanc au pied d'une falaise, ce club de plage privé propose pléthore d'activités. L'entrée inclut un crédit de 150 000 Rp, promptement dilapidé dans les bars, pavillons spa de la plage, etc. DJ l'après-midi le week-end, feux de joie au crépuscule et ascenseur le long de la falaise.

Où se loger et se restaurer

Alila Villas Uluwatu RESORT $$$
(☎0361-848 2166 ; www.alilahotels.com ; Jl Belimbing Sari ; ch à partir de 760 $US ;). Luxueux, ce grand complexe hôtelier de style contemporain est spacieux et lumineux. Les 85 logements disposent d'un service de choix dans un cadre où le bleu de l'océan le dispute au vert des rizières attenantes (lesquelles appartiennent à l'hôtel). À 2 km de Jl Ulu Watu.

Karma Kandara RESORT $$$
(☎0361-848 2200 ; www.karmaresorts.com ; Jl Villa Kandara Banjar ; villas à partir de 600 $US ;). Ce magnifique complexe est accroché au flanc de la colline qui descend vers la mer. Des chemins de pierre serpentent

PANDAWA BEACH

Une vieille carrière sur la côte sud de la péninsule de Bukit est en train de devenir un lieu d'excursion à la mode. Il faut dire que l'endroit a de quoi séduire. Quatre statues de 23 m, représentant des dieux hindous, sont taillées dans d'immenses niches des falaises calcaires qui dominent Kutuh, un village de bord de mer. En outre, à l'exception des quelques villageois cultivateurs d'algues, la longue étendue de sable appelée Pandawa Beach est presque toujours déserte.

Quelques *warung* proposent rafraîchissements et transats à louer. L'eau, protégée par le récif, convient à la baignade. Cherchez les panneaux indiquant "Kantor Perbekel Desa Kutuh" sur la route principale entre Ungasan et Nusa Dua. Il reste alors 2 km jusqu'au village où vous pouvez vous garer près du sable.

entre des villas drapées de bougainvillées et rehaussées de portes colorées, donnant une impression de village tropical. Une à quatre chambres par villa. On rejoint le très prisé **Di Mare** (plats 15 à 30 $US) par un petit pont ; un ascenseur mène à la plage.

Nusa Dua

Nusa Dua (littéralement "deux îles") se compose en fait de deux petits promontoires, coiffés chacun d'un temple – dont le Pura Bias Tugal. L'endroit est surtout connu pour son ensemble clos de complexes hôteliers, un vaste terrain impeccable et gardé, coupé du reste de l'île. Ici, les marchands ambulants, l'effervescence et la sympathique pagaille balinaise n'ont pas droit de cité.

Nusa Dua a été créé dans les années 1970 pour concurrencer les grands complexes balnéaires construits ailleurs dans le monde. La "culture" balinaise y est présentée chaque soir sous forme de danses et de spectacles élaborés pour les touristes.

Avec une vingtaine de complexes et des milliers de chambres d'hôtel, Nusa Dua, à la hauteur de ses promesses en pleine saison, est assez désolé le reste du temps. L'architecture balinaise n'y est pas très visible, malgré les efforts de décoration de certains hôtels.

À voir et à faire

Les plages de Nusa Dua sont propres et bien entretenues. Au large, les récifs cassent les vagues, qui sont presque inexistantes.

Tous les *resorts* ont des spas qui offrent un vaste choix de soins, thérapeutiques ou relaxants. Les plus appréciés sont ceux de l'Amanusa, du Westin et du St Regis à Nusa Dua, et celui du Conrad à Tanjung Benoa. Tous acceptent les non-résidents. Attendez-vous à des massages à au moins 100 $US.

♥ Pasifika Museum MUSÉE
(☎0361-774559 ; centre commercial Bali Collection, Block P ; 70 000 Rp ; ⏲10h-18h). En l'absence de groupes provenant des hôtels voisins, vous aurez probablement ce grand musée pour vous seul. Plusieurs siècles d'art et de culture du Pacifique sont exposés, notamment plus de 600 tableaux (ne ratez pas les tikis). Les artistes européens du début du XXe siècle sont bien représentés. À voir : les œuvres d'Arie Smit, d'Adrien-Jean Le Mayeur de Merprès et de Theo Meier.

Pura Gegar TEMPLE HINDOU
Au sud de Gegar Beach, un promontoire avec un bon café mène au Pura Gegar, un petit temple ombragé par de vieux arbres noueux. La vue est belle et des nageurs profitent des eaux calmes et peu profondes, en contrebas.

Promenade sur la plage PROMENADE
Longue de 5 km, la promenade qui s'étire le long de la station et continue au nord presque jusqu'au bout de la plage de Tanjung Benoa est très plaisante.

Bali National Golf Resort GOLF
(☎0361-771791 ; www.balinationalgolf.com ; Kawasan Wisata ; accès au green à partir de 185 $US ; ⏲6h30-18h30). Ce parcours de 18 trous serpente à travers Nusa Dua et affiche un clubhouse flambant neuf. Le terrain s'étend sur plus de 6 500 m.

Gegar Beach PLAGE
(Accès 5 000 Rp). Jadis splendide, cette plage est aujourd'hui défigurée par le complexe hôtelier Mulia, fort de 700 chambres. L'espace public, comportant quelques cafés, des transats à louer et des activités nautiques (location de kayak 30 000 Rp/heure), est envahi le week-end. Les bateaux pour

Nusa Dua

le **break de surf de Nusa Dua**, au-delà du récif, coûte 150 000 Rp. Devant les complexes, les plages publiques immaculées sont toujours accessibles.

Où se loger

Les complexes hôteliers de Nusa Dua se ressemblent tous : ils sont grands, voire immenses, et presque toutes les grandes enseignes internationales sont représentées. La plupart donnent sur la plage.

Certaines grandes chaînes telles Westin et Hyatt ont massivement investi dans des équipements (grandes piscines et clubs pour enfants). D'autres ont peu changé depuis leur construction dans les années 1970, l'âge d'or de l'époque Suharto. Quelques-uns, notamment le Courtyard du Marriott et le Novotel, sont en retrait de la plage.

Si vous envisagez de loger à Nusa Dua, sachez qu'en période creuse, les prix peuvent baisser de moitié.

Sofitel Bali Nusa Dua Beach Resort RESORT **$$$**

(0361-849 2888 ; www.sofitelbalinusadua.com ; Jl Nusa Dua ; ch à partir de 200 $US ;). La grande piscine de ce nouveau complexe hôtelier serpente le long des 415 chambres, certaines dotées de terrasses avec accès direct au bassin. Les bâtiments sont gigantesques et nombre de chambres ont une vue sur la mer. Le Nikki Beach Bali du Sofitel est un autre établissement de la chaîne internationale de clubs de plage branchés.

Le somptueux brunch du dimanche (de 11h à 15h) est l'un des meilleurs de Bali ; à partir de 400 000 Rp.

St Regis Bali Resort RESORT **$$$**

(0361-847 8111 ; www.starwoodhotels.com ; ste à partir de 500 $US ;). Ce complexe luxueux de Nusa Dua laisse les autres loin derrière. Toutes les prestations de grand standing sont fournies ici, de l'électronique à l'ameublement et au majordome privé.

Nusa Dua

Les incontournables
1 Pasifika Museum C2

À voir
2 Bali International Convention Centre ... B1
3 Bali Nusa Dua Convention Center C1
4 Entrée principale D1
5 Pura Gegar B4
6 Entrée sud B3

Activités
7 Bali National Golf Resort B3
8 Promenade sur la plage C1
9 Gegar Beach B4

Où se loger
10 Sofitel Bali Nusa Dua Beach Resort C1
11 St Regis Bali Resort C3

Où se restaurer
12 Nusa Dua Beach Grill B4
13 Warung Dobiel B2

Achats
14 Bali Collection C2
15 Hardy's Supermarket A1

Nombreuses piscines et vastes chambres. Golf et plage à côté.

Où se restaurer

Les grands complexes proposent des dizaines de restaurants onéreux. Lorsqu'on est non-résidents, la meilleure raison pour s'y rendre est le copieux brunch du dimanche, tel celui du Sofitel.

De bons **warung** sont regroupés à l'angle de Jl Srikandi et de Jl Pantai Mengiat. Dans cette dernière, devant l'entrée centrale, une série de restaurants en plein air sont une alternative raisonnable aux adresses de Nusa Dua. Aucun ne gagnera un prix gastronomique, mais la plupart fournissent le transport.

Nusa Dua Beach Grill INTERNATIONAL $
(☎0361-743 4779 ; Jl Pura Gegar ; plats 50 000-150 000 Rp ; ⏱8h-22h). Joyau caché, ce café aux nuances chaudes se situe juste au sud de Geger Beach et de l'énorme complexe hôtelier Mulia à pied, mais à 1,5 km en voiture le long d'un chemin sinueux. Le choix de boissons est large, les fruits de mer sont frais et l'atmosphère est propice aux rendez-vous. Prélassez-vous l'après-midi dans le bar décontracté. Appelez pour le transport.

Warung Dobiel BALINAIS $
(Jl Srikandi ; repas à partir de 25 000 Rp ; ⏱10h-15h). Une touche de cuisine authentique dans les rues insipides de Nusa, où déguster un bon *babi guling*. La soupe de porc est idéale pour éveiller les papilles, et le fruit du jaquier est parfumé. On partage sa table assis sur un tabouret ; le service peut être lent et des circuits organisés prennent d'assaut l'endroit. Attention aux prix pour "étrangers".

Où sortir

La majorité des hôtels proposent des danses balinaises, un ou plusieurs soirs par semaine, généralement dans le cadre d'un buffet. Des musiciens animent souvent les bars en jouant des balades romantiques ou du rock mélodieux.

Achats

Bali Collection GALERIE MARCHANDE
(☎0361-771662 ; www.bali-collection.com ; près de Jl Nusa Dua ; ⏱8h-22h). Souvent déserte, à l'exception des vendeurs du grand magasin Sogo, climatisé à l'extrême, cette galerie marchande très bien sécurisée ne désarme pas. Les chaînes telles que Starbucks et les marques balinaises comme Animale y côtoient les habituels magasins de souvenirs.

Renseignements

On trouve des distributeurs dans le centre commercial Bali Collection, dans certains halls d'hôtels et dans l'immense Hardy's Department Store sur la rocade de Jl Ngurah Rai (*Bypass*).

Depuis/vers Nusa Dua

La route à péage Bali Mandara (10 000 Rp) raccourcit considérablement le trajet entre Nusa Dua, l'aéroport et Sanur.

BUS

Le réseau de bus de Bali, Trans-Sarbagita, dessert Nusa Dua sur un itinéraire qui remonte la rocade de Jl Ngurah Rai et contourne Sanur en direction de Batubulan.

NAVETTE

Renseignez-vous sur les services de navettes fournis par votre hôtel avant d'appeler un taxi. Environ toutes les heures, un **bus** (☎0361-771662 ; ⏱9h-22h) gratuit relie tous les *resorts* de Nusa Dua et de Tanjung Benoa au centre commercial Bali Collection. Une meilleure option : l'agréable promenade par la plage.

TAXI

La course en taxi depuis l'aéroport est fixée à 120 000 Rp ; un taxi avec compteur vers l'aéroport revient beaucoup moins cher. Les taxis depuis/vers Seminyak demandent environ 90 000 Rp, mais avec la circulation, le trajet peut durer 1 heure 30.

Tanjung Benoa

La péninsule de Tanjung Benoa s'étire au nord sur 4 km entre Nusa Dua et le village de Benoa. Plate et bordée de complexes hôteliers, pour la plupart de catégorie moyenne, elle accueille souvent des familles. Dans la journée, le bruit des engins à moteur envahit les plages. Des cars entiers déversent leur flot de voyageurs venus pour la journée.

Dans l'ensemble, Tanjung Benoa est plutôt calme, même si la route à péage Bali Mandara raccourcit le trajet jusqu'à Kuta et Seminyak et leurs animations nocturnes.

À voir

Petite bourgade de pêcheurs très plaisante à explorer à pied, **Benoa** est l'une des villes multiconfessionnelles de Bali. Elle abrite, dans un rayon de 100 m, un **temple bouddhique chinois** coloré, une **mosquée** à dôme et un **temple hindou** dont l'entrée triple est joliment sculptée. Profitez de la vue sur le chenal. Malheureusement, Benoa est aussi le centre du commerce illégal de tortues, malgré des contrôles de police.

Activités

Bumbu Bali Cooking School — COURS DE CUISINE

(☎0361-774502 ; www.balifoods.com ; Jl Pratama ; cours 90 $US ; ⏲6h-15h lun, mer et ven). Cette école de cuisine très prisée (ouverte dans le restaurant homonyme) met en valeur les racines de la cuisine balinaise. Les cours commencent par un passage au marché au poisson de Jimbaran et les autres marchés dès 6h, et se terminent avec le déjeuner.

Jari Menari — SPA

(☎0361-778084 ; www.jarimenarinusadua.com ; Jl Pratama ; massages à partir de 350 000 Rp ; ⏲9h-21h). Le personnel, entièrement masculin, propose les mêmes formidables massages que son grand frère, le célèbre spa de Seminyak. Appelez pour le transport.

DANGEREUSE PRATAMA

Restaurants et hôtels se succèdent le long de Jl Pratama, qui court sur toute la longueur de la péninsule. Du nord de Nusa Dua jusqu'à l'hôtel Conrad Bali Resort, les trottoirs inexistants rendent la marche dangereuse sur la chaussée étroite, aux virages sans visibilité. Vous pourrez y échapper en empruntant la délicieuse **promenade de la plage** – d'autant qu'elle se prolonge au nord jusqu'au Bali Khama.

Où se loger

La côte est de Tanjung Benoa aligne essentiellement des complexes de catégorie moyenne adaptés aux groupes. Ils proposent des activités pour enfants et s'emploient à fidéliser les vacanciers, au moyen notamment de pancartes personnalisées. On trouve aussi 2 *guesthouses* basiques.

Pondok Agung — GUESTHOUSE $

(☎0361-771143 ; www.pondokagung.com ; Jl Pratama 99 ; ch 250 000-500 000 Rp ; ❄📶). Neuf chambres vastes et propres (la plupart avec baignoire) dans une grande maison. Les plus chères ont une petite cuisine. Grands jardins délicieusement ombragés.

Pondok Hasan Inn — GUESTHOUSE $

(☎0361-772456 ; hasanhomestay@yahoo.com ; Jl Pratama ; ch à partir de 200 000 Rp ; ❄📶). En retrait par rapport à la route principale, cet établissement familial dispose de 9 chambres impeccables (eau chaude et petit-déjeuner inclus). Les carreaux brillent sous la véranda, partagée par les chambres. Petit jardin.

Rumah Bali — GUESTHOUSE $$

(☎0361-771256 ; www.balifoods.com ; près de Jl Pratama ; ch 85-110 $US, villas à partir de 350 $US ; ❄@📶🏊). Interprétation luxueuse d'un village balinais par Heinz von Holzen. Les clients logent dans de grandes chambres familiales ou dans des villas individuelles (jusqu'à 3 chambres) avec leur propre piscine. Outre une grande piscine commune, il y a un court de tennis. Plage proche à pied.

Bali Khama — RESORT $$$

(☎0361-774912 ; www.thebalikhama.com ; Jl Pratama ; villas 140-250 $US ; ❄@📶🏊). Aménagé sur son propre croissant de plage, à l'extrême nord de la promenade. Les villas individuelles sont vastes, jolies et entourées d'un mur – intimité garantie. Certaines, plus

Tanjung Benoa

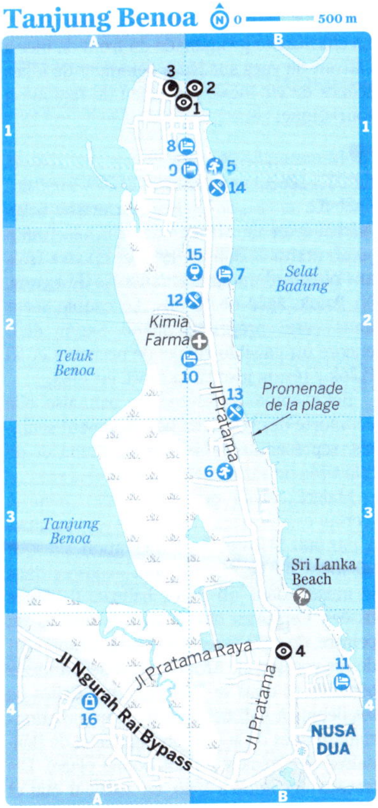

Tanjung Benoa

À voir

1 Temple bouddhiste chinois ... A1
2 Temple hindou ... B1
3 Mosquée ... A1
4 Entrée nord ... B4

Activités

5 Benoa Marine Recreation ... B1
Bumbu Bali Cooking School ... (voir 13)
6 Jari Menari ... B3

Où se loger

7 Bali Khama ... B2
8 Pondok Agung ... B1
9 Pondok Hasan Inn ... B1
10 Rumah Bali ... B2
11 Sofitel Bali Nusa Dua Beach Resort ... B4

Où se restaurer

12 Bali Cardamon ... B2
13 Bumbu Bali ... B2
14 Tao ... B1

Où prendre un verre et faire la fête

15 Atlichnaya Bar ... B2

Achats

16 Hardy's ... A4

chères, ont des piscines privées ; propose aussi des villas pour lune de miel ou bien munies de plusieurs chambres.

Où se restaurer et prendre un verre

L'habituel ensemble de restaurants pour touristes se trouve le long de Jl Pratama : prix moyens pour des plats de pâtes et de poisson et de fruits de mer passe-partout.

Bumbu Bali BALINAIS $$

(☎0361-774502 ; www.balifoods.com ; Jl Pratama ; plats à partir de 90 000 Rp ; menus fixes à partir de 270 000 Rp ; ⏰12h-21h). Heinz von Holzen, résident de longue date et auteur de livres de cuisine, sa femme Puji et son personnel bien formé et enthousiaste servent des plats délicieusement parfumés. Beaucoup choisissent l'un des copieux menus fixes.

Le *rijstaffel* (sélection de plats indonésiens) illustre la gamme des plats cuisinés, des satay servis dans une noix de coco au tendre *be celeng base manis* (porc à la sauce de soja sucré), et une dizaine d'autres plats.

Les savoureux *jaja batun bedil* (boulettes de riz collant au sucre de palme) sont d'autres délices à ne pas manquer. Les tables sont dressées sous les étoiles dans de petits pavillons. On entend le coassement des grenouilles dans les mares. Transport gratuit. Réservation conseillée.

Une succursale est installée un peu plus au nord, mais nous préférons l'original. Attention, certains *rijstaffel* sont servis pour 2 personnes au minimum.

Bali Cardamon ASIATIQUE $$

(☎0361-773745 ; www.balicardamon.com ; Jl Pratama 97 ; plats à partir de 60 000 Rp ; ⏰8h-22h). Un cran au-dessus de la plupart des restaurants de Jl Pratama, cet établissement ambitieux propose une cuisine créative aux influences asiatiques. Il sert d'excellents plats comme les travers de porc assaisonnés à l'anis étoilé, à déguster sous les frangipaniers ou dans la salle.

Autres activités

Jamu Traditional Spa SPA

(0361-286595 ; www.jamutraditionalspa.com ; Jl Danau Tamblingan 41, Tandjung Sari Hotel ; massages à partir de 600 000 Rp ; 8h-21h). L'entrée en tek et en pierre joliment sculptée donne le ton de ce charmant spa. Le choix de traitements comprend le soin du corps "Earth & Flower Body Mask", très apprécié, et un gommage "Kemiri Nut Scrub".

Power of Now Oasis YOGA

(0813 3831 5032 ; www.powerofnowoasis.com ; front de mer, Hotel Mercure ; cours à partir de 80 000 Rp ; horaires variables). Des cours de yoga de différents niveaux sont proposés dans ce charmant pavillon de bambou sur Sanur Beach.

Glo Day Spa & Salon SPA

(0361-282826 ; www.glo-day-spa.com ; Jl Danau Poso 57, Gopa Town Centre ; séances à partir de 195 000 Rp ; 8h-18h). Apprécié par de nombreux expatriés à Sanur, Glo fait fi du cadre chic pour une devanture épurée. Multiples services et traitements, des soins de peau et manucure aux massages.

Où se loger

En général, les meilleurs hôtels sont sur la plage, mais attention à ceux qui sont délabrés. À l'ouest de Jl Danau Tamblingan, vous trouverez des *guesthouses* pour petits budgets et une kyrielle de chaînes et villas neuves de catégorie moyenne.

FRONT DE MER

Au milieu des grands *resorts*, quelques petits hôtels en bord de mer sont étonnamment abordables.

Kesumasari GUESTHOUSE $

(0361-287824 ; villa_kesumasari@yahoo.com ; Jl Kesumasari 6 ; ch ventil/clim 400 000/450 000 Rp ;). Seul un petit sanctuaire vous sépare de la plage. Passé la réception, les portes balinaises gravées multicolores ne vous préparent pas à l'avalanche de couleurs des 15 chambres originales de cet établissement familial.

Pollok & Le Mayeur Inn CHEZ L'HABITANT $

(0361-289847 ; pollokinn@yahoo.com ; Jl Hang Tuah, Museum Le Mayeur ; ch ventil/clim à partir de 230 000/330 000 Rp ;). Les petits-enfants de Ni Polock et Le Mayeur de Merprès gèrent ce petit hébergement chez l'habitant auquel on accède par un sentier discret au nord de l'enceinte du

Sanur

Les incontournables
1 Museum Le Mayeur B2

À voir
2 Batu Jimbar B5
3 Bateaux de pêche B6
4 Grand Bali Beach Hotel B2
5 Petit temple B4
6 Aquarium à tortues B3

Activités
7 Crystal Divers B5
8 Glo Day Spa & Salon A6
9 Jamu Traditional Spa B4
10 M & M B5
11 Surya Water Sports B6

Où se loger
12 Abian Boga Guesthouse A7
13 Agung & Sue Watering Hole A1
14 Fairmont Sanur Beach Bali B7
15 Hotel La Taverna B3
16 Hyatt Regency Bali B6
17 Keke Homestay B4
18 Kesumasari B7
19 Pollok & Le Mayeur Inn B1
20 Tandjung Sari B4

Où se restaurer
21 Beach Café B3
22 Café Smorgås B4
23 Char Ming A6
24 Denata Minang A6
25 Fire Station A7
26 Hardy's Supermarket B5
27 Manik Organik B5
28 Massimo A6
29 Minami B3
30 Marché nocturne Pasar Sindhu A3
31 Porch Cafe B4
Pregina Warung .... (voir 42)
32 Sanur Bay B6
33 Marché du dimanche B5
34 Three Monkeys Cafe B4
35 Warung Babi Guling Sanur A3
36 Warung Mak Beng B1
37 Warung Pantai Indah B6

Où prendre un verre et faire la fête
38 Kalimantan A3

Achats
39 A-Krea B4
40 Ganesha Bookshop B4
41 Goddess on the Go B4
42 Nogo B4

musée. Demandez à voir quelques-unes des 17 chambres, de tailles différentes.

Hotel La Taverna HÔTEL $$
(0361-288497 ; www.latavernahotel.com ; Jl Danau Tamblingan 29 ; ch 100-200 $US, ste à partir de 150 $US ;). L'un des premiers hôtels de Sanur, La Taverna, a été soigneusement rénové tout en conservant ses charmes simples. Le joli jardin et les chemins entre les bâtiments respirent l'énergie créative, comme les 36 bungalows au luxe raffiné. Tout semble intemporel et moderne à la fois. Art et objets anciens, vue admirable.

Tandjung Sari HÔTEL $$$
(0361-288441 ; www.tandjungsari.com ; Jl Danau Tamblingan 29 ; bungalows à partir de 200 $US ;). L'un des premiers hôtels de charme de Bali. Depuis ses débuts en 1967, et grâce à son design, il continue de faire l'unanimité. Les 26 bungalows de style traditionnel sont décorés d'antiquités et d'artisanat. Le soir, les lumières dans les arbres au-dessus de la piscine sont magiques. Personnel très serviable. Des cours de danse balinaise sont prodigués par l'une des meilleures danseuses de Bali.

Fairmont Sanur Beach Bali RESORT $$$
(0361-301 1888 ; www.fairmont.com ; Jl Kesumasari 8 ; ch à partir de 300 $US ;). Ouvert en 2013, ce nouvel établissement audacieux (anciennement Regent Bali) en front de mer fait partie de la chaîne Fairmont depuis 2014. Occupant un vaste site comprenant une piscine à débordement de 50 m surplombant 200 m de plage, les 120 suites et villas au design moderne sont dotées d'équipements high-tech. Somptueux spas et restaurants. Piscine spéciale pour les enfants.

Hyatt Regency Bali RESORT $$$
(www.bali.resort.hyatt.com ; Jl Danau Tamblingan). L'ancien Bali Hyatt, la référence hôtelière sur le front de mer de Sanur, change de nom et se refait une beauté. Réouverture prévue fin 2015.

À L'ÉCART DE LA PLAGE

Les établissements suivants se situent près de Jl Danau Tamblingan et à une courte distance à pied de la plage, des cafés et des boutiques. Le sable leur faisant défaut, plusieurs se fendent d'un surcroît d'efforts en regard de leurs confrères du front de mer (et sont beaucoup moins chers).

Abian Boga Guesthouse HÔTEL $
(☎0361-284174 ; www.abianboga.com ; Jl Kesumasari 5 ; ch à partie de 20 $US ; ❄📶🏊). Petit hôtel récent à 2 minutes à pied de la plage. Ses 24 chambres, rudimentaires mais modernes, sont d'un excellent rapport qualité/prix. Lecteurs DVD.

Keke Homestay GUESTHOUSE $
(☎0361-287282 ; Jl Danau Tamblingan 100 ; ch avec ventil/clim à partir de 150 000/250 000 Rp ; ❄). Dans un *gang* (allée) à 150 m de la route bruyante, la famille du Keke (souvent occupée à préparer des offrandes) accueille les routards. Cinq chambres, avec ventil ou clim, calmes et propres.

Agung & Sue Watering Hole GUESTHOUSE $
(☎0361-288289 ; www.wateringholesanurbali.com ;Jl Hang Tuah 35 ; ch 275 000-350 000 Rp ; ❄📶). Emplacement idéal pour prendre un bateau rapide pour Nusa Lembongan ou les îles Gili tôt le matin. Très conviviale et servant de la bière fraîche, cette *guesthouse* établie de longue date loue des chambres standards ; Sanur Beach n'est qu'à 5 minutes à pied.

Gardenia GUESTHOUSE $$
(☎0361-286301 ; www.gardeniaguesthousebali.com ; Jl Mertasari 2 ; ch à partir de 45 $US ; ❄📶🏊). À l'instar de la fleur qui lui donne son nom, le Gardenia ne manque pas de charme. Les 7 chambres blanches sont jolies, bien à l'écart de la route voisine. Et les ravissantes vérandas font face à un bassin profond dans une agréable cour. Bon café en face.

Où se restaurer et prendre un verre

Qu'il s'agsisse de dîner sur la plage dans un pavillon traditionnel en plein air ou dans un bar sympathique, vous aurez le choix à Sanur. Bien qu'il y ait une foule d'établissements sans charme le long de Jl Danau Tamblingan, on compte quelques joyaux.

Pour l'épicerie et autres articles, allez au grand **Hardy's Department Store** (☎0361-285806 ; Jl Danau Tamblingan 136 ; ⏲8h-22h). Non loin se trouve le marché gourmet du Cafe Batu Jimbar.

Le dimanche, un **marché bio** (Jl Danau Tamblingan ; ⏲10h-14h) se tient sur le parking près du Cafe Batu Jimbar.

Au **marché nocturne Pasar Sindhu** (près de Jl Danau Tamblingan ; ⏲18h-minuit), sont vendus des légumes frais, du poisson séché, des épices et divers objets pour la maison.

Maints bars de Sanur accueillent surtout des expatriés et sont climatisés. Ils ne restent pas ouverts très tard.

Plage

Le chemin de la plage est bordé de restaurants, de cafés et de bars où l'on peut se restaurer, prendre un verre ou un peu d'air marin. Les formules "coucher du soleil" sont courantes (bien que la plage soit orientée est, il vous faudra profiter de l'embrasement du ciel près de Nusa Penida).

♥ **Minami** JAPONAIS $$
(☎0812 8613 4471 ; front de mer, Segara Village Hotel ; plats à partir de 50 000 Rp ; ⏲11h-23h). Décor blanc minimaliste, ambiance animée en plein air et grand choix de poisson

DANS LE CIEL DE SANUR

Dans le sud de Bali, impossible de manquer les nombreux cerfs-volants qui flottent dans le ciel. Ces créations sont souvent gigantesques (10 m de large ou plus, avec une queue pouvant aller jusqu'à 160 m) et volent à des altitudes qui inquiètent les pilotes d'avion. Beaucoup ont des dispositifs bruyants appelés *gaganguan* qui bourdonnent ou vrombissent. Comme souvent à Bali, leurs origines sont spirituelles : les cerfs-volants sont supposés chuchoter dans les oreilles des dieux que des récoltes abondantes seraient bienvenues. Pour beaucoup de Balinais, toutefois, c'est simplement un passe-temps agréable (sauf quand le cerf-volant s'écrase ;dans ce cas, il peut blesser quelqu'un).

Au mois de juillet, des centaines de Balinais et des équipes internationales investissent les espaces en plein air au nord de Sanur pour le **Bali Kite Festival**. L'action se déroule surtout autour de **Padang Galak Beach**, à environ 2 km de Sanur en montant le long de la côte. On peut apercevoir des cerfs-volants balinais survolant l'endroit entre mai et septembre.

À NE PAS MANQUER

LA PROMENADE DU FRONT DE MER DE SANUR

La **promenade du front de mer**, la toute première de Bali, fait depuis toujours le bonheur des habitants et des visiteurs. Elle s'incurve sur 4 km, longeant des complexes hôteliers, des cafés, des bateaux de pêche en bois en réparation et quelques élégantes villas anciennes, construites il y a des décennies par de riches expatriés tombés sous le charme de Bali. Au large, on aperçoit Nusa Penida.

Même si l'on ne séjourne pas à Sanur, la promenade fait un but d'excursion ou une étape agréable à mi-chemin entre deux destinations. À ne pas manquer, du nord au sud :

Grand Bali Beach Hotel (Jl Hang Tuah). Construit à l'époque de Sukarno, ce vaste hôtel tombe lentement en décrépitude. Les autorités locales, atterrées par sa taille démesurée, ont décidé que plus aucun bâtiment ne devrait dépasser la hauteur d'un cocotier.

Aquarium à tortues (front de mer). Exposition sur les tortues marines de Bali, menacées d'extinction. On y voit généralement quelques bébés tortues.

Petit temple (front de mer). Au milieu de l'agitation touristique, un petit sanctuaire ombragé par d'immenses arbres.

Batu Jimbar (www.villabatujimbar.com ; front de mer). Cette villa au nord du Bali Hyatt Regency a été réaménagée par le fameux architecte sri-lankais Geoffrey Bawa en 1975. C'est ici que Mick Jagger et Jerry Hall furent officieusement mariés en 1990. L'édifice accueille également des célébrités comme Yoko Ono ou Sting.

Bateaux de pêche (front de mer). Au sud du Hyatt, une vaste zone où des bateaux de pêche colorés sont tirés pour être réparés, sous les arbres.

ultra-frais dans cet authentique japonais. Au menu : sushis, tempuras variés, *gyozas*, salades, plats de nouilles et bien d'autres.

Warung Pantai Indah CAFÉ $$
(Front de mer ; plats 40 000-100 000 Rp ; 12h-23h). Prenez place sur un banc sur le sable, sous le toit de tôle d'un authentique café de plage de Sanur. Au nord de l'Hotel Peneeda View et près de certaines des villas les plus chères de Sanur, ce café joyeux propose bières bon marché et spécialités habituelles de produits de la mer en grillades. Belle vue.

Sanur Bay POISSON $$
(0361 288153 ; Jl Duyung ; plats 60 000-160 000 Rp ; 8h-22h). Bruit des vagues et clair de lune dans ce restaurant de poisson sur le sable, échoué au milieu des palmiers et des bateaux de pêche.

Beach Café INTERNATIONAL $$
(0361-282875 ; promenade de front de plage ; plats 50 000-100 000 Rp ; 8h-22h;). Le cliché des palmiers et des chaises en plastique de Sanur, avec des airs méditerranéens. Paressez sur les canapés en osier ou sur un coussin posé sur le sable. Salades et produits de la mer.

Jl Danau Tamblingan

Manik Organik BIO $
(www.manikorganikbali.com ; Jl Danau Tamblingan 85 ; repas à partir de 50 000 Rp ; 8h-22h ;). Café créatif et sain avec terrasse paisible à l'ombre des arbres. Destiné aux végétariens, il sert aussi des plats de viande, composés de poulet fermier, par exemple. On ajoute aux smoothies le fortifiant "immune tonic".

Porch Cafe CAFÉ $
(0361-281682 ; Jl Danau Tamblingan, Flashbacks ; plats à partir de 40 000 Rp ; 7h-22h ;). Face au charmant petit hôtel Flashbacks, ce café est installé dans un bâtiment traditionnel en bois doté d'une véranda. Prenez une table à l'avant ou préférez l'intérieur climatisé. Le menu est un savoureux mélange de plats occidentaux (burgers, etc.) et de produits de boulangerie fraîchement préparés, tels les *ciabatte*. Il y a du monde au petit-déjeuner ; longue liste de jus de fruits frais.

Warung Mak Beng BALINAIS $
(0361-282633 ; Jl Hang Tuah 45 ; plats 35 000 Rp ; 11h-21h). Pas besoin de carte dans cet établissement apprécié d'une

clientèle locale, venue en déguster le légendaire poisson grillé, avec ses différents accompagnements et quelques délicieuses soupes. Service rapide.

Warung Babi Guling Sanur BALINAIS $
(☎0361-287308 ; Jl Ngurah Rai Bypass ; plats à partir de 25 000 Rp ; ⏲11h-19h). Contrairement à la majorité des établissements de Bali servant du *babi guling*, qui achètent leur cochon de lait précuit à des grossistes, ce petit restaurant fait tout sur place. Le résultat est au rendez-vous !

♥ **Char Ming** ASIATIQUE $$
(☎0361-288029 ; www.charming-bali.com ; Jl Danau Tamblingan 97 ; plats 100 000-200 000 Rp ; ⏲18h-22h). Un barbecue à l'accent français. Le menu affiche des produits de la mer fraîchement pêchés à griller ; bœuf et porc sont aussi proposés. Recherchez les plats régionaux, dont plusieurs sont rehaussés d'une note moderne. Cadre très élégant, végétation luxuriante, boiseries sculptées provenant d'anciennes constructions javanaises et balinaises.

Three Monkeys Cafe ASIATIQUE $$
(☎0361-286002 ; Jl Danau Tamblingan ; plats 60 000-150 000 Rp ; ⏲8h-23h ;). Cette succursale n'est pas une simple copie du superbe café d'Ubud. L'établissement à étage, à l'écart de la route, diffuse du jazz en fond sonore et accueille des concerts certains soirs. Les meilleurs cafés de Sanur se dégustent dans un fauteuil ou un canapé. Le menu, créatif, mêle cuisine occidentale saine et plats asiatiques.

Pregina Warung BALINAIS $$
(☎0361-283353 ; Jl Danau Tamblingan 106 ; plats 40 000-80 000 Rp ; ⏲11h-22h). Plats de canard typiquement balinais et satay sont au menu de ce restaurant qui sert une cuisine locale se démarquant des nombreux établissements pour touristes. Décor en bois épuré et stylé.

Café Smorgås CAFÉ $$
(☎0361-289361 ; Jl Danau Tamblingan ; plats 50 000-150 000 Rp ; ⏲8h-22h ;). Établissement prisé, à l'écart de la circulation. Grande terrasse avec chaises en osier et climatisation à l'intérieur. La carte de plats sains affiche une fraîcheur simple à l'occidentale : petit-déjeuner, sandwichs, soupes et salades.

Massimo ITALIEN $$
(☎0361-288942 ; Jl Danau Tamblingan 206 ; plats 80 000-200 000 Rp ; ⏲8h-22h). Association parfaite d'un intérieur semblable à celui d'un café milanais et d'un jardin de style balinais. Pâtes, pizzas et autres plats italiens sont préparés de façon authentique. Si vous n'avez pas le temps de déjeuner, prenez une glace à emporter au comptoir.

Kalimantan BAR
(Borneo Bob's ; ☎0361-289291 ; Jl Pantai Sindhu 11 ; plats à partir de 40 000 Rp ; ⏲11h-minuit). Aussi appelé Borneo Bob's, ce vétéran fait partie des nombreux bars décontractés de la rue. Boissons bon marché sous les palmiers, dans le jardin. Les plats mexicains sont cuisinés avec des piments du jardin.

LES CHARMES DE SANUR

Avant la Seconde Guerre mondiale, Sanur était l'un des lieux favoris des étrangers. Les artistes Miguel Covarrubias, Adrien-Jean Le Mayeur de Merprès et Walter Spies, l'anthropologue Jane Belo et la chorégraphe Katharane Mershon y séjournèrent. Les premiers bungalows pour les touristes firent leur apparition dans les années 1940 et 1950, tandis que d'autres artistes s'installaient à Sanur. Cette popularité précoce entraîna la construction, à l'époque de Sukarno, du premier grand hôtel de Bali, le Grand Bali Beach Hotel.

Pendant cette période, Sanur était dirigée par des prêtres et des universitaires perspicaces, conscients des possibilités de développement mais aussi des menaces que pouvait représenter l'essor du tourisme. Ils créèrent des coopératives villageoises, possédant la terre et dirigeant les commerces liés au tourisme, afin qu'une bonne part des bénéfices revienne à la communauté.

L'influence des prêtres demeure forte, et Sanur est l'une des rares localités toujours dirigées par la caste des brahmanes. Censée abriter sorciers et guérisseurs, la ville est aussi un centre de magies noire et blanche. Le tissu à carreaux noirs et blancs appelé *kain poleng*, qui symbolise l'équilibre entre le bien et le mal, est emblématique de Sanur.

Sud de Sanur

Sari Bundo INDONÉSIEN $

(☎0361-281389 ; Jl Danau Poso ; plats à partir de 20 000 Rp ; ⏰24h/24). Une devanture impeccable de style Padang (ouest de Sumatra) à l'extrémité sud de Sanur. Faites votre choix parmi une liste de plats frais et très épicés. Le poulet au curry mettra le feu à vos papilles, pour votre plus grand plaisir.

Denata Minang INDONÉSIEN $

(Jl Danau Poso ; plats 15 000 Rp ; ⏰8h-22h). L'un des meilleurs *warung* de style Padang, juste à l'ouest du Café Billiard. Comme nombre de ses confrères, il sert un beau choix de fabuleux *ayam* (poulet) épicés, mais encore meilleurs.

Fire Station INTERNATIONAL $$

(☎0361-285675 ; Jl Danau Poso 108 ; plats à partir de 80 000 Rp ; ⏰17h-tard). Ce nouvel établissement branché à la devanture ouverte rappelle le Hollywood des années 1960 avec ses vieux portraits aux murs. Pichets de sangria, entre autres boissons, et carte variée.

Achats

Sanur ne vaut peut-être pas Seminyak en termes de lèche-vitrines, mais quelques créateurs de là-bas commencent à s'installer ici. Vous pouvez passer un après-midi à écumer les boutiques de Jl Danau Tamblingan.

Pour des souvenirs bon marché, essayez l'un des divers marchés le long de la promenade du front de mer.

A-Krea VÊTEMENTS

(☎0361-286101 ; Jl Danau Tamblingan 51 ; ⏰9h-20h). Cette charmante boutique aux couleurs de l'île propose une gamme de vêtements au style minimaliste, dessinés et fabriqués à Bali. Vêtements, accessoires et articles de maison notamment, tous faits main.

Ganesha Bookshop LIVRES

(www.ganeshabooksbali.com ; Jl Danau Tamblingan 42 ; ⏰9h-20h). La meilleure librairie de Bali possède une enseigne à Sanur. Outre les romans, neufs ou d'occasion, Ganesha propose une sélection d'ouvrages liés à la culture et à l'histoire locales. Également un espace de lecture consacré aux enfants.

Nogo TISSUS

(☎0361-288765 ; www.nogobali.com ; Jl Danau Tamblingan 104 ; ⏰9h-20h). Vous trouverez un métier à tisser en bois devant cette boutique chic, autoproclamée "centre balinais de l'ikat." Des articles très plaisants à admirer dans le confort de la climatisation.

Goddess on the Go VÊTEMENTS POUR FEMME

(☎0361-270174 ; Jl Danau Tamblingan ; ⏰9h-20h). Des vêtements ultra-confortables pour voyager.

Renseignements

Guardian Pharmacy (☎0361-284343 ; Jl Danau Tamblingan 134). Cette pharmacie de chaîne a un médecin de garde.

Depuis/vers Sanur

BATEAU

Bateaux rapides Les nombreux bateaux rapides pour Nusa Lembongan, Nusa Penida, Lombok et les îles Gili partent depuis une plage au sud de Jl Hang Tuah. Aucune de ces lignes n'a de ponton, il faudra vous mouiller les pieds pour embarquer. La plupart des compagnies proposent des abris ombragés face à la plage.

Bateaux publics Des bateaux à destination de Nusa Lembongan et Nusa Penida partent régulièrement de la plage à l'extrémité nord de Jl Hang Tuah.

Rocky Fast Cruises (☎0361-801 2324 ; www.rockyfastcruise.com ; Jl Hang Tuah 41 ; ⏰8h-20h). Assure des liaisons vers Nusa Lembongan.

Scoot (☎0361-285522 ; www.scootcruise.com ; Jl Hang Tuah ; ⏰8h-20h). Dessert Nusa Lembongan, Lombok et les îles Gili.

BEMO

Des *bemo* verts suivent Jl Hang Tuah jusqu'à la gare des *bemo* de Kereneng, à Denpasar (7 000 Rp).

BUS TOURISTIQUE

Le **bureau de Perama** (☎0361-285592 ; www.peramatour.com ; Jl Hang Tuah 39 ; ⏰7h-22h) se trouve à Warung Pojok, à l'extrémité nord de la ville. Il dessert notamment Ubud (40 000 Rp, 1 heure), Padangbai (60 000 Rp, 2 heures) et Lovina (125 000 Rp, 4 heures).

Comment circuler

Les taxis de l'aéroport coûtent 125 000 Rp.

Des *bemo* sillonnent Jl Danau Tamblingan et Jl Danau Poso dans les deux sens (5 000 Rp) et constituent une solution plus écologique que les taxis.

ENVIRONS DE SANUR

Pulau Serangan

Appelée aussi l'île de la Tortue, Pulau Serangan est un bel exemple des dégâts causés à l'environnement par un développement excessif. À l'origine, c'était une petite île de 100 ha au large des mangroves au sud de Sanur. Dans les années 1990, elle fut choisie par le tristement célèbre fils de Suharto, Tommy, comme site pour un nouveau projet. L'île fut agrandie au moyen de 300 ha de remblais, mais la crise économique asiatique fit avorté le projet. Depuis lors, des plans de développement sont régulièrement signalés.

Sur la partie d'origine de l'île, les deux villages de pêcheurs de **Ponjok** et de **Dukuh** existent toujours, tout comme l'un des temples les plus sacrés de Bali, le **Pura Sakenan**, plutôt insignifiant du point de vue architectural, qui se trouve juste à l'est de la chaussée, Les fêtes de ce temple attirent d'immenses foules de fidèles, surtout pendant Kuningan.

Benoa Harbour

Le principal port de Bali se trouve du côté nord de Teluk Benoa, la vaste et peu profonde baie de Benoa, qui s'étend à l'est des pistes d'atterrissage de l'aéroport. Benoa Harbour se résume à un ensemble de quais bordés de bâtiments portuaires sur des terres asséchées. Il est relié à la terre ferme par une chaussée de 2 km de long qui fait désormais partie de la route à péage Bali Mandara. Le village de Benoa se tient quant à lui du côté sud de la baie.

Benoa Harbour est le port d'où partent les bateaux touristiques pour des expéditions d'une journée à Nusa Lembongan et des bateaux Pelni desservant d'autres destinations indonésiennes. Les eaux ne sont pas assez profondes pour permettre aux bateaux de croisière d'y accoster.

DENPASAR

☎ 0361

Tentaculaire, désordonnée et ne cessant de s'agrandir, la capitale de Bali a profité d'une forte croissance au cours des cinquante dernières années. L'endroit peut paraître chaotique, mais un peu de temps passé dans les rues arborées du quartier des administrations et des affaires de Renon fait découvrir son côté plus raffiné.

Sans être un paradis tropical, Denpasar appartient tout autant au "vrai Bali" que les rizières et les temples surplombant les falaises. Pour ses 800 000 habitants, c'est le cœur de l'île, où vous trouverez centres commerciaux et parcs. Le nombre croissant de savoureux restaurants et cafés authentiques, destinés à la classe moyenne naissante, est plus attirant. Arrêtez-vous pour découvrir les marchés, un musée majeur et une atmosphère résolument moderne.

La plupart des voyageurs séjournent dans les villes touristiques du Sud et visitent la capitale dans la journée (si la circulation le permet, on y vient en 15 minutes depuis Sanur et en 30 minutes depuis Seminyak).

Histoire

Denpasar, qui signifie "près du marché", fut un important centre marchand et le siège des rajas locaux avant la période coloniale. Les Néerlandais prirent le contrôle du nord de Bali au milieu du XIXe siècle, mais ne purent s'emparer du Sud avant 1906. Après que les trois princes balinais eurent détruit leurs propres palais à Denpasar et se furent suicidés dans un *puputan* rituel, les Néerlandais firent de la ville un grand centre des Indes néerlandaises. Lorsque le tourisme commença à se développer sur l'île dans les années 1930, la plupart des visiteurs séjournaient dans un ou deux hôtels d'État de la ville.

Singaraja, dans le Nord, demeura la capitale administrative néerlandaise, jusqu'à l'issue de la Seconde Guerre mondiale qui vit la construction d'un nouvel aéroport. En 1958, quelques années après l'indépendance de l'Indonésie, Denpasar devint la capitale de la province de Bali.

Plus récemment, la ville a accueilli des immigrants venus de Java et de toute l'Indonésie, attirés par l'enseignement, le commerce, la construction et l'énorme potentiel de l'industrie touristique. En fait, les limites de Denpasar ont fusionné avec Sanur, Kuta, Seminyak et Kerobokan.

À voir

Prenez le temps de visiter le Museum Negeri Propinsi Bali, mais surtout plongez-vous dans la vie quotidienne de la capitale. Parcourez-en les marchés traditionnels et les centres commerciaux climatisés pour voir comment vivent les habitants aujourd'hui.

Museum Negeri Propinsi Bali MUSÉE
(☎0361-222680 ; adulte/enfant 10 000/5 000 Rp ; ⏲8h-12h30 ven, 8h-16h sam-jeu). Un grand musée de la culture balinaise. Tout est là, mais quoiqu'un peu désordonné. La plupart des panneaux sont en anglais.

Le personnel du musée joue souvent du gamelan, ajoutant à la magie de la visite (à faire de préférence l'après-midi quand il y a moins de monde). Les "guides" offrant leurs services pour 5-10 $US ne vous apporteront pas grand-chose.

Le musée se compose de plusieurs bâtiments et pavillons reproduisant l'architecture balinaise.

➡ **Édifice principal**
Situé à l'arrière, l'édifice présente au rez-de-chaussée une collection d'objets préhistoriques, dont des sarcophages en pierre et des outils en pierre et en bronze. À l'étage sont exposés des objets traditionnels, dont certains sont toujours en usage. Remarquez les belles cages en bois et en rotin pour le transport des coqs de combat et celles, minuscules, destinées aux grillons.

➡ **Pavillon nord**
Bâti dans le style d'un palais tabanan, il contient des costumes et des masques de danse, dont une sinistre *rangda* (sorcière), un vigoureux Barong (créature mi-lion, mi-chien) et un immense Barong Landung (grand Barong).

➡ **Pavillon central**
La spacieuse véranda est inspirée des pavillons du royaume de Karangasem (basé à Amlapura), où les rajas tenaient audience. Les collections se rapportent à la religion balinaise, avec des objets cérémoniels, des calendriers et des vêtements liturgiques.

➡ **Pavillon sud**
Riche présentation d'étoffes, telles que l'*endek* (méthode balinaise de tissage avec des fils préteints), l'ikat double (vêtement tissé), le *songket* (tissu de fils d'or et d'argent tissé à la main selon une technique de trame flottante) et le *prada* (application de feuilles d'or ou de fils d'or ou d'argent sur des vêtements traditionnels).

Pura Jagatnatha TEMPLE
(Jl Surapati). À côté du musée, le temple d'État, construit en 1953, est dédié au dieu suprême, Sanghyang Widi. Son importance réside en partie dans l'affirmation du monothéisme. Bien que les Balinais reconnaissent de nombreuses divinités, la croyance en un dieu suprême (qui possède de multiples formes) place l'hindouisme de l'île en conformité avec le premier principe du Pancasila, la croyance en un dieu unique.

Le *padmasana* (sanctuaire), en corail blanc, se résume à un trône vide (symbole du paradis) qui repose sur la tortue cosmique et deux *naga* (créatures ressemblant à des serpents mythologiques), symboles de la création du monde. Des bas-reliefs illustrant des scènes du *Ramayana* et du *Mahabharata* ornent les murs.

Deux grandes fêtes s'y déroulent chaque mois, à la pleine lune et à la nouvelle lune, et s'accompagnent de spectacles de *wayang kulit* (théâtre d'ombres).

Puputan Square PARC
(Jl Gajah Mada). Ce petit bout d'espace vert commémore la résistance héroïque des rajas de Badung face aux envahisseurs néerlandais en 1906 (voir p. 315). Un monument représente une famille balinaise dans une posture glorieuse, brandissant des armes dérisoires contre les fusils des colonisateurs. La femme tient des bijoux dans la main gauche à l'instar des femmes de la cour qui auraient jeté leurs joyaux aux soldats néerlandais pour les railler. Le parc est fréquenté à l'heure du déjeuner et les familles aiment s'y promener au crépuscule. Des vendeurs proposent satay de poulet, en-cas et boissons. Le week-end, petits et grands viennent faire tournoyer leur cerf-volant.

Pura Maospahit TEMPLE
(Près de Jl Sutomo). Édifié au XIVe siècle quand les Majapahit arrivèrent de Java, ce temple fut endommagé par un tremblement de terre en 1917 et amplement restauré depuis. Les parties les plus anciennes se situent à l'arrière, et les éléments les plus intéressants sont les grandes statues de Garuda et du géant Batara Bayu.

Bajra Sandhi Monument MONUMENT
(Monument de la Lutte du peuple de Bali ; ☎0361-264517 ; Jl Raya Puputan, Renon ; adulte/enfant 10 000/5 000 Rp ; ⏲9h-16h30). À l'intérieur de la construction (qui rappelle vaguement Borobudur), des dioramas retracent l'histoire de Bali. Dans la représentation de la bataille de 1906 contre les Néerlandais, le roi de Badung apparaît comme une cible facile.

Denpasar

Les incontournables
1 Museum Negeri Propinsi Bali............... C3
2 Pura Jagatnatha................................... C3

À voir
3 Monument Bajra Sandhi........................F6
4 Puputan Square.................................. B3
5 Pura Maospahit.................................... A2
6 Taman Wedhi Budaya...........................F2

Activités
7 Kube Dharma Bakti B6

Où se loger
8 Inna Bali.. B2
9 Nakula Familiar Inn.............................. B2

Où se restaurer
10 Ayam Goreng Kalasan...........................E5
11 Bakso Supra Dinasty.............................E5
12 Café Teduh B5
13 Cak Asmo D6
14 Pasar Malam Kereneng D2
15 Pondok Kuring C6
16 Warung Lembongan E5
17 Warung Satria..C2
18 Warung Wardani.................................... B2

Où prendre un verre et faire la fête
19 Bhineka Djaja B2

Achats
20 Adil... B3
21 Kampung Arab.. B3
22 Mal Bali B5
23 Pasar Badung... A3
24 Pasar Kumbasari.................................... A3

Transports
25 Bureau Damri... B6
26 Compagnie ferroviaire nationale........... B5

♥ Nakula Familiar Inn — GUESTHOUSE $

(☎0361-226446 ; www.nakulafamiliarinn.com ; Jl Nakula 4 ; ch avec ventil/clim à partir de 155 000/200 000 Rp ; ❄📶). Établissement familial, déjà prisé des voyageurs bien avant l'apparition de Seminyak, avec 8 chambres propres dotées de petits balcons. Au centre se trouvent une jolie cour et un café. Au coin de la rue, le marché a tout d'une tranche de vie urbaine typiquement balinaise. Le *bemo* Tegal-Kereneng circule dans Jl Nakula.

Inna Bali — HÔTEL $$

(☎0361-225681 ; www.innabali.com ; Jl Veteran 3 ; ch à partir de 350 000-700 000 Rp ; ❄📶). L'Inna Bali a des jardins simples, un énorme banian et un certain charme nostalgique, vestige de son prestigieux passé d'hôtel datant de 1927. Les chambres sont standards, mais beaucoup sont pourvues d'une véranda ombragée. Les travaux en cours devraient rafraîchir le tout. Les employés les plus âgés ont de belles histoires à partager.

L'endroit se révèle une bonne base pour les **défilés Ngrupuk** qui se tiennent la veille de Nyepi et passent devant l'hôtel.

Où se restaurer et prendre un verre

Denpasar recèle le meilleur choix de cuisines indonésienne et balinaise de toute l'île. Habitants et expatriés ont chacun leurs *warung* et restaurants favoris.

De nouveaux établissements ouvrent régulièrement dans Jl Teuku Umar, tandis qu'à Renon il y a un nombre impressionnant de restaurants dans Jl Cok Agung Tresna, entre Jl Ramayana et Jl Dewi Madri et le long de Letda Tantular. Vous y ferez probablement de belles découvertes.

♥ Warung Satria — INDONÉSIEN $

(Jl Kedondong ; plats 10 000-20 000 Rp ; ⏲11h-17h). Un *warung* installé de longue date dans une rue tranquille. Goûtez le satay de fruits de mer accompagné de *sambal* aux échalotes. Sinon, choisissez parmi les plats présentés, mais ne venez pas trop tard car les plats cuisinés partent vite. Une **deuxième adresse** (carte p. 180 ; Jl WR Supratman ; ⏲10h-17h) se trouve près du carrefour entre la route principale pour Ubud et la rocade (*bypass*), à l'est du centre de Denpasar.

Warung Wardani — INDONÉSIEN $

(☎0361-224398 ; Jl Yudistira 2 ; repas à partir de 25 000 Rp ; ⏲8h-16h). Outre la petite salle à l'entrée, cet établissement compte une autre grande salle à manger à l'arrière. C'est heureux, car son fabuleux *nasi campur* (riz avec accompagnements) attire les foules au déjeuner. Nourriture halal, poulet tendre à souhait, succulent satay et riz parfumé.

Nasi Uduk — INDONÉSIEN $

(Jl Teuku Umar ; 8 000-15 000 Rp ; ⏲8h-22h). Étal impeccable, ouvert sur la rue, pourvu d'une poignée de chaises et proposant des saveurs javanaises comme le *nasi uduk* (riz à la noix de coco et à la sauce aux arachides) et le *lalapan* (simple salade de feuilles de basilic citronné).

Pasar Malam Kereneng MARCHÉ $
(marché nocturne Kereneng ; Jl Kamboja ; repas à partir de 10 000 Rp ; 18h-5h). Excellent marché de nuit où des vendeurs servent à manger jusqu'à l'aube.

Bhineka Djaja CAFÉ
(0361-224016 ; Jl Gajah Mada 80 ; café 5 000 Rp ; 9h-16h lun-sam). Cette boutique, qui accueille aussi le Bali's Coffee Co, vend du café local et propose un expresso inoubliable, à déguster à l'une des 2 petites tables en profitant de l'animation de la vénérable artère principale de Denpasar.

Renon

L'ambiance quelque peu embourgeoisée se mêle aux odeurs de bonne cuisine.

Café Teduh INDONÉSIEN $
(0361-221631 ; près de Jl Diponegoro ; plats 10 000-20 000 Rp ; 10h-22h ;). Au milieu des galeries marchandes, ce petit oasis de verdure et de fontaines se cache au bout d'une petite allée. Essayez l'*ayam dabu-dabu* (poulet grillé à la pâte de piment, tomates, échalotes, citronnelle et épices) ou le *nasi bakar cumi hitam* (riz et calamar mariné grillés dans une feuille de bananier).

Cak Asmo INDONÉSIEN, CHINOIS $
(Jl Tukad Gangga ; plats à partir de 25 000 Rp ; 8h-22h). Fonctionnaires et étudiants de l'université voisine savourent des plats préparés sur commande dans la cuisine animée. Commandez le croustillant et onctueux *cumi cumi* (calmars) sauce *telor asin* (mélange divin d'œuf et d'ail). Rafraîchissantes boissons aux fruits.

Ayam Goreng Kalasan INDONÉSIEN $
(Jl Cok Agung Tresna 6 ; plats 10 000-20 000 Rp ; 8h-22h). Restaurant au nom révélateur : poulet frit (*ayam goreng*) du nom d'un temple javanais (Kalasan) d'une région réputée pour son poulet épicé et croustillant. On note la touche de citronnelle de la viande longuement marinée avant la cuisson.

Bakso Supra Dinasty BALINAIS $
(Jl Cok Agung Tresna ; plats à partir de 15 000 Rp ; 8h-22h). Ce petit étal porte bien son nom ("la grande dynastie de la boulette de viande") : les soupes y sont succulentes, le bouillon est riche et les boulettes sont savoureuses.

Warung Lembongan INDONÉSIEN $
(0361-236885 ; Jl Cok Agung Tresna 6C ; plats 17 000-25 000 Rp ; 8h-22h). Chaises pliantes argentées et longues tables, à l'ombre d'un auvent d'un vert criard. Des détails que vous oublierez vite après avoir goûté la spécialité maison : du poulet légèrement frit et délicatement croustillant. Autre spécialité : le *kepala ikan*, une soupe de poisson épicée.

Warung Bundaran Renon BALINAIS $
(0361-234208 ; Jl Raya Puputan 212 ; repas à partir de 40 000 Rp ; 9h-17h). Une adresse un peu plus haut de gamme où déguster du *babi guling* (cochon à la broche) et de bons plats au déjeuner. Patio ombragé.

Pondok Kuring INDONÉSIEN $
(0361-234122 ; Jl Raya Puputan 56 ; plats à partir de 20 000 Rp ; 10h-22h30). On sert ici des spécialités du peuple soundanais de l'ouest de Java. Légumes, viande et fruits de mer épicés sont parfumés aux herbes. Ce restaurant clinquant dispose d'une salle un peu arty et d'un joli jardin calme à l'arrière.

Achats

Pour une authentique plongée dans la vie locale, visitez les marchés traditionnels et les grands centres commerciaux climatisés.

Marchés

Du fait de leur proximité, les plus grands marchés traditionnels de Denpasar sont faciles d'accès, même si déambuler à travers leurs allées bondées est plus compliqué. Comme d'autres éléments de la vie balinaise, les grands marchés sont en devenir. Les grandes chaînes de supermarchés ont tendance à empiéter sur leur secteur, et la classe moyenne dit préférer les enseignes du type Carrefour à cause de l'hygiène et des produits importés. Mais c'est encore sur ces marchés publics que l'on achète des produits purement balinais : offrandes pour les temples, vêtements de cérémonie et divers mets indissociables de l'île, comme de nombreuses espèces de mangoustan.

Pasar Badung MARCHÉ
(Jl Gajah Mada ; 6h-20h). Le plus grand marché alimentaire de Bali est animé le matin et le soir (et endormi entre 14h et 16h) ; l'endroit est idéal pour se promener et marchander. On y trouve des produits venant de toute l'île, ainsi que des offrandes pour les temples, faciles à assembler et très appréciées des femmes actives.

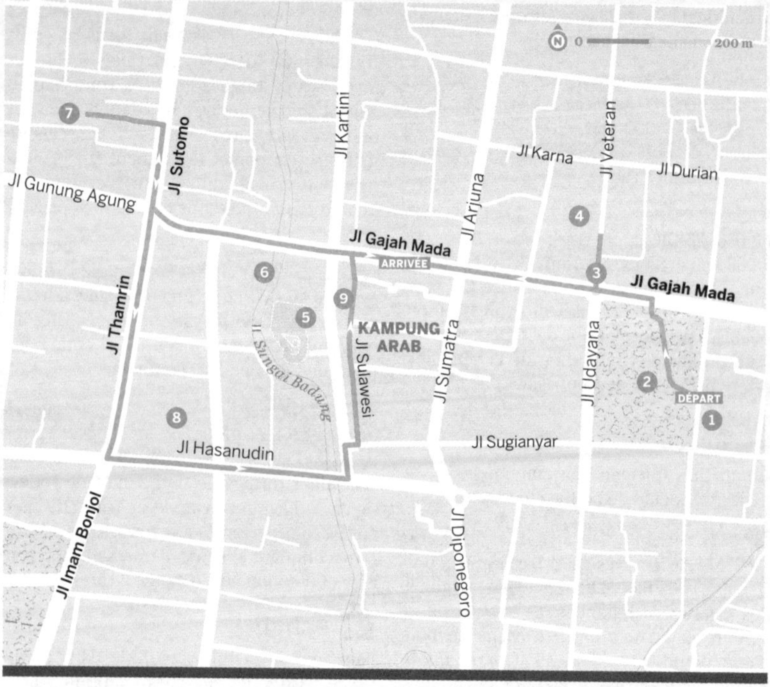

Promenade à pied
Flâner à Denpasar

DÉPART MUSEUM NEGERI PROPINSI BALI
ARRIVÉE JL GAJAH MADA
DISTANCE 2,5 KM **DURÉE** 2 HEURES

Même si Denpasar paraît asphyxiée par la circulation, elle se prête bien à une exploration à pied. Ce parcours comprend des sites du centre historique et quelques vestiges balinais. Prévoyez du temps pour visiter le musée ou faire des achats.

Partez du 1 **Museum Negeri Propinsi Bali** (p. 121). En face se trouve le vaste et verdoyant 2 **Puputan Square** (p. 121).

De retour au coin de Jl Surapati et de Jl Veteran, la haute 3 **statue de Catur Muka** représente Batara Guru, le seigneur des Quatre Directions. Pourvu de quatre visages et de huit bras, il surveille le flot de la circulation alentour. Continuez vers le nord sur 100 m dans Jl Veteran jusqu'à l'hôtel 4 **Inna Bali** (p. 124), l'un des préférés de l'ancien autocrate indonésien Sukarno.

Revenez à la statue de Catur Muka et prenez Jl Gajah Mada (du nom d'un premier ministre Majapahit du XIVe siècle) vers l'ouest. Passez devant les banques, les boutiques et un café en direction du pont sur la rivière Sungai Badung. À gauche, juste avant le pont, on trouve le 5 **Pasar Badung** (p. 125), le principal marché de producteurs. Juste après le pont, sur la gauche, le 6 **Pasar Kumbasari** (p. 127) recèle artisanat, tissus et costumes.

Au grand carrefour suivant, faites un détour au nord dans Jl Sutomo et empruntez à gauche un petit *gang* (allée) qui mène au 7 **Pura Maospahit** (p. 121).

Revenez sur vos pas et poursuivez vers le sud dans Jl Thamrin jusqu'au croisement de Jl Hasanudin. À l'angle, le 8 **Puri Pemecutan**, un palais détruit lors de l'invasion néerlandaise de 1906, a été reconstruit depuis longtemps ; vous pouvez jeter un coup d'œil à l'intérieur, qui n'a rien de grandiose.

Suivez Jl Hasanudin en direction de l'est, puis vers le nord dans 9 **Jl Sulawesi**, où sont installés des marchés. Continuez au nord après le Pasar Badung pour revenir dans Jl Gajah Mada. Gardez la visite du superbe musée Negeri Propinsi Bali pour la fin.

Perdez-vous dans ce marché qui risque de ne pas être permanent et admirez la multitude de fruits et d'épices. Ignorez les "guides" qui proposent leurs services.

Kampung Arab MARCHÉ
(Jl Hasanudin et Jl Sulawesi). Le quartier des bijouteries et des joailleries, tenues par des personnes d'ascendance moyen-orientale et indienne.

Pasar Kumbasari MARCHÉ
(Jl Gajah Mada ; 8h-18h). Artisanat, multitude de tissus aux couleurs chatoyantes et costumes ornés d'or ne sont qu'une partie des articles vendus dans cet immense marché situé de l'autre côté du fleuve par rapport au Pasar Badung. Du fait de la concurrence des centres commerciaux, maints étals sont désormais vides.

Textiles

Suivez **Jl Sulawesi** vers le nord et vous verrez la rue se mettre à scintiller en approchant des **boutiques de fabricants de tissus**. Les textiles – coton, batik, soie – sont de couleurs éclatantes. À l'est du Pasar Badung. Plusieurs boutiques ferment le dimanche.

Jepun Bali TEXTILES
(0361-726526 ; Jl Raya Sesetan, Gang Ikan Mas 11 ; rendez-vous par téléphone). C'est un peu la version privée du Museum Negeri Propinsi Bali : connue localement pour ses *endek* et *songket*, tissés avec des méthodes traditionnelles, Gusti Ayu Made Mardiani ouvre sa maison et son atelier aux visiteurs qui peuvent admirer les machines anciennes à l'œuvre et ses sélections polychromes de soie et de coton. Au sud de Denpasar.

Adil TEXTILES
(0361-234601 ; Jl Sulawesi 13 ; 9h-18h). Coincée dans une enfilade de magasins de tissus située juste à l'est du Pasar Badung, cette boutique étroite se démarque par son vaste choix d'authentiques batiks balinais. Le choix des couleurs et des motifs est étonnant, tandis que les prix, clairement indiqués, restent eux très raisonnables.

Galeries marchandes

Le dimanche, les centres commerciaux de type occidental débordent de Balinais faisant leurs achats et d'adolescents occupés à flirter ; les articles de marque y sont authentiques.

La plupart d'entre eux abritent un espace restauration, où des stands préparent une délicieuse cuisine asiatique, aux côtés de fast-foods internationaux.

Mal Bali GALERIE MARCHANDE
(Jl Diponegoro ; 9h-22h). Cette galerie marchande abrite le Ramayana, le plus grand magasin de Bali, un grand supermarché, un espace restauration et de nombreux magasins de vêtements.

Renseignements

Denpasar compte un grand nombre de personnels soignants qui travaillent sur toute l'île. Voir les détails p. 392.

Kimia Farma (0361-227811 ; Jl Diponegoro 125 ; 24h/24). Le principal point de vente de la chaîne de pharmacie de l'île propose le plus grand choix de médicaments à Bali.

Office du tourisme de Denpasar (0361-234569 ; Jl Surapati 7 ; 8h-15h30 lun-jeu, 8h-13h ven). Il s'occupe du tourisme à Denpasar (qui inclut Sanur) et fournit des informations sur le reste de l'île. Sa brochure *Calendar of Events* peut se révéler utile.

Police touristique (0361-224111)

Principal bureau de poste (0361-223565 ; Jl Panjaitan ; 8h-21h lun-ven, 8h-20h sam). Pour les besoins particuliers en matière de services postaux.

Depuis/vers Denpasar

Denpasar est un nœud des transports routiers à Bali ; des bus et des minibus desservent les quatre coins de l'île.

AVION

Parfois appelé "Denpasar" sur les tableaux de vols, l'aéroport international Ngurah Rai se trouve à 12 km au sud de Kuta.

BEMO ET MINIBUS

La ville compte plusieurs gares de *bemo* et de bus, ce qui implique souvent un déplacement d'une gare à l'autre si vous devez prendre une correspondance. Les *bemo* qui desservent le reste de l'île partent des gares d'Ubung, de Batubulan et de Tegal, tandis que ceux qui circulent dans la ville et aux alentours partent de la gare de Kereneng. Des *bemo* relient régulièrement les gares entre elles (7 000 Rp). Bali a un réseau de *bemo* complexe. Les tarifs sont approximatifs, et parfois à la tête du client. Les conducteurs demandent souvent au moins 25% de plus aux étrangers. Voir p. 385 pour plus d'informations.

Ubung

Bien au nord de la ville, sur la route de Gilimanuk, la **gare de bus et de *bemo* d'Ubung** (carte. 180) est la plateforme desservant le nord et l'ouest de Bali. Outre les bus ralliant la gare routière de Mengwi, 12 km au nord-ouest, quelques bus longue distance démarrent d'ici (voir encadré p. 386).

DESTINATION	TARIF
Gilimanuk (ferry pour Java)	30 000 Rp
Gare routière de Mengwi	15 000 Rp
Munduk	22 000 Rp
Singaraja (via Pupuan ou Bedugul)	25 000 Rp

Batubulan

Mal située, à 6 km au nord-est de Denpasar, sur la route d'Ubud, cette gare dessert les destinations de l'est et du centre de Bali.

DESTINATION	TARIF
Amlapura	25 000 Rp
Padangbai (ferry pour Lombok)	18 000 Rp
Sanur	7 000 Rp
Ubud	13 000 Rp

Tegal

À l'ouest de la ville, dans Jl Iman Bonjol, la **gare de *bemo* de Tegal** dessert Kuta et la péninsule de Bukit.

DESTINATION	TARIF
Aéroport	15 000 Rp
Jimbaran	17 000 Rp
Kuta	13 000 Rp

Kereneng

Les *bemo* qui rallient Sanur (7 000 Rp) partent de la **gare de *bemo* de Kereneng**, à l'est du centre.

Wangaya

Près du centre-ville, cette petite **gare** est le point de départ des services de *bemo* vers le nord de Denpasar et la plus lointaine gare de bus et de *bemo* d'Ubung (8 000 Rp).

BUS

Les bus longue distance continuent de partir de la gare de bus et de *bemo* d'Ubung. La plupart de ces lignes s'arrêtent à la gare routière de Mengwi.

TRAIN

Bien qu'il n'y ait pas de trains à Bali, la compagnie ferroviaire nationale a un **bureau** (☎ 0361-227131 ; Jl Diponegoro 150/B4 ; ⏲ 8h-15h lun-ven, 9h-14h sam et dim) à Denpasar. De là, des bus partent du **bureau Damri**, non loin (Jl Diponegoro), pour l'est de Java où il y a des correspondances avec le train à Banyuwangi à destination de, entre autres, Surabaya, Yogyakarta et Jakarta. Les prix et les horaires correspondent à ceux du bus, mais les trains climatisés sont plus confortables, même en classe économique.

ℹ Comment circuler

BEMO

Les *bemo* empruntent divers itinéraires circulaires entre les différentes gares de bus/ *bemo* de Denpasar – vous pouvez monter dans les *bemo* au départ des gares mais aussi les héler le long des artères principales. Ils desservent diverses destinations, indiquées par une pancarte sur le pare-brise.

TAXI

Comme ailleurs, les taxis de **Bluebird Taxi** (☎ 0361-701111) sont les plus fiables.

NUSA LEMBONGAN ET LES AUTRES ÎLES

La masse brumeuse de Nusa Penida domine l'horizon lorsque, du sud-est de Bali, les regards se tournent vers l'océan. Beaucoup de visiteurs se concentrent pourtant sur Nusa Lembongan, dans l'ombre de son bien plus grand voisin. C'est un petit paradis pour le surf et la plongée ; les plages de sable blanc y sont calmes et l'ambiance détendue fait le bonheur des visiteurs.

Si, autrefois dédaignée, Nusa Penida connaît une plus grande affluence, ses paysages époustouflants et son mode de vie traditionnel restent au nombre de ses atouts. La petite Nusa Ceningan se blottit entre les plus grandes îles. Elle constitue une excursion appréciée depuis Lembongan.

Les îles sont restées pauvres pendant des années. La mince couche de terre et le manque d'eau douce n'y permettant pas la culture du riz, mais d'autres plantes, tels le maïs, le manioc et les haricots, y poussent. La culture la plus rentable reste celle des algues, mais le tourisme assure désormais l'essentiel des revenus.

Nusa Lembongan

☎ 0366

Nusa Lembongan, autrefois semée de cahutes de surfeurs, connaît un âge d'or. S'il est toujours possible de trouver une chambre basique avec vue sur les *breaks* et

Nusa Lembongan

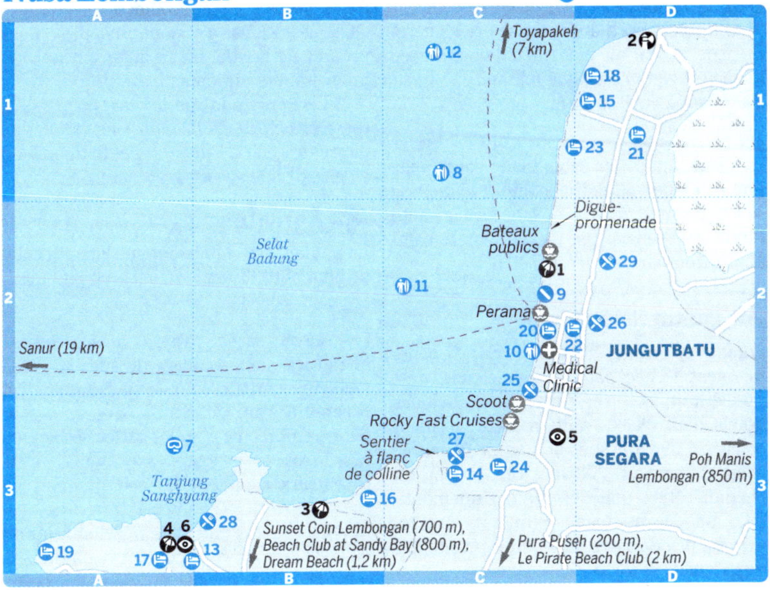

Nusa Lembongan

À voir

1 Jungutbatu Beach C2
2 Phare D1
3 Pantai Selegimpak B3
4 Pantai Tanjung Sanghyang A3
5 Pura Segara C3
6 Arbre sacré A3

Activités

7 Bounty Pontoon A3
8 Lacerations C1
9 Lembongan Dive Center C2
10 Monkey Surfing C2
11 Playground C2
12 Shipwreck C1
World Diving .... (voir 20)

Où se loger

13 Alam Nusa Huts A3
14 Batu Karang C3
15 Indiana Kenanga D1
16 Morin Lembongan B3
17 Nusa Bay by WHM A3
18 Pemedal Beach D1
19 Point Resort Lembongan A3
20 Pondok Baruna C2
21 Pondok Baruna Frangipani D1
22 Secret Garden Bungalows C2
23 Star Two Thousand Cafe & Bungalows C1
24 Ware-Ware C3

Où se restaurer

25 99 Meals House C2
26 Bali Eco Deli D2
27 Deck Cafe & Bar C3
28 Hai Bar & Grill B3
29 Pondok Baruna Warung D2

le coucher du soleil, les boutique-hôtels sont aujourd'hui de la partie.

La popularité de Nusa Lembongan grandit au fil des ans, mais elle reste un endroit paisible. Cette nouvelle source de richesse est toutefois à l'origine de changements : des garçons se rendent à l'école, distante de 300 m, à moto, des temples sont rénovés à grands frais, des objets de luxe sont introduits et les habitants s'intéressent plus aux horaires des bateaux de touristes qu'au chant du coq.

À voir

Jungutbatu

Le village est plutôt tranquille, même si les allées retentissent du vrombissement des motos. Des cérémonies se déroulent fréquemment au Pura Segara, devant son énorme banian.

À la lisière nord du bourg se dresse fièrement le phare au pied métallique. Suivez le chemin vers l'est pour rejoindre le Pura Sakenan, à environ 1 km.

Jungutbatu Beach PLAGE

La plage, un arc de sable blanc baigné par une eau bleue et claire, a l'atout d'une vue sur le Gunung Agung, à Bali. La plaisante digue-promenade est idéale pour se balader, surtout au coucher du soleil.

Pantai Selegimpak

Longue et étroite étendue de plage généralement léchée par des vaguelettes, c'est un endroit isolé où l'on trouve quelques hôtels (l'un d'eux ayant malheureusement construit sa digue sous la marque de marée basse). À environ 200 m à l'est le long du chemin côtier, une fois franchi un monticule, on découvre une minuscule crique, avec un peu de sable, de bonnes possibilités de baignade et un modeste *warung*.

Tanjung Sanghyan

Cette belle petite baie, baptisée Mushroom Bay, d'après les coraux-champignons du large, arbore une plage de sable blanc en croissant. En journée, les *banana-boats* ("bateaux-bananes") ou les parachutes ascensionnels risquent d'en troubler la sérénité. Le reste du temps, c'est une plage de rêve. Cherchez l'énorme arbre sacré au milieu du Pura Segara.

De Jungutbatu, l'itinéraire le plus intéressant pour se rendre à Tanjung Sanghyang est le sentier qui part de l'extrémité sud de la plage de Jungutbatu et suit le littoral sur 1 km. On peut aussi prendre un bateau à Jungutbatu moyennant 50 000 Rp.

Dream Beach

Au bout d'une piste, du côté sud-ouest de l'île, Dream Beach est une poche de sable blanc de 150 m balayée par une forte houle et une eau azur. Vu depuis la droite, l'endroit est charmant, jusqu'à ce qu'on aperçoive l'hôtel hideux construit à une extrémité. C'est aussi une excursion à la journée prisée.

Lembongan

La seconde localité de l'île donne sur le chenal, couvert de fermes d'algues, qui la sépare de Nusa Ceningan – un beau paysage d'eau limpide et de collines verdoyantes. Quelques cafés s'y sont installés pour profiter de la vue. Il y a aussi un marché intéressant et un immense banian.

À l'extrême nord de la ville, où passe la route principale de l'île, un long escalier de pierre descend à Pura Puseh, le temple du village, d'où la vue est grandiose.

Activités

La plupart des établissements louent l'équipement pour diverses activités aquatiques.

Surf

La saison sèche (d'avril à septembre), quand les vents soufflent du sud-est, est la meilleure période pour le surf. Totalement déconseillés aux débutants, les *breaks* sont dangereux, même pour les surfeurs chevronnés. Trois principaux spots aux noms évocateurs jalonnent le récif du nord au sud : Shipwreck (naufrage), Lacerations et Playground (terrain de jeu). Selon l'endroit où vous logerez, vous pourrez rejoindre à la rame le plus proche des trois (à marée basse, vous devrez peut-être marcher, n'oubliez pas d'apporter de quoi vous chausser) ; pour d'autres, louer un bateau sera préférable. Les tarifs, négociables, commencent à 50 000 Rp l'aller, et vous indiquerez au capitaine l'heure de votre retour. Un quatrième spot, Racecourses, émerge parfois au sud de Shipwreck.

Les *breaks* sont parfois très fréquentés, même s'il y a peu de monde sur l'île ; des bateaux d'excursion en provenance de Bali amènent quelquefois des groupes de surfeurs pour la journée (comptez au moins 1 000 000 Rp).

Monkey Surfing SURF

(☎0821 4614 7683 ; www.monkeysurfing.com ; Jungutbatu Beach ; location planche de surf 100 000 Rp/jour, cours à partir de 550 000 Rp ; ⏲8h-19h). On loue ici des planches de surf et de paddleboard. Sur la plage.

Plongée

Nusa Lembongan est une bonne base pour les plongeurs et les centres de plongée se multiplient.

♥ **World Diving** PLONGÉE

(☎0812 390 0686 ; www.world-diving.com ; Jungubatu Beach ; 2 plongées à partir de 85 $US, brevet Open Water 395 $US). Installé dans le Pondok Baruna, World Diving jouit d'une très bonne réputation. Il offre un choix

PLONGER AUTOUR DES ÎLES

De superbes sites de plongée entourent les îles, depuis les récifs abrités et peu profonds au nord de Lembongan et de Penida jusqu'aux spots difficiles et exposés aux courants entre Penida et les deux autres îles. Les habitants ont su protéger leurs eaux des braconniers qui pêchent à la dynamite, et les récifs sont relativement intacts. D'autre part, la culture des algues a contribué à limiter la pêche. En 2012, les îles ont également été désignées zone de conservation des fonds marins, qui englobe plus de 20 000 ha des eaux environnantes.

Si vous souhaitez organiser une sortie depuis Padangbai ou le sud de Bali, adressez-vous aux centres les plus réputés, car les conditions peuvent être difficiles et la connaissance du site est essentielle. Des accidents de plongée surviennent régulièrement et des plongeurs meurent chaque année autour des îles.

Faites appel aux opérateurs recommandés de Nusa Lembongan pour entrer dans le vif du sujet dès le début. Les grands animaux marins, tels les tortues, les requins et les raies mantas, constituent l'un des principaux attraits. L'énorme et exceptionnel *mola mola* (poisson-lune, 3 m d'une nageoire à l'autre) fréquente parfois les alentours des îles entre la mi-juillet et octobre et les raies mantas évoluent souvent au sud de Nusa Penida de juin à octobre.

Parmi les meilleurs sites figurent **Blue Corner** et **Jackfish Point**, près de Nusa Lembongan, et **Ceningan Point**, au bout de l'île. Le chenal entre Ceningan et Penida est réputé pour la plongée dérivante, mais requiert la présence d'un professionnel capable d'évaluer les rapides changements de courants et les autres paramètres. Des vagues venant du large peuvent refroidir des spots comme **Ceningan Wall**, l'un des chenaux naturels les plus profonds au monde, peuplé de poissons de toutes espèces et de toutes tailles.

Les spots proches de Nusa Penida comprennent **Crystal Bay**, **SD**, **Pura Ped**, **Manta Point** et **Batu Aba**. Crystal Bay, SD et Pura Ped conviennent aux plongeurs débutants et au snorkeling. En revanche, la mer au large de Penida est dangereuse, même pour les plongeurs expérimentés.

complet de cours et des sorties de plongée sur des sites autour des trois îles. Équipement de premier ordre.

Lembongan Dive Center PLONGÉE
(☎0821 4535 2666 ; www.lembongandivecenter.com ; Jungubatu Beach ; plongée simple à partir de 450 000 Rp, brevet Open Water 4 000 000 Rp). Un centre de plongée local recommandé.

Snorkeling

Au large de Tanjung Sanghyang et aux abords des **pontons de Bounty**, ainsi que dans les zones au nord de l'île, vous pouvez pratiquer le snorkeling. Louer un bateau coûte 150 000 Rp l'heure, en fonction de la demande, de la distance et du nombre de passagers. Une expédition dans les eaux plus difficiles de Nusa Penida revient à partir de 400 000 Rp pour 3 heures ; quant aux mangroves voisines, il faut compter environ 300 000 Rp. L'équipement de snorkeling se loue environ 30 000 Rp par jour.

Le bras de mer recouvert de mangrove à l'ouest de Ceningan Point, entre Lembongan et Ceningan, offre de bonnes occasions de snorkeling.

Croisières

Plusieurs bateaux de croisière assurent des excursions d'une journée à Nusa Lembongan depuis le sud de Bali. Ces périples comprennent les transferts de l'hôtel, des activités nautiques, du snorkeling, des tours en *banana-boat*, la visite des îles et un déjeuner-buffet.

Bounty Cruise CROISIÈRE
(☎0361-726666 ; www.balibountycruises.com ; adulte/enfant 95/47,50 $US). Les bateaux du Bounty sont amarrés à un ponton jaune au large, pourvu de toboggans aquatiques et d'autres divertissements.

Island Explorer Cruise CROISIÈRE
(☎0361-728 088 ; www.bali-activities.com ; adulte/enfant à partir de 92/50 $US). Affilié au Coconuts Beach Resort. Son grand bateau sert de base pour des expéditions aquatiques d'une journée. Dispose aussi d'un voilier.

Nusa Bay by WHM HÔTEL $$$
(☎0361-484 085 ; www.wakahotelsandresorts.com ; Tanjung Sanghyang ; bungalows à partir de 180 $US ;). Ce *resort* décontracté géré par le groupe Waka loue 10 confortables bungalows au toit de chaume près du rivage. On peut manger sur le sable dans le bar-restaurant, à l'ombre des cocotiers.

Hai Bar & Grill INTERNATIONAL $$
(☎0366-559 6415 ; Tanjung Sanghyang, Hai Tide Beach Resort ; plats à partir de 60 000 Rp ; ⊙8h-23h ;). La vue dégagée sur la baie est idéale pour un verre au coucher du soleil, un en-cas ou un repas. Au menu, plats asiatiques et occidentaux, et même des muffins frais. Cinéma en plein air certains soirs. Appelez pour qu'on vienne vous chercher à Jungubatu.

AILLEURS SUR LEMBONGAN

Poh Manis Lembongan GUESTHOUSE $
(☎0819 9923 3913 ; www.pohmanislembongan.com ; ch à partir de 45 $US ;). Perchée sur un promontoire à l'extrême sud-est de Nusa Lembongan, cette pension a l'attrait d'une vue panoramique sur les deux autres Nusas. Outre 7 charmantes chambres aux allures de refuge sylvestre, elle possède une délicieuse piscine.

♥ **Sunset Coin Lembongan** GUESTHOUSE $$
(☎0812 364 0799 ; www.sunsetcoinlembongan.com ; Sunset Bay ; ch 600 000-750 000 Rp ;). Ces 6 bungalows, gérés par une famille fantastique, constituent l'essence même du paradis insulaire : proches d'une petite poche de sable appelé Sunset Bay, ils sont dotés de grandes terrasses où vous pourrez vous détendre et prendre vos repas.

Point Resort Lembongan AUBERGE DE CHARME $$$
(www.thepointlembongan.com ; ste à partir de 150 $US ;). À environ 500 m à l'ouest de Tanjung Sanghyang, cet établissement renferme 4 somptueuses suites. La vue est époustouflante, surtout depuis la piscine à débordement. Deux nuitées au minimum.

Beach Club at Sandy Bay PRODUITS DE LA MER $$
(☎0828 9700 5656 ; www.sandybaylembongan.com ; Sunset Bay ; plats à partir de 50 000 Rp ; ⊙8h-23h ;). Un club accueillant tout en bois blanchi, installé sur une poche de sable baptisée Sunset Beach. La carte affiche des plats asiatiques et européens, ainsi que des hamburgers. Le soir, les barbecues de poisson et fruits de mer attirent les amateurs.

Renseignements

De petits marchés vendent quelques produits près de la banque, mais le choix est mince.

Il est indispensable d'apporter suffisamment de rupiahs en liquide pour votre séjour : l'unique distributeur automatique refuse la plupart des cartes étrangères.

Clinique médicale (consultation 200 000 Rp ; ⊙8h-18h). Ce centre médical dans le village a été reconstruit et soigne bien les petites blessures de surf et les problèmes d'oreille.

LES MOISSONNEURS DE LA MER

La prochaine fois que vous dégusterez une glace, ayez une pensée émue pour les cultivateurs d'algues de Nusa Lembongan et de Nusa Penida. Ces moissonneurs de la mer extraient de ces algues le carraghénane, un émulsifiant utilisé pour épaissir les glaces, le fromage et d'autres produits laitiers.

En vous promenant dans les villages, vous verrez – et sentirez – des algues séchant dans les vastes espaces qui leur sont consacrés. Dans l'eau, vous distinguerez le patchwork des plantations. La région se prête bien à cette culture, grâce à ses eaux peu profondes et riches en nutriments. Les algues séchées, rouges et vertes, sont exportées dans le monde entier.

Mais pour combien de temps encore ? De fait, la culture des algues est éreintante et génère des rendements minimes. Alors qu'il y a encore dix ans, 85% de la population de Lembongan travaillait dans ce secteur, ce chiffre tend à diminuer comme peau de chagrin à mesure que les habitants, saisissant les occasions offertes par le boom touristique, se dirigent vers des métiers mieux payés et moins fatigants.

À Nusa Penida, la même tendance se dessine. Nous avons demandé à un ancien cultivateur d'algues travaillant désormais comme guide s'il regrettait ou non sa décision. Sa réponse fut sans appel...

Depuis/vers Nusa Lembongan

Plusieurs possibilités de transport s'offrent à vous, dont certains bateaux rapides. Sachez que si vous avez les moyens de prendre un bateau rapide, cela ne passera pas inaperçu ; méfiez-vous également des services de nuit pas toujours très sûrs.

Les bateaux jettent l'ancre au large, vous devrez vous mouiller les pieds. Voyagez léger – les valises à roulettes sont mal adaptées à l'eau, au sable ou aux chemins de terre. Des porteurs vous aideront pour 20 000 Rp.

Bateaux publics Des bateaux publics à destination de Nusa Lembongan partent de l'extrémité nord de la plage de Sanur à 8h (60 000 Rp, 1 heure 45-2 heures). C'est le bateau d'approvisionnement, il se peut donc que vous partagiez votre place avec un poulet. Un bateau rapide public part à 16h (175 000 Rp, 40 min).

Perama (www.peramatour.com ; Jungutbatu Beach). Le bateau touristique de Perama quitte Sanur à 10h30 (180 000 Rp, 1 heure 45). Le bureau de Lembongan est situé près des Mandara Beach Bungalows.

Rocky Fast Cruises (☎0361-283624 ; www.rockyfastcruise.com ; Jungubatu Beach). Plusieurs navettes par jour (adulte/enfant 30/20 $US, 30 à 40 min).

Scoot (☎0361-285522 ; www.scootcruise.com). Plusieurs allers-retours par jour (adulte/enfant 350 000/270 000 Rp, 30 à 40 min). Les îles Gili sont aussi desservies à partir de Nusa Lembongan.

Comment circuler

L'île est assez petite et on y circule à pied. Des vélos (30 000 Rp/jour) et de petites motos (50 000 Rp/jour) sont proposés à la location. Un aller simple en moto ou en camion coûte au moins 15 000 Rp. On regrette par ailleurs l'arrivée de voiturettes de golf de la taille d'un SUV, apparemment essentiellement louées par des touristes en mal de luxe.

Nusa Ceningan

Un étroit **pont suspendu** plein de charme enjambe la lagune entre Nusa Lembongan et Nusa Ceningan, ce qui permet d'explorer facilement les environs. À côté de la lagune remplie de casiers servant à la culture des algues, on peut voir de nombreuses parcelles agricoles et un village de pêcheurs. L'île est assez vallonnée, et, si vous avez la forme, vous découvrirez de magnifiques paysages en vous promenant à pied ou à vélo.

Pour découvrir Nusa Ceningan à son avantage, faites une visite de 2 jours de l'île avec **JED** (Village Ecotourism Network ; ☎0361-366 9951 ; www.jed.or.id ; 130 $US/pers), qui offre un aperçu de la vie culturelle et villageoise. Les expéditions comprennent l'hébergement familial au village, des repas locaux, une visite passionnante des cultures d'algues et le transport depuis/vers Bali.

Au sud-ouest, un **break de surf** tire son nom de son emplacement à Ceningan Point ; spot exposé aux vagues en gauche.

Où se loger et se restaurer

Sur Nusa Lembongan et Nusa Ceningan, quelques jolis cafés surplombent le charmant canal et le pont. Les routes principales ont été goudronnées, ce qui ouvre quelque peu l'île, par ailleurs demeurée très rurale.

Secret Point GUESTHOUSE **$$**
(☎0819 9937 0826 ; www.secretpointhuts.com ; ch à partir de 800 000 Rp ; ❄📶🏊). Au coin sud-ouest de l'île, surplombant le *break* de surf Ceningan Point, un adorable petit complexe doté d'une plage minuscule et d'un bar au sommet de la falaise. Depuis le bar, vous pouvez plonger dans les vagues pour 50 000 Rp.

Le Pirate Beach Club GUESTHOUSE **$$**
(☎0822 3767 0007 ; www.lepirate-beachclub.com ; ch à partir de 700 000 Rp ; 🏊). Une poignée de minuscules bungalows avec vue dégagée sur le canal. Tout est blanc et bleu. Les escaliers sont toutefois redoutables. Deux nuits au minimum.

Nusa Penida

☎0366

Largement ignorée des touristes, Nusa Penida attend d'être découverte et permet d'imaginer à quoi ressemblerait Bali aujourd'hui sans l'avènement du tourisme. Elle offre peu d'activités et de sites et l'on y vient pour explorer l'île et se détendre, adopter son rythme paisible et apprécier les plaisirs subtils de la nature.

L'île est un plateau calcaire, avec une bande de sable blanc du côté nord et la vue sur les volcans de Bali au loin. Sur la côte sud, des falaises calcaires hautes de 300 m plongent dans la mer devant une rangée d'îlots, formant un paysage déchiqueté et spectaculaire. L'intérieur vallonné est parsemé de maigres cultures et de villages traditionnels. Il ne pleut guère et certaines parties de l'île sont arides, mais on peut apercevoir les traces d'anciennes rizières en terrasses.

La population, d'environ 60 000 âmes, est majoritairement hindoue et il y a une communauté musulmane à Toyapakeh. La culture locale diffère de celle de Bali : la langue est une forme ancienne de balinais qu'on ne parle plus ailleurs.

La nature est ici peu clémente. Autrefois terre d'exil pour criminels et indésirables bannis du royaume de Klungkung (actuelle Semarapura), Nusa Penida conserve une réputation un peu sinistre. Aujourd'hui c'est aussi un centre de réhabilitation où l'on œuvre à la réintroduction du célèbre étourneau de Bali, que l'on pensait quasi disparu à l'état sauvage. Près de Ped, le tourisme se développe peu à peu.

Activités

Nusa Penida offre d'exceptionnels sites de **plongée**. Vous pouvez vous adresser à l'une des boutiques de plongée sur Nusa Lembongan. La belle route plane qui longe la côte entre Toyapakeh et Sampalan se prête parfaitement à la pratique du **vélo**. Ailleurs, optez de préférence pour un VTT. Renseignez-vous pour louer des vélos (environ 25 000 Rp/jour).

Sampalan

Calme et plaisante, la principale localité de Penida est alignée le long de la route côtière incurvée. Le quartier du marché, se situe au centre du village. Un bon endroit pour goûter à la vie locale.

LE DÉMON DE PENIDA

Nusa Penida est la demeure légendaire de Jero Gede Macaling, le démon qui a inspiré la danse *Barong landung*. De nombreux Balinais croient en effet que l'île est enchantée, hantée par l'*angker* (puissance mauvaise), ce qui, paradoxalement, les attire. Peu d'étrangers la visitent, alors que des milliers de Balinais viennent chaque année pour participer à des cérémonies religieuses destinées à apaiser les esprits mauvais.

Où se loger et se restaurer

Ci-suivent quelques adresses, simples mais correctes. Restaurez-vous dans l'un des petits *warung* du centre, à moins de 10 minutes à pied des hôtels.

Made's Homestay CHEZ L'HABITANT $
(☎0852 3764 3649 ; ch à partir de 150 000 Rp). Quatre petites chambres propres dans un jardin agréable. Petit-déjeuner léger compris. On y accède par une petite route entre le marché et le port.

Nusa Garden Bungalows GUESTHOUSE $
(☎0813 3812 0660 ; ch à partir de 150 000 Rp ; wifi). Des chemins parsemés de corail écrasé entre des statues d'animaux relient les 10 chambres. Petit-déjeuner basique inclus. Prenez Jl Nusa Indah juste à l'est du centre.

LA MEILLEURE FAÇON DE VISITER NUSA PENIDA

De nombreux projets environnementaux et d'aide ont cours sur Nusa Penida. Les bénévoles qui y participent paient normalement une contribution (environ 20 $US par jour), laquelle comprend leur hébergement. Voici deux organisations auprès desquelles vous pourrez proposer vos services :

Friends of the National Parks Foundation (FNPF ; ☎0361-977978 ; www.fnpf.org). Ce groupe possède un centre dans le village de Ped. Les bénévoles contribuent à la préservation de l'étourneau de Bali ou bien enseignent dans les écoles locales. L'hébergement se fait en chambre simple mais confortable, avec ventilateur et eau froide.

Green Lion Bali (☎0812 4643 4964 ; www.greenlionbali.com) assure un programme primé de reproduction et de protection des tortues le long de la côte nord de Penida. Les bénévoles s'engagent pour 2 semaines au minimum et travaillent dans l'enclos à tortues ou enseignent dans les écoles locales. *Guesthouse* tout près.

Ped

Ped abrite un temple balinais de haute importance. À 600 m à l'ouest, le minuscule village de **Bodong** s'ouvre petit à petit au tourisme.

À voir et à faire

Toute la zone est bordée par un mince ruban de **plage**.

Pura Dalem Penetaran Ped TEMPLE HINDOU
Temple important, le Pura Dalem Penetaran Ped se dresse à Ped près de la plage, à 3,5 km à l'est de Toyapakeh. Il contient un sanctuaire dédié au démon Jero Gede Macaling. Dans ce temple tentaculaire, de nombreux habitants viennent faire des offrandes pour s'assurer une heureuse traversée depuis Nusa Penida.

Octopus Dive PLONGÉE
(☎0878 6246 3625 ; www.octopusdive-pelabuhanratu.com ; Bodong ; 2 plongées consécutives à partir de 800 000 Rp). Petit opérateur local sympathique.

Où se restaurer et prendre un verre

Plusieurs établissements touristiques ont fait leur apparition à Bodong.

Jero Rawa CHEZ L'HABITANT $
(☎0878 6246 3625; Bodong ; ch à partir de 150 000 Rp). Sept jolies chambres aux airs de bungalows dans une minuscule cour en face de la plage.

Ring Sameton Inn GUESTHOUSE $$
(☎0813 3798 5141 ; www.ringsameton-nusapenida.com ; Bodong ; ch à partir de 50 $US ;). Cette *guesthouse* raffinée compte 12 chambres confortables. Piscine, vaste café et accès rapide à la plage.

Gallery CAFÉ $
(☎0819 9988 7205 ; Bodong ; plats 25 000 Rp ; 8h-20h). Prisé des bénévoles d'ONG, ce petit café-boutique est tenu par le charmant Mike, qui se révèle une mine d'informations sur Penida. Objets d'art aux murs, café torréfié à la main, petit-déjeuner et sandwichs.

Warung Pondok Nusa Penida INDONÉSIEN $
(Bodong ; plats à partir de 20 000 Rp ; 9h-21h). Un charmant établissement de plage, avec vue sur Bali. Plats traditionnels indonésiens et fruits de mer (et quelques spécialités occidentales). À tenter : le "mocktail" aux algues.

Made's Warung INDONÉSIEN $
(plats 8 000-15 000 Rp ; 8h-22h). En face du temple, un *warung* impeccable servant un délicieux *nasi campur*.

Toyapakeh

Si vous arrivez en bateau de Nusa Lembongan, on vous déposera sans doute sur la plage de Toyapakeh, une jolie bourgade ombragée. Sable blanc, mer bleue et bateaux bien alignés se détachent devant le Gunung Agung, au loin. Un bon *warung* surplombe la plage. Généralement, on rencontre toujours des personnes prêtes à vous aider à trouver un transport.

Crystal Bay Beach

Au sud de Toyapakeh, une route de 10 km traversant le village de Sakti mène à l'idyllique **Crystal Bay Beach**, une plage préservée face à un site de plongée réputé. Le sable est d'une rare blancheur. Si la plage est prisée des touristes venus de Bali en bateau pour la journée (une excursion organisée notamment par Bali Hai Cruises ; www.balihaicruises.com), elle n'en reste pas moins plutôt sauvage. Quelques *warung* vendent boissons et en-cas et louent du matériel de snorkeling. Le temple, **Segara Sakti**, ajoute au charme du paysage.

À 1 km de la plage, via un chemin très escarpé, on rejoint la route pour Toyapakeh où se situe la *guesthouse* **Namaste** (☎0819 1793 3418 ; www.namaste-bungalows.com ; ch avec ventil/clim à partir de 350 000/500 000 Rp ;). Tenue par des Français, elle compte 10 chambres rustiques de type bungalow agencées autour d'une grande piscine. Bon café attenant.

Dans l'île

Un circuit dans l'île, en longeant les côtes nord et est et en traversant l'intérieur vallonné, peut se faire en une demi-journée à moto ou une journée à vélo si vous êtes sportif. On peut agréablement s'attarder dans les temples et les villages, et marcher jusqu'aux endroits moins faciles d'accès, mais on ne trouve pas d'hébergement en dehors des deux principales localités. L'itinéraire qui suit part de Sampalan, dans le sens des aiguilles d'une montre.

De Sampalan, la route côtière s'incurve et descend le long des baies, remplies de bateaux de pêche et de fermes d'algues.

Après 6 km, avant le village de Karangsari, des marches grimpent à droite de la route jusqu'à l'entrée étroite des grottes **Goa Karangsari**. Habituellement, des habitants proposent leurs services pour guider les visiteurs dans l'une des grottes moyennant 20 000 Rp environ. Les grottes calcaires, hautes de plus de 15 m par endroits, traversent la colline sur plus de 200 m et débouchent sur l'autre versant, au-dessus d'une vallée verdoyante.

Continuez vers le sud en passant devant une base navale et plusieurs temples avant d'arriver à **Suana**. La route tourne alors vers l'intérieur et grimpe dans les collines, alors qu'une piste très cahoteuse se dirige vers le sud-est, longe des temples plus intéressants et aboutit à **Semaya**, un village de pêcheurs avec une plage abritée et l'un des meilleurs sites de plongée de Bali, **Batu Aba**.

À 9 km au sud-ouest de Suana, **Tanglad** est un village très traditionnel et un centre de tissage. De mauvaises routes, au sud et à l'est, mènent à des portions de côte isolées.

Une route panoramique suit une crête vers le nord-ouest à partir de Tanglad. À Batukandik, une route accidentée et une piste de 1,5 km mènent à une spectaculaire **cascade** (*air terjun*) qui s'écrase sur une petite plage. Prenez un guide (20 000 Rp) à Tanglad.

Des falaises calcaires de plusieurs centaines de mètres plongent dans la mer. À leur pied, des cours d'eau souterrains relâchent de l'eau douce et un pipeline a été installé pour la récupérer.

De retour sur la grand-route, poursuivez jusqu'à Batumadeg en passant par **Bukit Mundi** (le point culminant de l'île, à 529 m, d'où l'on peut voir Lombok par temps clair), traversez Klumpu et rejoignez **Sakti** et ses bâtiments de pierre traditionnels. Retrouvez la côte nord à Toyapakeh, à 1 heure environ de Bukit Mundi.

De Sampalan à Toyapakeh, la route suit la côte escarpée et verdoyante à travers Ped.

Renseignements

Sampalan compte quelques boutiques et une épicerie. Son seul distributeur accepte peu de cartes étrangères, aussi venez muni d'espèces.

Penida Tours (☎0852 0587 1291 ; www.penidatours.com ; Bodong, Ped ; ⏲9h-18h). Une formidable agence locale dispensant des informations sur les activités et sites de Penida. Organise aussi des sorties.

Depuis/vers Nusa Penida

Entre Nusa Penida et le sud de Bali, le détroit profond est sujet à de fortes houles. En cas de courant trop puissant, les bateaux doivent attendre. Il n'est pas recommandé de louer un bateau vers/depuis Kusamba en raison de leur petite taille et du risque de mauvais temps en mer.

SANUR

Les hors-bord partent de la plage, au même endroit que les bateaux rapides à destination de Nusa Lembongan (1 heure de trajet maximum).

Maruti Express (☎0852 6861 7972 ; www.balimarutiexpress.com ; aller simple adulte/enfant 250 000/150 000 Rp). L'un des nouveaux bateaux rapides à rallier Penida.

Semaya One (☎0361-877 8166 ; www.semayacruise.com ; aller simple adulte/enfant à partir de 300 000/200 000 Rp). Outre Sanur, assure des liaisons de Nusa Penida à Nusa Lembongan, Padangbai et vers les Gili.

PADANGBAI

Des bateaux en fibre de verre, à deux moteurs, traversent le détroit jusqu'à Buyuk, à 1 km à l'ouest de Sampalan sur Nusa Penida (75 000 Rp, 45 min, 4/jour, 7h-12h). Un car-ferry moderne assure un service quotidien depuis Kusamba (passager/moto 27 300/39 000 Rp, 2 heures).

NUSA LEMBONGAN

Les bateaux publics de Nusa Penida relient Jungutbatu et Toyapakeh (1 heure) entre 5h30 et 6h pour 30 000 Rp. Des bateaux rapides (50 000 Rp) assurent également plusieurs trajets par jour entre le village de Lembongan et Toyapekah. Vous pouvez aussi louer un bateau pour 400 000 Rp aller-retour.

Comment circuler

Les *bemo* sont rares après 10h. Souvent, vous pourrez vous faire organiser un transport de là où les bateaux arrivent. Les différentes options sont les suivantes :

Moto On en loue facilement pour 60 000 Rp la journée.

Ojek (moto-taxi). Peu répandu ; devrait revenir à quelque 40 000 Rp l'heure.

Voiture avec chauffeur À partir de 350 000 Rp la demi-journée.

Ubud et ses environs

Dans ce chapitre ➡

Le top des restaurants

- Locavore (p. 165)
- Pica (p. 164)
- Warung Sopa (p. 165)
- Mozaic (p. 166)
- Nasi Ayam Kedewatan (p. 167)

Le top des hébergements

- Bambu Indah (p. 161)
- Amandari (p. 162)
- Swasti Eco Cottages (p. 160)
- Maya Ubud (p. 161)
- Warwick Ibah Luxury Villas & Spa (p. 161)

Pourquoi y aller

Une danseuse bouge le bras, et 200 paires d'yeux admirent la précision du geste. Un joueur de gamelan exécute une mélodie, et 200 paires de pieds battent la mesure. Le *legong* entame sa deuxième heure avec une joyeuse danse du bourdon, et 200 spectateurs oublient l'inconfort de leur chaise en plastique.

Soir après soir, les spectacles de danse envoûtent les visiteurs à Ubud, la ville qui réunit toute la magie de Bali. Des représentations de danse quotidiennes aux œuvres d'artistes inspirés par les rizières luxuriantes qui s'étagent à flanc de colline autour de la ville, Ubud est une fête pour le regard et l'esprit. Les plaisirs de la table, les boutiques et les spas ne font qu'ajouter à ses charmes.

Quand partir

➡ **Toute l'année** Le climat est un peu plus frais et beaucoup plus humide que dans le Sud. La pluie peut tomber à tout moment. La nuit, la brise des montagnes rend la climatisation inutile ; par la fenêtre, on entend les grenouilles, les insectes et les gamelans qui se font écho par-delà les rizières.

➡ **Toute l'année** Dans la journée, la température tourne autour de 30°C, la nuit autour de 20°C, avec des pics éventuels. Vu la fréquence des pluies, il n'y a pas de variations saisonnières.

➡ **Haute saison** Seule reste la question de la haute saison : juillet-août et les vacances de Noël, qui voit affluer les visiteurs en nombre.

UBUD

☎ 0361

Épicentre de la culture balinaise, Ubud possède de bons restaurants et cafés, des boutiques qui vendent de l'artisanat de qualité fabriqué dans la région et une gamme d'hébergements qui convient à tous les budgets. Quel que soit le prix de votre hôtel, il reflétera l'esprit local : habile, créatif et serein.

Avec sa popularité toujours grandissante et le tapage engendré par le best-seller *Mange, Prie, Aime*, Ubud voit les cars de touristes débarquer pour la journée et créer des embouteillages dans les principales artères. Heureusement, la ville s'adapte, et il suffit de s'éloigner un peu du croisement entre Jl Raya Ubud et Monkey Forest Rd, et de se diriger vers les rizières verdoyantes qui s'étendent non loin, pour retrouver rapidement le calme.

Pour apprécier pleinement Ubud, il faut y passer quelques jours. Un séjour qui, ici, peut facilement se prolonger, comme en témoigne l'importante communauté d'expatriés.

Histoire

À la fin du XIXe siècle, Cokorda Gede Agung Sukawati installa une branche de la famille royale Sukawati à Ubud et entama une série d'alliances et de conflits avec les royaumes voisins. En 1900, avec le royaume de Gianyar, Ubud devint – à sa demande – un protectorat néerlandais et se concentra sur sa vie culturelle et religieuse.

Dans les années 1930, les descendants de Cokorda encouragèrent des artistes et des intellectuels occidentaux, tels Walter Spies, Colin McPhee et Rudolf Bonnet, à venir dans la région. Ceux-ci donnèrent un nouvel élan à l'art local, lancèrent de nouvelles idées et techniques et furent à l'origine de la promotion de la culture balinaise dans le monde. Alors que le tourisme se développait à Bali, Ubud devint réputée pour les arts.

La famille royale continue de jouer un rôle important dans la vie d'Ubud, en contribuant à financer de grandes manifestions culturelles et religieuses, telles de mémorables cérémonies de crémation.

À voir

La plupart des curiosités d'Ubud sont facilement accessibles à pied, d'autant que les promenades y sont vraiment plaisantes.

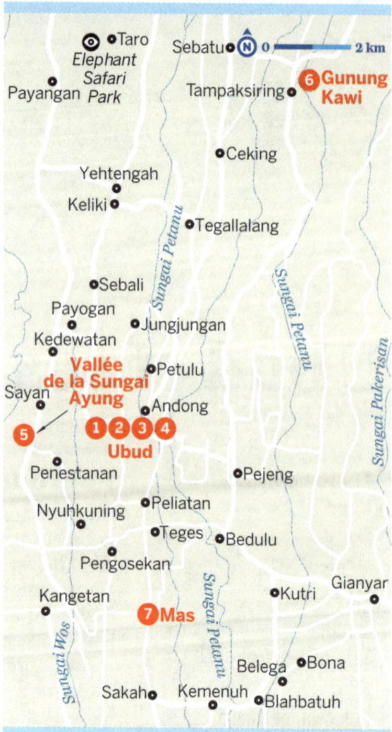

À ne pas manquer

1 Une promenade dans les rizières d'**Ubud** (p. 155) et de ses environs

2 L'ambiance d'un spectacle de **danses traditionnelles** (p. 167), un moment intense d'une soirée à Ubud

3 Les rencontres et les heures de farniente dans un **café d'Ubud** (p. 163)

4 Le perfectionnement de vos techniques de batik ou de vos recettes de *sambal* lors d'un **cours** (p. 150) avec un talentueux spécialiste local.

5 L'exploration de la luxuriante jungle et des eaux blanches de la **vallée de la Sungai Ayung** (p. 150), près de Sayan.

6 Les merveilles anciennes de **Gunung Kawi** (p. 176), où vous pourrez jouer les Indiana Jones.

7 Les trésors d'art et d'artisanat que l'on découvre dans les innombrables villages de la région d'Ubud, comme celui de **Mas** (p. 174).

Centre d'Ubud

Le centre d'Ubud est parsemé de temples, galeries d'art, musées, et autres points d'intérêt. Les plus intéressants sont en partie concentrés près de l'intersection principale, entre Jl Raya Ubud et Monkey Forest Rd.

Pura Taman Saraswati — TEMPLE HINDOU

(Carte p. 148 ; Jl Raya Ubud). Les eaux de ce temple, à l'arrière du site, alimentent le bassin à l'avant couvert de fleurs de lotus. On peut y voir des sculptures à l'effigie de Devi Saraswati, déesse de la Sagesse et des Arts, qui a certainement béni Ubud, et des spectacles de danse réguliers le soir. La journée, des peintres installent leur chevalet.

Palais d'Ubud — PALAIS

(Carte p. 148 ; angle Jl Raya Ubud et Jl Suweta ; 8h-19h). Le palais et le **Puri Saren Agung** (carte p. 148 ; angle Jl Raya Ubud et Jl Suweta) partagent le même domaine au cœur d'Ubud. La famille royale habite toujours cet ensemble, en grande partie construit après le tremblement de terre de 1917. Vous pourrez vous promener dans la majeure partie de ce vaste enclos, découvrir les nombreux bâtiments traditionnels, sobrement décorés, et même passer la nuit sur place.

Prenez le temps d'admirer les sculptures en pierre, dues pour beaucoup à des artistes locaux renommés comme I Gusti Nyoman Lempad. La plupart des soirs, on peut y admirer des spectacles de danse.

Au nord, le **Pura Marajan Agung** (carte p. 148 ; Jl Suweta), temple privé de la famille royale, possède une porte superbe.

Museum Puri Lukisan — MUSÉE

(musée des Beaux-Arts ; carte p. 148 ; 0361-975136 ; www.museumpurilukisan.com ; près de Jl Raya Ubud ; adulte/enfant 75 000 Rp/gratuit ; 9h-17h). Ce musée possède de beaux exemples de toutes les écoles d'art balinais. La luxuriante composition du *Balinese Market* ("Marché balinais"), d'Anak Agung Gde Sobrat, illustre la vitalité de la peinture locale.

Les collections, bien présentées, sont commentées en anglais. Le musée abrite une bonne librairie et un café. L'extérieur verdoyant mérite à lui seul la visite.

L'art moderne balinais est né à Ubud, quand les artistes ont commencé à abandonner les thèmes purement religieux et les représentations de la cour royale au profit des scènes de la vie quotidienne. Rudolf Bonnet faisait partie de la coopérative d'artistes Pita Maha et a contribué, avec Cokorda Gede Agung Sukawati (un prince de la famille royale d'Ubud) et Walter Spies, à la création d'une collection permanente.

Le **premier pavillon**, en face de l'entrée, présente les premières œuvres d'Ubud et des villages alentour, notamment des peintures de style *wayang* classique, de beaux dessins à l'encre d'I Gusti Nyoman Lempad et des toiles d'artistes Pita Maha. Remarquez la finesse des détails dans *The Dream of Dharmawangsa* ("Le rêve de Dharmawangsa") de Lempad. On peut aussi y admirer des œuvres des années 1930, l'âge d'or des expatriés.

Le **deuxième pavillon**, sur la gauche, renferme des exemples colorés du style "Jeunes Artistes" et une belle sélection d'œuvres "traditionnelles modernes".

Le **troisième pavillon**, sur la droite, abrite des peintures classiques et traditionnelles et accueille des expositions temporaires.

Rio Helmi Gallery & Cafe — GALERIE D'ART

(Carte p. 148 ; 0361-978773 ; www.riohelmi.com ; Jl Suweta 06B ; 7h-19h). Photographe réputé résident à Ubud, Rio Helmi a ouvert une petite galerie où l'on peut voir des exemples de son travail journalistique et artistique. Les expositions changent souvent et offrent un superbe aperçu des voyages de Helmi à Bali et dans le monde entier. Il a lancé des appels passionnés en faveur de la préservation de Bali, qui ont notamment été publiés dans le *Huffington Post*.

Pura Desa Ubud — TEMPLE HINDOU

(Carte p. 148 ; Jl Raya Ubud). Temple principal de la communauté d'Ubud. Souvent fermé, il s'anime cependant pour les cérémonies.

Neka Gallery — GALERIE D'ART

(Carte p. 148 ; 0361-975034 ; Jl Raya Ubud ; 9h-17) Dirigée par Suteja Neka, la Neka Gallery, indépendante du Neka Art Museum, présente une abondante sélection de toutes les écoles d'art balinais, ainsi que des œuvres de résidents européens, tel Arie Smit.

Threads of Life Indonesian Textile Arts Center — GALERIE

(Carte p. 148 ; 0361-972187 ; www.threadsoflife.com ; Jl Kajeng 24 ; 10h-19h). Cette petite galerie professionnelle de textile et studio pédagogique soutient la fabrication de tissus faits main aux teintures naturelles pour les cérémonies et aide à conserver les savoir-faire fragilisés par les techniques modernes.

Région d'Ubud

Les pièces commandées sont exposées dans la galerie, qui fournit de bonnes explications. Cours réguliers de découverte du textile et belle boutique.

Komaneka Art Gallery GALERIE D'ART

(Carte p. 148 ; ☎0361-401 2217 ; Monkey Forest Rd ; ⏱8h-21h). Vaste et haute de plafond, cette galerie met en valeur des œuvres d'artistes balinais réputés.

Ouest d'Ubud

En descendant Jl Raya Campuan jusqu'au pont (notez l'ancien pont en bois au sud) qui enjambe la Sungai Wos (rivière Wos) puis en remontant l'intéressante et animée Jl Raya Sanggingan, vous passerez devant plusieurs curiosités. Montez à Penestanan par les escaliers escarpés pour vous promener le long de *guesthouses* et des rizières.

Pura Gunung Lebah TEMPLE HINDOU

(Carte ci-contre ; près de Jl Raya Campuan). Ce temple ancien, installé sur masse rocheuse, à la confluence de deux affluents de la Sungai Cerik (rivière Cerik ; *campuan* signifie "deux rivières"), a récemment bénéficié d'une importante campagne de construction. L'emplacement est magique : écoutez le bruissement de l'eau tout en admirant l'impressionnant *meru* (sanctuaire à plusieurs niveaux) et les nombreuses sculptures élaborées.

Neka Art Museum MUSÉE

(Carte ci-contre ; ☎0361-975074 ; www.museumneka.com ; Jl Raya Sanggingan ; adulte/enfant 50 000 Rp/gratuit ; ⏱9h-17h lun-sam, 12h-17h dim). Assez différent de la Neka Gallery, ce musée a été créé par Suteja Neka, collectionneur privé et marchand d'art balinais. La collection, excellente et diverse, permet de comprendre l'évolution de la peinture à Bali.

Le **Balinese Painting Hall** donne un aperçu des innombrables styles de peinture locaux. Les œuvres *wayang* témoignent de l'influence du théâtre d'ombres.

L'**Arie Smit Pavilion** présente les œuvres de Smit à l'étage et des exemples de l'école des Jeunes Artistes, qu'il inspira, au rez-de-chaussée. *The Wedding Ceremony* ("La cérémonie de mariage"), d'I Nyoman Tjarka, évoque les toiles de Bruegel.

Le **Lempad Pavilion** abrite la plus grande collection balinaise d'œuvres d'I Gusti Nyoman Lempad.

Le **Contemporary Indonesian Art Hall** renferme des peintures d'artistes venus

Région d'Ubud

Les incontournables
1 Agung Rai Museum of Art B7

À voir
2 Agung Rai Gallery E6
3 Blanco Renaissance Museum C3
4 Museum Rudana F7
5 Neka Art Museum C1
6 Pura Gunung Lebah C3
Maison Spies ..... (voir 20)

Activités
7 Arma B6
8 Bali Bird Walks C3
9 Bali Botanica Day Spa C1
10 Intuitive Flow B3
11 Ketut Liyer E7
12 Mozaic Cooking Classes C1
Ubud Sari Health Resort ..... (voir 31)
13 Ubud Wellness Spa D6
Wayan Karja Painting ..... (voir 26)

Où se loger
14 Agung Raka A7
15 Alam Indah C6
16 Arma Resort B7
17 Bali Asli Lodge E2
18 Casa Ganesha Hotel A7
19 Four Seasons Resort A2
20 Hotel Tjampuhan C3
21 Kertiyasa Bungalows C6
22 Ketut's Place E2
23 Klub Kokos C1
24 Komaneka at Bisma C4
25 Melati Cottages B3
26 Santra Putra B3
27 Saren Indah Hotel C6
28 Sayan Terrace A2
29 Swasti Eco Cottages C6
30 Taman Bebek A2
31 Ubud Sari Health Resort D2
32 Villa Nirvana A3
33 Waka di Ume E1
34 Warwick Ibah Luxury Villas & Spa C3

Où se restaurer
35 Alchemy B3
Bridges ..... (voir 3)
36 Elephant C2
37 Mozaic B1
38 Naughty Nuri's C1
39 Pizza Bagus A6
40 Room 4 Dessert B1
41 Swasti C6
42 Taco Casa D6
43 Warung Bodag Maliah C2
44 Warung Pojok C6
45 Warung Pulau Kelapa B2
46 Warung Teges F7
47 Yellow Flower Cafe B3

Où sortir
48 Arma Open Stage B6

Achats
49 Arma B7
50 Bintang Supermarket B2
51 Neka Art Museum C1

Renseignements
52 Bali Adoption Rehab Centre D7
53 Ubud Clinic C3

d'autres îles d'Indonésie qui, pour beaucoup, ont travaillé à Bali. Le dernier étage de l'**East-West Art Annexe** est consacré à des artistes étrangers, tels que Louise Koke, Miguel Covarrubias, Rudolf Bonnet, Han Snel, Donald Friend et Antonio Blanco.

Comme son nom l'indique, le **Temporary Exhibition Hall** accueille des expositions temporaires. Le **Photography Archive Centre** présente des photos en noir et blanc de Bali dans les années 1930 et 1940. À voir également, la vaste collection de kriss (dagues) de cérémonie.

Le musée possède une excellente librairie et un café.

Blanco Renaissance Museum MUSÉE
(Carte p. 142 ; 0361-975502 ; www.blancomuseum.com ; Jl Raya Campuan ; 80 000 Rp ; 9h-17h). Le portrait d'Antonio Blanco prenant la pose avec Michael Jackson en dit long. Le Blanco Renaissance Museum reflète le sens théâtral de l'artiste. Parti d'Espagne, Blanco arriva à Bali après un séjour aux Philippines. Spécialisé dans l'art érotique et l'illustration de poèmes, il jouait à l'artiste excentrique dans la lignée de Dalí. Il est mort à Bali en décembre 1999 et sa flamboyante demeure est devenue un musée. En chemin, admirez la cascade et les belles vues sur la rivière.

Sud d'Ubud

Vous pourrez découvrir certains des plus beaux sites d'Ubud en vous promenant le long de Jl Hanoman et Monkey Forest Rd, jalonnées de boutiques et de cafés.

Sacred Monkey Forest Sanctuary RÉSERVE NATURELLE
(Mandala Wisata Wanara Wana ; carte p. 148 ; 0361-971 304 ; www.monkeyforestubud.com ; Monkey Forest Rd ; adulte/enfant 30 000/20 000 Rp ; 8h30-18h). Officiellement appelée

Mandala Wisata Wanara Wana, cette poche de jungle dense et fraîche recèle trois temples sacrés. La réserve est habitée par une colonie de macaques à fourrure grise et à longue queue qui n'ont rien des singes au regard innocent des brochures. Le **Pura Dalem Agung** (carte p. 148), au cœur de la forêt, évoque le temple d'*Indiana Jones*. Remarquez les statues de Rangda dévorant des enfants à l'entrée du sanctuaire.

Trois entrées donnent accès à la réserve : la principale, à l'extrémité sud de Monkey Forest Rd ; à 100 m plus à l'est, près du parking ; ou, par le côté sud, sur le chemin venant de Nyuhkuning. La réserve a récemment reçu une dotation financière, alors que des brochures sur la forêt, les macaques et les temples sont disponibles. Attention, les singes guettent les touristes, en quête de nourriture. Ne les nourrissez pas.

En face de l'entrée principale, le **bureau de la réserve** (carte p. 148 ; ☎0361-971304 ; Monkey Forest Rd ; ⏲9h-16h) accepte les dons dans le cadre de la compensation des émissions de carbone. Faire planter un arbre vous reviendra à 150 000 Rp.

♥ Agung Rai Museum of Art — MUSÉE

(Arma ; carte p. 142 ; ☎0361-976 659 ; www.arma-bali.com ; Jl Raya Pengosekan ; 50 000 Rp ; ⏲9h-18h tlj, danse balinaise ; ⏲15h-17h lun-ven, cours 10h dim). Fondé par Agung Rai, l'imposant Arma, à la fois musée, galerie et centre culturel, est le seul endroit de Bali où l'on peut voir les œuvres fascinantes de l'artiste allemand Walter Spies (1895-1942) et d'autres pièces majeures. Le musée occupe plusieurs bâtiments traditionnels, répartis dans un jardin traversés de canaux.

La collection, dotée de commentaires utiles en anglais, est composée d'œuvres de Raden Saleh, artiste javanais du XIXe siècle, notamment son énigmatique *Portrait of a Javanese Nobleman and His Wife* ("Portrait d'un noble javanais et de son épouse"), qui n'est pas sans évoquer *American Gothic*, peint des décennies plus tard par Grant Wood. Elle compte également des peintures classiques de Kamasan, des œuvres de style Batuan des années 1930 et 1940 et des créations de Lempad, d'Affandi, de Sadali, d'Hofker, de Bonnet et de Le Mayeur.

Essayez de visiter l'Arma lorsque des enfants pratiquent la **danse balinaise** et pendant des **répétitions de gamelan**. Il est possible d'assister à des spectacles de danse *legong* et *kecak*, et à d'innombrables cours.

On entre dans l'enceinte du musée par le Kafe Arma sur Jl Raya Pengosekan, ou à l'angle à l'entrée du Arma Resort.

Pranoto's Art Gallery — GALERIE D'ART

(Carte p. 180 ; ☎0361-970827 ; Jl Raya Goa Gajah, Teges ; ⏲9h-17h). Pranoto, artiste local bien

UBUD EN...

Un jour

Flânez dans les rues en commençant par la boucle classique qui descend Monkey Forest Rd jusqu'au **parc** du même nom, puis remonte Jl Hanoman. Vous pouvez passer des heures à vous promener dans les **boutiques** et **galeries** et à vous arrêter dans des **cafés** de caractère. Arpentez les petites rues et les *gang* (allées), explorez Jl Dewi Sita et Jl Goutama, et faites une courte promenade dans les verdoyantes **rizières** environnantes. Puis, en soirée, assistez à un **spectacle de danse**.

Trois jours

Effectuez de plus longues randonnées dans la campagne le matin, notamment sur la **crête de Campuan** et dans la **vallée de Sayan**. L'après-midi, tâchez de visiter le **Museum Puri Lukisan**, le **Neka Art Museum** et l'**Agung Rai Museum of Art**. Le soir, assistez à des **spectacles de danse**, à Ubud et dans les villages voisins. Goûtez aux bienfaits d'un **spa**.

Une semaine ou plus

Suivez le programme indiqué ci-dessus en prenant votre temps. Adaptez-vous au rythme d'Ubud. Faites la sieste, lisez, flânez et participez éventuellement à un **cours** sur la culture balinaise. Prenez vos habitudes dans un café, explorez les villages d'artisans et les sites anciens.

connu, expose ses œuvres dans sa galerie/atelier/maison adossée à de magnifiques rizières au sud-ouest d'Ubud. L'atelier est à environ 1 km à l'est de Jl Peliatan. Demandez-leur de vous indiquer le charmant petit sentier qui retourne au centre d'Ubud. Pose de modèles vivants (30 000 Rp) les mercredis et samedis à 10h.

Museum Rudana MUSÉE

(Carte p. 142 ; ☎0361-975779 ; www.museumrudana.com ; Jl Raya Mas ; 100 000 Rp ; ⊙9h-17h). Cet imposant musée a été fondé par Nyoman Rudana, un politicien local amateur d'art, et par son épouse, Ni Wayan Olasthini. Les 3 niveaux contiennent plus de 400 peintures traditionnelles, dont un calendrier des années 1840, quelques dessins de Lempad et des œuvres plus modernes. Le musée jouxte la Rudana Gallery, qui vend plusieurs toiles.

Ketut Rudi Gallery GALERIE D'ART

(Carte p. 180 ; ☎0361-974122 ; Pengosekan ; ⊙9h-19h). Cette vaste galerie expose des œuvres de plus de 50 artistes d'Ubud aux techniques diverses, du primitivisme au nouveau réalisme. Celles de Ketut Rudi se distinguent par leur "réalisme comique". À environ 2 km au sud d'Ubud.

Agung Rai Gallery GALERIE D'ART

(Carte p. 142 ; ☎0361-975449 ; Jl Peliatan ; ⊙9h-18h). Dans un enclos charmant, cette galerie possède une collection qui couvre tous les styles balinais. Elle fonctionne comme une coopérative : le prix est fixé par l'artiste et la galerie ajoute sa commission.

Nord d'Ubud

Dans les nombreuses allées partant au nord de Jl Raya Ubud, vous passerez de jolies maisons où séjourner chez l'habitant. À mesure que les maisons se raréfient, de somptueuses rizières et vallées prennent le relais.

Petulu VILLAGE

Chaque soir vers 18h, des milliers de **hérons** rejoignent Petulu, à environ 2,5 km au nord de Jl Raya Ubud, et se perchent dans les arbres qui bordent la route.

Les hérons, pour la plupart des crabiers malais, ont commencé à venir à Petulu en 1965 sans raison apparente. Malgré l'odeur et les fientes, les villageois les considèrent comme des porte-bonheur et les touristes apprécient le spectacle. Quelques *warung* (échoppes de nourriture) se sont installés dans les rizières et l'on peut y boire un verre en profitant du spectacle.

MAISONS D'ARTISTE

La **"maison Spies"** (carte p. 142 ; Hotel Tjampuhan), demeure de l'artiste allemand Walter Spies, fait aujourd'hui partie de l'Hotel Tjampuhan (p. 161). Les admirateurs pourront y séjourner en réservant à l'avance. Spies eut un rôle majeur dans la promotion de l'art balinais au cours des années 1930.

L'artiste néerlandais **Han Snel** vécut à Ubud des années 1950 jusqu'à sa mort en 1999 ; sa famille tient un hébergement à son nom (p. 157) dans Jl Kajeng.

La **Lempad's House** (carte p. 148 ; Jl Raya Ubud ; ⊙journée), la maison d'I Gusti Nyoman Lempad, est ouverte au public, mais sert principalement de galerie à un groupe d'artistes, dont des petits-enfants de Lempad. Vous découvrirez des collections plus importantes aux musées Puri Lukisan et Neka.

Compositeur et ethnomusicologue canadien, **Colin McPhee** est également connu pour son livre indémodable, *A House in Bali*. Sa maison des années 1930 a depuis longtemps disparu, mais vous pouvez visiter le site (on peut voir des photographies dans le livre) au bord de la rivière au Sayan Terrace (p. 161). Employé de l'hôtel, Wayan Ruma, dont la mère fut la cuisinière de McPhee, vous racontera quelques anecdotes.

Arie Smit, né en 1916, est le plus vieil artiste occidental d'Ubud et l'un des plus connus. Après avoir travaillé pour l'administration coloniale néerlandaise dans les années 1930, il fut emprisonné durant la Seconde Guerre mondiale, puis arriva à Bali en 1956. Dans les années 1960, son influence contribua à l'essor de l'école de peinture des Jeunes Artistes à Penestanan, ce qui lui vaut une place importante dans l'histoire de l'art balinais. Sa demeure n'est pas ouverte au public.

Se rendre à Petulu à pied ou à vélo par l'un des nombreux itinéraires au nord d'Ubud est agréable, mais, si vous attendez l'arrivée des oiseaux, vous devrez revenir à la nuit tombée.

Activités

Massages, spas et yoga

Instituts, spas, etc., les endroits où se ressourcer et se faire dorloter ne manquent pas à Ubud. Le bien-être est une affaire qui marche, et, chaque année, on voit apparaître de nouveaux soins. Les praticiens, nombreux, sont à la pointe des tendances (le panneau à l'entrée du Bali Buddha en dit long) et ne cessent de proposer de nouvelles thérapies. On peut aussi faire appel à un guérisseur traditionnel, ou *balian*.

Nombre de spas offrent aussi des cours de massage et des activités comme le yoga.

Yoga Barn YOGA
(Carte p. 148 ; 0361-971236 ; www.balispirit.com ; près de Jl Raya Pengosekan ; cours à partir de 110 000 Rp ; 7h-20h). Incarnation de la déferlante yoga à Ubud, le Yoga Barn est installé dans un cadre boisé près d'une vallée fluviale. Des cours de yoga, Pilates, danse et autres disciplines apparentées sont dispensés au fil de la semaine. La propriétaire, Meghan Pappenheim, est aussi l'organisatrice du Bali Spirit Festival.

Bali Botanica Day Spa SPA
(Carte p. 142 ; 0361-976739 ; www.balibotanica.com ; Jl Raya Sanggingan ; massages à partir de 155 000 Rp ; 9h-21h). Joliment situé à flanc de colline devant des petites rizières où pataugent des canards, ce spa offre toute une gamme de soins, notamment ayurvédiques. Le massage aux herbes est apprécié. Transport assuré.

Ubud Sari Health Resort SPA
(Carte p. 142 ; 0361-974393 ; www.ubudsari.com ; Jl Kajeng ; massages 1 heure à partir de 15 $US ; 9h-20h). Cet établissement sérieux, à la fois spa et hôtel, dispense une belle gamme de traitements, tel le "nettoyage complet des tissus" (à l'aide de produits bio et naturels). Outre une longue liste de soins d'une journée, des forfaits incluent le séjour à l'hôtel. Nombreux soins de nettoyage du côlon.

Ubud Wellness Spa SPA
(Carte p. 142 ; 0361-970493 ; www.ubudwellness-balispa.com ; près de Jl Pengosekan ; massages à partir de 150 000 Rp ; 9h-22h). Un spa qui va à l'essentiel, particulièrement apprécié dans la communauté d'Ubud.

Intuitive Flow YOGA
(Carte p. 142 ; 0361-977824 ; www.intuitiveflow.com ; Penestanan ; yoga à partir de 100 000 Rp ; cours 9h tlj, 16h lun-ven). Ce joli centre de yoga, perché au milieu des rizières et accessible par un escalier en ciment depuis Campuan (une rude montée), vous permettra de comprendre les principes des asanas. Ateliers de yoga thérapie.

Taksu Spa SPA
(Carte p. 148 ; 0361-971490 ; www.taksuspa.com ; Jl Goutama ; massages à partir de 350 000 Rp ; 9h-21h ;). Dissimulé au cœur d'Ubud, Taksu propose une liste longue et généreuse de traitements et se concentre sur le yoga. Salles privatives pour les massages en couple, café sain et divers cours.

Nur Salon SPA
(Carte p. 148 ; 0361-975352 ; www.nursalonubud.com ; Jl Hanoman 28 ; massages 1 heure 155 000 Rp ; 9h-21h). Nombreux soins de beauté et de bien-être dans un jardin balinais traditionnel composé de plantes médicinales.

Vélo

Dans le centre d'Ubud, de nombreux hôtels et boutiques louent des VTT. Le prix se négocie autour de 35 000 Rp par jour. Si vous ne savez pas où vous adresser, renseignez-vous à votre hôtel, qui pourra sans doute vous procurer un vélo.

Les rivières qui sillonnent la région coulent habituellement vers le sud, ce qui signifie que tout itinéraire est-ouest implique des côtes et des descentes pour traverser les vallées fluviales. Les itinéraires nord-sud courent le long des rivières ; plus faciles, ils sont aussi plus fréquentés. La plupart des sites d'Ubud sont accessibles à vélo.

Le vélo constitue un excellent moyen de visiter les musées et sites des environs d'Ubud. La circulation peut toutefois se révéler pénible au sud d'Ubud.

Ubud Bike Rental LOCATION DE VÉLOS
(Carte p. 148 ; 0361-972170 ; www.ubudbikerental.com ; Jl Raya Ubud ; location de vélos 30 000/175 000 Rp jour/semaine ; 9h-17h). Très grand choix de bicyclettes à prix très doux. Loue aussi scooters et motos.

Rafting

La Sungai Ayung est la rivière la plus appréciée de Bali pour pratiquer le rafting.

Centre d'Ubud

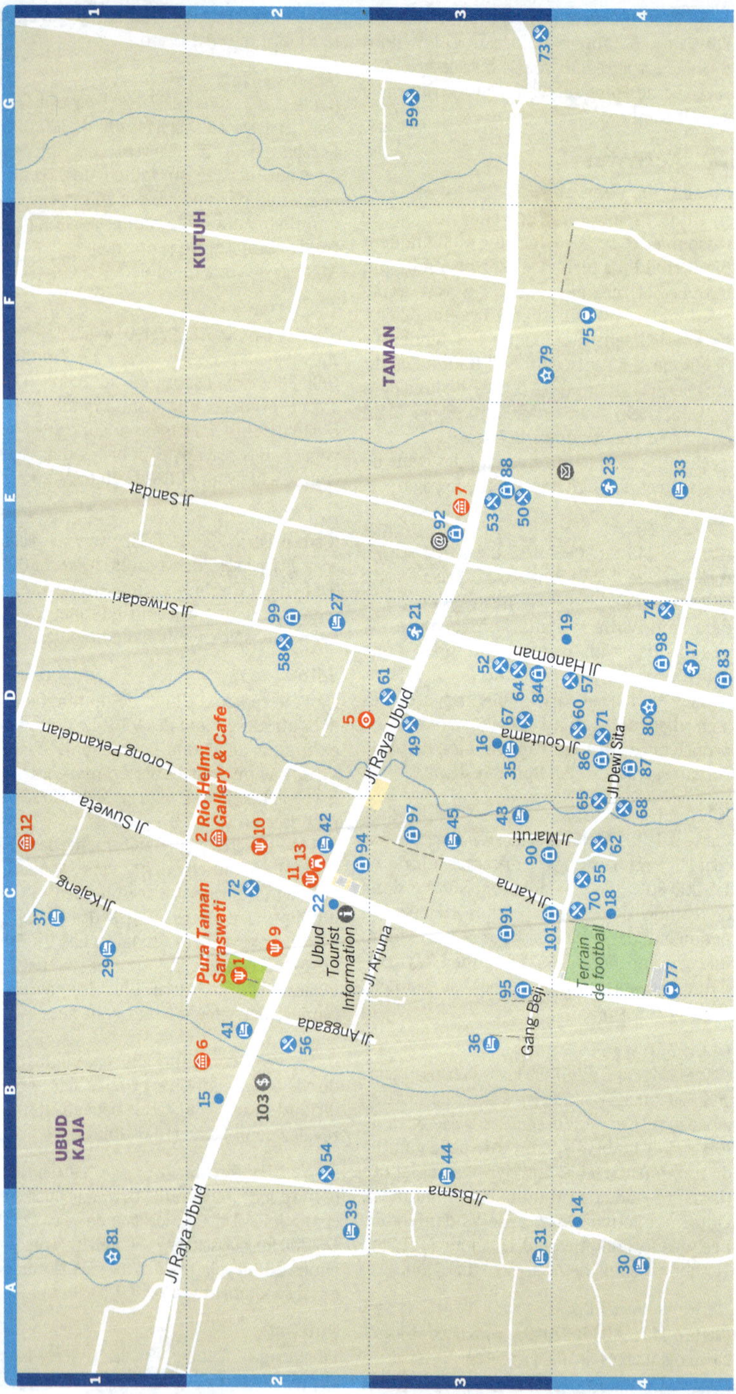

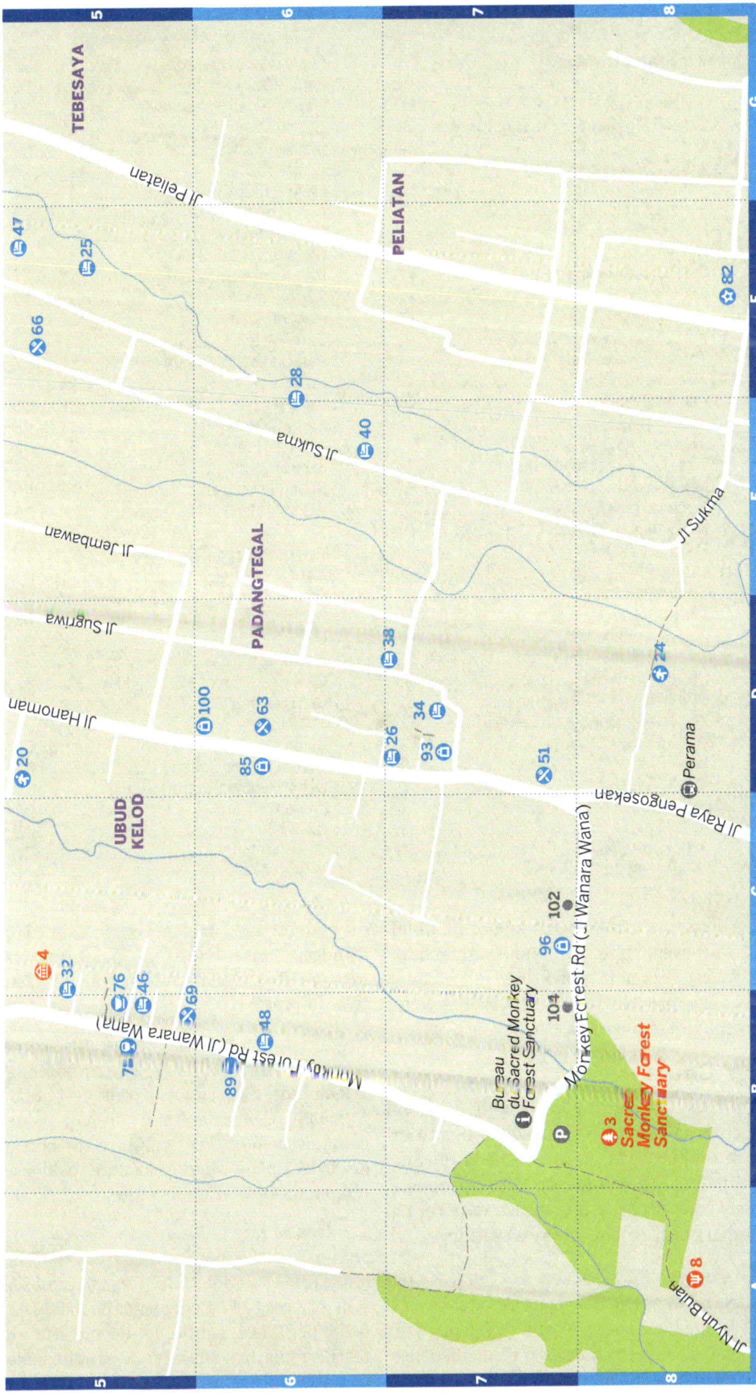
TEBESAYA
PELIATAN
PADANGTEGAL
UBUD KELOD
Jl Peliatan
Jl Sukma
Jl Jembawan
Jl Sugriwa
Jl Hanoman
Jl Raya Pengosekan
Monkey Forest Rd (Jl Wanara Wana)
Jl Nyuh Bulan
Perama
Bureau du Sacred Monkey Forest Sanctuary
3 Sacred Monkey Forest Sanctuary
4
8
7
20
24
25
26
28
32
34
38
40
46
47
48
51
63
66
69
76
82
85
89
93
96
100
102
104
5
6
7
8
A
B
C
D
E
F
G

Centre d'Ubud

Les incontournables

1 Pura Taman Saraswati........................ C2
2 Rio Helmi Gallery & Cafe........................ C2
3 Sacred Monkey Forest Sanctuary........ B8

À voir

4 Komaneka Art Gallery........................ C5
5 Lempad's House........................ D2
6 Museum Puri Lukisan........................ B2
7 Neka Gallery........................ E3
8 Pura Dalem Agung........................ A8
9 Pura Desa Ubud........................ C2
10 Pura Marajan Agung........................ C2
11 Puri Saren Agung........................ C2
12 Threads of Life Indonesian Textile Arts Center........................ C1
13 Palais d'Ubud........................ C2

Activités

14 Casa Luna Cooking School........................ A4
15 Museum Puri Lukisan........................ B2
16 Nirvana Batik Course........................ D3
17 Nur Salon........................ D4
18 Pondok Pekak Library & Learning Centre........................ C4
19 Studio Perak........................ D4
20 Taksu Spa........................ D5
Threads of Life Indonesian Textile Arts Center........................ (voir 12)
21 Ubud Bike Rental........................ D3
22 Ubud Tourist Information........................ C2
23 Wayan Nuriasih........................ E4
Wayan Pasek Sucipta........................ (voir 27)
24 Yoga Barn........................ D8

Où se loger

25 Aji Lodge........................ F5
26 Artini Cottages 1........................ D7
27 Eka's Homestay........................ D2
28 Family Guest House........................ F6
29 Han Snel Siti Bungalows........................ C1
30 Happy Mango Tree........................ A4
31 Ina Inn........................ A3
32 Lumbung Sari........................ C5
33 Matahari Cottages........................ E4
34 Ni Nyoman Warini Bungalows........................ D7
35 Nirvana Pension & Gallery........................ D3
36 Oka Wati Hotel........................ B3
37 Padma Accommodation........................ C1
38 Pande Home Stay........................ D7
39 Pondok Krishna........................ A2
40 Puri Asri 2........................ E6
41 Puri Saraswati Bungalows........................ B2
42 Puri Saren Agung........................ C2
43 Raka House........................ C3
44 Sama's Cottages........................ B3
45 Sania's House........................ C3
46 Sri Bungalows........................ B5
47 Suastika Lodge........................ F5
48 Warsa's Garden Bungalows........................ B6

Où se restaurer

49 Anomali Coffee........................ D3
50 Bali Buda........................ E3
51 Bebek Bengil........................ D7
52 Black Beach........................ D3
53 BudaMart........................ E3
54 Café des Artistes........................ B2
55 Cafe Havana........................ C4
56 Casa Luna........................ B2
57 Clear........................ D4
58 Coffee Studio Seniman........................ D2
59 Delta Dewata Supermarket........................ G3
60 Dewa Warung........................ D4
61 Gelato Secrets........................ D3
62 Juice Ja Cafe........................ C4

Les descentes commencent au nord d'Ubud et s'achèvent près de l'hôtel Amandari, à l'ouest. Selon la pluviosité, le parcours peut être paisible ou sportif. Certains tour-opérateurs sont basés à Ubud (voir p. 38).

Cours

Ubud est un endroit idéal pour développer vos talents artistiques ou vous initier à la langue, à la culture et à la cuisine balinaises. La gamme de cours proposés peut vous occuper une année entière. La plupart nécessitent une réservation.

♥ Museum Puri Lukisan — ART

(Carte p. 148 ; www.museumpurilukisan.com ; près de Jl Raya Ubud ; cours à partir de 125 000 Rp). L'un des meilleurs musées d'Ubud dispense divers cours sur demande : fabrication de marionnettes, gamelan, confection d'offrandes, danse balinaise, peintures sur masque. Renseignez-vous au guichet d'entrée du musée.

Arma — PEINTURE, SCULPTURE, BATIK, HISTOIRE

(Carte p. 142 ; ☎ 0361-976659 ; www.armabali.com ; Jl Raya Pengosekan ; cours à partir de 44 $US ; 9h-18h). Centre culturel proposant des cours de peinture, de sculpture sur bois et de batik, mais aussi d'histoire balinaise, d'hindouisme et d'architecture.

Threads of Life Indonesian Textile Arts Center — TEXTILE

(Carte p. 148 ; ☎ 0361-972187 ; www.threadsoflife.com ; Jl Kajeng 24 ; cours à partir de 75 000 Rp ; 10h-19h). Les cours de découverte du textile dans la galerie et le studio pédagogique durent de 1 à 8 jours. Certains

Achats / legend entries continue:

63 Kafe D6
Kebun .... (voir 100)
64 Lada Warung D3
65 Locavore C4
66 Mama's Warung F5
67 Melting Wok D3
68 Pica C4
Rio Helmi Gallery & Cafe .... (voir 2)
69 Three Monkeys B5
70 Tutmak Cafe C4
71 Waroeng Bernadette D4
72 Warung Ibu Oka C2
73 Warung Mangga Madu G3
74 Warung Sopa D4

Où prendre un verre et faire la fête
75 Jazz Café F4
76 Laughing Buddha B5
77 Lebong Cafe C4
78 Napi Orti B5

Où sortir
79 Oka Kartini F3
80 Padangtegal Kaja D4
81 Pura Dalem Ubud A1
Pura Taman Saraswati .... (voir 1)
82 Puri Agung Peliatan F8
Palais d'Ubud .... (voir 13)

Achats
83 *Asterisk D4
84 Adi Musical D3
85 Ashitaba D6
86 Confiture Michèle D4
87 Eco Shop D4
88 Ganesha Bookshop E3
89 Goddess on the Go! B6
90 Kou C3
91 Kou Cuisine C3
92 Moari E3
93 Namaste D7
94 Pasar Seni C2
95 Periplus C3
96 Pondok Bamboo Music Shop C7
97 Marché alimentaire C3
98 Sama Sama D4
99 Smile Shop D2
100 Tegun Galeri D6
Threads of Life Indonesian Textile Arts Center .... (voir 12)
101 Tin Parrot C3

Renseignements
102 Bali Animal Welfare Association C7
103 Central Ubud Money Exchange B2
104 Hubud B7
Pondok Pekak Library & Learning Centre .... (voir 18)

impliquent de longs déplacements dans Bali et peuvent être considérés comme une spécialisation.

Nirvana Batik Course TEXTILE
(Carte p. 148 ; ☎0361-975415 ; www.nirvanaku.com ; Nirvana Pension & Gallery, Jl Goutama 10 ; cours à partir de 485 000 Rp ; ⏲cours 10h-14h lun-sam). Nyoman Suradnya dispense des cours de batik très réputés, qui coûtent environ de 45 à 50 $US par jour selon la durée (de 1 à 5 jours).

Ida Bagus Anom Suryawan ART
(Carte p. 180 ; ☎0813 3844 8444 ; www.balimask-making.com ; Jl Raya Mas, Mas ; cours 2 heures 150 000 Rp ; ⏲variable). À cette adresse familiale, à côté de la grand-route, trois générations de sculpteurs de masques enseignent leurs secrets. Résultat visible en 2 semaines.

Wayan Karja Painting ART
(Carte p. 142 ; ☎0361-977810 ; Penestanan ; cours à partir de 250 000 Rp). Cours intensifs de peinture et de dessin par Karja, un peintre abstrait qui a son atelier dans sa *guesthouse*, le Santra Putra.

Wayan Pasek Sucipta MUSIQUE
(Carte p. 148 ; ☎0361-970550 ; Eka's Homestay, Jl Sriwedari 8 ; cours à partir de 100 000 Rp). Cours par un maître de gamelan et de tambour en bambou.

Pondok Pekak Library & Learning Centre LANGUE
(Carte p. 148 , ☎0361-976194 ; Monkey Forest Rd ; cours à partir de 100 000 Rp/h ; ⏲9h-17h lun-sam, 13h-17h dim). À l'extrémité du terrain de football, ce centre organise des cours de peinture, de danse, de musique, de langue et de fabrication de masques. Cours pour enfants.

Studio Perak BIJOUX
(Carte p. 148 ; ☎0361-974244, 0812 365 1809 ; www.studioperak.com ; Jl Hanoman ; cours 350 000 Rp/3 heures). Spécialisé dans les objets en argent de style balinais. Avec un cours de 3 heures, vous pourrez réaliser une pièce. Ces cours peuvent être adaptés aux enfants.

Taman Harum Cottages ARTISANAT, SCULPTURE, PEINTURE
(Carte p. 180 ; ☎0361-975567 ; www.tamanharum-cottages.com ; Jl Raya Mas, Mas ; cours à partir de

20 $US/heure). Dans le centre de la peinture sur bois de Bali, cet hôtel propose des cours d'artisanat, de sculpture et de peinture. Vous pouvez aussi apprendre à fabriquer les offrandes pour les temples.

Cuisine

Très prisés, les cours de cuisine commencent généralement au marché afin de découvrir tout l'éventail de fruits, légumes et autres produits qui font partie du régime balinais.

Casa Luna Cooking School CUISINE
(Carte p. 148 ; 0361-973282 ; www.casalunabali.com ; Honeymoon Guesthouse, Jl Bisma ; cours à partir de 350 000 Rp ; 8h-13h30 lun-sam). Cours de cuisine réguliers à la Honeymoon Guesthouse et/ou à la Casa Luna. Les cours d'une demi-journée comprennent ingrédients, techniques et contexte culturel de la cuisine balinaise (tous n'incluent pas la visite au marché). Des sorties, notamment au marché nocturne de Gianyar, sont aussi organisées.

Mozaic Cooking Classes CUISINE
(Carte p. 142 ; 0361-975768 ; www.mozaic-bali.com ; Jl Raya Sanggingan ; cours à partir de 900 000 Rp). L'un des meilleurs restaurants de Bali enseigne ses techniques culinaires à travers différents cours, du cuisinier occasionnel au professionnel.

Circuits organisés

Parmi les circuits figurent des promenades thématiques et des découvertes culturelles. Explorer la région pendant quelques heures avec un expert local s'avère passionnant.

Il existe des circuits dans la région d'Ubud organisés par des tour-opérateurs couvrant tout Bali.

> **NE JETEZ PAS VOTRE BOUTEILLE**
>
> Le nombre de bouteilles d'eau en plastique jetées aux ordures à Bali est colossal. Vous trouverez à Ubud quelques endroits où remplir votre bouteille (en plastique ou autre) avec de l'eau de la marque Aqua, la plus réputée localement. Il vous en coûtera quelques rupiahs (généralement 3 000 Rp) et vous éviterez de jeter une bouteille d'eau en plastique de plus à Bali. Rendez-vous au Pondok Pecak Library & Learning Centre, une adresse centrale (p. 151).

Bali Nature Herbal Walks PROMENADE À PIED
(0812 381 6024 ; www.baliherbalwalk.com ; promenades 18 $US ; 8h30). Au cours d'une promenade de 3 heures dans un paysage luxuriant, les herbes médicinales et aromatiques sont identifiées et commentées dans leur environnement. Dégustation de tisanes incluse.

Bali Bird Walks OBSERVATION DES OISEAUX
(Carte p. 142 ; 0361-975009 ; www.balibirdwalk.com ; visite 37 $US ; 9h-12h30 mar, ven, sam et dim). Lancé par Victor Mason il y a plus de 30 ans, ce circuit destiné aux amateurs d'ornithologie a toujours autant de succès. Lors d'une paisible promenade matinale (au départ de l'ancien Beggar's Bush Bar), vous pouvez voir jusqu'à 30 espèces locales, sur la centaine existante.

Dhyana Putri Adventures CULTURE
(0812 380 5623 ; www.balispirit.com/tours/bali_tour_dhyana.html). Un couple biculturel et trilingue propose des circuits personnalisés, centrés sur les arts du spectacle balinais et des expériences culturelles.

Ubud Tourist Information CULTURE
(Yaysan Bina Wisata ; carte p. 148 ; 0361-973285 ; Jl Raya Ubud ; circuits 150 000-240 000 Rp ; 8h-20h). L'office du tourisme propose des circuits intéressants et abordables, d'une demi-journée ou d'une journée, vers de multiples destinations, dont Besakih et Kintamani.

Fêtes et festivals

La région d'Ubud est l'un des meilleurs endroits de Bali pour assister à l'un des nombreux événements religieux et culturels organisés chaque année. L'office du tourisme fournit des renseignements complets sur les festivités de la semaine.

Bali Spirit Festival DANSE, MUSIQUE
(www.balispiritfestival.com ; début avr). Festival de yoga, de danse et de musique en plein essor, organisé par les personnes qui dirigent le Yoga Barn. Il a lieu généralement début avril et regroupe, entre autres, plus de 100 ateliers et concerts, ainsi qu'un marché.

Ubud Writers & Readers Festival LITTÉRATURE
(Festival des écrivains et des lecteurs d'Ubud ; www.ubudwritersfestival.com ; oct). Ce festival, qui se tient habituellement en octobre, rassemble des auteurs et lecteurs du monde

Promenade à pied
Crête de Campuan

DÉPART PALAIS D'UBUD
ARRIVÉE PALAIS D'UBUD
DISTANCE 8,5 KM **DURÉE** 3 HEURES 30

Cette promenade passe au-dessus de la luxuriante vallée de la rivière Sungai Wos, offrant des vues sur le Gunung Agung, des petits villages et des rizières.

Au départ du 1 **palais d'Ubud** (p. 151), suivez Jl Raya Ubud vers l'ouest. Campuan ("là où deux rivières se rencontrent") se situe au confluent de la Sungai Wos (rivière Wos) et de la Sungai Cerik (rivière Cerik). Sa végétation luxuriante et ses rivières tumultueuses ont attiré les peintres occidentaux dans les années 1930. La promenade part de Jl Raya Campuan, au niveau des 2 **Warwick Ibah Luxury Villas**. Entrez dans l'allée de l'hôtel et prenez le chemin sur la gauche, où une passerelle traverse la rivière vers le paisible 3 **Pura Gunung Lebah** (p. 143). Suivez le chemin en ciment vers le nord et grimpez jusqu'à la crête entre les deux rivières. Des champs d'herbe à éléphant, utilisée pour les toits de chaume, couvrent les deux versants. Les rizières s'étagent au-dessus d'Ubud sur toutes les collines alentour.

Continuant vers le nord le long de la crête de Campuan, la route passe par le Klub Kokos, puis s'améliore alors qu'elle traverse des rizières et le village de 4 **Bangkiang Sidem**. À la lisière du village, une route non signalée part vers l'ouest, sinue en descendant jusqu'à la Sungai Cerik, puis grimpe jusqu'à 5 **Payogan**. De là, vous pouvez marcher vers le sud jusqu'à la grand-route, puis suivre Jl Raya Sanggingan, bordée de petites boutiques et de galeries. Au restaurant Mozaic, obliquez vers l'ouest dans les chemins au niveau des rizières, alors que la route plonge, et admirez le fabuleux paysage de cours d'eau et de rizières, ponctué de villas. Si, envoûté par Ubud, vous ne voulez plus repartir, sachez que nombre de ces petits bungalows se louent au mois. Arrivé à l'escalier en béton, descendez-le pour rejoindre Campuan et Ubud. Vous rejoindrez ensuite Ubud par Jl Raya Sanggingan, jalonnée de boutiques et de cafés.

Promenade à pied
Vallée de la Sungai Ayung

DÉPART PALAIS D'UBUD
ARRIVÉE PALAIS D'UBUD
DISTANCE 6,5 KM **DURÉE** 4 HEURES

Cette promenade permet de découvrir les merveilles de la Sungai Ayung (rivière Ayung) ; vous passerez au pied des somptueux hôtels qui surplombent cette luxuriante vallée tropicale.

Au départ du 1 **palais d'Ubud** (p. 141), prenez Jl Raya Ubud vers l'ouest. Au pont de Campuan (remarquez le vieux pont, au sud du pont moderne), après le magnifique temple de Pura Gunung Lebah en contrebas, Jl Raya Penestanan, une rue escarpée, grimpe, tourne à gauche et serpente dans le ravin boisé de la Sungai Blangsuh jusqu'au village d'artistes de 2 **Penestanan**. À l'ouest de Penestanan, prenez une petite route qui file vers le nord (avant la grand-route) et contourne Sayan, où la maison de Colin McPhee, décrite dans le classique *A House in Bali*, est devenue le 3 **Sayan Terrace**. Une vue superbe domine la vallée de la majestueuse 4 **Sungai Ayung**. Juste au nord de l'hôtel, avant d'accéder aux chambres, de petits sentiers mènent à la rivière. (La descente peut être difficile ; des habitants vous guideront moyennant un pourboire de quelque 5 000 Rp).

En suivant les pistes accidentées vers le nord, le long de la rive est de la rivière, vous traverserez des pentes abruptes, des rizières, des canaux d'irrigation et des tunnels. Pour beaucoup, c'est la meilleure partie de l'itinéraire, car il traverse une épaisse jungle tropicale. Ne cherchez pas un chemin spécifique, mais laissez-vous guider par votre humeur, pour autant que vous continuiez à longer lentement la rivière vers le nord. Après 1,5 km environ, on atteint l'arrivée de la plupart des excursions de rafting, d'où un sentier abrupt rejoint la grand-route à 5 **Kedewatan**. Vous pouvez ensuite revenir à Ubud ou traverser la rivière sur un pont proche et grimper de l'autre côté jusqu'au village de 6 **Tegalkuning**, ignoré des touristes – un détour de 1 km aller-retour.

entier pour rendre hommage à l'écriture, en particulier aux ouvrages sur Bali. L'un des principaux événements d'Ubud.

Où se loger

Ubud offre le plus beau choix d'hébergements de l'île : fabuleux complexes hôteliers, maisons d'hôtes raffinées ou séjour chez l'habitant sommaire mais charmant. Le choix est parfois difficile, prenez donc le temps pour décider de l'endroit où vous voulez séjourner, surtout si vous louer un hébergement privé sur Internet.

En général, le rapport qualité/prix est excellent dans toutes les catégories. Une chambre simple dans un enclos familial coûte autour de 25 $US et permet une approche plus intimiste du pays. La nuit, l'air frais des montagnes rend la clim superflue ; en ouvrant la fenêtre, vous serez bercé par les sons montant des rizières et des vallées.

Les bungalows peuvent être plus grands et disposer de piscine, mais ils restent assez intimes et sont souvent nichés au coeur des rizières et des rivières. Les plus beaux hôtels dominent souvent de profondes vallées, avec des vues superbes (mais certains établissements petits budgets aussi). Certains assurent un service de navette dans la région.

Si les adresses sont parfois imprécises, des panneaux en bout de rue répertorient souvent les différents hébergements. Hormis les grandes artères, les rues sont peu éclairées et, pour marcher la nuit, une lampe torche s'avère précieuse.

La popularité d'Ubud et l'absence (jusqu'à présent) de chaînes hôtelières font grimper considérablement les prix.

Centre d'Ubud

Jl Raya Ubud et alentour

Sania's House GUESTHOUSE $

(Carte p. 148 ; ☎0361-975535 ; sania_house@yahoo.com ; Jl Karna 7 ; ch 250 000-550 000 Rp ; @). Des animaux de compagnie évoluent dans cette pension familiale qui se distingue par une grande piscine, une immense terrasse et 25 chambres spacieuses, sommaires mais propres. Juste à côté du marché.

Raka House GUESTHOUSE $

(Carte p. 148 ; ☎0361-976081 ; www.rakahouse.com ; Jl Maruti ; ch 300 000-400 000 Rp ;). Les 6 chambres sont regroupées au fond d'un enclos familial sans place

PROMENADES FUTÉES À UBUD

Sillonner la région d'Ubud à pied pour découvrir sa beauté et ses quantités de sites fascinants est un véritable plaisir.

La région offre nombre de belles promenades dans les villages alentour ou les rizières verdoyantes. Vous croiserez souvent des artistes à l'œuvre dans un atelier ouvert ou une véranda, pendant que les paysans cultivent le riz à côté des villas de luxe.

Voici quelques conseils utiles pour apprécier votre balade :

Emportez une bouteille d'eau Un peu partout, des *warung* ou des échoppes vendent de petits en-cas et des boissons, mais ne risquez pas la déshydratation entre deux étapes.

Préparez-vous Prévoyez un chapeau, des chaussures confortables et un vêtement imperméable pour les averses de l'après-midi. Mieux vaut porter un pantalon pour marcher à travers l'épaisse végétation.

Partez tôt Essayez de partir à l'aube, avant qu'il ne fasse trop chaud. Vous apercevrez des oiseaux et autres animaux qui se réfugient à l'ombre pendant la journée. C'est également beaucoup plus calme avant le début de l'agitation.

Évitez les péages Certains fermiers à l'esprit d'entreprise ont installé des barrières à péage dans leurs rizières. Vous pouvez les contourner ou payez un droit d'entrée (jamais plus de 10 000 Rp).

Arrêtez à temps Si vous êtes fatigué, ne vous forcez pas à atteindre un endroit précis – le but est d'apprécier la balade. Des habitants à moto pourront vous reconduire pour environ 20 000 Rp.

OÙ RÉSIDER À UBUD ?

Préférez-vous l'animation du centre ou le calme de la campagne ? La vue sur une rizière ou une chambre au décor raffiné ? Vous aurez l'embarras du choix, en particulier si vous comptez trouver votre hébergement grâce à Internet. Sachez que si toutes les adresses semblent très proches d'Ubud, "10 minutes" en voiture représente souvent une demi-heure de trajet. Voici les principaux endroits entre lesquels choisir :

Centre d'Ubud

Le cœur originel d'Ubud abrite un vaste choix d'hébergements qui ont pour avantage d'épargner longues marches ou "transports". Près de **Jl Raya Ubud**, évitez les chambres où monte le bruit de la grand-rue. Les petites rues tranquilles à l'est, dont Jl Karna, Jl Maruti et Jl Goutama, abritent de nombreuses chambres chez l'habitant. Au **nord de Jalan Raya Ubud**, des rues comme Jl Kajeng et Jl Suweta sont des quartiers hors du temps : les gamins jouent dans la rue et les femmes reviennent du marché, portant leurs courses sur la tête. De même pour la **Monkey Forest Road**, où se situe la plus forte concentration de logements. **Jl Bisma** débouche sur un plateau couvert de rizières. De nouveaux établissements voient sans cesse le jour, notamment à la pointe sud à l'endroit où un chemin rallie Monkey Forest Rd.

Padangtegal et Tebesaya

À l'est du centre d'Ubud, sans être trop éloigné, Padangtegal offre plusieurs hébergements bon marché dans Jl Hanoman. Un peu plus à l'est, le village paisible de Tebesaya se résume quasi à une grand-rue, Jl Sukma, bordée de deux cours d'eau. En dévalant de petits sentiers, on découvre d'adorables chambres d'hôtes.

Sambahan et Sakti

En allant vers le nord depuis Jl Raya Ubud, on rejoint vite les rizières en terrasses où se nichent d'intéressants hôtels, souvent luxueux. De là, une belle marche de moins d'une heure peut vous ramener dans le centre.

Komaneka at Bisma BOUTIQUE-HÔTEL $$$
(Carte p. 142 ; ☎0361-971933 ; www.komaneka.com ; Jl Bisma ; ch à partir de 285 $US ; ❄@📶🏊). Niché au cœur des rizières, près de la vallée, ce nouveau *resort* chic mise sur le style balinais de ses suites et grandes villas à 3 chambres. L'endroit respire la grâce, et est pensé jusque dans les détails (de la TV Apple avec vidéothèque jusqu'aux cookies maison).

Padangtegal et Tebesaya

♥ **Family Guest House** CHEZ L'HABITANT $
(Carte p. 148 ; ☎0361-974054 ; www.familyubud.com ; Jl Sukma ; ch 250 000-350 000 Rp ; 📶). Ce charmant établissement est tenu par une famille active. Petit-déjeuner sain, 6 chambres modernes et confortables à la décoration traditionnelle. Certaines disposent d'une baignoire et celles du haut ont un balcon donnant sur la vallée.

Ni Nyoman Warini Bungalows CHEZ L'HABITANT $
(Carte p. 148 ; ☎0361-978364 ; Jl Hanoman ; ch 200 000-350 000 Rp ; ❄📶). À l'extrémité d'un petit chemin qui part de Jl Hanoman, une série d'enclos familiaux louent des chambres simples et tranquilles où l'on se laisse prendre avec plaisir au rythme de la vie familiale. Les 8 chambres ont l'eau chaude et un mobilier traditionnel en bambou.

Suastika Lodge GUESTHOUSE $
(Carte p. 148 ; ☎0361-970215 ; suastika@hotmail.com ; près de Jl Sukma ; ch 150 000-250 000 Rp ; 📶). Dans la petite allée à l'est de Jl Sukma, 4 chambres aux airs de bungalows calmes et bien tenues dans un jardin familial traditionnel.

Pande Home Stay GUESTHOUSE $
(Carte p. 148 ; ☎0361-970421 ; pandehomestay@gmail.com ; Jl Sugriwa ; ch 150 000-250 000 Rp ; 📶). Près du Yoga Barn et d'autres sites, une bonne adresse de maison familiale avec jardin, nombreuses dans le voisinage. Belles pierres sculptées.

Puri Asri 2 GUESTHOUSE $
(Carte p. 148 ; ☎0361-973210 ; Jl Sukma 59 ; ch 200 000-300 000 Rp ; ❄📶🏊). Dans un enclos familial, 7 chambres de style bungalow donnent sur une vallée. Excellent rapport qualité/prix, eau chaude et piscine.

Nyuhkuning

Au sud de la Monkey Forest, ce quartier très apprécié par les voyageurs abrite des *guesthouses* et des hôtels se démarquant par leur grande originalité, pas très loin à pied du centre.

Pengosekan

Pengosekan est parfait pour le shopping, les restaurants et les activités comme le yoga.

Campuan et Sanggingan

La route longue et pentue portant le nom de ces deux villages est bordée, côté est, de vastes propriétés qui donnent sur la luxuriante vallée.

Penestanan

Juste à l'ouest du pont de Campuan, Jl Raya Penestanan, une route raide qui part vers la gauche, grimpe vers Penestanan, un vaste plateau couvert de rizières. Les voyageurs qui cherchent un hébergement bon marché ou une location à long terme trouveront là des chambres et des bungalows. En sillonnant les étroits sentiers de Penestanan, vous êtes à peu près sûr de découvrir de nombreuses adresses dans toutes les catégories de prix. On peut également accéder à Penestanan par une succession de volées de marches abruptes en ciment qui part de Jl Raya Campuan.

Sayan et vallée d'Ayung

À 2 km environ à l'ouest d'Ubud et de son animation, la rivière Sungai Ayung a creusé une vallée profonde. Certains des plus beaux hôtels de Bali surplombent cette magnifique vallée aux coteaux tapissés d'une épaisse forêt pluviale ou entailles de rizières en terrasses.

Aji Lodge CHEZ L'HABITANT $

(Carte p. 148 ; ☎0361-973255 ; ajilodge11@yahoo.com ; près de Jl Sukma ; ch 200 000-300 000 Rp ; wi-fi). De confortables enclos familiaux bordent un chemin à l'est de Jl Sukma. Prenez l'une des 6 chambres en bas de la colline, près de la rivière, pour profiter du concert des oiseaux, des insectes et des autres petites créatures.

Artini Cottages I CHEZ L'HABITANT $

(Carte p. 148 ; ☎0361-975348 ; www.artinicottage.com ; Jl Hanoman ; ch à partir de 250 000 Rp ; wi-fi). La famille Artini gère un petit empire de *guesthouses* proposant un bon rapport qualité/prix sur Jl Hanoman. Celle-ci, l'originale, consiste en 3 bungalows regroupés dans un jardin fleuri, avec eau chaude et grandes baignoires. En face, Artini II, plus chic, a vue sur les rizières et une piscine.

♥ Matahari Cottages GUESTHOUSE $$

(Carte p. 148 ; ☎0361-975459 ; www.matahariubud.com ; Jl Jembawan ; ch 400 000-800 000 Rp ; clim, wi-fi, piscine). Cet endroit merveilleux loue 15 chambres à thème, dont la "Batavia Princess" et l'"Indian Pasha". La bibliothèque semble héritée des années 1920. Le "jungle Jacuzzi" haut de gamme permet de reproduire la tradition balinaise ancienne de la baignade dans la rivière. Profitez du copieux petit-déjeuner et du thé servi dans un service en argent.

Sambahan et Sakti

Bali Asli Lodge CHEZ L'HABITANT $

(Carte p. 142 ; ☎0361-970537 ; www.baliaslilodge.com ; Jl Suweta ; ch 250 000-300 000 Rp). Loin du brouhaha du centre d'Ubud, 5 chambres sont installées dans des maisonnettes balinaises traditionnelles donnant sur un jardin verdoyant. Terrasses et intérieur propre et confortable. Le centre se trouve à 15 minutes à pied.

Ketut's Place GUESTHOUSE $$

(Carte p. 142 ; ☎0361-975304 ; www.ketutsplace.com ; Jl Suweta 40 ; ch 550 000-850 000 Rp ; clim, @, piscine). Artistiquement décorées et bénéficiant d'une vue sur la vallée, les 10 chambres s'échelonnent des plus simples, avec ventil, aux luxueuses, avec clim et baignoire. Une piscine spectaculaire miroite en contrebas.

LOCATIONS À LONG TERME

Dans la région d'Ubud, de nombreuses maisons sont proposées à la location ou à la colocation. Consultez les tableaux d'affichage de la Pondok Pecak Library (p. 151) et du Bali Buda (p. 163), ainsi que le journal gratuit *Bali Advertiser* (www.baliadvertiser.biz) et le site local www.banjartamu.org. Les prix démarrent autour de 300 $US/mois, et augmentent en fonction des services fournis.

Certains soirs, Ketut, artiste et personnalité locale, anime une fête balinaise.

Ubud Sari Health Resort GUESTHOUSE **$$**
(Carte p. 142 ; ☎0361-974393 ; www.ubudsari.com ; Jl Kajeng ; ch avec ventil/clim 50/75 $US ; ❄📶🏊). Les 19 chambres de ce célèbre spa possèdent un nom révélateur : Zen Village. Dans le jardin, des étiquettes indiquent les propriétés médicinales des plantes. Le café sert des plats bio végétariens. Les hôtes ont accès aux équipements du spa, dont le sauna et le Jacuzzi.

Klub Kokos GUESTHOUSE **$$**
(Carte p. 142 ; ☎0361-849 3502 ; www.klubkokos.com ; ch 70-100 $US ; ❄@📶🏊). Un superbe parcours de 1,5 km, le long de la crête de Campuan, mène à ce repaire en nid d'aigle qui regroupe une grande piscine, 7 bungalows charmants et un café. Pour y accéder en voiture, demandez qu'on vous indique l'itinéraire par téléphone. Le prix inclut le petit-déjeuner et les en-cas.

Wapa di Ume HÔTEL **$$$**
(Carte p. 142 ; ☎0361-973 178 ; www.wapadiume.com ; Jl Suweta ; ch à partir de 300 $US , villas à partir de 500 $US ; ❄@📶🏊). À 1,5 km du centre par une douce montée, cet enclos raffiné jouit d'une jolie vue sur les rizières. Styles ancien et moderne se mêlent dans les 33 grands bungalows ; les villas bénéficient d'une vue. Service décontracté, mais impeccable. Le soir, l'écho des gamelans à travers les champs est magique.

Nyuhkuning

♥ **Swasti Eco Cottages** GUESTHOUSE **$$**
(Carte p. 142 ; ☎0361-974079 ; www.baliswasti.com ; Jl Nyuh Bulan ; ch 750 000-900 000 Rp ; @📶🏊). 🍃 À seulement 5 minutes à pied de l'entrée sud de la Monkey Forest, cette *guesthouse* avec bungalows possède un vaste terrain agrémenté d'un jardin bio (utilisé pour l'excellent café). Certaines des 16 chambres occupent de simples bâtiments à étage, d'autres sont dans d'anciennes maisons traditionnelles importées de différentes régions de Bali.

Alam Indah HÔTEL **$$**
(Carte p. 142 ; ☎0361-974629 ; www.alamindahbali.com ; Jl Nyuh Bulan ; ch 65-140 $US ; ❄📶🏊). Au sud de la Monkey Forest à Nyuhkuning, cet hôtel spacieux comporte 16 belles chambres ornées de matériaux naturels et de motifs traditionnels. La vue sur la vallée de Wos est splendide, surtout depuis la piscine étagée en terrasses. À 10 minutes à pied à travers les rizières, Alam Jiwa appartient au même propriétaire (excellent café !).

Kertiyasa Bungalows GUESTHOUSE **$$**
(Carte p. 142 ; ☎0361-971377 ; www.kertiyasa-bungalow.com ; Jl Nyuh Bulan ; ch 45-80 $US ; ❄📶🏊). Charmante adresse installée au calme proposant 13 chambres, de la standard avec vue sur le jardin à d'autres plus chics et très vastes. La piscine serpente entre de luxuriantes plantations.

Saren Indah Hotel HÔTEL **$$**
(Carte p. 142 ; ☎0361-971471 ; www.sarenhotel.com ; Jl Nyuh Bulan ; ch 55-80 $US ; ❄📶🏊). Au sud de la Monkey Forest, cet hôtel dispose de 15 chambres de style balinais au milieu des rizières ; les plus belles comprennent TV sat, réfrigérateur et jolie baignoire.

Pengosekan

♥ **Agung Raka** BOUTIQUE-HÔTEL **$$**
(Carte p. 142 ; ☎0361-975757 ; www.agungraka.com ; Jl Raya Pengosekan ; ch à partir de 100 $US, bungalow à partir de 150 $US ; ❄📶🏊). Hôtel de 42 chambres installé dans les magnifiques rizières du sud d'Ubud. Les chambres de style balinais sont grandes, mais les vraies merveilles ici sont les bungalows, construits sur des rizières en terrasses parmi les palmiers. Le soir, relaxez-vous en écoutant le bruit des insectes et le chant des oiseaux.

Casa Ganesha Hotel HÔTEL **$$**
(Carte p. 142 ; ☎0361-971488 ; www.casaganesha.com ; Jl Raya Pengosekan ; ch 85 $US ; ❄📶🏊). Bon hébergement de catégorie moyenne dans un endroit fabuleux, juste au sud d'Ubud. Les 24 chambres simples avec terrasse ou balcon occupent des bâtiments

à étage répartis autour de la piscine. Jolies rizières à proximité.

Arma Resort HÔTEL $$$
(Carte p. 142 ; 0361-976659 ; www.armabali.com ; Jl Raya Pengosekan ; ch 135-220 $US, villa à partir de 300 $US ;). Immergez-vous dans la culture balinaise en séjournant dans cette vaste propriété, comprenant une vaste bibliothèque et un élégant jardin. Les 10 villas disposent d'une piscine privée. Le superbe musée du même nom se trouve ici.

Peliatan

Maya Ubud HÔTEL DE LUXE $$$
(0361-977888 ; www.mayaubud.com ; Jl Gunung Sari Peliatan ; ch à partir de 350 $US ;). L'un des plus beaux grands hôtels des environs d'Ubud, situé dans une vaste propriété, s'intègre parfaitement dans la vallée et les rizières alentour. Les 108 chambres et villas, ouvertes, harmonieuses, aménagées avec des matériaux traditionnels, sont typiques du style balinais.

Campuan et Sanggingan

Hotel Tjampuhan HÔTEL $$
(Carte p. 142 ; 0361-975368 ; www.tjampuhanbali.com ; Jl Raya Campuan ; ch 100-180 $US ;). Ce vénérable établissement de 69 chambres surplombe la confluence de la Sungai Wos et de Campuan. L'artiste allemand Walter Spies vivait ici dans les années 1930, et sa maison, qui peut accueillir 4 personnes (250 $US), fait partie de l'hôtel. Les bungalows à flanc de colline offrent une vue grandiose sur la vallée.

Warwick Ibah Luxury Villas & Spa HÔTEL $$$
(Carte p. 142 ; 0361-974466 ; www.warwickibah.com ; près de Jl Raya Campuan ; ste à partir de 250 $US, villas 450 $US ;). Surplombant les eaux tumultueuses de la Wos, l'Ibah compte 15 suites et villas spacieuses raffinées, combinant éléments anciens et modernes. Chacune pourrait figurer dans un magazine de déco. La piscine à flanc de coteau est entourée de jardins et de sculptures.

Uma by Como BOUTIQUE-HÔTEL $$$
(0361-972448 ; www.comohotels.com ; Jl Raya Sanggingan ; ch à partir de 270 $US, villa à partir de 390 $US ;). Cette somptueuse propriété compte 46 chambres de toutes tailles, décorées dans un style asiatique contemporain et bien assorties à la vue magnifique sur les jardins et la vallée. Excellents services, infrastructures et restaurant.

Penestanan

Santra Putra GUESTHOUSE $
(Carte p. 142 ; 0361-977810 ; wayankarja@gmail.com ; près de Jl Raya Campuan ; ch 300 000-350 000 Rp ;). Tenu par l'artiste abstrait de renommée internationale I Wayan Karja (qui a son atelier-galerie sur place), le Santra Putra compte 11 grandes chambres aérées, avec eau chaude et vue sur les rizières. L'artiste propose des cours de peinture et de dessin.

Melati Cottages HÔTEL $$
(Carte p. 142 ; 0361-974650 ; www.melati-cottages.com ; Jl Raya Penestanan ; ch 35-60 $US ;). Au coeur des rizières mais bien ombragé, le Melati propose 22 chambres un peu spartiates dans des bungalows à étage. Leur véranda permet de goûter la fraîcheur de la nuit et les bruits de la campagne.

Villa Nirvana BOUTIQUE-HÔTEL $$$
(Carte p. 142 ; 0361-979419 ; www.villanirvanabali.com ; Penestanan ; ch 120-225 $US ;). Rien que l'accès est un enchantement : soit depuis l'ouest, par un sentier de 150 m dans une petite vallée, soit depuis l'est, par un chemin à travers une rizière qui débute au sommet de marches abruptes. Les 8 chambres, conçues par l'architecte local Awan Sukhro Edhi, sont de paisibles retraites pour échapper à l'agitation urbaine.

Sayan et vallée d'Ayung

Sayan Terrace HÔTEL $$
(Carte p. 142 ; 0361-974384 ; www.sayanterraceresort.com ; Jl Raya Sayan ; ch à partir de 100 $US, villas à partir de 250 $US ;). En contemplant la vallée de Sayan depuis ce vénérable hôtel, vous comprendrez pourquoi McPhee a choisi cet endroit décrit dans *A House in Bali*. Ses 12 chambres et villas spacieuses, sans prétention, valent tous les hôtels de luxe : la vue est époustouflante ! Thé de l'après-midi inclus dans le prix.

Bambu Indah BOUTIQUE-HÔTEL $$$
(0361-975124 ; www.bambuindah.com ; Banjar Baung ; maison 135-370 $US ;). John Hardy a vendu, en 2007, son entreprise de bijouterie pour devenir hôtelier : sur une crête près de Sayan et de sa chère Sungai Ayung, il a réuni 7 maisons royales

MANGE, PRIE, AIME ET UBUD

"Fichu livre", se disent de nombreux résidents d'Ubud depuis que leur ville est envahie par les fans de *Mange, Prie, Aime* (éditions Le Livre de Poche, 2009), un best-seller écrit par l'Américaine Elizabeth Gilbert (et adapté au cinéma en 2010, avec Julia Roberts dans le rôle principal). L'ouvrage raconte comment l'auteur part en quête de son "vrai moi" (et de son engagement envers son éditeur) à travers l'Italie, l'Inde et... Bali.

Les détracteurs d'Elizabeth Gilbert lui reprochent de donner une image superficielle et réductrice d'Ubud, de ses habitants, de la danse, des arts et des expatriés. Ils dénoncent aussi des éléments erronés comme ces spots de surf sur la côte nord (qui n'existent pas), ce qui montre bien que l'auteur a enjolivé les choses.

Puis il y a les authentiques adeptes de ce roman dont le contenu a fait écho à leur vie. Certains n'auraient pas fait un voyage à Ubud sans *Mange, Prie, Aime*.

Les personnages du livre

Deux des héros sont inspirés de personnages réels qu'on peut facilement rencontrer à Ubud et qui en tirent un revenu lucratif.

Ketut Liyer (carte p. 142 ; ☎ 0361-974092 ; ⏲ horaires variables, téléphoner). L'ami et gourou d'Elizabeth Gilbert se trouve à 10 minutes à pied au sud de Pengosekan (vous verrez son panneau tout neuf). N'importe quel chauffeur vous conduira jusqu'ici avec plaisir. Les horaires varient et le vieillissant Ketut n'est pas toujours disponible, certainement en raison du très grand nombre de demandes des Occidentaux. Comptez environ 25 $US pour une courte séance publique durant laquelle vous vous entendrez dire quelque chose du genre "Vous êtes intelligent, beau et sexy et vous vivrez jusqu'à 101 ans". C'est bien l'enclos Liyer que l'on voit dans le film, mais Ketut est joué par un professeur de Java.

Wayan Nuriasih (carte p. 148 ; ☎ 0361-917 5991, 0361-884 3042 ; balihealer@hotmail.com ; Jl Jembawan 5 ; ⏲ 9h-17h). Autre vedette, Nuriasih tient boutique au cœur d'Ubud. Dans son herboristerie ouverte sur la rue, vous pourrez vous attabler avec elle pour discuter de vos maux et envisager un traitement. Pendant ce temps, des assistants s'affaireront en silence et déposeront peut-être un élixir à vos côtés. Le "déjeuner de vitamines" comprend une série d'extraits et d'aliments crus. Attention, toutefois, à bien comprendre les termes de votre accord, car il est facile de s'engager dans des traitements à 50 $US et plus. Pour un prix moindre, vous pouvez profiter d'un nettoyage, durant lequel plusieurs hommes vous assènent des claques sur le corps – ce qui vous fera au moins oublier vos vieilles douleurs.

Les lieux du tournage

La plupart des scènes balinaises de *Mange, Prie, Aime* ont été tournées à Ubud et dans les alentours. Mais, lors de vos promenades dans la région, ne vous étonnez pas de découvrir des rizières encore plus belles que dans le film.

Les scènes de plage ont été tournées à Padang Padang, sur la péninsule de Bukit, dans le sud de Bali. Curieusement, la vraie plage est plus attrayante que la version grise du film. Mais si vous espérez profiter du bar de plage où Julia Roberts rencontre Javier Bardem, vous serez déçu : il a été créé uniquement pour le film. À moins que quelqu'un ne l'ait reconstitué d'ici là...

javanaises centenaires et les a meublées avec goût. Plusieurs dépendances contribuent à créer un village hors du temps, revu avec un luxe discret.

♥ **Amandari** HÔTEL $$$
(☎ 0361-975333 ; www.amanresorts.com/amandari ; Sayan ; ste à partir de 950 $US ; ❄@📶🏊). Dans le village de Kedewatan, l'Amandari est synonyme de charme et de grâce. La vue sur la jungle et la rivière, ainsi que la piscine de 30 m carrelée de vert, qui semble se déverser dans la vallée, font partie de ses merveilles. Les 30 pavillons privés sont irrésistibles.

Four Seasons Resort HÔTEL $$$
(Carte p. 142 ; ☎ 0361-977577 ; www.fourseasons.com/sayan ; Sayan ; ste à partir de 760 $US, villas

à partir de 800 $US ;). Sous la crête de la vallée, la réception en plein air est un concentré de la beauté d'Ubud. Les villas modernes, superbement aménagées, jouissent d'une vue splendide et, souvent, d'une piscine privée. Le soir, depuis chacune des 60 chambres, on n'entend que le bruissement de l'eau en contrebas.

Taman Bebek HÔTEL **$$$**
(Carte p. 142 ; 0361-975385 ; www.tamanbebekbali.com ; Jl Raya Sayan ; ch 1 200 000-1 600 000 Rp ;). La vue spectaculaire sur la vallée de Sayan risque de vous river à votre terrasse. Les 4 suites et 7 villas ont été construites dans le style balinais, en bois et en chaume, par le fameux Made Wijaya. L'entrée de l'hôtel partage un élégant espace commun avec le Sayan Terrace.

Où se restaurer

Les cafés et restaurants d'Ubud comptent parmi les meilleurs de Bali. On peut y savourer une authentique cuisine balinaise, ainsi que d'autres cuisines asiatiques et internationales. Les cafés servant du bon café sont légion. Arrivez avant 21h pour être sûr d'avoir une table, et réservez pour dîner en haute saison.

Le **marché bio d'Ubud** (www.ubudorganicmarket.com ; 9h-13h) attire les meilleurs produits de la région deux fois par semaine : le mercredi à Warung Sopa (p. 165) et le samedi à Pizza Bagus (p. 166). Le **Buda-Mart** (carte p. 148 ; www.balibuda.com ; Jl Raya Ubud ; 8h-20h) de Bali Buda vend aussi des articles bio et de succulentes pâtisseries.

Delta Dewata Supermarket (carte p. 148 ; 0361-973049 ; Jl Raya Andong ; 8h-22h) et **Bintang Supermarket** (carte p. 142 ; Jl Raya Sanggingan ; 8h-22h) ont un large choix de produits alimentaires et de première nécessité. Le **marché** (carte p. 148 ; Jl Raya Ubud ; 6h-13h) traditionnel, véritable carnaval de produits tropicaux, vaut le détour malgré les touristes. Les magasins d'alimentation Delta Mart sont nombreux mais les prix sont très variables. On trouve partout des Circle Ks, qui vendent de la Bintang 24h/24.

Centre d'Ubud

Jl Raya Ubud et alentour

Des restaurants de qualité et très fréquentés jalonnent la grand-rue d'Ubud.

Bali Buda CAFÉ **$**
(Carte p. 148 ; 0361-976324 ; www.balibuda.com ; Jl Jembawan 1 ; repas à partir de 30 000 Rp ; 8h-22h ;). Établissement aéré à l'étage concoctant un large choix de *jamu* (remontants) végétariens, salades, sandwichs, crêpes, pizzas et glaces. Confortable espace salon éclairé à la bougie le soir.

Anomali Coffee CAFÉ **$**
(Carte p. 148 ; Jl Raya Ubud ; en-cas à partir de 20 000 Rp ; 7h-23h ;). Le pendant indonésien de Starbucks prépare un excellent café apprécié des jeunes branchés du cru. Un endroit décontracté où il fait bon discuter.

Gelato Secrets GLACIER **$**
(Carte p. 148 ; www.gelatosecrets.com ; Jl Raya Ubud ; glaces à partir de 15 000 Rp ; 11h-23h). Préférez au Dairy Queen ce temple de la crème glacée sur l'artère principale d'Ubud, qui travaille à partir de fruits et d'épices locaux.

Lada Warung INDONÉSIEN **$**
(Carte p. 148 ; Jl Hanoman ; repas à partir de 30 000 Rp ; 8h-22h ;). Vous pouvez commander à la carte dans ce *warung* propre à la façade ouverte ou choisir parmi divers excellents plats. Arrivez tôt pour profiter des meilleurs assortiments.

Casa Luna INDONÉSIEN **$$**
(Carte p. 148 ; 0361-977409 ; www.casalunabali.com ; Jl Raya Ubud ; repas à partir de 50 000 Rp ; 8h-22h). Parmi les plats indonésiens créatifs figurent les succulentes brochettes en bambou d'émincés de fruits de mer au satay (relevées avec une dizaine d'épices). La propriétaire, Janet de Neefe, est l'organisatrice du fameux festival des écrivains et lecteurs d'Ubud (p. 152). Des soirées littéraires y sont régulièrement organisées.

Clear FUSION **$$**
(Carte p. 148 ; 0361-889 4437 ; www.clearcafe-ubud.com ; Jl Hanoman 8 ; repas 4-15 $US ; 8h-22h ;). Dans ce restaurant aux airs d'Hollywood avec son concept à la fois sain et créatif, on apporte sa bouteille pour accompagner des plats du genre nouilles de soba, crudités et tofu au curry. Le tout composé avec finesse à partir d'ingrédients locaux. Un comptoir à l'avant propose aussi en-cas et autres aliments pour pique-niques. Menu enfant.

Black Beach ITALIEN **$$**
(Carte p. 148 ; 0361-971353 ; www.blackbeach.asia ; Jl Hanoman ; plats 45 000-90 000 Rp ;

⌚11h-22h). La pâte maison lève lentement avant d'être transformée en pizza croustillante. Les pâtes sont également succulentes. La vue depuis la salle à manger de l'étage est splendide, mais ce sont les films d'art et d'essai projetés sur la terrasse qui attirent les foules ici.

Nord de Jl Raya Ubud

Coffee Studio Seniman CAFÉ $

(Carte p. 148 ; ☎0361-972085 ; www.senimancoffee.com ; Jl Sriwedari ; plats à partir de 40 000 Rp ; ⌚8h-19h ; Wi-Fi). Cet "atelier du café" torréfie vraiment son café. Attablé sous le grand porche, choisissez parmi plusieurs crus balinais. Cuisine bio créative.

Warung Ibu Oka BALINAIS $

(Carte p. 148 ; Jl Suweta ; plats à partir de 50 000 Rp ; ⌚10h-16h). Il y a foule au déjeuner en face du palais d'Ubud : tous attendent le *babi guling* (cochon de lait) rôti balinais. Rejoignez la file d'attente pour déguster un repas classique balinais bon marché. Commandez un *spesial* pour obtenir le meilleur morceau. Arrivez tôt pour éviter les groupes de touristes.

Rio Helmi Gallery & Cafe CAFÉ $

(Carte p. 148 ; Jl Suweta 5 ; plats à partir de 40 000 Rp ; ⌚7h-19h). Réputé pour ses cupcakes, le café de la galerie éponyme constitue une pause idéale : café, petit-déjeuner servi en continu, et ambiance locale garantie.

UNE FERME BIO AU BOUT DU CHEMIN

Le **Warung Bodag Maliah** (carte p. 142 ; ☎0361-972087 ; www.sari-organik.com ; Subak Sok Wayah ; repas à partir de 30 000 Rp ; ⌚8h-18h), 🌿 un petit café installé au milieu d'une grande ferme bio appartenant à la célèbre enseigne locale, Sari Organic, est accessible au cours d'une agréable balade d'une heure environ, dans un joli cadre, sur un plateau surplombant les rizières en terrasses et les vallées.

La nourriture est saine, mais après le chemin parcouru pour s'y rendre, on apprécie surtout les boissons rafraîchissantes. Prenez un sentier qui part de Jl Raya Ubud et passe devant les Abangan Bungalows, puis suivez les panneaux sur 800 m.

Une fois dans les luxuriantes rizières, vous pouvez poursuivre vers le nord tant que vous le voulez ou pouvez. De sentiers des deux côtés conduisent à de petites rivières.

Monkey Forest Road

♥ **Three Monkeys** FUSION $$

(Carte p. 148 ; Monkey Forest Rd ; repas à partir de 80 000 Rp ; ⌚8h-22h). Commandez un cocktail au coulis de fruits de la passion avec le coassement des grenouilles dans les rizières en fond sonore. Les torches tikis apportent une ambiance magique. En journée : sandwichs, salades et glaces. Le soir : carte fusion de spécialités asiatiques.

Jl Dewi Sita et Jl Goutama

Pas loin à pied à l'est de la Monkey Forest Rd, vous découvrirez nombre de bonnes tables variées.

Juice Ja Cafe CAFÉ $

(Carte p. 148 ; ☎0361-971056 ; Jl Dewi Sita ; plats à partir de 30 000 Rp ; ⌚8h-22h Wi-Fi). 🌿 Un verre de spiruline ? Un soupçon de germe de blé dans votre jus de papaye ? Fruits et légumes bio sont utilisés dans cette sympathique boulangerie-café, avec terrasse. De petites brochures indiquent la provenance de produits comme les noix de cajou bio.

Tutmak Cafe CAFÉ $

(Carte p. 148 ; Jl Dewi Sita ; plats 30 000-90 000 Rp ; ⌚8h-23h ; Wi-Fi). Face à Jl Dewi Sita et au terrain de football, ce café aéré, sur plusieurs niveaux, a la cote pour un verre rafraîchissant comme pour le menu comportant des classiques indonésiens, des sandwichs et des salades. Les habitants s'y installent avec leur ordinateur portable.

Dewa Warung INDONÉSIEN $

(Carte p. 148 ; Jl Goutama ; repas 15 000-25 000 Rp ; ⌚8h-23h). Il y a des jours où la pluie fait des claquettes sur le toit en tôle et les ampoules nues se balancent dans le vent. Grimpez les marches conduisant au petit jardin où sont disposées les tables, et régalez-vous de plats indonésiens brûlants. Bintang bon marché.

♥ **Pica** AMÉRIQUE LATINE $$

(Carte p. 148 ; ☎0361-971660 ; Jl Dewi Sita ; plats 70 000-160 000 Rp ; ⌚11h-22h mar-dim). Grâce au jeune couple qui gère cet excellent restaurant, la cuisine sud-américaine s'invite à Ubud. Dans la cuisine ouverte, bœuf, porc, poisson, pommes de terre et bien d'autres entrent dans la composition de plats délicieux. Le pain au levain maison est un délice.

Waroeng Bernadette INDONÉSIEN $$
(Carte p. 148 ; 0821 4742 4779 ; Jl Goutama ; plats à partir de 60 000 Rp ; 11h-23h). La "Maison du Rendang" prépare des plats javanais traditionnels de viande marinée (le véritable classique est le bœuf) avec inspiration. Les autres plats, comme le *gado-gado*, se démarquent des versions mornes servies ailleurs. Salle à manger kitsch à l'étage.

Melting Wok ASIATIQUE $$
(Carte p. 148 ; 0361-929 9716 ; Jl Goutama ; plats à partir de 50 000 Rp ; 10h-23h mar-dim). Restaurant en plein air sur Goutama, très fréquenté pour ses délices de toute l'Asie. Curries, plats de nouilles, tempeh et bien d'autres compliquent le choix. Côté dessert, on penche pour le colonial avec une touche française. Service détendu mais efficace. Réservation recommandée.

Cafe Havana AMÉRIQUE LATINE $$
(Carte p. 148 ; 0361-972973 ; Jl Dewi Sita ; plats à partir de 60 000 Rp ; 8h-23h). Point de Fidel ni de déco fatiguée pour ce café élégant et stylé qui sert des plats d'esprit latino, dont différentes formes de porc savoureux, mais aussi des surprises telles que la crème brûlée à l'avoine le matin. Soirées salsa et musique live de 19h à 22h.

Locavore FUSION $$$
(Carte p. 148 ; 0361-977733 ; www.restaurantlocavore.com ; Jl Dewi Sita ; plats à partir de 30 $US ; 12h-14h30, 18h-22h lun-sam ;). Le paradis des papilles à Ubud : tout est local, ultra-créatif, et surtout pris d'assaut. Réservez des semaines à l'avance. Les repas sont d'exquises dégustations qui peuvent comporter jusqu'à 9 plats (et durer 3 heures). Les chefs Eelke Plasmeijer et Ray Adrian sont de véritables magiciens.

Jl Bisma

Café des Artistes EUROPÉEN $$
(Carte p. 148 ; 0361-972706 ; Jl Bisma 9X ; repas à partir de 120 000 Rp ; 12h-23h). Perché dans un endroit calme près de Jl Raya Ubud, ce café prisé sert une cuisine aux accents belges. Au menu également : plats français, indonésiens ainsi que d'excellents steaks. Des œuvres d'art locales sont exposées et il règne au bar une agréable ambiance arty.

Padangtegal et Tebesaya

Warung Sopa VÉGÉTARIEN $
(Carte p. 148 ; 0361-276 5897 ; Jl Sugriwa 36 ; plats 30 000-60 000 Rp ; 8h-22h ;). Établissement en plein air très apprécié qui réussit à capturer l'essence d'Ubud dans une cuisine végétarienne créative et (surtout) savoureuse aux accents balinais. Les spécialités du jour sont exposées ; souvent renouvelé, le *nasi campur* (riz avec accompagnements) est excellent.

Warung Mangga Madu INDONÉSIEN $
(Carte p. 148 ; 0361-977334 ; Jl Gunung Sari ; plats à partir de 15 000 Rp ; 8h-22h). La terrasse légèrement surélevée est idéale pour déguster les excellents plats traditionnels indonésiens servis ici, comme le *nasi campur*. De nombreux en-cas y sont également proposés.

Mama's Warung INDONÉSIEN $
(Carte p. 148 ; 361-977047 Jl Sukma ; plats 20 000-40 000 Rp ; 8h-22h). Une bonne adresse parmi les établissements bon marché de Tebesaya. Mama cuisine des spécialités indonésiennes épicées et parfumées à l'ail (superbe salade d'avocat !). La sauce aux cacahuètes préparée pour le satay est onctueuse.

Kafe CAFÉ $
(Carte p. 148 ; 0361-780 3802 ; Jl Hanoman 44 ; plats 15 000-40 000 Rp ; 8h-23h ;). Kafe propose une carte bio idéale pour les végétariens, des cafés, des jus ou des boissons gazeuses maison. On y sert un petit-déjeuner sain, un déjeuner avec d'excellentes salades, des *burritos* et de nombreuses crudités. Un lieu toujours très animé.

Kebun MÉDITERRANÉEN $$
(Carte p. 148 ; 0361-780 3801 ; www.kebunbistro.com ; Jl Hanoman 44 ; plats à partir de 60 000 Rp ; 11h-tard). Agréable petit bistrot qui mêle les cuisines de Napa et d'Ubud. Longue liste de vins à accorder avec les plats français et italiens, en petites ou grandes portions. Parmi les spécialités du jour figurent pâtes et risottos. Ravissante terrasse et salle à l'intérieur.

Bebek Bengil INDONÉSIEN $$
(Dirty Duck Diner ; carte p. 148 ; 0361-975489 ; www.bebekbengil.com ; Jl Hanoman ; plats 70 000-200 000 Rp ; 10h-23h). Ce grand et joli restaurant doit son succès à son canard balinais croustillant, mariné 36 heures dans les épices puis sauté. Par les fenêtres, on aperçoit quelques rizières qui subsistent encore, aussi menacées que les canards qui y pataugent !

Teges

Jl Raya Mas, qui se déroule jusqu'au village éponyme, au sud de Peliatan, possède d'excellentes adresses de cuisine balinaise.

Warung Teges BALINAIS $
(Carte p. 142 ; Jl Cok Rai Pudak ; plats à partir de 20 000 Rp ; 8h-22h). Prépare le meilleur *nasi campur* d'Ubud. Tout y est bien cuisiné, des saucisses de porc au poulet, en passant par le *babi guling* (cochon de lait) et même le tempeh. C'est à cet endroit que Jl Raya Mas prend le nom de Jl Cok Rai Pudak.

Nyuhkuning

Warung Pojok INDONÉSIEN $
(Carte p. 142 ; 0361-749 4535 ; Jl Nyuh Bulan ; plats 20 000-30 000 Rp ; 8h-22h ;). Ce café paisible surplombe l'un des terrains de football d'Ubud. Outre les traditionnels plats de riz et de nouilles, il sert aussi de nombreux mets à base de légumes, des lassis et des jus.

Swasti INTERNATIONAL $$
(Carte p. 142 ; 0361-974079 ; www.baliswasti.com ; Jl Nyuh Bulan ; repas 40 000-80 000 Rp ; 8h-22h ;). Ce café-restaurant de l'hôtel éponyme justifie une balade dans la Monkey Forest. Il concocte des plats indonésiens et occidentaux frais et savoureux à base de légumes et fruits de son potager bio. Goûtez ses délicieux fondants au chocolat ou sa mousse au parfum de mangue et guettez les spectacles de danse enfantine.

Pengosekan

Nombre de restaurants très réputés bordent Jl Raya Pengosekan et il est toujours intéressant d'aller voir les nouveautés.

Pizza Bagus PIZZERIA $$
(Carte p. 142 ; 0361-978520 ; www.pizzabagus.com ; Jl Raya Pengosekan ; plats 40 000-100 000 Rp ; 9h-22h ;). Outre les meilleures pizzas d'Ubud, à la pâte fine et craquante, Pizza Bagus sert plats de pâtes et sandwichs, bio pour la plupart. Il comporte une terrasse, une aire de jeux et livre à domicile.

Taco Casa MEXICAIN $$
(Carte p. 142 ; www.tacocasabali.com ; Jl Raya Pengosekan ; plats à partir de 50 000 Rp ; 11h-22h). Le Mexique est presque aux antipodes, mais ses saveurs sont arrivées jusqu'à Bali. *Burritos*, *tacos* et autres spécialités goûteuses sont préparées avec la dose parfaite de piments et d'épices. Livraison à domicile.

Campuan et Sanggingan

Warung Pulau Kelapa INDONÉSIEN $
(Carte p. 142 ; 0361-821 5502 ; Jl Raya Sanggingan ; plats 20 000-40 000 Rp ; 11h-23h). Kelapa concocte des mets indonésiens classiques et raffinés ainsi que des plats moins courants de l'archipel. Cadre chic aux murs blancs et objets anciens. Les meilleures tables sont celles de la terrasse donnant sur l'herbe du vaste jardin.

Elephant VÉGÉTARIEN $$
(Carte p. 142 ; 0361-716 1907 ; Jl Raya Sanggingan ; plats 40 000-150 000 Rp ; 8h-21h30). Un restaurant végétarien bénéficiant d'une magnifique vue sur la vallée de la Cerik. Pommes de terre et nombreux autres légumes sont mis à l'honneur dans des plats de saison intéressants, suivis par une excellente carte des desserts. Situé bien en retrait de la route.

Naughty Nuri's BARBECUE $$
(Carte p. 142 ; 0361-977547 ; Jl Raya Sanggingan ; repas à partir de 80 000 Rp ; 11h-23h). Les gens font désormais la queue jour et nuit devant ce légendaire repaire d'expatriés pour qui le bouche-à-oreille a visiblement bien fonctionné : les grillades, plats de côtes et hamburgers sont appréciés même si la viande n'est pas exceptionnelle. Les redoutables martinis, le véritable attrait du lieu, sont en revanche toujours aussi généreux.

Mozaic FUSION $$$
(Carte p. 142 ; 0361-975768 ; www.mozaic-bali.com ; Jl Raya Sanggingan ; menus à partir de 1 250 000 Rp ; 18h-22h30). Le chef Chris Salans, qui supervise ce restaurant très réputé, revisite la cuisine française en y intégrant des influences d'Asie tropicale et en adaptant sa carte en fonction des saisons. On dîne dans un élégant jardin ou sous un pavillon fleuri. Sont proposés 4 menus dégustation, dont l'un d'eux est une surprise.

Bridges FUSION $$$
(Carte p. 142 ; 0361-970095 ; www.bridgesbali.com ; Jl Raya Campuan ; plats 15-35 $US ; 11h-23h30, happy hour 16h-19). Ce restaurant à plusieurs étages, situé à côté de ponts, offre une vue imprenable sur la superbe rivière. On entend l'eau s'écouler en contrebas pendant que l'on savoure un cocktail ou un

plat fusion mêlant spécialités asiatiques et européennes. En début de soirée, *happy hours* très appréciées.

Penestanan

Yellow Flower Cafe INDONÉSIEN $
(Carte p. 142 ; 0361-889 9865 ; en retrait de Jl Raya Campuan ; plats à partir de 30 000 Rp ; 8h-21h ;). Ce café indonésien New Age est perché à Penestanan le long d'un sentier qui serpente à travers les rizières. Savoureux plats bio tels le *nasi campur* ou les galettes de riz, délicieux café, gâteaux et smoothies. Ne manquez pas l'excellent buffet balinais.

Alchemy VEGAN $$
(Carte p. 142 ; 0361-971981 ; alchemybali.com ; Jl Raya Penestanan 75 ; plats à partir de 50 000 Rp ; 7h-21h). Ce restaurant typique des adresses qui fleurissent désormais à Ubud propose une longue liste de salades personnalisées, du lait de noix de cajou, des smoothies de durian, du jus de fenouil et bien plus encore. Les desserts au chocolat cru sont addictifs.

Kedewatan

Nasi Ayam Kedewatan BALINAIS $
(0361-742 7168; Jl Raya Kedewatan ; repas 25 000 Rp ; 9h-18h). Peu d'habitants grimpent la colline par Sayan sans faire étape dans ce petit restaurant. Le *sate lilit* est une merveille : le poulet émincé est assaisonné de plusieurs épices, dont la citronnelle, puis grillé sur des brochettes en bambou. Un délice, comme les en-cas balinais traditionnels : les frites aux noix et aux épices.

Où prendre un verre et faire la fête

Ubud ne se distingue pas par une vie nocturne débridée. Si quelques bars s'animent au coucher du soleil et en soirée, ils n'ont rien à voir avec les lieux festifs de Kuta ou de Seminyak où la bière coule à flots.

Les bars d'Ubud ferment tôt, souvent à 23h.

Laughing Buddha CAFÉ
(Carte p. 148 ; 0361-970928 ; laughingbuddhabali.com ; Monkey Forest Rd ; 9h-minuit ;). Un petit café animé qui propose de la musique live du lundi au samedi soir, allant du rock au blues en passant par le chant. La cuisine, ouverte tard, concocte des bouchées asiatiques (repas 40 000-70 000 Rp).

Jazz Café BAR
(Carte p. 148 ; 0361-976594 ; www.jazzcafebali.com ; Jl Sukma 2 ; 17h-23h30 mar-dim, jusqu'à 0h30 sam). Établissement nocturne le plus prisé d'Ubud (statut mérité malgré le manque de concurrence), le Jazz Café offre une atmosphère détendue dans un joli jardin de cocotiers et de fougères. Choix de bons plats fusion asiatiques et concerts presque tous les soirs.

Napi Orti BAR
(Carte p. 148 ; Monkey Forest Rd ; boissons à partir de 12 000 Rp ; 12h-tard). Installé en étage, c'est le meilleur endroit pour un verre tardif. Sirotez-le sous les yeux de Jim Morrison et de Sid Vicious.

Lebong Cafe BAR
(Carte p. 148 ; Monkey Forest Rd ; 11h-minuit). Cet établissement nocturne est ouvert jusqu'à minuit et accueille des concerts de reggae et de rock presque tous les soirs. À proximité, d'autres bons endroits pour un verre.

Où sortir

Peu de découvertes culturelles se révèlent aussi magiques qu'un spectacle de danse balinaise, surtout à Ubud. Outre les nombreux spectacles proposés chaque soir dans la ville, Ubud constitue une base idéale pour participer aux événements des villages environnants.

Danse

Les danses proposées aux visiteurs sont généralement adaptées et raccourcies pour

ROOM 4 DESSERT

Typique de la mouvance actuelle qui se dessine à Ubud, Will Goldfarb, un célèbre chef pâtissier de Manhattan, a ouvert un établissement qui pourrait être qualifié de discothèque s'il ne servait pas de desserts ! À **Room 4 Dessert** (carte p. 142 ; www.room4dessert.asia ; Jl Raya Sanginggan ; desserts à partir de 100 000 Rp ; 18h-tard), le talentueux chef mêle savoir-faire et fantaisie pour un résultat unique. Commandez un assortiment à partager avec des amis, que vous savourerez accompagné de cocktails ou de vin jusque tard dans la nuit.

les rendre plus accessibles, et des habitants se mêlent souvent à l'assistance (ou regardent par-dessus le rideau !). Un même spectacle réunit généralement plusieurs danses traditionnelles.

Une semaine à Ubud vous permettra de découvrir le *kecak*, le *legong*, la danse du Barong, des ballets tirés du *Mahabharata* ou du *Ramayana*, le *wayang kulit* (théâtre d'ombres) et la musique du gamelan. Chaque soir, plus de huit spectacles sont proposés.

Ubud Tourist Information (p. 171) vous renseignera sur les représentations et vend des billets (habituellement de 75 000 Rp à 100 000 Rp). Pour les spectacles en dehors d'Ubud, le transport est souvent compris dans le prix. Les billets sont également proposés au même prix par de nombreux hôtels, dans les salles et par des vendeurs ambulants.

Pendant les spectacles, qui durent environ 1 heure 30, des marchands ambulants vendent des boissons. Avant la représentation, les musiciens viennent souvent évaluer le nombre de spectateurs, car les troupes vivent de la vente des billets.

N'oubliez pas non plus d'éteindre votre portable et de ne pas faire de photos au flash, qui dérange les danseurs. N'ayez pas non plus l'impolitesse de partir au milieu du spectacle en faisant du bruit.

Palais d'Ubud DANSE

(Carte p. 148 ; Jl Raya Ubud). Des spectacles ont lieu presque tous les soirs dans un très beau décor.

Pura Dalem Ubud DANSE

(Carte p. 148 ; Jl Raya Ubud). À l'extrémité ouest de Jl Raya Ubud, ce décor en plein air, aux pierres sculptées éclairées par des flambeaux, est de loin l'endroit le plus évocateur pour assister à un spectacle de danse.

Pura Taman Saraswati DANSE

(Ubud Water Palace ; carte p. 148 ; Jl Raya Ubud). Le superbe cadre de ce palais aquatique peut distraire du spectacle des danseurs, même si, la nuit, les nénuphars et les fleurs de lotus, irrésistibles de jour, ne se voient pas.

Arma Open Stage DANSE

(Carte p. 142 ; ☎0361-976659 ; Jl Raya Pengosekan). Certaines des meilleures troupes s'y produisent.

Padangtegal Kaja DANSE

(Carte p. 148 ; Jl Hanoman). Lieu ouvert et simple dans un endroit pratique présentant les spectacles de danse tels qu'ils sont à Ubud depuis des générations.

Puri Agung Peliatan DANSE

(Carte p. 148 ; Jl Peliatan). Ce décor simple, composé d'un grand mur sculpté, accueille d'excellentes représentations.

Théâtre d'ombres

Généralement écourtés pour les touristes, les spectacles traditionnels de *wayang kulit* peuvent facilement durer une nuit entière. L'**Oka Kartini** (carte p. 148 ; ☎0361-975193 ; Jl Raya Ubud ; billets 100 000 Rp), qui possède des bungalows et une galerie, en organise régulièrement.

Achats

Ubud abrite d'innombrables boutiques et galeries d'art. Beaucoup vendent des articles ingénieux et uniques provenant de la région. À partir d'Ubud, vous pourrez facilement explorer les très nombreux magasins et ateliers d'artisanat dans les villages au nord et au sud.

Le vaste marché **Pasar Seni** (marché d'art ; carte p. 148 ; Jl Raya Ubud ; 7h-20h) est entièrement consacré aux souvenirs et au kitsch.

Une grande partie du centre d'Ubud étant désormais dédiée au tourisme, la principale zone commerciale a déménagé sur Jl Peliatan à Tebesaya et Peliatan. Vous y trouverez une grande partie des magasins dans lesquels les habitants effectuent leurs achats quotidiens.

Que choisir ?

Vous pouvez passer des jours à explorer les boutiques d'Ubud. La partie supérieure de Jl Hanoman et Jl Dewi Sita abrite les plus belles boutiques locales de bijoux, d'articles de maison et de vêtements. L'artère de Monkey Forest Rd s'est spécialisée dans les chaînes de magasins haut de gamme. Vous trouverez un peu partout des œuvres d'art et des objets d'artisanat, à des prix et des qualités variables, ainsi que des articles pour la pratique du yoga.

C'est à Ubud que vous trouverez le meilleur choix de livres sur Bali, notamment sur l'art et la culture. On y déniche des livres d'éditeurs méconnus.

Centre d'Ubud

Jl Raya Ubud et alentour

Ganesha Bookshop LIBRAIRIE
(Carte p. 148 ; www.ganeshabooksbali.com ; Jl Raya Ubud ; 10h-20h). La meilleure librairie d'Ubud dispose d'un stock considérable pour un petit espace. Excellent choix de titres indonésiens : essais, voyage, art, musique, romans (neufs ou d'occasion) et cartes. Personnel de bon conseil. Catalogue en anglais principalement.

Smile Shop ARTISANAT
(Carte p. 148 ; 0361-233758 ; www.senyumbali.org ; Jl Sriwedari ; 10h-20h). Objets créatifs en tout genre vendus au profit de la Smile Foundation of Bali.

Threads of Life Indonesian Textile Arts Center TEXTILE
(Carte p. 148 ; 0361-972187 ; www.threadsoflife.com ; Jl Kajeng 24 ; 10h-19h). Petit magasin appartenant à une fondation qui s'efforce de préserver la production traditionnelle de textile des villages balinais. Petite mais éblouissante collection de splendides étoffes tissées à la main.

Moari INSTRUMENTS DE MUSIQUE
(Carte p. 148 ; 0361-977367 ; Jl Raya Ubud ; 10h-20h). Instruments de musique balinais, neufs ou restaurés. Offrez-vous une jolie petite flûte en bambou pour 30 000 Rp.

Neka Art Museum LIVRES
(Carte p. 142 ; 0361-975074 ; www.museumneka.com ; Jl Raya Sanggingan ; 9h-17h). La boutique de ce musée de Sanggingan possède un bon choix de livres d'art.

Monkey Forest Road

Kou Cuisine ARTICLES POUR LA MAISON
(Carte p. 148 ; 0361-972319 ; Monkey Forest Rd ; 10h-20h). Tout une gamme de jolis souvenirs à rapporter, dont de ravissants petits pots de confiture ou de sel de mer balinais.

Goddess on the Go! VÊTEMENTS
(Carte p. 148 ; 0361-976084 ; Monkey Forest Rd ; 10h-20h). Grand choix de vêtements pour femme aventurière. Très confortables, légers et fabriqués dans le respect de l'environnement.

Pondok Bamboo Music Shop INSTRUMENTS DE MUSIQUE
(Carte p. 148 ; 0361-974807 ; Monkey Forest Rd ; 10h-20h). Un millier de carillons en bambou résonnent dans cette boutique tenue par un musicien de gamelan réputé,

SPECTACLES DE DANSE : LA REVUE DES TROUPES

Toutes les troupes de danse d'Ubud ne se valent pas. Il existe des artistes de renommée internationale, alors que d'autres devraient songer à se reconvertir. Si vous n'êtes pas fin connaisseur, contentez-vous de choisir une salle et profitez du spectacle.

Après quelques représentations, vous commencerez à apprécier le talent, ce qui fait partie du plaisir. Un indice : si les costumes sont sales, que l'orchestre s'ennuie et que vous pensez : "je pourrais le faire !", la troupe est sans doute quelconque.

Parmi les excellentes troupes qui se produisent régulièrement à Ubud :

Semara Ratih : interprétations du *legong* créatives et débordantes d'énergie. La meilleure troupe locale sur le plan musical.

Gunung Sari : troupe de *legong*. L'une des plus anciennes de Bali et des plus réputées.

Semara Madya : troupe de *kecak* ; remarquable dans les chants hypnotiques des singes. Une expérience mystique pour certains.

Tirta Sari : troupe de *legong* et de Barong.

Cudamani L'un des meilleurs groupes de gamelan de Bali. Répète à Pengosekan.

Enfin, essayez d'aller voir une cérémonie de temple (elles sont fréquentes). Vers 20h, vous découvrirez des danses et de la musique balinaise dans un contexte qui n'est pas de la figuration. Tenue appropriée exigée : demandez conseil à votre hôtel ou à une personne du cru.

Le site Internet **Ubud Now & Then** (www.ubudnowandthen.com) affiche les horaires des événements spéciaux et des représentations.

Nyoman Warsa, qui propose également des cours de musique et des stages de théâtre d'ombres.

Periplus LIVRES
(Carte p. 148 ; ☎0361-975178 ; Monkey Forest Rd ; ⏲10h-22h). Magasin typique de la célèbre enseigne balinaise.

Jl Dewi Sita

♥ Kou BEAUTÉ
(Carte p. 148 ; ☎0361-971905 ; Jl Dewi Sita ; ⏲10h-20h). Les luxueux savons bio faits main embaument ce magasin et parfumeront vos tiroirs pendant des semaines. Articles sans comparaison avec ce que l'on trouve dans les boutiques de chaînes de produits de luxe.

♥ Tin Parrot VÊTEMENTS
(Carte p. 148 ; www.tnparrot.com ; Jl Dewi Sita ; ⏲10h-20h). Le perroquet de l'enseigne de cette boutique est décliné de nombreuses manières sur des T-shirts personnalisés. Il y en a pour tous les goûts et ils sont fabriqués à partir de coton haut de gamme prélavé.

Confiture Michèle ALIMENTATION
(Carte p. 148 ; Jl Goutama ; ⏲10h-21h). Confitures confectionnées à partir des fruits de Bali, dans une jolie boutique remplie de saveurs.

Eco Shop ACCESSOIRES
(Carte p. 148 ; Jl Dewi Sita ; ⏲10h-20h). Articles pour la maison, cadeaux, T-shirts, sacs et bien d'autres objets, fabriqués à partir de produits recyclés. La majeure partie des marchandises sont réalisées par des familles de travailleurs des villages balinais.

Padangtegal et Pengosekan

***Asterisk** BIJOUTERIE
(Carte p. 148 ; ☎0361-749 1770 ; www.asterisk-shop.com ; Jl Hanoman ; ⏲10h-20h). Bijoux artistiques en argent réalisés sur mesure. Des créations délicates, presque mélancoliques.

Namaste NEW AGE
(Carte p. 148 ; ☎0361-796 9178 ; Jl Hanoman 64 ; ⏲10h-20h). L'endroit idéal pour acheter toute la panoplie New Age : cristaux, encens, tapis de yoga, musique d'ambiance, etc.

Sama Sama VÊTEMENTS
(Pande ; carte p. 148 ; ☎0361-976049 ; Jl Hanoman ; ⏲10h-20h). T-shirts et autres vêtements colorés à motifs, dont certains peints à la main sortent du lot.

Tegun Galeri ARTICLES POUR LA MAISON
(Carte p. 148 ; ☎0361-973361 ; Jl Hanoman 44 ; ⏲10h-20h). Superbes articles fabriqués à la main dans toute l'île et objets d'art anciens.

Ashitaba ARTICLES POUR LA MAISON
(Carte p. 148 ; ☎0361-464922 ; Jl Hanoman ; ⏲10h-20h). Tenganan, le village aga de l'est de Bali, produit les splendides articles en rotin vendus ici (et à Seminyak). Récipients, bols, sacs à main et autres articles (à partir de 5 $US) mettent en valeur le tissage fin et élaboré.

Arma LIBRAIRIE
(Carte p. 142 ; ☎0361-976659 ; www.armabali.com ; Jl Raya Pengosekan ; ⏲9h-18h). Vaste sélection d'ouvrages culturels (en anglais essentiellement).

SAUVER LES CHIENS DE BALI

À Bali, beaucoup de chiens errants ont la gale. Vous remarquerez que ces animaux sont malades, agressifs, abandonnés à eux-mêmes et atteints de multiples maladies.

Comment cette douce île peut-elle avoir la pire population canine d'Asie (et des cas de rage déclarés) ? La simple négligence joue un grand rôle. Peu de chiens ont des maîtres.

Des associations à but non lucratif s'efforcent de changer le destin de ces chiens par des campagnes de vaccination antirabique, de stérilisation, de placement et d'éducation publique. Elles ont grand besoin de dons.

Bali Adoption Rehab Centre (BARC ; carte p. 142 ; ☎0361-971208 ; www.balidogrefuge.com ; Jl Raya Pengosekan). S'occupe d'une centaine de chiens, les place et gère une clinique de stérilisation ambulante.

Bali Animal Welfare Association (BAWA ; carte p. 148 ; ☎0811 389 004 ; www.bawabali.com). Elle gère des équipes mobiles sur toute l'île, qui vaccinent, organisent l'adoption et encouragent le contrôle des populations.

Yudisthira Swarga Foundation (☎0361-900 3043 ; www.yudisthiraswarga.org). Basée à Denpasar, elle s'occupe chaque année de la vaccination et de la stérilisation de milliers de chiens errants.

Adi Musical INSTRUMENTS MUSICAUX
(Carte p. 148 ; ☎0823 4100 3324 ; Jl Hanoman ; ⏰10h-19h). Cette petite boutique où l'on trouve de tout, des flûtes aux tambours, réalise aussi parfois des instruments sur commande.

Renseignements

Les visiteurs trouveront tous les services utiles dans les principales artères de la ville. Les tableaux d'affichage du Bali Buda (p. 163) et du Kafe (p. 165) comportent des informations sur les logements, les emplois, les cours, etc.

De nombreuses organisations caritatives ou à but non lucratif sont installées à Ubud. Voir p. 370 pour de plus amples informations.

ACCÈS INTERNET

@Highway (carte p. 148 ; ☎0361-972107 ; Jl Raya Ubud ; 30 000 Rp/heure ; ⏰24h/24 ; 📶). Service complet et très rapide.

Hubud (carte p. 148 ; ☎0361-978073 ; www.hubud.org ; Monkey Forest Rd ; à partir de 20 $US/mois ; ⏰24h/24). Espace de travail partagé et plateforme numérique. Connections Internet ultra-rapides, séminaires pour développeurs et bien plus encore. Vue sur les rizières.

ARGENT

Ubud compte de multiples banques et distributeurs.

Central Ubud Money Exchange (carte p. 148 ; www.centralkutabali.com ; Jl Raya Ubud ; ⏰8h-21h). Appartient à une enseigne balinaise réputée de bureaux de change.

BIBLIOTHÈQUE

Pondok Pekak Library & Learning Centre (carte p. 148 ; ☎0361-976194 ; Monkey Forest Rd ; ⏰9h-17h lun-sam, 13h-17h dim). Ambiance décontractée, petit café et agréable espace de lecture. Droit de membre à acquitter pour la bibliothèque. Il se situe de l'autre côté du terrain de football.

OFFICE DU TOURISME

Ubud Tourist Information (Yaysan Bina Wisata ; carte p. 148 ; ☎0361-973285 ; Jl Raya Ubud ; ⏰8h-20h). Le seul office du tourisme réellement compétent de Bali. Il fournit de nombreuses informations et un tableau d'affichage annonce les activités et les événements. Le personnel vous renseignera sur la région, les cérémonies et les spectacles de danse traditionnelle. Les billets sont vendus sur place.

POSTE

Poste principale (carte p. 148 ; Jl Jembawan ; ⏰8h-17h). Traite aussi les colis.

SERVICES MÉDICAUX

Kimia Pharma (carte p. 142 ; Jl Peliatan ; ⏰7h-22h). Grande pharmacie de l'enseigne locale réputée.

Ubud Clinic (carte p. 142 ; ☎0361-974911 ; Jl Raya Campuan 36 ; consultations à partir de 350 000 Rp ; ⏰24h/24)

SITES INTERNET UTILES

Bali Spirit (www.balispirit.com). Le site Internet de l'association qui gère le festival annuel d'Ubud recèle des informations sur la culture, les cours, les événements, les possibilités de bénévolat, etc.

Ubud Now & Then (www.ubudnowandthen.com). Culture, cuisine, arts, activités sont abordés dans ce site dont certains contenus sont rédigés par de célèbres résidents d'Ubud tels que Rio Helmi et Janet DeNeefe.

Depuis/vers Ubud

BEMO

Ubud se situe sur deux itinéraires de *bemo* : ceux qui rallient Gianyar (10 000 Rp) et la gare routière de Batubulan à Denpasar (13 000 Rp). La ville ne possède pas de station de *bemo* ; il y a des arrêts dans Jl Suweta près du marché, dans le centre-ville.

NAVETTES TOURISTIQUES

Vous verrez de nombreuses publicités pour des voitures et bus partagés vers différentes destinations, qui constituent une solution économique.

Perama (carte p. 148 ; ☎0361-973316; www.peramatours.com ; Jl Raya Pengosekan ; ⏰9h-21h) qui est la principale compagnie de bus touristiques, possède un terminus assez mal situé à Padangtegal ; comptez 15 000 Rp supplémentaires pour rejoindre Ubud. Parmi les destinations figurent Sanur (40 000 Rp, 1 heure), Padangbai (50 000 Rp, 2 heures) et Kuta (50 000 Rp, 2 heures).

Comment circuler

Beaucoup de spas, restaurants et d'hôtels haut de gamme offrent souvent le transport à leurs clients.

VERS/DEPUIS L'AÉROPORT

La course en taxi officiel de l'aéroport à Ubud coûte 250 000 Rp. Une voiture avec chauffeur pour l'aéroport revient au même prix.

BEMO

Les *bemo* ne relient pas directement Ubud aux villages voisins ; vous devrez en prendre un qui dessert Denpasar ou Gianyar et descendre en chemin. Les *bemo* à destination de Gianyar suivent Jl Raya Ubud vers l'est, descendent Jl Peliatan et rejoignent Bedulu à l'est. Le prix d'un trajet dans la zone d'Ubud ne doit pas dépasser 7 000 Rp.

TAXI

Il n'y a pas de taxi avec compteur à Ubud – ceux qui vous proposent leur service ont généralement déposé des passagers venus du sud de Bali et espèrent rentabiliser leur retour. Mieux vaut utiliser les nombreuses voitures privées stationnées dans les rues, dont les chauffeurs hèlent les passants (les meilleurs d'entre eux possèdent un simple panneau indiquant "transport").

La plupart des conducteurs sont honnêtes ; d'autres – souvent d'une autre région – beaucoup moins. Si vous appréciez un chauffeur, prenez son numéro pour faire appel à lui lors de votre séjour. Du centre d'Ubud à Sanggingan, la course revient à environ 40 000 Rp – un prix plutôt élevé. Le trajet du palais jusqu'au bout de Jl Hanoman devrait coûter environ 20 000 Rp.

On vous transportera facilement à moto ; les tarifs sont moitié moins chers qu'en voiture.

VOITURE ET MOTO

Louer une voiture constitue une bonne solution, car de nombreux sites sont difficilement accessibles en *bemo*. Renseignez-vous à votre hôtel ou louez une voiture avec chauffeur (voir p. 388).

Ubud Bike Rental (p. 147) loue des scooters et des motos (30 000 Rp/jour).

ENVIRONS D'UBUD

☎ 0361

Les environs d'Ubud offrent de nombreuses possibilités d'excursion, en particulier la grotte de l'Éléphant, non loin, et les artisans de Mas. La région à l'est et au nord recèle quantités d'anciens monuments et vestiges de Bali. Certains sont antérieurs à l'ère Majapahit et soulèvent toujours des questions sur l'histoire de l'île, notamment les sanctuaires de Gunung Kawi, très semblables à ceux d'Angkor.

Il y a également quantité de choses à voir au sud de la région, même si les sites sont davantage tournés vers le commerce. Les belles bourgades, les villages remplis d'artistes et les curiosités adaptées aux familles sauront vous occuper pendant des jours.

Bedulu

Bedulu était autrefois la capitale d'un puissant royaume sur lequel régna le légendaire Dalem Bedaulu, de la dynastie Pejeng. Dernier roi balinais à résister aux puissants Majapahit de Java, il fut vaincu par Gajah Mada en 1343. La capitale tomba ensuite aux mains de Gelgel, puis de Semarapura (Klungkung). Aujourd'hui, Bedulu est inclus dans l'agglomération d'Ubud, au sens large.

À voir

Goa Gajah GROTTE

(grotte de l'éléphant ; carte p. 180 ; Jl Raya Goa Gajah ; adulte/enfant 10 000/5 000 Rp, parking 2 000 Rp ; 8h-18h). Il n'y a jamais eu d'éléphants à Bali, avant l'arrivée des touristes. L'ancienne Goa Gajah doit peut-être son nom à la Sungai Petanu, autrefois appelée rivière de l'Éléphant, ou à la paroi rocheuse, qui rappelle vaguement à un éléphant. La grotte est située à 2 km au sud-est d'Ubud sur la route de Bedulu.

Les origines de la grotte demeurent incertaines ; selon la légende, le géant Kebo Iwa la creusa avec son ongle. Elle date probablement du XIe siècle et existait lors de la conquête de Bali par les Majapahit. Elle fut redécouverte par des archéologues néerlandais en 1923, mais les fontaines et le bassin n'ont été révélés qu'en 1954.

La grotte est taillée dans une paroi rocheuse et l'on entre par la bouche caverneuse d'un démon. À l'intérieur de la grotte en T, on aperçoit des vestiges d'un lingam, symbole phallique du dieu hindou Shiva, et d'un yoni, sa contrepartie féminine, ainsi qu'une statue de Ganesh, le dieu à tête d'éléphant, fils de Shiva. Dans la cour devant la grotte, six personnages féminins alimentent en eau deux bassins d'ablutions carrés.

De Goa Gajah, vous pouvez descendre à travers les rizières jusqu'à la rivière Petanu, où des pierres sculptées de stupas en ruine ornent une falaise, et à une petite grotte.

Essayez d'arriver avant 10h, avant de débarquement des cars de touristes sur le grand parking envahi de stands de souvenirs. Des sarongs se louent à 3 000 Rp.

Yeh Pulu SITE HISTORIQUE

(Carte p. 180 ; adulte/enfant 10 000/5 000 Rp). Longue de 25 m, cette falaise sculptée aurait été un ermitage à la fin du XIVe siècle. À part le personnage de Ganesh, le fils à tête d'éléphant de Shiva, la plupart des scènes évoquent la vie quotidienne et semblent former une histoire, qui peut se lire de gauche à droite. Selon une théorie, elles représenteraient des événements de la vie de Krishna.

On peut aller à pied de l'un à l'autre en suivant des chemins à travers les rizières, mais vous aurez besoin d'un guide local. En voiture ou à vélo, repérez les panneaux "Relief Yeh Pulu" ou "Villa Yeh Pulu", à l'est de Goa Gajah.

Même si la sculpture hindoue ne vous passionne pas, le site est charmant et peu fréquenté. De l'entrée, une agréable marche de 300 m mène à Yeh Pulu.

Pura Samuan Tiga TEMPLE HINDOU

(Carte p. 180). Le majestueux Pura Samuan Tiga (temple de la Rencontre des Trois) se situe à 200 m à l'est du carrefour de Bedulu. Son nom fait peut-être référence à la trinité hindoue ou à des réunions organisées dans le temple au début du XIe siècle. Tous les bâtiments ont été reconstruits après le tremblement de terre de 1917.

Depuis/vers Bedulu

À 3 km à l'est de Teges, la route d'Ubud rejoint un carrefour qui mène au sud vers Gianyar ou au nord vers Pejeng, Tampaksiring et Penelokan. Les *bemo* Ubud-Gianyar vous déposeront à ce croisement, d'où vous pourrez marcher jusqu'aux sites. La route relativement plate permet de faire le trajet à vélo sans fatigue.

LA LÉGENDE DE DALEM BEDAULU

Une légende raconte que le roi Dalem Bedaulu possédait des pouvoirs magiques, qui lui permettaient d'avoir la tête tranchée et de la remettre en place. Un jour, lors de l'exécution de ce tour unique, le serviteur chargé de lui couper la tête et de la replacer la laissa tomber dans une rivière et, horrifié, la vit s'éloigner. Paniqué, cherchant une solution de rechange, il attrapa un cochon, le décapita et posa sa tête sur les épaules du roi. Dès lors, le souverain dut s'asseoir sur un trône surélevé et interdit à ses sujets de lever les yeux. Bedaulu signifie "celui qui a changé de tête".

Pejeng

En suivant la route qui mène à Tampaksiring, on arrive bientôt à Pejeng et à ses fameux temples. Comme Bedulu, c'était autrefois une cité puissante, la capitale du royaume de Pejeng, tombé aux mains des envahisseurs Majapahit en 1343.

À voir

Museum Purbakala MUSÉE

(Carte p. 180 ; ☎ 0361-942354 ; Jl Raya Tampaksiring ; don apprécié ; ⏲ 8h-15h lun-jeu, jusqu'à 12h30 ven). Ce musée archéologique, réparti dans plusieurs petits bâtiments, présente une collection d'objets provenant de différents sites de Bali. Elle comprend quelques poteries antiques, des alentours de Gilimanuk, et des sarcophages datant de 300 av. J.-C. ; certains, originaires de Bangli, sont en forme de tortue, un symbole cosmique important dans la mythologie balinaise.

Le musée, à 500 m au nord du carrefour de Bedulu, se rejoint facilement en *bemo* ou à vélo. Un bon guide vous aidera à apprécier pleinement la visite.

Pura Kebo Edan TEMPLE HINDOU

(Carte p. 180 ; Jl Raya Tampaksiring). Modeste sanctuaire, le temple du Buffle fou est connu pour sa statue haute de 3 m, appelée le **géant de Pejeng**, qui daterait de quelque 700 ans. Malgré l'imprécision des détails, elle semble représenter Bhima, un héros du *Mahabharata*, dansant sur un cadavre – un mythe lié au culte de Shiva. Les protubérances qui apparaissent de part et d'autre du sexe du géant prêtent à conjectures. Certains affirment qu'elles servaient à accroître le plaisir féminin...

Pura Pusering Jagat TEMPLE HINDOU

(Carte p. 180 ; Jl Raya Tampaksiring). Le vaste Pura Pusering Jagat aurait été le centre de l'ancien royaume de Pejeng. Datant de 1329, il est visité par des jeunes couples qui prient devant le lingam et le yoni en pierre. Plus loin, une grande urne en pierre porte des sculptures élaborées et érodées de dieux et de démons en quête de l'élixir de vie. Il s'agit du mythe cosmologique du "barattage de la mer de lait" provenant de l'hindouisme. Le temple se situe sur une petite piste, à l'ouest de la grand-route.

Pura Penataran Sasih TEMPLE HINDOU

(Carte p. 180 ; Jl Raya Tampaksiring). L'ancien temple officiel du royaume de Pejeng possède le plus grand tambour fondu d'une seule pièce au monde. Dans la cour intérieure, haut perché dans un pavillon et difficile à voir, cet énorme tambour de bronze en forme de sablier, appelé la **Lune tombée de Pejeng**, est long de 1,86 m. L'estimation de son âge varie de 1 000 à 2 000 ans et on ignore s'il a été réalisé sur place ou importé – les décorations géométriques complexes ressemblent à des motifs trouvés en Papouasie-Occidentale et au Vietnam.

Une légende balinaise raconte que ce tambour fut d'abord une lune qui tomba sur terre et se posa dans un arbre. Son éclat empêcha une bande de voleurs de perpétrer leur larcin et l'un d'eux tenta d'atténuer la lueur en urinant dessus. La lune explosa, se transforma en tambour et se fêla à la base en heurtant le sol.

Ne manquez pas la **statuaire** dans la cour du temple, qui date du Xe au XIIe siècle.

Mas

Si *mas* signifie "or" en *bahasa indonesia*, la sculpture sur bois constitue l'artisanat principal de ce village, situé au sud-est d'Ubud. Le grand prêtre Majapahit Nirartha vécut ici et le **Pura Taman Pule** serait construit sur le site de son ancienne demeure. Pendant les trois jours du festival de Kuningan, un spectacle de *wayang wong* (une ancienne version du ballet du *Ramayana*) a lieu dans la cour du temple.

La sculpture était un art traditionnel de la caste des brahmanes et ce talent était considéré comme un don des dieux. Elle se limitait autrefois aux décorations des temples, aux masques de danse et aux instruments de musique. Dans les années 1930, des artisans commencèrent à représenter des personnages et des animaux. Il est aujourd'hui difficile de résister aux innombrables créatures charmantes réalisées à Mas.

Vous pouvez commander une pièce en bois de santal, mais attendez-vous à un prix élevé. Mas participe également à l'essor de l'industrie du meuble, qui utilise principalement du tek importé d'autres îles indonésiennes.

À voir

Setia Darma House of Masks & Puppets MUSÉE
(Carte p. 180 ; 0361-977404 ; www.setiadarma.org ; Jl Tegal Bingin ; 8h-16h). GRATUIT C'est l'un des plus beaux musées de la région d'Ubud. Plus de 7 000 masques cérémoniels et marionnettes provenant d'Indonésie et d'Asie y sont superbement présentés dans des bâtiments historiques. Parmi les nombreux trésors figurent le masque de Jero Luh, en or, des figures de rois, de monstres mythiques et d'hommes ordinaires. Les marionnettes sont saisissantes de vie. Le musée se situe à 2 km au nord-est du principal carrefour de Mas. Son café bénéficie d'une jolie vue.

Tonyraka Art Gallery GALERIE D'ART
(Carte p. 180 ; 0361-781 6785 ; www.tonyrakaartgallery.com ; Jl Raya Mas ; variable). L'une des meilleures galeries de la région d'Ubud. Certains des plus grands artistes contemporains de Bali tels que Made Djirna y exposent.

Ida Bagus Anom Suryawan ATELIER
(Carte p. 180 ; 0813 3844 8444 ; www.balimaskmaking.com ; Jl Raya Mas). Dans ce jardin familial tout près de la grand-route de Mas, trois générations de sculpteurs produisent à partir de bois de cèdre certains des masques les plus vénérés de Bali. Leurs œuvres sont exposées dans une petite salle mais le mieux est de les voir en plein travail. Possibilité de prendre des cours (p. 150) pour créer votre propre sculpture.

Où se loger et se restaurer

Taman Harum Cottages HÔTEL $
(Carte p. 180 ; 0361-975567 ; www.tamanharumcottages.com ; Jl Raya Mas ; ch à partir de 40 $US, villas à 2 ch à partir de 100 $US ;). Le long de la grand-route de Mas, cet hôtel attrayant compte 17 chambres et villas, dont certaines assez spacieuses. Privilégiez la vue sur les rizières. L'établissement se situe derrière une galerie, qui propose également d'innombrables cours artistiques et culturels. Navettes gratuites pour Ubud.

Suly Resort HÔTEL $$
(Carte p. 180 ; 0361-976186 ; www.sulyresort.com ; Jl Cok Rai Pudak ; ch à partir de 50 $US ;). Excellent hôtel aux nombreux détails architecturaux balinais, abritant 50 chambres aménagées dans un bâtiment de 4 niveaux et 17 supplémentaires dans des bungalows avec vue sur les rizières. Propose également des cours de yoga et des soins spa. Situé à l'extrémité nord de Mas.

Si le personnel a l'air si jeune et enthousiaste, c'est parce que le Suly est géré par une fondation qui forme les étudiants des

DES VILLAGES D'ARTISTES

Dans toute la région d'Ubud, de Sebatu à Mas et ailleurs dans Bali, vous verrez dans les villages, souvent près du temple local, les petites enseignes d'artistes et d'artisans. "La richesse d'un village est son art", nous disait un habitant. Aussi, tous ces gens qui créent les costumes cérémoniels, les masques, les kriss, les instruments de musique et autres beaux et précieux objets servant pour la vie courante et la religion sont tenus en grand respect. Le village et l'artiste vivent en symbiose. L'artiste ne fait jamais payer son travail. En retour, le village assure son bien-être. Il existe souvent plusieurs artistes résidents par village, car il n'y a pas de plus grande honte que de devoir aller dans un autre village pour se procurer un indispensable objet sacré.

quartiers défavorisés de Bali au tourisme. Grâce au développement de ce secteur, les diplômés trouvent d'excellents postes sur l'île et ailleurs. Seuls quelques candidats sont acceptés et les frais de scolarité sont gratuits.

Semar Warung BALINAIS $$

(Carte p. 180 ; ☎0878 8883 3348 ; Jl Raya Mas 165 ; plats à partir de 50 000 Rp ; ⏲9h-22h). La devanture est peu engageante, mais une fois dans la salle aérée, le regard embrasse les rizières alentour qui s'étendent jusqu'aux palmiers. La vue magnifique est à l'image de la cuisine. Idéal pour déjeuner ou prendre un verre au coucher du soleil.

L'établissement se trouve à 1 km au sud du croisement de Jl Raya Mas et de Jl Raya Pengosekan.

NORD D'UBUD

Au nord d'Ubud, le climat devient plus frais et les paysages plus luxuriants. Les sites anciens et les beautés naturelles abondent.

La route habituelle d'Ubud à Batur passe par Tampaksiring, et le stupéfiant Gunung Kawi, mais d'autres itinéraires grimpent doucement à flanc de montagne. L'un des plus charmants part de Peliatan vers le nord, traverse Petulu (oiseaux), puis les rizières en terrasses entre Tegallalang et Ceking, avant de rejoindre le bord du cratère entre Penelokan et Batur. Cette route, asphaltée en totalité, passe également par **Sebatu**, renommé pour sa troupe de danse.

La seule fausse note de cette région du nord de Bali est Cekingan, où les superbes rizières en terrasses ont attiré de vilains pièges à touristes.

Tegallalang

Vous passerez sans doute par ce bourg marchand animé en visitant les temples de la région. Arrêtez-vous le temps d'une promenade entre les boutiques et les échoppes et vous entendrez sans doute l'un des fameux orchestres de gamelan de la région. De nombreux stands proposent des poupées de la fertilité ou des sculptures.

Vous pouvez faire une halte au **Kampung Cafe & Cottages** (☎0361-901201 ; www.kampungtari.com ; Ceking ; ch à partir de 70 $US, plats 40 000-80 000 Rp ; ⏲8h-21h ; 📶), dans le village de Ceking, un charmant café (idéal pour le déjeuner) et une pension haut de gamme avec une vue fabuleuse sur les rizières en terrasses. Son agencement tire merveilleusement parti de la roche naturelle. Non loin, d'innombrables sculpteurs travaillent le bois d'albesia, dont ils font des personnages simples et caricaturaux. Ce bois est également apprécié des fabricants de carillons.

Une petite route verdoyante conduit à **Keliki**, à 3 km à l'ouest de Tegallalang. Vous passerez par l'**Alam Sari** (☎0361-240308 ; www.alamsari.com ; ch à partir de 100 $US ; ❄🏊🏊), 🍃un petit hôtel superbement isolé et entouré de bambous. Il offre 12 chambres luxueuses de style rustique, une piscine et un panorama superbe. Parmi d'autres pratiques écologiques, il traite ses eaux usées.

Tampaksiring

Ce petit village, à 18 km au nord-est d'Ubud, abrite un temple, l'imposant Tirta Empul, et le site ancien le plus monumental de Bali, Gunung Kawi. Il est situé dans la vallée de Pakerisan, une région qui devrait bientôt figurer sur la Liste du patrimoine mondial.

À voir

Gunung Kawi MONUMENT

(adulte/enfant 15 000/7 500 Rp, sarong 3 000 Rp, parking 2 000 Rp ; 7h-17h). Au bas d'une vallée luxuriante se dresse l'un des monuments les plus grands et les plus anciens de Bali. Gunung Kawi est constitué de 10 *candi* (sanctuaires) – des mémoriaux en forme de statues, abrités dans d'impressionnantes niches de 8 m de haut, le tout taillé dans la paroi rocheuse. Préparez-vous à une longue ascension, il y a plus de 270 marches.

L'éprouvante marche se partage en sections et offre parfois, lorsqu'on traverse d'anciennes rizières en terrasses, de formidables panoramas. Chaque *candi* honorerait un membre de la famille royale balinaise du XIe siècle, mais rien n'est moins sûr.

D'après les légendes, l'ensemble des mémoriaux fut sculpté dans la paroi rocheuse en une nuit par les ongles puissants de Kebo Iwa.

Les cinq monuments de la rive est sont probablement dédiés au roi Udayana, à la reine Mahendradatta et à leurs trois fils Airlangga, Anak Wungsu et Marakata. Airlangga régna sur l'est de Java et Anak Wungsu dirigea Bali. Les quatre monuments de la rive ouest sont, d'après cette théorie, consacrés aux favorites d'Anak Wungsu. Selon une autre hypothèse, l'ensemble du site serait dédié à Anak Wungsu, à ses épouses, à ses concubines et le 10e *candi*, isolé, à un ministre royal.

La balade parmi les monuments, les temples, les offrandes, les cours d'eau et les fontaines baigne dans une atmosphère d'antique majesté.

À la lisière nord de la ville, un panneau indique, à l'est de la route principale, la direction de Gunung Kawi et de ses monuments anciens. Au bout de la route d'accès, un escalier de pierre abrupt descend vers la rivière, creusant une brèche dans la rive rocheuse.

L'HEURE IDÉALE POUR VISITER LE GUNUNG KAWI

Pour profiter du Gunung Kawi, allez-y le plus tôt possible. Si vous entamez la descente des marches vers 7h30, vous éviterez les vendeurs et verrez les habitants se livrer à leurs ablutions matinales ou au lavage des offrandes cérémonielles dans les cours d'eau. Vous entendrez les oiseaux, le bruit de l'eau qui court, sans être dérangé, comme plus tard, par l'arrivée des groupes. En prime, l'air sera encore frais quand, au retour, commencera l'interminable remontée des marches. N'oubliez pas d'emporter un sarong (au cas où il n'y ait encore personne pour vous en proposer). Si la billetterie est fermée, vous pourrez payer au retour.

Tirta Empul MONUMENT

(adulte/enfant 15 000/7 500 Rp, parking 2 000 Rp ; 8h-18h). Un croisement bien signalé au nord de Tampaksiring mène aux sources sacrées de Tirta Empul découvertes en 962 et auxquelles on attribue des pouvoirs magiques. Elles jaillissent dans un grand bassin cristallin à l'intérieur du temple et se déversent dans une piscine. Elles constituent la source principale de la Sungai Pakerisan, la rivière qui coule près de Gunung Kawi, à 1 km environ. Près des sources, le Pura Tirta Empul est l'un des temples les plus importants de Bali.

Pour éviter les bus touristiques, venez en début de matinée ou en fin d'après-midi. Les bains publics, bien entretenus, sont gratuits.

À voir aussi

L'ancien royaume de Pejeng comprend d'autres groupes de *candi* (sanctuaires) et de cellules de moines, notamment au **Pura Krobokan** et à **Goa Garba**, mais moins impressionnants qu'à Gunung Kawi. Entre Gunung Kawi et Tirta Empul, le **Pura Mengening** possède un *candi* isolé, semblable à ceux de Gunung Kawi et beaucoup moins fréquenté.

La route qui va vers Penelokan au nord est jalonnée de plusieurs **curiosités agritouristiques** : le plus souvent des boutiques qui servent du café luwak et vendent les sculptures habituelles, plus quelques plantes dans un jardin à l'arrière. L'occasion de faire une pause shopping pour les groupes.

Taro et ses environs

Abandonnés après avoir travaillé dans les exploitations forestières de Sumatra, des éléphants ont été recueillis par l'**Elephant Safari Park** (0361-721480 ; www.baliadventuretours.com ; Taro ; circuit transport inclus adulte/enfant 65/44 $US ; 8h-18h) à Bali.

CAFÉ LUWAK

Le café luwak, connu localement sous le nom de *kopi luwak*, fait désormais partie de l'expérience shopping incontournable de Bali, à l'instar des ouvre-bouteilles en forme de pénis. Mais il est beaucoup plus cher !

La richesse de ce café serait due au fait que les civettes (petit animal nocturne de la famille éloignée du chat) ne consomment que les meilleurs fruits du caféier. Une fois dans le tube digestif de l'animal, les enzymes et sucs digestifs font subir une transformation aux grains de café qui, une fois libérés dans les excréments, sont récupérés puis torréfiés, produisant ainsi un café de qualité supérieure.

Depuis quelques années, le *kopi luwak* fait l'objet d'un battage médiatique sans précédent et les touristes sont de plus en plus nombreux à débourser des sommes exorbitantes pour s'offrir la "tasse de café la plus chère du monde", avec pour conséquence de voir le nombre de vendeurs exploser. Si vous sillonnez Bali en voiture, vous constaterez un grand nombre d'attrape-touristes, notamment le long des routes principales dans les collines. Outre le risque important de se faire piéger, on peut s'inquiéter du traitement de ces civettes exposées comme gage d'authenticité de la marchandise. Gardez bien en tête que :

- Le café luwak ne fait pas l'objet d'un profil aromatique déterminé ; ainsi, personne ne peut réellement dire quel goût il doit ou ne doit pas avoir.
- Vous n'aurez aucune certitude de boire un véritable café luwak puisque vous ne pourrez vous fier qu'à la personne qui vous l'aura vendu pour 10 $US ou plus.
- Malgré les difficultés d'authentification de ce café, de vastes usines de production de *kopi luwak* ont vu le jour. Les civettes y sont capturées dans la nature, enfermées dans des cages et gavées de grains de café, un peu à la manière des oies pour le foie gras. Dans la nature, les civettes parcourent de grandes distances et les cerises de caféier ne sont qu'une part marginale de leur alimentation.
- À Bali, dans certains sites consacrés au café luwak, des civettes dans de minuscules cages sont tenues éveillées durant la journée pour amuser les touristes. Nous avons vu un guide raconter aux touristes que le pauvre animal nocturne ne resterait enfermé que quelques jours avant d'aller rejoindre ses congénères dans une prétendue ferme à civettes où il pourrait alors gambader librement…
- Pour plus d'informations sur les controverses relatives au *kopi luwak*, consultez le site Internet **Project Luwak Singapore** (projectluwaksg.wordpress.com, en anglais).

Situé dans les hauts plateaux humides et frais de **Taro**, à 14 km au nord d'Ubud, le parc abrite une trentaine de pachydermes. Outre une exposition sur les éléphants, vous pourrez monter sur le dos de l'un d'entre eux moyennant un supplément. Sachez toutefois que d'après certaines associations de défense des animaux, ce type de balade serait néfaste pour les pachydermes. Le parc a reçu des éloges pour ses efforts en matière de protection. Veillez à ne pas atterrir dans l'un des faux parcs qui tentent d'attirer les visiteurs distraits et gardent des éléphants sans garantie de bons traitements.

La région produit des pigments ocre. La route qui grimpe doucement depuis Ubud traverse une campagne superbe.

SUD D'UBUD

De petits ateliers-boutiques d'artisanat jalonnent la route entre Ubud et le sud de Bali. De nombreux visiteurs s'y arrêtent, parfois par bus entiers, mais cet artisanat est souvent fabriqué dans des petits ateliers et des enclos familiaux, le long des routes secondaires.

Pour explorer ces villages et faire tranquillement vos achats, mieux vaut louer un véhicule. Si vous optez pour une voiture avec chauffeur, sachez que ce dernier touchera une commission, ce qui augmentera les prix de 10% ou plus. De plus, un chauffeur tentera de vous conduire dans les ateliers les plus rentables pour lui, plutôt qu'à ceux qui vous intéressent.

Les routes forment un véritable patchwork et vous ferez de belles découvertes si vous prenez le temps d'explorer les voies secondaires.

Blahbatuh et ses environs

À 200 m à l'est du marché de Blahbatuh, le **Pura Gaduh** (carte p. 180 ; Jl Kebo Iwa) renferme une tête en pierre de 1 m de hauteur qui représenterait Kebo Iwa, le ministre légendaire du dernier roi de Bedulu. Gajah Mada, le conquérant Majapahit, comprit qu'il ne pourrait s'emparer de Bedulu, le royaume le plus puissant de Bali, tant que Kebo Iwa serait en place. Il l'attira à Java en lui promettant des femmes et des chansons et le fit assassiner. La tête est sans doute antérieure à l'influence javanaise à Bali.

Allez voir les métiers s'activer pour le tissage d'ikat et de batik au **Putri Ayu** (carte p. 180 ; ☎0361-225 533 ; Jl Diponegoro 51 ; ⊙8h-17h). Les ateliers et salles d'exposition, face au temple, complètent bien la visite des boutiques de textiles de Gianyar.

À l'ouest de là, par la grand-route menant au village de Kemenuh, s'étend une vue superbe sur les **rizières en terrasses**.

Kutri

Au nord de Blahbatuh, Kutri abrite l'intéressant **Pura Kedarman** (Pura Bukit Dharma ; carte p. 180). Grimpez le Bukit Dharma, derrière le temple, pour découvrir une belle vue panoramique et un **sanctuaire** où une statue représente Durga, la déesse à six bras de la Destruction, tuant un buffle possédé par un démon.

Bona et Belega

Sur la route secondaire entre Blahbatuh et Gianyar, Bona (les panneaux indiquent souvent Bone) est un centre de **vannerie** et produit de nombreux objets en *lontar* (feuilles du palmier ayant subi une préparation spéciale) tressé. Il est également connu pour ses danses du feu. Non loin, le village de Belega est spécialisé dans les meubles en bambou.

Batuan

L'histoire de Batuan remonte à 1 000 ans et, au XVIIe siècle, sa famille royale dominait la majeure partie du sud de Bali. Son déclin serait dû à la malédiction d'un prêtre, qui aurait dispersé les membres de la famille royale aux quatre coins de l'île.

À l'ouest du centre, les temples jumeaux du **Pura Puseh** (carte p. 180) et du **Pura Dasar** (don apprécié 10 000 Rp, incluant le sarong) sont de parfaits exemples de l'architecture balinaise classique des temples. Pour examiner les sculptures élaborées, on prête aux visiteurs des sarongs vermillon. Des spectacles de danse y sont organisés régulièrement en journée pour les visiteurs.

Sukawati et Puaya

Ancienne capitale royale, Sukawati est aujourd'hui connue pour ses artisans spécialisés, installés dans des petites boutiques-ateliers le long des routes.

Achats

À Sukawati, un groupe d'artisans, le *tukang prada*, fabrique des ombrelles

LA FABRIQUE DE CHOCOLAT DE BALI

Si le chocolat est généralement associé à la Suisse ou à la Belgique, il évoquera bientôt Bali. **Big Tree Farms** (carte p. 180 ; ☎0361-846 3327 ; www.bigtreefarms.com ; Sibang ; circuits à partir de 40 000 Rp ; ⊙circuits 14h), un producteur local de denrées alimentaires de qualité au succès international, a construit une usine de chocolat à 10 km environ au sud-ouest d'Ubud, dans le village de Sibang.

Et ce n'est pas qu'une simple fabrique, il s'agit d'une immense construction en bambou – digne de la philosophie de l'entreprise. Le chocolat est produit à partir de fèves de cacao cultivées par plus de 13 000 producteurs en Indonésie. Le résultat est un chocolat de très bonne qualité dont on peut observer la production lors de visites organisées.

Cet éblouissant bâtiment en bambou parmi les plus grands du monde mérite à lui seul le détour, et le délicieux chocolat rend l'expérience très agréable.

VERS UBUD VIA MAMBAL

Plusieurs routes relient Ubud et le sud de Bali. L'une d'entre elles, qui rejoint Mambal au sud-ouest d'Ubud a récemment été rénovée et permet désormais d'envisager un autre itinéraire que les routes traditionnelles bordées de boutiques. Au nord de Mambal, la route traverse des rizières et s'enfonce dans une réseau de rivières. Au sud de Mambal, la route suit une grand-rue fréquentée qui part au sud jusqu'au cœur de Denpasar. Le long du chemin, on croise toutes sortes d'exploitations et d'entreprises, typiques du Bali d'aujourd'hui.

À Mambal, on retrouve un peu de cette modernité qui caractérise Ubud, à l'instar de **Fivelements** (carte p. 180 ; ✆ 0361-469260 ; www.fivelements.org ; Mambal ; massages à partir de 800 000 Rp), un nouveau centre de soins et de retraite à 10 km environ au sud-ouest d'Ubud. Ce vaste établissement propose une kyrielle de thérapies. Il abrite également de luxueuses chambres d'hôtes ainsi qu'un espace d'échanges et de conférences (TEDx Ubud).

Au sud de Mambal et à l'ouest de la route, vous pourrez apercevoir la **Green School** (carte p. 180 ; www.greenschool.org ; Mambal), très médiatisée pour son programme scolaire non conventionnel ainsi que pour sa superbe architecture en bambou.

de temple ornées de magnifiques motifs dorés appliqués au pochoir. En vente dans ses boutiques.

Puaya, à 1 km au nord-ouest de Sukawati, est spécialisé dans les marionnettes en cuir et les masques pour les danses du Topeng et du Barong de qualité supérieure.

♥ Marché de Sukawati MARCHÉ

(Carte p. 180 ; Jl Raya Sukawati ; 6h-20h). Le marché de Sukawati est un incontournable de la région : toujours débordant d'activité, ce grand marché particulièrement coloré est un immense centre d'approvisionnement en fleurs, paniers, fruits, babioles et autres objets servant d'offrandes au temple.

Au nord du bâtiment principal, dans une allée, de délicieux satay sont vendus sur des chariots. Dans les recoins du marché principal, vous découvrirez sans doute des fruits inconnus. Des stands vendent des kits d'offrandes faciles à assembler pour les fidèles pressés. Dans les rues alentour, des étals exposant de l'artisanat de haute qualité se mêlent aux vendeurs des fameux débardeurs au logo Bintang. Distributeur de billets sur place.

Fabriquant de masques et de marionnettes ART ET ARTISANAT

(Carte p. 180 ; Jl Raya Puaya ; 9h-17h). Dans la rue principale de Puaya, une rangée d'ateliers fabriquent et vendent des objets cérémoniels destinés aux spectacles de danse.

Du sud au nord : **Nyoman Ruka** possède une luxueuse boutique proposant notamment des masques de Barong ; **Sari Yasa** est une cour familiale abritant un atelier produisant masques, costumes et marionnettes, tout comme **Mustika Collection** dont l'atelier fabrique aussi masques et marionnettes. Enfin, de l'autre côté de la rue, **Baruna Art Shop** propose quantité d'articles relatifs au Barong. Tous accueillent les visiteurs avec plaisir.

Guwang Pasar Seni SOUVENIRS

(Marché d'artisanat ; carte p. 180 ; Guwang ; 8h-18h). À 2 km au sud de Sukawati, ce marché très touristique vend toutes sortes d'articles.

Singapadu

Un énorme **banian** (carte p. 180) domine le centre de Singapadu. Autrefois, les réunions villageoises se tenaient autour de cet arbre et l'actuel centre communautaire lui fait face. Le village conserve son aspect traditionnel, avec des enclos familiaux entourés d'un mur et ombragés d'arbres.

À voir

Nyoman Suaka Home BÂTIMENT HISTORIQUE

(Carte p. 180 ; Singapadu ; don apprécié 30 000 Rp ; 9h-17h). Cette maison, à 50 m de la grand-route, se trouve juste au sud du banian. Après l'ancienne entrée sculptée de l'enclos, vous découvrirez une maison balinaise classique, où la famille vaque à ses occupations.

Bali Bird Park ZOO

(Carte p. 180 ; ✆ 0316-299352 ; www.bali-birdpark.com ; Jl Serma Cok Ngurah Gambir ; adulte/

Est de Bali

Dans ce chapitre ➡

Le top des restaurants

- Marché nocturne de Gianyar (p. 187)
- Merta Sari (p. 196)
- Terrace (p. 200)
- Vincent's (p. 205))
- Warung Enak (p. 215)

Le top des hébergements

- Turtle Bay Hideaway (p. 206)
- Meditasi (p. 214)
- Alam Anda (p. 218)
- Samanvaya (p. 192)
- Santai (p. 213)

Pourquoi y aller

Explorer les routes de l'est de Bali constitue l'un des grands plaisirs de l'île. Des rizières en terrasses dévalent les collines sous des palmiers se balançant au gré du vent, des vagues viennent se fracasser sur des plages volcaniques sauvages et les journées s'écoulent au rythme intemporel de villages exempts des stigmates de la modernité. À 3 142 m d'altitude, le Gunung Agung domine la région. Les agréables randonnées autour de Tirta Gangga sont jalonnées de beaux points de vue sur ce volcan à la forme conique parfaite, surnommé le “nombril du monde” ou la “montagne-mère”.

Vous retrouverez le Bali d'antan dans les ruines évocatrices de l'ancienne cité royale de Semarapura. Suivez les rizières qui dévalent les pentes le long de Sidemen Road pour découvrir de sublimes panoramas et vallées. Sur la côte, les bourgades alanguies de Padangbai et Candidasa attendent leurs visiteurs.

Complexes hôteliers et plages secrètes ponctuent le littoral et se concentrent plus particulièrement sur la côte d'Amed. Un peu plus au nord, Tulamben est entièrement vouée à la plongée.

Quand partir

➡ **Avril-septembre** La saison sèche est la meilleure période pour visiter l'est de Bali. Toutefois, les récents changements climatiques ont rendu la saison sèche plus humide et la saison humide plus sèche. Faire de la randonnée dans les collines luxuriantes du Gunung Agung à Tirta Gangga est plus aisé lorsque les chemins ne sont pas boueux.

➡ **Toute l'année** Le long de la côte, il n'y a pas vraiment de mois à privilégier, le climat étant généralement tropical.

➡ **Haute saison** Il est conseillé de réserver dans les complexes hôteliers pendant la haute saison (juillet, août et Noël), mais les établissements ne sont jamais pris d'assaut comme dans le sud de l'île.

Route côtière jusqu'à Kusamba

☎0361

La route côtière, qui file vers l'est du nord de Sanur jusqu'à un carrefour à la sortie de Kusamba, devrait être renommée Beach Road. Elle longe toute une série de plages de sable noir et favorise l'accès à de nombreux sites difficiles à atteindre par l'ancienne route, à l'est, qui serpente dans l'arrière-pays en passant par Gianyar et Semarapura.

Désormais terminée, la route à quatre voies était plus que nécessaire. Elle est jalonnée de nombreux *warung* (échoppes de nourriture) et autres cafés de routiers. Le développement touristique se poursuit et les villas destinées aux étrangers se multiplient.

La route côtière (anciennement appelée Prof Dr Ida Bagus Mantra Bypass, du nom d'un gouverneur apprécié des années 1980 qui contribua à promouvoir la culture de Bali) a raccourci le trajet du sud de Bali à Padangbai, à Candidasa et aux localités de l'Est, désormais facile d'accès en une journée – plus ou moins longue selon la circulation.

À voir et à faire

Bali Safari & Marine Park PARC D'ATTRACTIONS
(Carte p. 180 ; ☎0361-950000 ; www.balisafarimarinepark.com ; Prof Dr Ida Bagus Mantra Bypass ; adulte/enfant à partir de 49/39 $US ; 9h-17h, spectacle Bali Agung 14h30 mar-dim). Ce parc animalier, peuplé d'animaux importés, fera le bonheur des enfants et des parents. Parmi la kyrielle d'activités payantes figurent des promenades à dos d'animaux et un safari nocturne. Nous attirons toutefois l'attention des visiteurs sur le fait que le parc organise des spectacles incluant des éléphants ; or, d'après les défenseurs des animaux, ces pratiques sont contre nature et néfastes pour ces pachydermes.

L'une des principales curiosité est le grand spectacle **Bali Agung**. Une heure durant, la culture balinaise est traitée comme un show de Las Vegas. Rien de bien traditionnel, mais le résultat est époustouflant.

Le parc se situe au nord de Lebih Beach ; des navettes gratuites relient le parc aux centres touristiques du sud de Bali.

Plages

La route côtière qui file vers l'est de Sanur conduit immanquablement à des plages, certaines paisibles, d'autres en plein développement et quelques-unes, enfin, très animées.

Le littoral est splendide, ourlé de plages de sable volcanique, véritable palette de gris que baigne une forte houle. D'une grande importance religieuse, la côte est ponctuée d'innombrables temples. Dans les villages côtiers, le rituel de la crémation s'achève par la dispersion des cendres dans la mer. Des cérémonies de purification des objets sacrés se déroulent également sur les plages.

Quelques points à noter :

- Ketewel et Lebih sont de bons spots de surf.
- En revanche, la baignade se révèle dangereuse, car les vagues sont souvent violentes.
- Certaines plages ne possèdent aucun point ombragé.
- La plupart des plages comptent au moins un ou deux étals de nourriture ou de boissons.
- Vous aurez besoin de votre propre moyen de transport pour rejoindre ces plages.
- Sur certaines voies d'accès, les habitants demandent un droit de passage d'environ 2 000 Rp à 5 000 Rp.
- La majorité des plages ont, hélas, leur lot de détritus.

Le *resort* de surf **Komune Bali** (carte p. 180 ; ☎0361-301 8888 ; www.komuneresorts.com ; Jl Pantai Keramas ; ch à partir de 90 $US ;) a installé des projecteurs pour la pratique, de plus en plus prisée, du surf de nuit. L'hôtel n'en a pas moins réussi à bien s'intégrer au paysage environnant. Il a le double atout d'une piscine et d'un café sur la dune, surplombant la ligne de marée haute.

Malheureusement, d'autres établissements récents n'ont pas les mêmes scrupules, à l'exemple de Wake Bali, dont les véhicules de location tout-terrain viennent pétarader sur les plages. Pire : l'hôtel possède une piscine où végètent des dauphins en captivité.

Pantai Ketewel PLAGE
(Carte p. 180). L'une des premières plages que l'on croise depuis la route côtière. C'est

À ne pas manquer

1. Toutes les nuances de vert à la faveur de la mémorable ascension du **Pura Lempuyang** (p. 208)
2. La sublime plage de **Pantai Klotek** (p. 186), où un petit temple se dresse au-dessus du sable noir
3. Le passé tumultueux de Bali et les traditions de sacrifice au **Kertha Gosa**, à Semarapura (p. 189)
4. Une promenade dans la somptueuse vallée de **Sidemen** (p. 192)
5. La convivialité des cafés et des plages décontractées de **Padangbai** (p. 196)
6. La parfaite sérénité dans un hôtel le long de la **côte d'Amed** (p. 210)
7. Les eaux bleues de **Tulamben** (p. 215) et sa célèbre épave toute proche du littoral

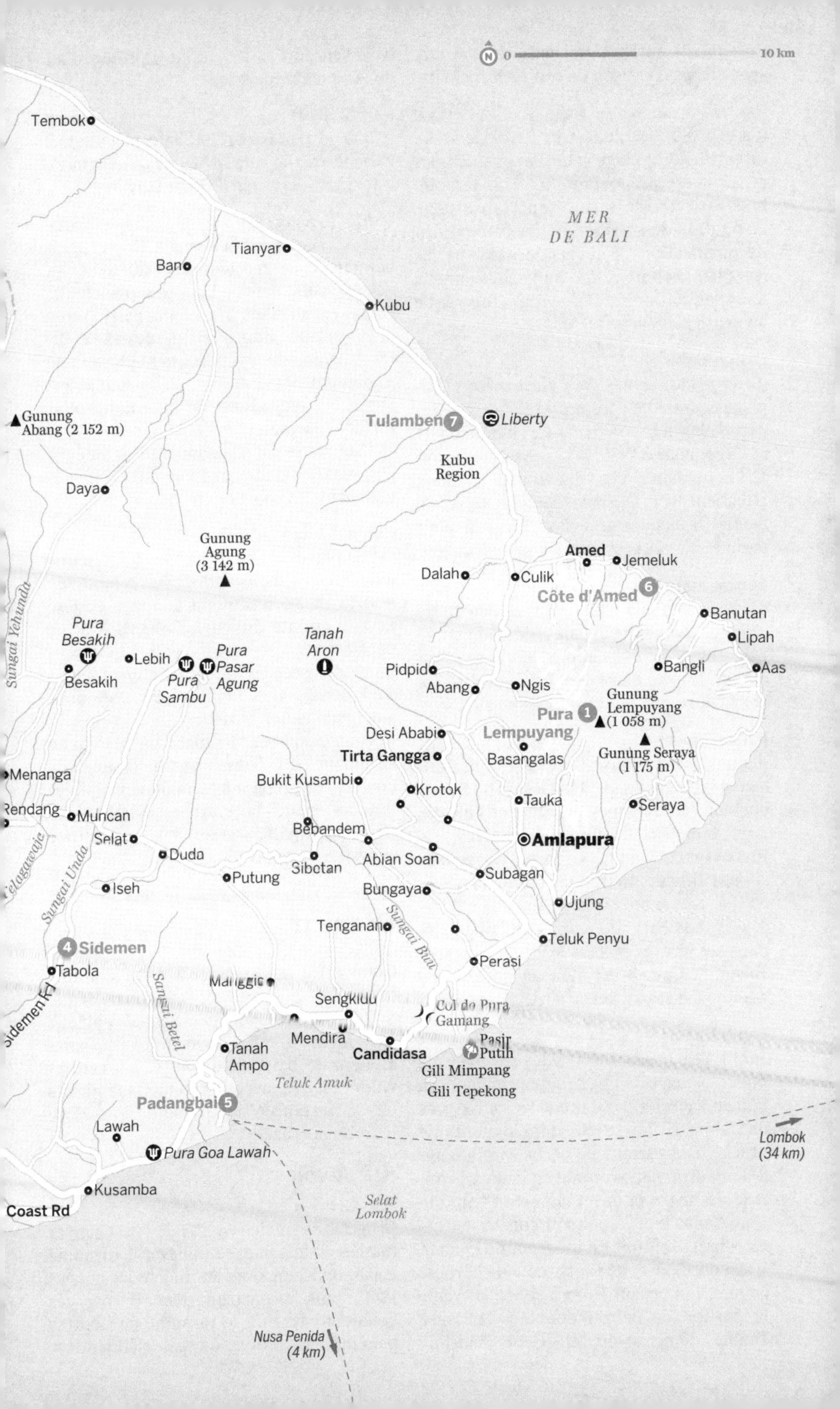

0
10 km
MER DE BALI
Tembok
Tianyar
Ban
Kubu
Gunung Abang (2 152 m)
Tulamben 7
Liberty
Kubu Region
Daya
Gunung Agung (3 142 m)
Amed
Jemeluk
Dalah
Culik
Côte d'Amed 6
Banutan
Lipah
Aas
Bangli
Pura Besakih
Besakih
Lebih
Pura Sambu
Pura Pasar Agung
Tanah Aron
Pidpid
Abang
Ngis
Gunung Lempuyang (1 058 m)
Pura Lempuyang 1
Gunung Seraya (1 175 m)
Desi Ababi
Tirta Gangga
Basangalas
Bukit Kusambi
Krotok
Tauka
Seraya
Menanga
Rendang
Muncan
Bebandem
Selat
Duda
Sibetan
Abian Soan
Amlapura
Subagan
Putung
Iseh
Bungaya
Ujung
Sungai Yehunda
Sungai Unda
Telagawaje
Tenganan
Sungai Buu
Teluk Penyu
4 Sidemen
Tabola
Perasi
Sidemen Rd
Sungai Betel
Manggis
Sengkidu
Col de Pura Gamang
Mendira
Candidasa
Pasir Putih
Tanah Ampo
Gili Mimpang
Gili Tepekong
Teluk Amuk
Padangbai 5
Lawah
Pura Goa Lawah
Lombok (34 km)
Kusamba
Coast Rd
Selat Lombok
Nusa Penida (4 km)

un spot de surf réputé mais réservé aux spécialistes en raison de son récif rocheux.

Pantai Purnama PLAGE

(Carte p. 180). Quoique très foncé, le sable de cette petite plage scintille au soleil. La religion est prépondérante. Son temple, le **Pura Erjeruk**, a son importance pour l'irrigation des rizières, et des cérémonies de purification de la pleine lune, parmi les plus élaborées de Bali, se tiennent ici chaque mois. Des villas font leur apparition.

Pantai Saba PLAGE

(Carte p. 180). Choisissez votre accès à la plage : une allée tropicale de 1,1 km qui part de la route côtière ou un chemin court et direct juste à l'est ; la plage est à environ 12 km de Sanur. Des vendeurs de boissons attendent sur le sable couleur terre de Sienne brûlée. Vous y trouverez un petit temple, des abris et un parking ombragé.

Pantai Keramas PLAGE

(Carte p. 180). La future Echo Beach (le célèbre spot de surf près de Canggu) ? Les projets de villas et d'hôtels fleurissent autour de cette plage dont les vagues, d'une belle constance, sont propices au surf.

Pantai Masceti PLAGE

(Carte p. 180). La Masceti Beach est un florilège de contrastes. À 15 km à l'est de Sanur, elle compte quelques buvettes et l'un des neuf temples directionnels de Bali, le **Pura Masceti**, édifié en forme de *garuda* (grand oiseau mythique) et rehaussé de statues très expressives.

Des combats de coq sont organisés dans ses jardins et dans le grand bâtiment voisin. Lorsque le pavillon est libre, on s'y adonne à d'autres jeux d'argent.

Lebih Beach PLAGE

Lebih Beach est une plage constellée de mica. Juste à côté de la route principale, la Sungai Pakerisan, qui prend sa source près de Tampaksiring, se jette dans la mer toute proche. Des bateaux de pêche sont alignés le long du rivage, comme en écho à l'enfilade des *warung* qui y tiennent comptoir. L'air fleure bon le poisson cuit au barbecue ; bref, l'endroit est idéal pour déjeuner.

Au nord, juste de l'autre côté de la route côtière, l'imposant **Pura Segara** surveille la portion de détroit donnant sur Nusa Penida, demeure de Jero Gede Macaling (voir l'encadré p. 135), dont il protège Bali de l'influence maléfique.

Pantai Siyut PLAGE

À 300 m de la route et souvent désertée. Parfaite avec un parasol (il n'y a pas d'ombre), cette plage est vierge de toute construction.

Pantai Lepang PLAGE

Vaut la peine pour la tranche de vie rurale balinaise que recèlent les 600 m de la voie d'accès depuis la route principale. Entre cultures de riz et de maïs, sable noir, petites dunes et modestes étals, les raisons de prendre des photos ne manquent pas. L'ombre, en revanche, est absente. L'endroit est un sanctuaire pour tortues marines.

L'immense construction à proximité est l'immeuble Tamansari Jivva, qui abrite des logements en copropriété.

Pantai Klotek PLAGE

Cette plage se découvre au bout d'une jolie voie d'accès vallonnée, longue de 800 m et en retrait de la route côtière La tranquillité du **Pura Batu Klotek** ne permet pas d'en saisir d'emblée l'importance. Or c'est ici que des statues sacrées sont acheminées de Pura Besakih pour leur purification rituelle.

Vous trouverez sur place un marchand ambulant de *bakso ayam* (soupe de poulet) : il prépare à la main ses nouilles fraîches toute la journée. Admirez les fleurs bleu pâle, sacrées, sur les arbustes sauvages de Midori.

Gianyar

☎ 0361

Gianyar est la prospère capitale administrative et la principale ville marchande du district de Gianyar, lequel englobe également Ubud. Elle compte plusieurs ateliers de batik et d'ikat, et un centre-ville ramassé avec d'excellents endroits où se restaurer, notamment le célèbre marché nocturne.

À voir

Puri Gianyar PALAIS

(Jl Ngurah Rai). Érigé en 1771, le Puri Gianyar fut détruit lors d'un conflit avec le royaume voisin de Klungkung au milieu des années 1880, puis reconstruit. Menacé par ses belliqueux voisins, le royaume de Gianyar demanda la protection des Néerlandais.

VAUT LE DÉTOUR

LE SAVOUREUX MARCHÉ NOCTURNE DE GIANYAR

Le bruit des marmites et les lumières vives confèrent une touche festive au **marché nocturne** (carte p. 180 ; Jl Ngurah Rai ; 17h-23h) de Gianyar, dont tous les habitants vous diront qu'il offre des denrées parmi les meilleures de Bali.

Tous les soirs, des dizaines de stands s'installent le long de la rue principale, au centre-ville, et proposent une série de plats succulents. Une grande partie du plaisir consiste à flâner, à observer et à faire sa sélection. Le choix est large, entre *babi guling* (cochon à la broche, farci de piment, de curcuma, d'ail et de gingembre) et savoureuses combinaisons de légumes. Le coût moyen d'un plat est inférieur à 15 000 Rp ; en groupe, on peut ainsi goûter quantité de mets. Les deux heures qui suivent le coucher du soleil sont les plus animées.

Mieux encore : le marché nocturne est à seulement 20 minutes de route d'Ubud. Un chauffeur vous y conduira pour 120 000 Rp, temps d'attente inclus (veillez à lui acheter aussi un petit quelque chose à manger).

Un accord signé en 1900 laissait à la famille régnante son statut et son palais, mais lui ôtait tout pouvoir politique. Bel exemple d'architecture traditionnelle, l'endroit est habituellement fermé au public.

Si vous demandez au garde, il vous laissera peut-être jeter un coup d'œil – car la vue depuis l'entrée en fer forgé est intéressante. En face du palais se dresse un énorme banian, tenu pour sacré, et symbole régalien.

Où se restaurer

On vient à Gianyar se régaler de la cuisine locale, notamment de *babi guling*. Parmi les nombreux concurrents, le **Gianyar Babi Guleng** (carte p. 180 ; plats à partir de 20 000 Rp ; 7h-16h) est très prisé de la clientèle locale. Il donne dans une petite rue à l'extrémité ouest du centre, derrière la station de *bemo*.

À proximité, des stands vendent des plats frais, dont de délicieux *piseng goreng* (bananes frites). On trouve aussi d'autres spécialités locales aux stands de restauration du **marché alimentaire** (11h-14h) des deux côtés du principal tronçon de Jl Ngurah Rai.

Achats

À la sortie ouest de la ville, des ateliers de textiles (très prisés des connaisseurs) bordent la route d'Ubud. Telles la grande **Tenun Ikat Setia Cili** (carte p. 180 ; 0361-943409 ; Jl Astina Utara ; 9h-17h) et la **Cap Togog** (carte p. 180 ; 0361-943046 ; Jl Astina Utara 11 ; 8h-17h). Distantes l'une de l'autre d'environ 500 m, toutes deux donnent dans la rue principale, à l'ouest du centre. La seconde possède un atelier en contrebas : suivez le clic-clac des dizaines de métiers à tisser en bois. Vous pourrez parfois voir les tisserands à l'œuvre et observer la teinture des fils avant le tissage pour produire les motifs de l'ikat, appelé *endek* à Bali.

On peut, dans ces ateliers, acheter du tissu au mètre et demander une confection. Les prix s'échelonnent de 50 000 à 100 000 Rp le mètre d'ikat selon la finesse du tissage, et davantage s'il contient de la soie. Un sarong en batik de belle qualité revient à 600 000 Rp (le double pour un sarong de mariage enrichi de fils d'argent). Cette activité souffrant de la concurrence industrielle de Java, votre visite n'en sera que plus appréciée.

Depuis/vers Gianyar

Des *bemo* circulent régulièrement entre la gare routière de Batubulan près de Denpasar et la gare routière principale de Gianyar (15 000 Rp), derrière le marché principal. Des *bemo* depuis/vers Ubud (10 000 Rp) font halte à l'arrêt en face du marché principal.

Sidan

En partant vers l'est de Gianyar, on arrive à l'embranchement vers Bangli à 2 km après Peteluan. Suivez cette route sur 1 km jusqu'à un virage en épingle à cheveux, où le **Pura Dalem** de Sidan est un bel exemple de temple des morts. Parmi de superbes sculptures, remarquez celles de Durga avec des enfants, près de la porte ; l'enceinte séparée, dans un coin du temple, est dédiée à Merajapati, l'esprit gardien des défunts.

Bangli

0366

À mi-chemin de la montée vers Penelokan, Bangli, ancienne capitale de royaume, est une humble bourgade marchande, connue pour son vaste temple, le Pura Kehen. Celui-ci borde une belle route traversant la jungle, qui file vers l'est après des rizières en terrasses et rejoint, à Sekar, les routes de Rendang et de Sidemen.

Histoire

Bangli date du début du XIIIe siècle. Sous l'ère Majapahit, elle se détacha de Gelgel pour devenir un royaume indépendant, bien qu'enclavé, pauvre et en conflit larvé avec les États voisins.

En 1849, Bangli signa un traité avec les Néerlandais, qui lui donnait le contrôle du royaume vaincu de Buleleng, sur la côte nord. Cependant, Buleleng se révolta et passa sous la domination directe des Néerlandais. En 1909, le raja de Bangli choisit le protectorat néerlandais plutôt que le *puputan* (combat à mort rituel), la conquête par les royaumes voisins ou la puissance coloniale.

À voir

Pura Kehen TEMPLE HINDOU

(Adulte/enfant 10 000/5 000 Rp ; 9h-17h). Temple d'État du royaume de Bangli et l'un des plus beaux de l'Est balinais, le Pura Kehen est une version miniature du Pura Besakih. Construit en terrasses à flanc de colline, il comporte une entrée superbement décorée, desservie par une volée de marches. Un énorme banian, avec un *kulkul* (tambour d'alarme) caché dans ses branches, domine la première cour.

La cour intérieure renferme un *meru* (sanctuaire) à 11 toits, et d'autres sanctuaires abritent des trônes pour la trinité hindoue, Brahma, Shiva et Vishnu. Les sculptures sont élaborées. Essayez de repérer les 43 autels.

Pura Dalem Penunggekan TEMPLE HINDOU

(Jl Merdeka). Sur le mur extérieur de ce fascinant temple des morts, des reliefs expressifs illustrent les tourments réservés aux méchants dans l'au-delà. Un panneau décrit les châtiments éprouvants infligés aux adultères. Sur d'autres panneaux, les pécheurs sont représentés en singes, ou supplient qu'on leur épargne les flammes de l'enfer. Le temple se situe 3 km au sud du centre.

Où se restaurer

Un *pasar malam* (marché nocturne), sur Jl Merdeka dans la rue voisine du terminus des *bemo*, compte de bons *warung* traditionnels. En journée, vous trouverez aussi des stands de produits frais et savoureux dans la chaotique zone du marché. Des provisions pour les offrandes aux temples sont vendues 24h/24.

Depuis/vers Bangli

Bangli se situe sur la grand-route entre la gare routière de Batubulan à Denpasar (17 000 Rp) et le Gunung Batur, via Penelokan.

Semarapura (Klungkung)

0366

Capitale régionale d'allure soignée, Semarapura mérite la visite pour son fascinant Kertha Gosa, un vestige de l'époque précoloniale de Bali. Jadis le centre du royaume le plus important de l'île, la ville est encore appelée par son ancien nom, Klungkung.

Une promenade à Semarapura donne un bon aperçu de la vie balinaise moderne : des grands marchés, de nombreuses boutiques et des rues tranquilles assez agréables.

Histoire

Les successeurs des conquérants Majapahit de Bali s'établirent à Gelgel (au sud de la Semarapura moderne) vers 1400, et la dynastie Gelgel renforça la présence Majapahit croissante. Au cours du XVIIe siècle, les héritiers de la lignée Gelgel fondèrent des royaumes séparés et la dynastie Gelgel perdit sa prépondérance. La cour s'installa à Klungkung en 1710, mais ne retrouva jamais toute son autorité.

En 1849, les dirigeants de Klungkung et de Gianyar repoussèrent les envahisseurs néerlandais à Kusamba. Avant que ces derniers ne puissent lancer une contre-offensive, une armée arriva de Tabanan et le marchand danois Mads Lange parvint à négocier un accord de paix.

Au cours des cinquante années suivantes, les royaumes du sud de Bali se chamaillèrent jusqu'à ce que le raja de Gianyar demande l'aide des Néerlandais.

Semarapura

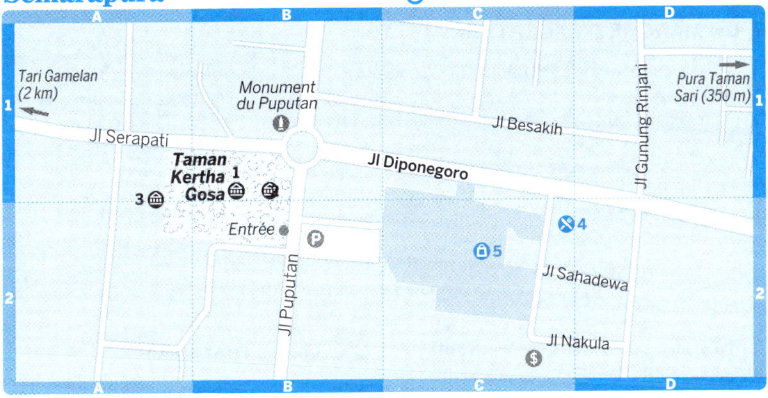

Semarapura

Les incontournables

1 Taman Kertha Gosa B1

À voir

2 Kertha Gosa B1

3 Museum Semarajaya A1

Où se restaurer

4 Bali Indah C2

Achats

5 Marché de Semarapura C2

Lorsque ces derniers envahirent le Sud, le roi de Klungkung dut choisir entre un *puputan*, à l'instar du raja de Denpasar, et une capitulation ignominieuse, comme le raja de Tabanan (ou bien la signature d'un accord, comme y consentit le raja plus au nord, à Bangli). Il choisit le suicide rituel. En avril 1908, alors que les Néerlandais entouraient son palais, le Deva Agung et des centaines de proches et de courtisans marchèrent vers la mort en affrontant les canons ennemis ou les lames de leur propre kriss. Ce fut le dernier royaume balinais à tomber et son sacrifice est commémoré par le grand **monument du Puputan**, de l'autre côté de Jl Serapati.

À voir

Taman Kertha Gosa ÉDIFICE HISTORIQUE

(Jl Puputan ; adulte/enfant 12 000/6 000 Rp, parking 2 000 Rp ; 6h-18h). Lorsque la dynastie Deva Agung s'installa ici en 1710, elle fit construire le Semara Pura. Ce vaste palais carré, probablement inspiré d'un mandala (diagramme symbolique), comprenait des cours, des jardins, des pavillons et des douves. Le domaine est parfois appelé Taman Gili (jardin de l'île). La majeure partie du palais et des dépendances fut détruite lors de l'attaque néerlandaise de 1908. Le **Pemedal Agung**, la porte du côté sud, est le seul vestige du palais d'origine (ses sculptures méritent un examen attentif).

Deux bâtiments importants sont conservés dans une partie restaurée du domaine et forment, avec un musée, le Taman Kertha Gosa. Il est commode de se garer ici pour explorer la ville, même si les vendeurs se montrent très insistants.

Kertha Gosa

(Palais de Justice). Dans le coin nord-est du domaine, la "salle de justice" était la cour suprême du royaume de Klungkung, où l'on jugeait les conflits qui n'avaient pu se résoudre à l'échelle des villages. Ce pavillon ouvert constitue un superbe exemple d'architecture Klungkung. Le plafond est entièrement couvert de peintures de style Klungkung, réalisées sur des feuilles d'amiante, qui furent posées dans les années 1940 en remplacement de celles, sur tissu, détériorées.

Les rangées de panneaux dépeignent différents thèmes. Le plus bas niveau illustre cinq contes de la version balinaise des *Mille et Une Nuits*, où une jeune fille appelée Tantri raconte chaque nuit une nouvelle histoire. Les deux rangées suivantes figurent des voyages de Bima dans l'au-delà, où il découvre les tourments

À NE PAS MANQUER

UN MARCHÉ D'EXCEPTION

Le vaste **marché** de Semarapura (Jl Diponegoro ; 6h-20h), l'un des meilleurs de l'est de Bali, est un lieu d'échanges pour les habitants de la région. Il est facile de passer une heure à déambuler dans le labyrinthe des étals répartis sur 3 niveaux. Tout n'est pas d'une propreté impeccable, mais la visite est fascinante ! Les paniers en paille emplis de citrons ou de tomates illuminent de leurs couleurs vives le chaos ambiant. Quantité d'en-cas locaux sont proposés ; n'hésitez pas à en tester plusieurs.

Des stands de bijoux contrastent avec des boutiques de seaux en plastique. Vous trouverez ici des ikats authentiques pour un tiers du prix habituel. Montez jusqu'au toit pour profiter d'une belle **vue** sur la multiculturelle Semarapura, où les minarets sont aussi splendides que les temples balinais. Le matin est le moment idéal pour s'y rendre.

infligés aux pécheurs. Les épouvantables tortures sont montrées clairement. La quatrième rangée de panneaux représente la quête de *garuda* (créature mythique mi-homme, mi-oiseau) pour obtenir l'élixir de vie, et la cinquième rangée montre des événements du calendrier astrologique balinais. Les trois rangées suivantes reprennent l'histoire de Bima, cette fois au paradis. Des colombes et une fleur de lotus ornent le sommet du plafond.

➡ Bale Kambang

Le plafond du splendide "pavillon flottant" est également peint dans le style Klungkung. Là aussi, les rangées de panneaux abordent des thèmes différents. La première se fonde sur le calendrier astrologique, la deuxième sur le conte populaire de Pan et Men Brayut et leurs 18 enfants, et les rangées supérieures sur les aventures du héros Sutasona.

➡ Museum Semarajaya

Ce musée possède une belle collection d'artefacts archéologiques et d'autres objets. Des expositions concernent le tissage du *songket* (tissu composé de fils d'or et d'argent), la fabrication du vin de palme et l'extraction du sucre de canne. Ne manquez pas la présentation émouvante du *puputan* de 1908, complétée de vieilles photos de la cour royale. L'exposition sur la production du sel donne une bonne idée de ce dur labeur.

Pura Taman Sari TEMPLE HINDOU

(Jl Gunung Merapi). Les pelouses et les bassins qui entourent le "temple du Jardin fleuri" (au nord-est du Taman Kertha Gosa) invitent à s'y attarder. Le haut *meru* à 11 toits indique qu'il fut construit pour la royauté. Aujourd'hui, il est le domaine des oies qui hantent ses jardins.

Où se restaurer

Pour vous restaurer, choisissez l'un des innombrables établissements sur le marché et dans ses environs. Sur le parking du Taman Kertha Gosa, un petit stand vend du bon café.

Bali Indah CHINOIS, INDONÉSIEN $

(0366-21056 ; Jl Nakula 1 ; plats 10 000-20 000 Rp). Une vénérable et accueillante enseigne chinoise, aux plats tout simples. On se croirait en 1943. Le Sumba Rasa, à deux pas de là, est similaire.

Renseignements

Jl Nakula et l'artère principale, Jl Diponegoro, sont bordées de plusieurs banques équipées de distributeurs.

Depuis/vers Semarapura

Disposer d'un moyen de transport constitue la meilleure façon de visiter Semarapura, au cours d'un circuit comprenant d'autres sites dans les montagnes et sur la côte.

Les *bemo* venant de Denpasar (gare de Batubulan) passent par Semarapura (13 000 Rp) avant de continuer vers l'est. Vous pouvez les héler près du monument du Puputan.

Environs de Semarapura

À l'est de Semarapura, la grand-route traverse la Sungai Unda (rivière Unda) dans un cadre enchanteur, puis tourne vers le sud en direction de Kusamba et de l'océan. Lors de l'éruption du Gunung Agung en 1963, des coulées de lave ont détruit des villages ; elles ont depuis disparu sous la végétation.

Tihingan

À Tihingan, plusieurs ateliers produisent des **instruments de gamelan**. Des petites fonderies fabriquent les lames de bronze et les gongs en forme de bol, lesquels sont ensuite polis jusqu'à produire le son voulu.

Les ateliers marqués d'une enseigne accueillent les visiteurs. Cherchez l'accueillant **Tari Gamelan** (☎0366-22339), parmi de nombreux autres dans la rue principale. Même si les artisans travaillent habituellement très tôt, pour profiter de la fraîcheur du matin, il est possible de les apercevoir à d'autres moments de la journée.

De Semarapura, suivez Jl Diponegoro vers l'ouest et repérez les panneaux.

À voir

Nyoman Gunarsa Museum MUSÉE
(☎0366-22256 ; Pertigaan Banda, carrefour de Banda, Takmung ; adulte/enfant 50 000 Rp/gratuit ; ⏲9h-16h lun-sam). Consacré à la peinture balinaise classique et contemporaine, ce musée un peu mélancolique a été fondé par Nyoman Gunarsa, l'un des artistes modernes les plus respectés et appréciés d'Indonésie. Ce vaste bâtiment sur 3 niveaux recèle une impressionnante variété d'œuvres anciennes, dont des sculptures en pierre et sur bois, des antiquités architecturales, des masques, des marionnettes et des textiles.

Nombre des peintures classiques sont réalisées sur de l'écorce battue et comptent parmi les plus anciens exemples ayant survécu. Les vieilles marionnettes semblent toujours expressives malgré leur grand âge. L'étage supérieur est consacré à Gunarsa et à ses représentations de la vie traditionnelle, tel *Offering* (“Offrande”).

Le musée se situe 4 km à l'ouest de Semarapura, près d'un virage sur la route de Gianyar ; repérez-le à proximité les mannequins habillés en policiers au pied d'une grande statue.

Gelgel

À environ 2,5 km au sud de Semarapura en direction de la route côtière, et à 500 m au sud de Kamasan, Gelgel fut jadis le siège de la dynastie la plus puissante de Bali. La ville commença à décliner en 1710, lorsque la cour s'installa dans l'actuelle Semarapura, et sombra lorsque les Néerlandais la bombardèrent en 1908.

Aujourd'hui, les larges rues et les temples survivants ne sont qu'un pâle reflet de sa splendeur passée. Le **Pura Dasar Bhuana** possède d'immenses banians dans un jardin ombragé, propice aux flâneries contemplatives. Ses vastes cours donnent une idée de sa grandeur d'antan. Ses fêtes attirent de nombreux Balinais de toute l'île.

À environ 500 m à l'est, la **Masjid Gelgel** est la plus ancienne mosquée de Bali. Contrairement à ce que pourrait laisser croire son aspect moderne, elle fut construite à la fin du XVIe siècle pour des missionnaires musulmans de Java, peu désireux de retourner chez eux après leur échec à convertir les Balinais.

Sidemen Road

☎0366

Serpentant à travers l'une des plus belles vallées fluviales de Bali, la route de Sidemen (Sidemen Road) connaît un succès croissant d'année en année. Elle a l'attrait d'un somptueux paysage de rizières, d'une

VAUT LE DÉTOUR

LA ROUTE DE TEMBUKU

Depuis les plaines de l'Est, pour rallier le Gunung Batur, le Pura Besakih ou effectuer une boucle combinée avec la route de Sidemen, plusieurs possibilités s'offrent au voyageur.

L'un des meilleurs trajets débute à environ 5 km à l'est de Gianyar, sur l'axe principal en direction de Semarapura. La route court vers le nord sur quelque 12 km de bitume jusqu'au village de Tembuku. Étroite, ce qui limite le nombre des camions, elle traverse une dizaine de minuscules villages traditionnels. Tout le long, elle a vue sur des **rizières en terrasses** et une **vallée fluviale**.

Sur le bord de la route, vous verrez d'immenses poutres de bois jaune. Issues du jacquier, elles sont très résistantes et utilisées dans la construction des temples.

délicieuse ambiance rurale et de vues fabuleuses sur le Gunung Agung (par temps clair). De toute part, des sentiers mènent à des itinéraires bucoliques en pleine nature.

L'artiste allemand Walter Spies vécut quelque temps à Iseh à partir de 1932 pour échapper à l'animation perpétuelle d'Ubud (dont il était à maints égards responsable). Plus tard, le peintre suisse Theo Meier, qui a lui aussi marqué l'art balinais, vécut dans la même maison.

Bénéficiant d'un emplacement spectaculaire, le village de **Sidemen** est un centre culturel et artistique, renommé pour l'*endek* et le *songket*. Au **Pelangi Weaving** (☎0366-23012 ; Jl Soka 67 ; ⏲8h-18h), une vingtaine de tisserands crée des merveilles au rez-de-chaussée, exposées dans la boutique à l'étage. De confortables fauteuils vous attendent sur la terrasse ; n'hésitez pas à profitez de la vue.

De nombreux **chemins de randonnée** traversent rizières, champs de piments et cours d'eau dans la vallée verdoyante. Un sentier grimpe (comptez 3 heures) jusqu'au **Pura Bukit Tageh**, un petit temple avec une vue splendide. Où que vous logiez, vous pourrez louer les services d'un guide pour une longue randonnée (environ 80 000 Rp/heure) ou tracer vous-même votre itinéraire.

Où se loger et se restaurer

On a d'ici une vue dégagée sur les verdoyantes collines en terrasses et sur le Gunung Agung, même si la popularité de l'endroit a entraîné la construction de nouvelles *guesthouses* venues boucher la vue. La plupart des hébergements possèdent un restaurant, et des *warung* et cafés jalonnent les routes. Les nuits peuvent être fraîches et brumeuses.

Près du centre de Sidemen, une petite route part vers l'est jusqu'à une bifurcation à 500 m, où un panneau indique plusieurs hébergements assez épars. Chacun d'eux est en mesure de servir des repas.

♥ Khrisna Home Stay CHEZ L'HABITANT $

(☎0815 5832 1543 ; pinpinaryadi@yahoo.com ; Jl Tebola ; ch 250 000-350 000 Rp). Cette fabuleuse demeure de 7 chambres confortables (avec terrasse) est entourée d'arbres fruitiers et de plantes bio donnant goyaves, bananes, fruits de la passion, papayes ou oranges. Les petits-déjeuners sont exquis et les propriétaires, charmants. Proche du temple le long de la voie d'accès.

Pondok Wisata Lihat Sawah GUESTHOUSE $

(☎0361-530 0516 ; www.lihatsawah.com ; ch 300 000-500 000 Rp ; plats 15 000-35 000 Rp; 📶❄). Prenez l'embranchement à droite pour rejoindre cet endroit. Les 12 chambres (avec eau chaude, les meilleures disposant d'une jolie véranda en bois) offrent une vue sur la vallée et la montagne. En sus, 3 bungalows. Des cours d'eau traversent les rizières. Le café, qui propose un accès Wi-Fi, sert des plats thaïlandais et indonésiens.

♥ Samanvaya AUBERGE $$

(☎0821 4710 3884 ; www.samanvaya-bali.com ; ch 65-150 $US ; 📶❄). Cette séduisante auberge tire avantage d'une vue panoramique sur les rizières, jusqu'à l'océan. Les propriétaires, un couple de Britanniques, sont impliqués dans la promotion de la région de Sidemen, notamment de sa culture. Les 11 chambres disposent d'un toit de chaume et d'une vaste terrasse en bois. Fabuleuse piscine à débordement et grand choix de plats asiatiques et occidentaux servis dans le café sur place.

Darmada GUESTHOUSE $$

(☎0853 3803 2100 ; www.darmadabali.com ; ch à partir de 500 000 Rp ; ❄). Installé au cœur d'une petite vallée fluviale, sur un vaste et splendide terrain, ce nouvel établissement propose 7 chambres élégantes. Une grande piscine au joli carrelage verdâtre se dresse au milieu des palmiers. Les chambres, blanches pour l'essentiel, disposent d'un patio avec hamac. Le petit *warung* concocte des plats où sont mis à profit les légumes du jardin. L'après-midi, des gâteaux et du café sont servis aux randonneurs (35 000 Rp).

Kubu Tani GUESTHOUSE $$

(☎0366-530 0519, 0813 3858 8744 ; www.balikubutani.com ; Jl Tebola ; ch à partir de 500 000 Rp). Paisible et isolée, cette maison sur 2 niveaux comporte 3 appartements. Les salons ouverts donnent sur les rizières et les montagnes, de même que les vastes porches avec chaises longues. Une cuisine aménagée permet de préparer ses repas.

Nirarta HÔTEL $$

(☎0366-530 0636 ; www.awareness-bali.com ; ch 30-50 €). Les hôtes participent à des programmes de développement personnel et spirituel sérieux, avec méditation intensive et yoga. Les 11 chambres douillettes sont réparties dans 6 bungalows, dont certains au bord de la rivière.

Ensemble de Pura Besakih

Subak Tabola HÔTEL $$$

(☎0811 386 6197 ; subak_tebolainn@indo.net.id ; ch à partir de 120 $US ; ❄📶🏊). Nichées dans un amphithéâtre de rizières d'un vert éclatant, ces 11 chambres très chics ont une sdb en plein air. Les 2 grands bungalows sont superbes et les vérandas ont une vue plongeante sur la vallée et l'océan. Dans le grand jardin, des fontaines en forme de grenouilles alimentent un bassin. À environ 2 km du panneau des hôtels.

Renseignements

Un excellent site **Internet** (www.sidemen-bali.com) consacré à Sidemen détaille les hébergements et les activités dans la région.

Depuis/vers Sidemen

La route de Sidemen peut faire partie d'une excursion d'une journée à partir du sud de Bali ou d'Ubud. Elle rejoint au nord la route Rendang-Amlapura, à l'ouest de Duda. Hélas, à cause des énormes camions qui approvisionnent en pierres les chantiers de construction de Bali, la route est très fréquentée. Notez cependant que tous les hébergements répertoriés sont éloignés de la route principale de Sidemen.

Un itinéraire moins emprunté jusqu'au Pura Besakih part de Semarapura vers le nord-est, via Sidemen et Iseh, et rejoint la splendide route Rendang-Amlapura.

Pura Besakih

Juché à près de 1 000 m d'altitude sur le flanc du Gunung Agung, le Pura Besakih est le temple le plus important de Bali. De fait, il s'agit d'un vaste ensemble de 23 temples, distincts mais reliés entre eux, le plus grand et le plus révéré étant le Pura Penataran Agung.

Malheureusement, le harcèlement des divers rabatteurs rend la visite décevante pour de nombreux touristes.

Histoire

Si les origines du Pura Besakih restent incertaines, il remonte probablement à la période préhistorique. Le Pura Penataran Agung et plusieurs autres temples comprennent à leur base des éléments mégalitiques remontant à au moins 2 000 ans. Ce fut certainement un lieu de culte hindou à partir de 1284, quand les premiers conquérants javanais s'installèrent à Bali. Au XVe siècle, Besakih était un temple d'État de la dynastie Gelgel.

À voir

Le Pura Penataran Agung est le temple le plus vaste et le plus important de la région. Les autres temples, tous avec une signification particulière et souvent fermés aux visiteurs, sont moins spectaculaires. Par temps clair, la vue sur la côte est superbe.

Pura Penataran Agung TEMPLE HINDOU

Le Pura Penataran Agung s'étage sur 6 niveaux épousant la pente. L'entrée, un imposant *candi bentar* (portail en deux parties), se situe en contrebas, au sommet d'une volée de marches. Au-delà, le portail de la seconde cour, le *kori agung*, est encore plus impressionnant. Le site prend vie au fil des nombreuses fêtes qui

Cette belle route s'achève à **Bebandem**, où se tient tous les 3 jours un marché aux bestiaux, et qui compte d'autres commerces. Bebandem et plusieurs villages voisins sont habités par des membres de la caste des artisans du métal, laquelle comprend aussi bien les orfèvres que les forgerons.

De Kusamba à Padangbai

La route côtière qui part de Sanur croise l'ancienne route à l'est du village de Kusamba, puis la rejoint près du Pura Goa Lawah.

Kusamba

Une voie secondaire part de la grand-route vers le sud jusqu'au village de pêcheurs et de saliniers de Kusamba, où des rangées de *prahu* (bateaux de pêche) bordent la plage de sable gris. La pêche a généralement lieu la nuit et, selon la légende, les "yeux" sur la poupe des bateaux aideraient à se repérer dans l'obscurité. Le marché au poisson vend les prises de la nuit.

De petits bateaux locaux (les plus rapides et les plus sûrs partent de Padangbai, à l'exception du récent ferry de Kusamba) desservent Nusa Penida et Nusa Lembongan, clairement visibles depuis Kusamba. À l'est et à l'ouest de Kusamba, des huttes de saliniers jalonnent la plage.

À l'est de Kusamba et à l'ouest du Pura Goa Lawah, **Merta Sari** (plats à partir de 25 000 Rp ; ⏲10h-15h) est renommé pour son *nasi campur*, du riz frit avec divers accompagnements, dont un délicieux satay de poisson, un bouillon de poisson légèrement aigre, du poisson cuit à la vapeur dans des feuilles de bananier, et des haricots-kilomètres dans une savoureuse sauce de tomates et d'arachides, relevée de *sambal*. Le pavillon ouvert se tient à 300 m au nord de la route côtière, dans le village de Bingin ; repérez les panneaux.

Autre bonne adresse, le **Sari Baruna** (Jl Raya Goa Lawa ; plats 20 000 Rp ; ⏲10h-18h) propose de succulents poissons grillés dans une paillote en bambou robuste, à 200 m à l'ouest du Pura Goa Lawah.

Pura Goa Lawah

L'un des 9 temples directionnels de Bali, le **Pura Goa Lawah** (temple de la Grotte aux chauves-souris ; adulte/enfant 10 000/5 000 Rp, parking 2 000 Rp ; ⏲8h-18h) est à 3 km à l'est de Kusamba. La grotte, nichée dans la falaise, est remplie de chauves-souris et l'odeur du guano n'a rien d'engageant. Touristes et Balinais se pressent également dans le site. S'il semble petit et peu impressionnant, ce temple très ancien revêt une grande importance pour les Balinais.

Selon la légende, la grotte est reliée au Pura Besakih, situé à quelque 19 km. Les chauves-souris serviraient de pitance au dieu Naga Basuki, un légendaire serpent géant supposé vivre dans la grotte.

Ignorez les propositions insistantes des pseudo-guides et si on vous demande votre prénom, ne le donnez pas, sous peine, lorsque vous sortirez de la grotte, de recevoir un "cadeau" sur lequel il sera inscrit et que l'on vous pressera d'acheter.

Padangbai

☎0363

Une ambiance de routards règne dans cette bourgade balnéaire, port des ferries publics entre Bali et Lombok et des nombreux bateaux rapides partant pour les îles Gili.

Lovée dans une petite baie à la jolie plage incurvée, Padangbai constitue une halte séduisante. Son bord de mer ramassé séduit les voyageurs avec des hébergements bon marché et quelques cafés agréables.

Si le rythme est paisible, vous pourrez cependant explorer de bons sites de snorkeling et de plongée, entreprendre des promenades faciles et profiter de deux belles plages. Entre-temps, savourez l'ambiance languissante, réveillée de temps à autre par l'arrivée ou le départ d'un ferry.

À voir

À l'ouest de la localité, près de la poste, une petite **mosquée** (Jl Penataran Agung) avoisine un temple, le **Pura Desa** (Jl Pelabuhan). Vers le centre du village se tiennent deux autres temples, le **Pura Dalem** (Gang Segara II) et le **Pura Segara** (en retrait de Jl Silayukti).

Sur un promontoire au nord-est de la baie, un chemin monte vers 3 temples, dont le **Pura Silayukti**, l'un des 4 sanctuaires les plus anciens de Bali ; Empu Kuturan, qui introduisit le système des castes à Bali au XIe siècle, y aurait vécu.

Plages

Avec sa baie protégée, Padangbai possède une plage plaisante aux eaux limpides, plus d'autres à proximité. À environ 500 m à l'est, de l'autre côté du promontoire, la **Blue Lagoon Beach** est une remarquable petite plage de sable clair, avec des cafés et des vagues douces, parfaites pour les familles.

Vers le sud-ouest, suivez la route qui ondule sur 1,3 km après la mosquée et le Pura Desa ou marchez 800 m, au soleil, en franchissant une colline et en passant devant un hôtel laissé à l'abandon jusqu'à la plage de sable beige de **Bias Tugal**, sur une portion de côte exposée, à l'extérieur de la baie. Vous serez récompensé par une jolie crique et un ou deux *warung* pour étancher votre soif. Attention, les courants sont forts.

Activités

Plongée

Des plongées permettent de découvrir les récifs de corail alentour, mais l'eau peut être un peu froide et la visibilité n'est pas toujours idéale. Les sites les plus prisés, **Blue Lagoon** et **Teluk Jepun** (baie de Jepun), font tous deux partie de Teluk Amuk, la baie à l'est de Padangbai. Ils offrent une diversité de coraux durs et mous, une vie marine variée, dont des requins, des tortues et des labres, et un tombant de 40 m à Blue Lagoon.

Plusieurs bons centres de plongée proposent des sorties dans la région, à Gili Tepekong et à Gili Biaha notamment, ainsi qu'à Tulamben et à Nusa Penida. Ils pratiquent des prix avantageux, à partir de 55 $US pour plonger sur place, jusqu'à 110 $US pour des excursions vers Nusa Penida.

Centres de plongée recommandés :

Geko Dive — PLONGÉE
(☎0363-41516 ; www.gekodive.com ; Jl Silayukti ; plongée avec 2 bouteilles 850 000 Rp). Ce centre de plongée, le plus ancien, possède un café plaisant en face de la plage.

Water Worx — PLONGÉE
(☎0363-41220 ; www.waterworxbali.com ; Jl Silayukti ; 2 plongées consécutives à Blue Lagoon 55 $US). Un prestataire bien connu.

Snorkeling

L'un des meilleurs sites, et le plus facilement accessible, se trouve au large de la **Blue Lagoon Beach**. Méfiez-vous cependant des courants puissants à marée basse. Vous pouvez rejoindre d'autres sites comme **Teluk Jepun** avec un bateau local (ou demandez aux centres de plongée s'il reste de la place dans leurs bateaux ; coût environ 350 000 Rp). La location de l'équipement revient à 30 000 Rp par jour.

Des *jukung* (bateaux) locaux proposent des sorties de snorkeling (sans l'équipement) autour de Padangbai (50 000 Rp/heure/pers) et jusqu'à Nusa Lembongan (500 000 Rp pour 2 passagers).

Où se loger

L'hébergement est, à l'image de la localité, plutôt détendu. Les prix sont assez bas et l'ambiance incite à paresser sur la plage ou au café avant de mettre le cap sur Lombok. Les hébergements étant proches les uns des autres, visitez-en plusieurs avant de vous décider.

Village

Dans les ruelles, plusieurs petits établissements proposent des chambres bon marché au rez-de-chaussée ou plus grandes et plus lumineuses en étage.

Kembar Inn — GUESTHOUSE $
(☎0363-41364 ; kembarinn@hotmail.com ; près de Gang Segara III ; ch ventil/clim à partir de 125 000/300 000 Rp ; ❄📶). Un escalier étroit et raide mène aux 11 chambres (les moins chères avec eau froide). Terrasse privée avec une belle vue pour la meilleure, tout en haut.

Darma Homestay — CHEZ L'HABITANT $
(☎0363-41394 ; pondokwisata_dharma@yahoo.com ; Gang Segara III ; ch ventil/clim 100 000/200 000 Rp ; ❄@📶). Hébergement classique dans une famille balinaise, le Darma compte 12 chambres, avec eau chaude et clim pour les plus chères. Préférez si possible la chambre au dernier étage.

Jalan Silayukti

Dans cette rue, à l'est du village, les adresses sont regroupées juste en face de la plage.

♥ **Topi Inn** — GUESTHOUSE $
(☎0363-41424 ; www.topiinn.nl ; Jl Silayukti ; ch à partir de 125 000 Rp ; @📶). À l'extrémité est de la promenade, dans un lieu paisible, le Topi loue 6 chambres plaisantes, dont certaines avec sdb commune. Excellent café au petit-déjeuner. Topi propose du trekking

Padangbai

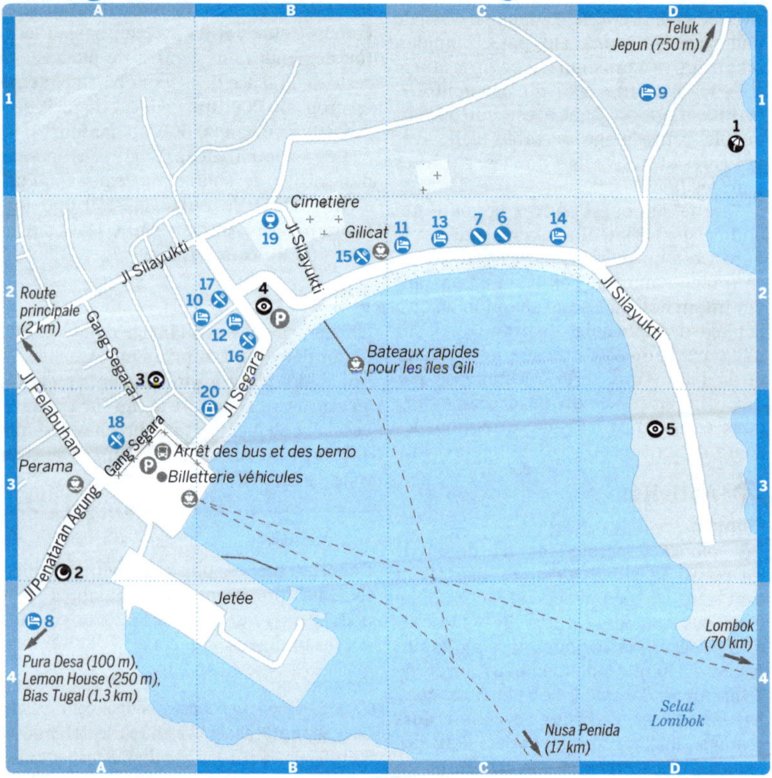

et d'excellents ateliers d'artisanat ; voir le site Internet pour des détails.

Bamboo Paradise GUESTHOUSE $
(0822 6630 4330 ; www.bambooparadisebali.com ; Jl Penataran Agung ; dort 95 000 Rp, ch avec ventil/clim à partir de 230 000/280 000 Rp ;). Une nouvelle adresse épatante, parmi les moins chères du village (du moins pour le dortoir à 4 lits). Les chambres standards sont confortables et le vaste espace salon est doté de hamacs. À 200 m du port des ferries sur une petite colline.

Lemon House GUESTHOUSE $
(0812 4637 1575 ; www.lemonhousebali.com ; Gang Melanting 5 ; dort 90 000 Rp, ch 250 000-350 000 Rp). Cette maison, sur la colline jouxtant la ville, compte 2 chambres avec vue dégagée d'où, les beaux jours, on aperçoit Lombok. Les autres chambres, avec sdb commune, sont d'un bon rapport qualité/prix. Et comme toute belle vue se mérite, il vous faudra grimper 300 m et 70 marches depuis le port des ferries. Le personnel viendra à votre rencontre et vous aidera à porter vos effets.

Padangbai Beach Inn GUESTHOUSE $
(0363-41439 ; Jl Silayukti ; ch ventil/clim à partir de 125 000/200 000 Rp). Mieux vaut porter son choix sur les 20 chambres aménagées dans de jolis bungalows (avec eau froide pour les moins chères) et éviter les bungalows de style grenier à riz à étage, où la chaleur peut être suffoquante.

Hotel Puri Rai HÔTEL $$
(0363-41385 ; www.puriraihotel.com ; Jl Silayukti 3 ; ch à partir de 500 000 Rp ;). Trente-quatre chambres, dans un bâtiment en pierre sur 2 niveaux, face à une belle piscine. Certaines donnent sur le port, d'autres sur un parking. Visitez-en plusieurs avant de choisir. Belle vue du café.

Padangbai

À voir
1 Blue Lagoon Beach ... D1
2 Mosquée ... A3
3 Pura Dalem ... A2
4 Pura Segara ... B2
5 Pura Silayukti ... D3

Activités
6 Geko Dive ... C2
7 Water Worx ... C2

Où se loger
8 Bamboo Paradise ... A4
9 Bloo Lagoon Village ... D1
10 Darma Homestay ... B2
11 Hotel Puri Rai ... C2
12 Kembar Inn ... B2
13 Padangbai Beach Inn ... C2
14 Topi Inn ... C2

Où se restaurer
15 Colonial Restaurant ... B2
16 Depot Segara ... B2
17 Ozone Café ... B2
Topi Inn ... (voir 14)
18 Zen Inn ... A3

Où prendre un verre
19 Babylon Bar ... B2

Achats
20 Ryan Shop ... B3

Blue Lagoon Beach

Bloo Lagoon Village HÔTEL $$$
(0363-41211 ; www.bloolagoon.com ; Jl Silayukti ; ch 120-220 $US ;). Surplombant la plage, les 25 bungalows et villas, tous coiffés de chaume, comprennent 1, 2 ou 3 chambres. Le développement durable est un souci de l'établissement. Propose des forfaits-plongée à bon prix. Piscine de 18 m.

Où se restaurer et prendre un verre

Poisson et fruits de mer, plats indonésiens, pizzas et crêpes à la banane constituent l'ordinaire de Padangbai. Vous pourrez passer des heures à observer l'animation dans les établissements de Jl Segara et de Jl Silayukti, avec vue sur le port dans la journée et une bienfaisante brise marine en soirée.

Colonial Restaurant CAFÉ $
(0811 385 8021 ; www.divingbali.cz ; Jl Silayukti 6, OK Divers ; plats à partir de 40 000 Rp ; 8h-23h ;). Ce vaste café sur la plage est le meilleur endroit où attendre son bateau. Délassez-vous sur des poufs, des canapés ou autour d'une table et profitez de la vue sur le port. Côté cuisine, la carte est très variée, allant des hamburgers aux plats indonésiens. On y fume aussi la chicha.

Topi Inn CAFÉ $
(0363-41424 ; Jl Silayukti ; plats 20 000-40 000 Rp ; 8h-22h). Jus de fruits, milk-shakes et bons cafés sont proposés toute la journée. Petits-déjeuners copieux et, le soir, poisson grillé – apporté par les pêcheurs juste en face. Rechargez votre bouteille d'eau ici pour 2 000 Rp.

Depot Segara POISSON $
(0363-41443 ; Jl Segara ; plats 10 000-30 000 Rp ; 8h-22h). Le poisson, comme le barracuda, le marlin et le vivaneau, est accommodé de diverses façons dans ce café très apprécié. Profitez de la vue sur le port depuis la terrasse légèrement surélevée. Adresse un peu plus chic que les autres.

Ozone Café INTERNATIONAL $
(0363-41501 ; près de Jl Silayukti ; plats à partir de 20 000 Rp ; 8h-tard). Ce rendez-vous de voyageurs est meublé de tables basses avec coussins propices à la relaxation. Sert également des pizzas, sur fond de musique live, parfois jouée par des clients.

Zen Inn INTERNATIONAL $
(0363-41418 ; Gang Segara ; plats 18 000-30 000 Rp ; 8h-23h ;). Des burgers et des plats de viande sont servis dans ce café spacieux qui ouvre tard – souvent jusqu'à 23h. Profitez des chaises longues, entouré de vieilles affiches de films.

Babylon Bar BAR
(Jl Silayukti ; 17h-tard). Petit bar en plein air, dans le quartier du marché, en retrait de la plage. Quelques chaises, tables et coussins, parfaits pour passer une soirée avec vos nouveaux amis.

Achats

Ryan Shop MARCHÉ
(0363-41215 ; Jl Segara 38 ; 8h-20h). Année après année, cette échoppe propose toujours le même bon choix de livres de poche d'occasion et d'articles divers.

Renseignements

On trouve plusieurs distributeurs de billets (ATM) en ville. Ignorez les rabatteurs qui attendent à l'arrivée des bateaux.

Depuis/vers Padangbai

BATEAU

Tous les porteurs aux embarcadères des ferries ou des bateaux rapides s'attendent à être payés pour leurs services, mettez-vous d'accord sur le prix à l'avance ou portez votre sac. Attention aux escroqueries : un porteur essaiera peut-être de vous vendre un billet que vous avez déjà acheté.

Lombok et îles Gili

Il y a plusieurs façons de voyager entre Bali et Lombok et les îles Gili. Prenez bien en compte les consignes de sécurité (voir l'encadré p. 385).

→ **Bateaux rapides** Plusieurs compagnies relient Padangbai aux îles Gili (p. 289). **Gilicat** (☎0363-41441 ; www.gilicat.com ; Jl Silayukti, Made's Homestay) possède un bureau sur le front de mer.

→ **Perama** (☎0878 6307 9153 ; Jl Pelabuhan ; Senggigi et Gili par bateau rapide 400 000 Rp, Senggigi par ferry et navette publics 100 000 Rp ; ⏲7h-20h). Propose une liaison bon marché pour Lombok.

→ Les **ferries publics** (enfant/adulte/moto/voiture 27 000/40 000/112 000/773 000 Rp, 5-6 heures) font la navette entre Padangbai et Lembar à Lombok. Les billets sont en vente près de la jetée. Si les bateaux circulent en principe toutes les heures et demie, 24h/24, le service n'est pas toujours très fiable – certains bateaux ont déjà pris feu ou échoué.

BEMO

Padangbai se situe à 2 km au sud de la grand-route Semarapura-Amlapura. Des *bemo* partent du parking devant le port. Quelques-uns rallient Amlapura (10 000 Rp) à l'est via Candidasa, d'autres vont à l'ouest jusqu'à Semarapura (10 000 Rp).

BUS

Pour rejoindre Denpasar, prenez un *bemo* jusqu'à la grand-route, puis faites signe à un bus à destination de la gare routière de Batubulan (18 000 Rp).

BUS TOURISTIQUES

Perama possède ici un arrêt pour ses bus qui desservent la côte est. Parmi les destinations figurent Kuta (60 000 Rp, 3 heures), Sanur (60 000 Rp, 2 heures) et Ubud (50 000 Rp, 1 heure 15).

De Padangbai à Candidasa

☎0363

La station balnéaire de Candidasa se situe à 11 km de l'embranchement vers Padangbai. Entre les deux localités, le littoral, en soi attrayant, compte quelques infrastructures touristiques, et un vaste dépôt pétrolier au niveau de Teluk Amuk.

À Tanah Ampo, à une courte distance de Padangbai, le nouveau port destiné aux bateaux de croisière est un fiasco. Le rêve de voir débarquer d'immenses bateaux de croisière remplis de touristes s'est brisé lorsqu'il s'est avéré que les eaux du port n'étaient pas assez profondes. À qui la faute ? Chacun se renvoie la responsabilité (d'autant que les eaux de Benoa Harbour ne peuvent pas non plus accueillir les gros tonnages).

Manggis

Plusieurs luxueux complexes hôteliers en bord de mer sont rattachés au charmant village de Manggis, dans l'arrière-pays.

Où se loger

♥ **Amankila** RESORT **$$$**

(☎0363-41333 ; www.amankila.com ; villas à partir de 800 $US ; ❄@📶🏊). Cet hôtel, l'un des meilleurs de Bali, est juché sur les falaises qui surplombent la mer, dans un endroit isolé avec vue sur Nusa Penida. À 5,6 km après l'embranchement vers Padangbai et à 500 m après celui vers Manggis, un panneau discret indique la route secondaire qui conduit à l'hôtel. L'architecture est exceptionnelle ; 3 piscines s'étagent vers la mer dans un camaïeu de bleus. Parmi les restaurants, le splendide **Terrace** (déj 10-25 $US ; ⏲8h-17h), à l'ambiance détendue, propose une carte créative et variée, aux influences locales et internationales. Le service est aussi remarquable que la vue.

Alila Manggis RESORT **$$$**

(☎0363-41011 ; www.alilahotels.com ; ch à partir de 200 $US ; ❄@📶🏊👪). D'élégants bâtiments blancs à toit de chaume dans un grand jardin, face à une belle plage isolée, et 55 chambres spacieuses, dans un décor minimaliste dans les tons crème rehaussés de bois. Offrez-vous une "deluxe", au dernier étage, pour profiter de la meilleure vue. Campement pour les enfants, spa et cours de cuisine.

VAUT LE DÉTOUR

LA ROUTE DE MANGGIS À PUTUNG

Rejoignant des coteaux luxuriants embaumant le clou de girofle, la petite route peu pratiquée qui relie Manggis sur la côte et le village de montagne de Putung vaut le détour, quelle que soit votre destination. En montant, la route serpente en de nombreuses courbes et déroule une perspective sur l'est de Bali et les îles. La vue ne cessera de vous enchanter. Au détour d'un belvédère, des familles apparaîtront pour vous vendre, pour environ 30 000 Rp, des paniers faits à la main. Difficile dans ces conditions de résister à l'achat compulsif…

Quand on vient de Manggis, la route est en bon état sur la première moitié, mais elle se détériore ensuite. Elle devient tout juste praticable pour les voitures, mais vous aurez de toute façon envie de rouler doucement pour ne pas rater la vue. Comptez une heure.

Tenganan

Remontez le temps à Tenganan, un village habité par des Bali-Aga, les descendants des premiers habitants de Bali avant l'arrivée des Majapahit au XIe siècle.

Les Bali-Aga sont réputés très conservateurs et rétifs au changement. Or cela n'est vrai qu'en partie ; la TV et d'autres équipements modernes sont cachés dans les maisons. L'ambiance demeure cependant plus traditionnelle que dans la plupart des villages balinais. Voitures et motos y sont interdites. Gardez en tête que c'est un village authentique et non une attraction touristique.

Tenganan se dresse harmonieusement parmi des collines verdoyantes, à l'arrière-plan. Entouré d'un mur, faisant 500 m par 250 m, le village se compose essentiellement de deux rangées de maisons identiques qui s'étirent le long d'un versant. Vous arriverez (don 10 000 Rp) par l'une des trois seules entrées. Un guide proposera sans doute ses services pour la visite, puis vous emmènera dans l'habitation familiale pour voir des textiles et des bandes de *lontar* (palmes traitées). Vous ne serez pas harcelé pour acheter.

Une ancienne version du gamelan, le *gamelan selunding*, est toujours jouée ici et les filles exécutent une danse tout aussi ancienne, le *rejang*. Parmi les autres villages bali-aga des alentours, **Tenganan Dauh Tenkad**, à 1,5 km à l'ouest près de la route de Tengana, se distingue par son ambiance délicieusement surannée et compte plusieurs ateliers de tissage.

Circuits organisés

JED CIRCUIT CULTUREL
(Village Ecotourism Network ; ☎0361-366 9951 ; www.jed.or.id ; circuits à la journée 75 $US, avec nuitée 125 $US). Pour vraiment apprécier l'ambiance et la culture d'un village, vous pourrez participer à un circuit conçu par JED. Très prisés (certains incluant une nuit), ils sont menés par des guides locaux qui expliquent en détails les divers aspects de la vie quotidienne. Les prix incluent le transport depuis le sud de Bali et Ubud.

Fêtes et festivals

À Tenganan, les coutumes et festivals sont différents du reste de Bali.

Usaba Sambah Festival CULTUREL
Pendant cette fête, qui dure un mois et commence en mai ou juin, des hommes s'affrontent avec des bâtons entourés de feuilles épineuses de pandanus. À cette occasion, des grandes roues artisanales, actionnées à la main, sont installées dans le village et font cérémonieusement tourner les jeunes filles.

Achats

Tenganan produit une étoffe aux singulières vertus, le *kamben gringsing*, supposée protéger quiconque la porte de la magie noire. Elle est fabriquée selon la technique du "double ikat", laquelle consiste à teindre les fils de trame et de chaîne avant le tissage. Ce travail demande beaucoup de temps et les plus belles pièces sont chères (à partir de 600 000 Rp). Les textiles les moins chers proviennent le plus souvent d'autres régions de Bali ou au-delà.

De nombreux paniers en feuilles d'*ata*, fabriqués dans la région, sont également en vente. La calligraphie balinaise traditionnelle sur des bandes de *lontar*, à la manière des anciens livres en *lontar*, constitue un autre artisanat local. Ce sont souvent des calendriers balinais ou des extraits du *Ramayana* (de 150 000 à 300 000 Rp selon la qualité). Voir p. 237 pour plus de détails sur les livres en *lontar*.

Les tissages de Tenganan sont également vendus dans les boutiques Ashitaba de Seminyak et d'Ubud.

Depuis/vers Tenganan

Une route secondaire, à l'ouest de Candidasa, grimpe jusqu'à Tenganan, à 3,2 km. Des *bemo* s'arrêtent à l'embranchement, où des *ojek* (motos-taxis) rallient le village pour environ 15 000 Rp. On vous conseille de prendre un *ojek* pour monter jusqu'à Tenganan, puis de redescendre à pied vers la grand-route le long des larges chemins ombragés.

Mendira

En venant de l'ouest, des hôtels et des *guesthouses* se tiennent en retrait de la route à Mendira et à Sengkidu, avant Candidasa. Bien que la plage ait quasi disparu et malgré les digues disgracieuses, l'endroit constitue une retraite paisible, surtout si vous disposez d'un moyen de transport. Un nouveau sentier le long de la route principale facilite grandement les 2 km de marche vers l'est jusqu'à Candidasa.

Où se loger et se restaurer

Les établissements suivants se situent dans des petits chemins entre la grand-route et la mer, non loin de Candidasa, mais donnent tous une agréable impression d'isolement. Ils sont desservis par des routes étroites qui partent d'un même embranchement sur la route, à 1,5 km à l'ouest de Candidasa. Repérez un grand panneau indiquant des hébergements, une école et un grand banian.

Amarta Beach Cottages AUBERGE $

(0363-41230 ; www.amartabeachcottages.com ; Jl Raya Mendira ; ch à partir de 300 000 Rp, villa à partir de 700 000 Rp ;). Les 16 chambres, d'un bon rapport qualité/prix, donnent directement sur la mer, dans un cadre aussi beau qu'intime. Les plus coûteuses sont pourvues d'une sdb extérieure ; louer une villa garantit plus de tranquillité. Minuscule plage à marée basse ; le reste du temps, on profitera de la vue sur Nusa Penida.

Le **Sea Side Restaurant** (plats à partir de 40 000 Rp ; 8h-22h) est un excellent choix pour le déjeuner, y compris pour qui ne séjourne pas à l'auberge.

Candi Beach Resort HÔTEL $$

(0363-41234 ; www.candibeachbali.com ; Jl Raya Mendira ; ch à partir de 90 $US ;). L'ancien Candi Beach Cottage a rénové sa piscine, désormais en pierre beige avec vue sur la mer et palmiers. Les 64 chambres sont confortables, les bungalows individuels charmants. Bali Conservancy, qui fait l'unanimité, organise des circuits nature en coopération avec l'hôtel.

Anom Beach Inn HÔTEL $$

(0363-419024 ; www.anom-beach.com ; Jl Raya Mendira ; ch 40-60 $US ;). L'Anom, un vétéran, loue 24 chambres diverses, avec ventil – suffisant car la brise marine est constante – pour les moins chères. Les meilleures sont celles de type bungalow. Clientèle fidèle.

Candidasa

0363

Localité détendue sur la route de l'Est, Candidasa compte des hôtels et quelques restaurants corrects. Elle pâtit cependant des conséquences de décisions prises il y a 30 ans, et devrait inspirer le devenir d'endroits encore épargnés, eux, par le tourisme.

Jusqu'aux années 1970, Candidasa était un paisible village de pêcheurs. Puis des *losmen* (petits hôtels balinais) et des restaurants ont surgi au bord de la plage, le transformant en destination balnéaire à la mode. Le développement des infrastructures a entraîné l'érosion de la plage ; on a malheureusement utilisé les coraux de la barrière de récifs pour produire la chaux destinée aux constructions. À la fin des années 1980, Candidasa était devenue une station balnéaire sans plage !

L'exploitation a cessé en 1991, des digues de béton et des brise-lames ont limité l'érosion et quelques poches de sable commencent à réapparaître. L'ambiance décontractée du bord de mer et les vues dégagées des hôtels pieds dans l'eau séduisent les voyageurs d'âge mûr.

Candidasa

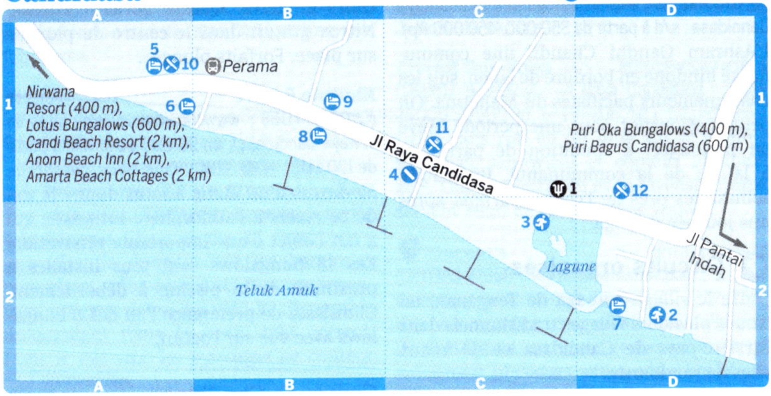

Candidasa

À voir

1 Pura Candidasa C1

Activités

2 Alam Asmara Spa D2
3 Ashram Gandhi Chandi C2
4 Dive Lite C1

Où se loger

5 Ari Home Stay A1
6 Bilik Bali A1
7 Rama Shinta Hotel D2
8 Seaside Cottages B1
9 Watergarden B1

Où se restaurer

10 Ari Hot Dog Shop A1
11 Crazy Kangaroo C1
12 Vincent's D1

Candidasa est une bonne base pour explorer l'arrière-pays de l'Est balinais au cours d'une balade à pied. C'est aussi un endroit tranquille.

À voir

Pura Candidasa TEMPLE HINDOU

(Jl Raya Candidasa ; don apprécié). Le temple de Candidasa se dresse à flanc de colline de l'autre côté de la lagune, à l'est de la rue principale du village. Il comprend 2 temples jumeaux consacrés aux divinités homme-femme Shiva et Hariti.

Activités

La plongée et le snorkeling sont les activités les plus prisées à Candidasa. **Gili Tepekong**, avec sa série de patates de corail au sommet d'un tombant abrupt, est sans doute le meilleur site, mais il est conseillé aux plongeurs confirmés seulement. On y voit de nombreux poissons et quelques spécimens d'une faune marine de grande taille.

Les hôtels louent l'équipement de snorkeling pour environ 30 000 Rp par jour. Prenez un bateau jusqu'aux sites au large ou jusqu'à Gili Mimpang (comptez environ 100 000 Rp/heure jusqu'à 3 passagers).

Dive Lite PLONGÉE

(☎0363-41660 ; www.divelite.com ; Jl Raya Candidasa ; plongée à partir de 90 $US). Dive Lite organise des plongées dans la région et dans le reste de l'île. Le cours d'initiation se révèle une excellente affaire – pour 90 $US, vous apprenez les rudiments avant d'effectuer une plongée sous la supervision d'un instructeur. Les sorties de snorkeling coûtent 30 $US.

Alam Asmara Spa SPA

(☎0363-41929 ; www.alamasmara.com ; massage à partir de 150 000 Rp ; ⏲9h-21h). Autre possibilité plus chic, l'Alam Asmara Spa, dans l'hôtel du même nom. Des produits bio et naturels sont utilisés pour des massages traditionnels et divers soins, dispensés dans un cadre reposant.

VAUT LE DÉTOUR

LE PURA LEMPUYANG

Promis, vous ne le regretterez pas !

L'un des 9 temples directionnels de Bali, responsable de l'est, le Pura Lempuyang est perché en haut d'une colline sur le flanc du Gunung Lempuyang (1 058 m), jumeau du Gunung Seraya (1 175 m) voisin. Cet ensemble forme le double sommet de basalte caractéristique qui surgit au-dessus d'Amlapura, au sud, et d'Amed, au nord. Le Pura Lempuyang surplombe le patchwork de verdure que constitue l'est de Bali. Son importance est telle qu'on y rencontre toujours des Balinais en méditation. Vous souhaiterez sûrement les rejoindre après avoir gravi les 1 700 marches couvrant les 768 m d'altitude de la colline.

Pour atteindre les escaliers, vous devrez marcher pendant 30 minutes depuis Tirta Gangga. Prenez au sud la route Amlapura-Tulamben jusqu'à Ngis (2 km), une zone de production de sucre de palme et de café, et suivez les panneaux sur 2 km jusqu'à Kemuda (demandez de l'aide si la signalisation vous semble confuse). De Kemuda, montez les marches jusqu'au Pura Lempuyang. Comptez au moins 2 heures pour l'aller. Si vous souhaitez continuer jusqu'aux sommets du Lempuyang ou du Seraya, faites appel à un guide.

se contenta pas de son chef-d'œuvre perdu d'Ujung. Avec le Taman Tirta Gangga, qui se détache sur un époustouflant arrière-plan de rizières en terrasses à flanc de colline, il parvint enfin à bâtir le palais de ses rêves en 1948. Cette féerie aquatique sur plusieurs niveaux, avec 2 piscines très fréquentées le week-end et des bassins d'ornement peuplés d'énormes carpes koï et de fleurs de lotus, rappellent l'âge d'or des rajas balinais. Remarquez la fontaine *meru* à 11 niveaux, plongez sous les immenses banians et admirez la vue.

Budakeling et Krotok

Abritant une communauté de bouddhistes adorateurs de Shiva et de nombreux artisans, **Budakeling** date du XVe siècle au moins. Elle se situe sur la route secondaire qui mène à Bebandem, à quelques kilomètres au sud-est de Tirta Gangga. La destination représente un court trajet en voiture ou une agréable marche de 3 heures à travers les rizières via **Krotok**, un village de forgerons et d'orfèvres.

Tanah Aron est un imposant monument sur les versants sud-est du Gunung Agung, qui commémore la résistance au retour des Néerlandais après la Seconde Guerre mondiale. Une bonne route y conduit. À pied, comptez 6 heures aller-retour depuis Tirta Gangga.

Activités

Randonner dans les collines environnantes vous fera voyager loin de la frénésie du sud de Bali. Dans ce coin, à l'extrémité orientale de l'île, ce sont les cours d'eau et les rizières qui prennent le dessus, et les forêts tropicales s'ouvrent sur Lombok, Nusa Penida et les terres luxuriantes environnantes s'étalant vers la mer. Les rizières en terrasses autour de Tirta Gangga comptent parmi les plus belles de Bali. Les routes secondaires et les chemins mènent à de pittoresques villages traditionnels.

Vous pourrez également vous attaquer à l'ascension du Gunung Agung. Parmi les itinéraires possibles, un circuit de 6 heures conduit au village de Tenganan ; d'autres, plus courts, traversent les collines proches, ponctuées de temples isolés et de vues exceptionnelles.

C'est une bonne idée de faire appel à un **guide** pour les randonnées les plus complexes. Il vous aidera à choisir un itinéraire et vous fera découvrir des itinéraires impossibles à trouver seul. Renseignez-vous auprès des hébergements, en particulier au Homestay Rijasa dont le propriétaire, **I Ketut Sarjana**, est l'un des nombreux guides chevronnés. **Komang Gede Sutama** (☎0813 3877 0893) est un autre guide local réputé. Comptez en moyenne 75 000 Rp l'heure pour 1 ou 2 personnes.

Bung Bung Adventure Biking VTT
(☎0363-21873, 0813 3840 2132 ; bungbungbikeadventure@gmail.com ; Tirta Gangga ; circuits à partir de 300 000 Rp). Grâce à cette compagnie locale, dévalez les pentes dans un sublime paysage de rizières, de terrasses et de vallées fluviales autour de Tirta Gangga. Itinéraires de 2 à 4 heures, VTT, casque et eau inclus. Bureau proche du Homestay Rijasa, face à l'entrée du Tirta Gangga. Réserver.

Où se loger et se restaurer

Vous pourrez passer la nuit dans d'anciens et luxueux appartements royaux surplombant le palais aquatique ou dans une habitation toute simple, la veille d'une randonnée à l'aube. La plupart des hébergements comprennent un café, qui sert des plats pour environ 20 000 Rp. De paisibles vendeurs de fruits entourent le parking ombragé.

Tirta Gangga

Homestay Rijasa CHEZ L'HABITANT $
(☎0813 5300 5080, 0363-21873 ; Jl Tirta Gangga ; ch 100 000-300 000 Rp ;). Entouré d'un joli jardin, cet établissement recommandé bien tenu fait face à l'entrée du palais aquatique. Les meilleures chambres disposent de l'eau chaude et d'une grande baignoire. Le propriétaire, I Ketut Sarjana, est un guide de randonnée expérimenté. Un *warung* se trouve à l'avant.

Good Karma CHEZ L'HABITANT $
(☎0363-22445 ; goodkarma.tirtagangga@gmail.com ; Jl Tirta Gangga ; ch 150 000-250 000 Rp ;). Cet hébergement chez l'habitant, classique, comprend 4 bungalows très propres et simples. Les rizières alentour contribuent à l'ambiance détendue. Un bon **café** (plats à partir de 35 000 Rp ; 8h-22h) sert notamment un bon satay de tempeh sous une tonnelle.

Tirta Ayu Hotel HÔTEL $$
(☎0363-22503 ; www.hoteltirtagangga.com ; Pura Tirta Gangga ; villas 125-200 $US ;). Dans l'enceinte du palais, le Tirta Ayu loue 2 villas plaisantes et 3 chambres, au décor évoquant la royauté. Profitez de la piscine de l'hôtel ou des installations du palais. Plutôt haut de gamme, le **restaurant** surplombant le palais revisite les classiques de la gastronomie locale (plats à partir de 50 000 Rp ; 7h-21h) et a superbe vue sur le palais aquatique.

Tirta Gangga Villas VILLAS $$$
(☎0363-21383 ; www.tirtagangga-villas.com ; Pura Tirta Gangga ; villas 120-250 $US ;). Construites sur la même terrasse que le Tirta Ayu Hotel, les villas font partie de l'ancien palais royal. Joliment modernisées dans le style balinais traditionnel, elles sont agrémentées de larges porches ombragés qui surplombent le palais. Il est possible de louer le complexe entier, pour jouer au raja, à l'ombre des banians centenaires.

Genta Bali INDONESIEN $
(☎0363-22436 ; Jl Tirta Gangga ; plats 15 000-25 000 Rp ; 8h-21h). De l'autre côté de la route, face au parking, le Genta Bali sert un délicieux yaourt lassi maison à boire, des pâtes et des plats indonésiens. À goûter : le vin de riz noir, fait maison également.

Environs de Tirta Gangga

Side by Side Organic Farm CHEZ L'HABITANT $
(☎0812 3623 3427 ; www.sites.google.com/site/sidebysidefarmorg/ ; Dausa; ch à partir de 150 000 Rp). Logé au milieu de splendides rizières près de Tirta Gangga, dans le minuscule village de Dausa, cette adresse sert de généreux et savoureux buffets-déjeuners (à partir de 120 000 Rp) avec des aliments bio provenant des fermes locales. Appelez la veille pour connaître le trajet pour s'y rendre et réserver le déjeuner.

Vous pourrez aussi séjourner dans l'un des *bale* balinais traditionnels, surplombant de paisibles étangs à poissons. La ferme bio est une entreprise unique qui travaille avec la communauté locale. L'objectif est de produire des cultures avec une valeur ajoutée afin de valoriser les salaires de la région, l'une des plus pauvres de Bali.

Depuis/vers Tirta Gangga

Les *bemo* et les minibus qui parcourent la côte est entre Amlapura (7 000 Rp) et Singaraja font halte à Tirta Gangga, à 6 km au nord-ouest d'Amlapura.

De Tirta Gangga à Amed

Bien que séduisante, la route qui relie Amlapura, Amed et la côte via Tirta Gangga ne permet pas d'apprécier les sites alentour. Pour les découvrir, vous devrez emprunter les routes secondaires ou effectuer des randonnées.

Dans la région, les palmiers borasses sont tous déplumés, car on récolte leurs feuilles régulièrement pour confectionner des *lontar*.

Amed et la côte est

0363

S'étirant d'Amed à la pointe orientale de Bali, cette portion de côte semi-aride, attire les visiteurs du fait de sa succession de petites plages de sable gris (certaines avec plus de cailloux que de sable), de son ambiance détendue et à d'excellents sites de plongée et de snorkeling.

Parfois simplement appelé "Amed", ce tronçon de littoral est ponctué de *dusun* (petits villages), qui se succèdent en bord de mer entre Amed, au nord, et Aas, au sud-est. Les habitations sont suffisamment dispersées pour donner une sensation d'isolement, bien à l'écart du tourisme de masse et propice à la pratique du yoga. Cette région peu fertile, aux faibles précipitations et aux infrastructures limitées, a toujours été pauvre. Des salines en activité ponctuent la plage d'Amed. Les villages plus à l'est vivent de la pêche, et des *jukung* (bateaux traditionnels) colorés sont alignés sur les plages. Dans l'arrière-pays, les versants escarpés des collines sont souvent trop secs pour le riz ; le maïs, l'arachide et les légumes constituent les principales cultures.

Activités

Plongée et snorkeling

D'excellents sites de **snorkeling** jalonnent la côte. Jemeluk est une zone protégée où l'on peut admirer des coraux vivants et de nombreux poissons à 100 m du rivage. On peut voir quelques vestiges de l'**épave d'un bateau de pêche japonais** à Banyuning, au large des bungalows d'Eka Purnama. Vous découvrirez des coraux et une vie marine foisonnante à Selang. Location d'équipement de snorkeling pour environ 30 000 Rp par jour.

La **plongée** est également très correcte, avec des sites au large de Jemeluk, Lipah et Selang offrant des vallons de corail, des tombants tapissés de coraux durs et mous, et d'innombrables poissons. Certains sont accessibles de la plage, d'autres nécessitent un court trajet en bateau. L'épave du *Liberty* à Tulamben n'est qu'à 20 minutes de traversée.

Trois bons centres de plongée font preuve d'un réel engagement envers les communautés locales, organisant le nettoyage régulier des plages et expliquant aux habitants l'importance de la préservation de l'environnement. Tous pratiquent des prix similaires pour une longue liste de prestations (plongée à partir de 80 $US environ, Open Water autour de 400 $US).

Eco-Dive PLONGÉE
(0363-23482 ; www.ecodivebali.com ; Jemeluk Beach ;). Pionnier dans la protection de l'environnement, Eco-Dive propose un choix complet de prestations et un hébergement sommaire bon marché pour ses clients.

Euro Dive PLONGÉE
(0363-23605 ; www.eurodivebali.com ; Lipah ;). Ce vaste centre arrange des forfaits avec les hôtels. Apprécié pour ses sorties guidées, il propose des plongées jusqu'à l'épave du bateau de pêcheur japonais pour 40 $US.

LA CÔTE D'AMED

Les 10 km de la côte extrême-orientale sont souvent appelés "Amed", aussi bien par les touristes que par les gens du cru. Des villages de pêcheurs se sont d'abord développés autour des trois baies : **Jemeluk**, avec sa petite plage chère aux voyageurs ; **Banutan**, fort d'une plage et d'un promontoire ; et Lipah, qui concentre des cafés et commerces animés. Le développement s'est poursuivi jusqu'aux minuscules **Lehan**, **Selang**, **Banyuning** et **Aas**, de petites oasis au pied de collines sèches et brunes. Pour apprécier cette étroite bande côtière, faites une halte au point de vue de Jemeluk, où vous pourrez voir les bateaux de pêche alignés sur la plage.

Mise à part la route principale qui passe par Tirta Gangga, vous pourrez aussi vous rendre à Amed à partir de l'extrémité d'Aas, dans le Sud (voir l'encadré p. 212).

Amed et la côte est

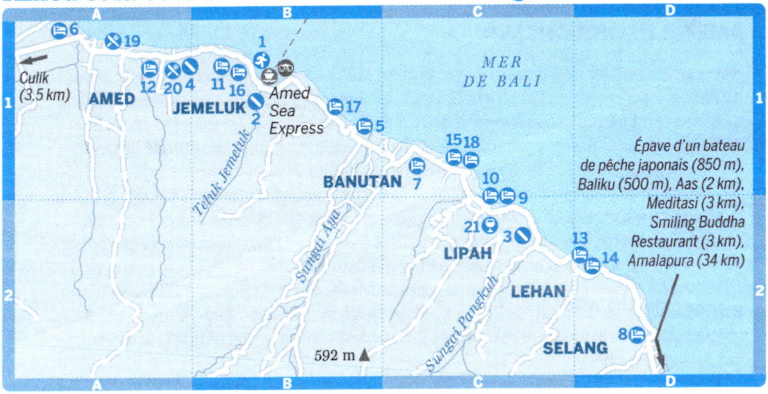

Amed et la côte est

Activités
1 Apneista ... B1
2 Eco-Dive ... B1
3 Euro Dive ... C2
4 Jukung Dive ... A1

Où se loger
5 Aiona Garden of Health ... B1
6 Amed Stop Inn ... A1
7 Anda Amed Resort ... C1
8 Blue Moon Villas ... D2
9 Coral View Villas ... C2
10 Double One Villas ... C1
11 Galang Kangin Bungalows ... B1
12 Hoky Home Stay & Cafe ... A1
13 Life in Amed ... D2
14 Palm Garden ... D2
15 Puri Wirata ... C1
16 Sama Sama Cafe & Bungalows ... B1
17 Santai ... B1
18 Wawa-Wewe II ... C1

Où se restaurer
Apneista Cafe ... (voir 1)
19 Cafe Garam ... A1
20 Warung Enak ... A1

Où prendre un verre et faire la fête
21 Wawa-Wewe I ... C2

Jukung Dive PLONGÉE
(☎0363-23469 ; www.jukungdivebali.com ; Amed ; 📶). Soucieux d'écologie, cet opérateur dispose d'un bassin de plongée. Forfaits avec hébergement dans des bungalows.

Randonnée

De la côte, quelques chemins partent dans l'arrière-pays, sur les versants du **Gunung Seraya** (1 175 m) et vers des villages peu visités. La végétation clairsemée et les sentiers presque toujours bien tracés rendent inutile la présence d'un guide pour les courtes marches ; si vous êtes perdu, suivez une arête qui descend vers la route côtière. Comptez au moins 3 heures pour rejoindre le sommet du Seraya en partant de la corniche rocheuse à l'est de la baie de Jemeluk ; demandez la direction à prendre. L'aube est un spectacle magique pour qui s'est fendu de la montée dans le noir ; votre hôtel pourra vous trouver un guide.

Autres activités

Apneista YOGA, SPORTS AQUATIQUES
(☎0812 3826 7356 ; www.apneista.com ; Jemeluk ; cours de yoga 1 heure 30 100 000 Rp ; ⏰8h30-22h). Excellent café proposant aussi des cours de yoga, un cours de plongée en apnée, des planches de stand up paddle à la location, et bien d'autres choses encore.

Où se loger

En choisissant votre hébergement, n'oubliez pas que les établissements dans cette région sont très dispersés. Ainsi, pour dîner dans un autre restaurant que celui de votre hôtel, vous devrez trouver un transport.

Il vous faudra également choisir entre les villages côtiers et les promontoires

HORS DES SENTIERS BATTUS

AMED, LE LONG CHEMIN

Habituellement, les voyageurs qui se rendent sur la côte d'**Amed** empruntent la route de l'arrière-pays passant par Tirta Gangga. Un itinéraire plus long, plus sinueux, plus aventureux et bien moins emprunté part d'**Ujung** et suit la côte jusqu'à Amed. La route grimpe les versants des pics jumeaux Seraya et Lempuyang, offrant des vues fabuleuses sur l'océan. Elle traverse nombre de petits villages où les habitants sculptent des bateaux de pêche, se baignent dans les cours d'eau et s'étonnent de voir un *tamu* (visiteur ou étranger). Ne soyez pas surpris de croiser sur la route un cochon, une chèvre ou... un rocher. Alors que l'Est se caractérise par la luxuriance, ici le climat est plus aride, la population moins dense et le maïs remplace le riz.

10 km environ à l'est d'Amalapura, vous croiserez **Villa Arjuna** (☎0813 3897 7140 ; www.villa-bali.nl ; s/d à partir de 28/55 € ;), une grande maison familiale avec jardin, tenue par des Hollandais et proposant 9 chambres charmantes et une piscine donnant sur le rivage rocheux.

Près de **Seraya** (qui possède un joli marché), admirez les tisserands et les fabricants de cotonnades. Bien souvent, vous circulerez parmi les vergers et la jungle. À environ 4 km au sud d'**Aas**, vous découvrirez un phare.

La route est étroite mais goudronnée. Le trajet de 35 km jusqu'à Aas demande environ une heure (sans les arrêts). Vous pouvez le combiner avec la route de l'arrière-pays via Tirta Gangga pour faire une boucle jusqu'à Amed à partir de l'ouest.

ensoleillés et arides qui relient les criques. Les premiers ont pour atout la proximité de la plage et un peu d'animation, les seconds, eux, une vue dégagée et la tranquillité.

Toutes les catégories de prix sont représentées ; on trouve de nouveaux hébergements petits budgets dans le village d'Amed. Presque tous les établissements comprennent un restaurant ou un café.

Village d'Amed

Amed Stop Inn CHEZ L'HABITANT $
(☎0817 473 8059 ; im.stop@yahoo.co.id ; village d'Amed ; ch à partir de 200 000 Rp). Dans le village d'Amed, 2 chambres toutes simples proches de la plage. Les rizières voisines recèlent de nombreuses promenades, ainsi que les collines parsemées de temples. Les propriétaires, charmants, sont des guides expérimentés. Plusieurs autres bonnes adresses dans les environs.

Jemeluk

Ce qu'on appelle maintenant Amed a commencé ici.

Hoky Home Stay & Cafe CHEZ L'HABITANT $
(☎0819 1646 3701 ; madejoro@yahoo.com ; Jemeluk ; ch 200 000 Rp ;). Des chambres formidables et bon marché (ventil et eau chaude) près de la plage. Le **café** (plats 25 000 Rp ; ⏲8h-22h) sert une cuisine créative locale, surtout à base de produits de la mer.

Sama Sama Cafe & Bungalows CHEZ L'HABITANT $
(☎0813 3738 2945 ; samasama_amed@yahoo.co.id ; Jemeluk ; ch 300 000-400 000 Rp ;). En face de la plage, choisissez entre un bungalow avec eau froide et ventil ou un autre un peu plus chic (eau chaude et clim). Bon **café** proposant des produits de la mer (plats à partir de 50 000 Rp ; ⏲8h-21h) de l'autre côté de la plage. Tenu par une famille souvent occupée à confectionner des offrandes.

Galang Kangin Bungalows GUESTHOUSE $
(☎0363-23480 ; bali_amed_gk@yahoo.co.jp ; Jemeluk ; ch 300 000-600 000 Rp ;). Sis à flanc de colline, dans un joli jardin, un établissement dont les 10 chambres varient en confort, avec eau chaude ou froide, ventil ou climatisation. Le café se tient sur la plage, de l'autre côté de la rue.

Banutan Beach

Un petit village typique avec une petite bande de sable et des bateaux de pêche entre d'arides promontoires.

Aiona Garden of Health GUESTHOUSE $
(☎0813 3816 1730 ; www.aionabali.com ; Banutan Beach ; s/d à partir de 20/25 €). Sur la route, d'innombrables panneaux indiquent ce lieu insolite. Des manguiers ombragent les bungalows sans prétention et la nourriture bio servie au café est très fraîche. Profitez des lotions et des baumes naturels, des cours de yoga ou de méditation, de lectures du tarot, etc. Et si vous n'atteignez pas la paix de l'esprit, au moins obtiendrez-vous celle du corps, avec un régime riche en fibres et du thé fermenté.

Un petit **musée du Coquillage** (14h-16h) précise qu'aucun mollusque n'a été tué pour constituer la collection.

Santai HÔTEL $$
(☎0363-23487 ; www.santaibali.com ; Banutan Beach ; ch 80-150 $US ;). Cet hôtel ravissant se tient sur une petite colline qui descend vers la plage. Son nom signifie "décontracté" et il serait difficile de ne pas l'être. Les bungalows traditionnels, dont le chaume est collecté dans tout l'archipel, abritent 10 chambres avec lits à baldaquin, sdb en plein air et grand sofa sur le balcon. Une piscine frangée de bougainvillées agrémente le domaine.

Banutan

Ces établissements sont installés sur des hautes terres arides, la plupart acrochés à flanc de colline et descendant jusqu'à la mer.

Wawa-Wewe II HÔTEL $$
(☎0363-23522 ; www.bali-wawawewe.com ; Banutan ; s/d à partir de 300 000/400 000 Rp ;). Sur les hauteurs, ce bel endroit paisible compte 10 chambres de style bungalow dans un domaine luxuriant qui s'étend jusqu'à la mer. Modelée en forme de bouddha, la piscine à débordement, en pierre naturelle, jouxte l'océan. Deux chambres bénéficient de la vue sur le large.

Anda Amed Resort HÔTEL $$
(☎0363-23498 ; www.andaamedresort.com ; villa 90-150 $US ;). Cet hôtel blanc à flanc de colline contraste avec la végétation. Surplombant la route, la piscine à débordement, avec cascade, a une vue panoramique sur la mer. Neuf chambres dans 4 villas et nombreuses touches luxueuses : baignoires profondes, réfrigérateur, etc.

DU SEL AU SOLEIL

Les paludiers d'Amed exploitent le sel de mer selon une méthode très ancienne. Ils commencent par verser de l'eau de mer dans de grands entonnoirs en bambou ou en bois qui servent de filtre. Elle coule ensuite dans des *palungan*, des troncs de palmier coupés en deux et évidés, ou dans des bacs en ciment, où elle s'évapore en libérant le sel. C'est le début du processus, que vous verrez à Kusamba ou sur la plage d'Amed.

Différentes méthodes sont utilisées pour produire le sel dans les zones volcaniques de la côte est, entre Sanur et Yeh Sanih, au nord. Quelle que soit la technique, c'est toujours un travail harassant et difficile, mais aussi une source de revenu indispensable pour de nombreuses familles.

Dans certains endroits, la première étape consiste à assécher du sable saturé d'eau de mer. Il est ensuite transporté dans une hutte où l'on verse de l'eau de mer pour drainer le sel. Cette eau très salée est ensuite versée dans les *palungan*. On peut en voir des centaines alignés sur les plages pendant la saison sèche. Le Museum Semarajaya de Semarapura (p. 190) présente une excellente exposition sur cette méthode.

La plupart du sel produit sur la côte balinaise est utilisé pour la préparation du poisson séché. La méthode utilisée à Amed offre un avantage : son rendement est inférieur à la technique du sable, mais le sel obtenu est prisé pour sa saveur. Le marché mondial du "sel artisanal" est aujourd'hui en pleine expansion et ces cristaux d'un gris terne sont souvent mis à l'honneur dans la cuisine raffinée.

Les visiteurs en apprendront davantage sur ce fascinant processus à l'Hotel Uyah Amed adjacent et au Cafe Garam, dont le personnel travaille également dans la production de sel. Vous pourrez aussi faire un circuit organisé et acheter un sac de ce précieux produit pour un coût dérisoire (10 000 Rp/kg) par rapport à celui pratiqué dans les épiceries fines occidentales où on peut le trouver.

L'ÉPAVE DU LIBERTY

En janvier 1942, le cargo américain USAT *Liberty* fut torpillé au large de Lombok par un sous-marin japonais. Pris en remorque, il fut échoué à Tulamben afin de sauver sa cargaison de caoutchouc et de rails. L'invasion nippone empêcha la récupération et le navire resta sur la plage jusqu'à ce que l'éruption du Gunung Agung, en 1963, le brise en deux et le repousse au large, où il fait la joie des plongeurs.

sur la plage, couverte de belles mais grosses pierres.

Pour varier des plaisirs nautiques, visitez le **marché matinal** de Tulamben, à 1,5 km au nord du site de plongée.

Activités

Plongée et **snorkeling** sont les raisons d'être de Tulamben.

L'**épave** du *Liberty* repose à 50 m au large du Puri Madha Bungalows (où l'on peut se garer) ; repérez les "bancs" de plongeurs. Nagez tout droit et vous verrez la poupe émerger des profondeurs, incrustée de coraux et entourée de dizaines d'espèces de poissons colorés – et de plongeurs dans la journée. Le navire mesure plus de 100 m de longueur, mais sa coque est brisée en plusieurs endroits et il est facile d'y pénétrer. La proue est en bon état, le milieu, très abîmé et la poupe, quasi intacte. Les parties les plus intéressantes se situent entre 15 et 30 m de profondeur. Comptez 2 plongées pour une exploration complète.

Beaucoup de plongeurs viennent à Tulamben depuis Candidasa ou Lovina. En haute saison, le site peut être très fréquenté entre 11h et 16h, avec 50 plongeurs ou plus autour de l'épave. Passez la nuit à Tulamben ou à Amed et venez tôt le matin.

De nombreux hôtels disposent de leur propre centre de plongée, et certains proposent des forfaits intéressants si vous plongez avec eux. Ils accordent parfois une réduction sur l'hébergement aux plongeurs qui ont recours à leurs services.

Comptez au moins 80 $US pour 2 plongées à Tulamben, et un peu plus pour une plongée nocturne aux environs d'Amed. L'équipement de snorkeling se loue partout pour 30 000 Rp.

À noter qu'il existe désormais une zone de parking privée (10 000 Rp) derrière le Tauch Terminal, avec stands de location de matériel, étals de marchands, porteurs, ainsi que des douches payantes et des toilettes. On peut néanmoins se garer gratuitement près du Puri Madha Beach Bungalows.

Tauch Terminal PLONGÉE
(☎0363-22911, 0363-774504 ; www.tauch-terminal.com ; plongées illimités 24 heures 120 €). Des nombreux centres de plongée installés à Bali, le Tauch Terminal fait partie des plus anciens. Pour le brevet PADI Open Water, préparé en 4 jours, comptez au moins 325 €.

Où se loger et se restaurer

Tulamben est une bourgade paisible, où l'activité tourne principalement autour de l'épave. Les hôtels, tous avec café et certains avec centre de plongée, sont éparpillés sur 3 km de chaque côté de la route. Ceux du côté de la route sont moins chers, les autres, côté mer, sont plus agréables. À marée haute, même la rive rocheuse disparaît.

Matahari Tulamben Resort HÔTEL $
(☎0859 3835 4762 ; www.divetulamben.com ; ch ventil/clim à partir de 185 000/250 000 Rp ; ❄📶🏊). Hôtel modeste de 18 chambres très propres apprécié des plongeurs, qui y séjournent parfois des semaines. Petite portion de front de mer au sud de l'épave. Spa et petit café avec vue sur l'océan.

Dive Concepts GUESTHOUSE $
(☎0812 3684 5440 ; www.diveconcepts.com ; dort 50 000 Rp, ch 100 000-350 000 Rp ; ❄📶). Idéal pour rencontrer d'autres plongeurs, cette boutique animée possède 12 chambres pour tous les goûts (eau froide/ventil ou eau chaude/clim), dont 6 dortoirs. Soirées barbecue et vidéo.

Deep Blue Studio GUESTHOUSE $
(☎0363-22919 ; www.subaqua.cz ; ch 28-45 $US ; 📶🏊). Tenu par des Tchèques, ce centre de plongée loue 10 chambres, avec ventil et balcon, réparties dans des bâtiments sur 2 niveaux à flanc de colline. Un bel endroit bien équipé pour la plongée et pour se détendre après une journée dans les profondeurs. Plusieurs forfaits hébergement/plongée disponibles.

Puri Madha Beach Bungalows HÔTEL $$
(☎0363-22921 ; www.purimadhabeachhotel.weebly.com ; ch 500 000-600 000 Rp ;). Les bungalows rénovés sont installés sur la rive, face au *Liberty*. Les meilleures des 21 chambres disposent de la clim et de l'eau chaude. Le vaste domaine ressemble à un parc public et compte un bel espace piscine. Au réveil, on ne peut rêver mieux que d'aller à la rencontre de cette célèbre épave.

Liberty Dive Resort HÔTEL $$
(☎0363-23347 ; www.libertydiveresort.com ; ch 45-75 $US ;). À 100 m au dessus du rivage rocheux, devant l'épave, ce complexe hôtelier à l'ambiance sympathique compte 20 grandes chambres, au confort variable mais toutes modernes et propres. Au 2e niveau, certaines ont vue sur la mer. Très belle piscine.

Renseignements

On trouve des distributeurs de billets dans les supérettes.

Depuis/vers Tulamben

De nombreux bus et *bemo* circulent entre Amlapura et Singaraja et s'arrêteront n'importe où sur la route de Tulamben ; ils se raréfient après 14h. Attendez-vous à payer 12 000 Rp pour l'une ou l'autre ville.

Si vous rejoignez Lovina pour la nuit, tâchez de partir vers 15h pour avoir encore un peu de lumière à l'arrivée.

Si vous allez seulement faire du snorkeling autour de l'épave dans le cadre d'une excursion d'une journée avec chauffeur, ne le laissez pas se garer près d'un centre de plongée loin de l'épave où l'on vous fera payer une commission.

De Tulamben à Yeh Sanih

Au nord de Tulamben, la route continue le long des versants du Gunung Agung, où l'on distingue des coulées de lave datant de l'éruption de 1963. Plus loin, le cratère externe du Gunung Batur plonge abruptement dans la mer. La pluviosité est faible et le temps est généralement ensoleillé. Le paysage est austère durant la saison sèche et les habitants peu nombreux.

Il y a des marchés réguliers à **Kubu**, un village au bord de la route à environ 5 km au nord-ouest de Tulamben.

À **Les**, une route part dans l'arrière-pays vers l'**Air Terjun Yeh Mampeh** (cascade de Yeh Mampeh ; adulte/enfant 20 000/10 000 Rp), une impressionnante cascade de 40 m peu visitée. Cherchez un grand panneau sur la route principale, puis

AIDER LES GRANDS OUBLIÉS DE BALI

Longtemps la région la plus déshéritée de Bali, les terres arides sur les flancs nord-est du Gunung Agung étaient si pauvres que, jusque dans les années 1990, le gouvernement ne voulait pas admettre que des gens y vivaient. Les maladies liées à la malnutrition étaient courantes, l'éducation, nulle, et les revenus, inférieurs à 30 $US par an. C'était la pauvreté à son paroxysme dans une île qui connaissait il y a 20 ans un véritable boom économique lié au tourisme.

Cette image de désolation n'existe plus grâce aux efforts d'un homme, David Booth. Original et acharné, ce Britannique d'origine a apporté son savoir d'ingénieur à la région (qui s'étend jusqu'au petit village de Ban) à partir des années 1990. Infatigable, il a mobilisé les habitants, harcelé le gouvernement, attiré des donateurs et réussit à faire de son projet, l'**East Bali Poverty Project** (☎0361-410071 ; www.eastbalipovertyproject.org), un vecteur de réels changements.

L'accès à l'école, à l'électricité, aux cliniques médicales et le sentiment d'accomplissement ont libéré la population de son passé. Entré aujourd'hui dans sa phase de développement durable, ce projet a permis la construction du **Bamboo Centre** dans le hameau de Daya, où le bambou est étudié en tant que ressource renouvelable. Le gouvernement balinais est désormais d'un grand soutien, en améliorant notamment la route de montagne qui descend vers la mer et qui relie une localité proche du Pura Besakih et Tianyar, à 20 km au nord-ouest de Tulamben. Si vous n'avez pas peur de vous y perdre, n'hésitez pas à partir en excursion d'une journée dans cette région. Il se peut que personne ne soit présent au centre du bambou, mais s'il y a quelqu'un, l'accueil sera chaleureux.

bifurquez vers l'intérieur des terres sur 2,5 km environ sur une route constamment améliorée par la communauté locale dans l'espoir d'attirer les touristes. Parcourez ensuite 600 m à pied le long d'un chemin ombragé de ramboutans et d'arbres fruitiers variés qui suit un cours d'eau. Des guides (inutiles pour Yeh Mepeh) vous emmeront voir des cascades encore plus reculées.

La ville suivante, **Tejakula**, est connue pour ses bains publics alimentés par de l'eau de source ; ils auraient été construits pour laver des chevaux et sont souvent appelés le "bain du cheval". Les bassins, rénovés (non mixtes), se situent derrière des murs surmontés de rangées d'arches richement décorées et sont considérés comme un endroit sacré. Ils se tiennent à 100 m vers l'intérieur des terres, sur une route étroite bordée de boutiques – ce village pittoresque comprend des tours *kulkul* finement sculptées. Promenez-vous au-dessus des bains, après des canaux d'irrigation qui coulent dans toutes les directions.

À Pacung, à 10 km avant Yeh Sanih, un détour de 4 km dans l'arrière-pays conduit à **Sembiran**, un village bali-aga niché à flanc de colline, déployant une vue splendide sur la côte.

Où se loger et se restaurer

La côte nord-est compte un nombre croissant de complexes hôteliers, où l'on peut se détendre quelques jours loin du monde. Comptez au moins 3 heures de trajet depuis l'aéroport ou le sud de Bali par l'un ou l'autre des itinéraires suivants. Le premier passe par les montagnes via Kintamani, puis descend par une jolie route champêtre jusqu'à la mer près de Tejakula. Le second fait le tour de l'est de Bali par la route côtière en passant par Candidasa et Tulamben.

Bali Sandat Guest House GUESTHOUSE $

(☎0813 3772 8680 ; www.bali-sandat.com ; Bondalem ; ch à partir de 30 €). Dans cette pension discrète nichée au cœur d'une palmeraie sur le front de mer, dans un secteur isolé de l'est de Bali, vous aurez l'impression de loger chez des amis. Quatre chambres avec sdb extérieure (eau froide) et profonde véranda ombragée. Dîners balinais proposés. Le village de Bondalem, à 1 km, possède un petit marché matinal et un atelier de tissage.

Segara Lestari Villa GUESTHOUSE $

(☎0815 5806 8811 ; Les ; ch à partir de 310 000 Rp ; ❄). Quatre bungalows au bord de l'océan, avec eau chaude et clim, même si elle n'est pas indispensable en raison de la brise rafraîchissante. Utilisez la cuisine, ou demandez à vos hôtes de préparer vos repas.

♥ **Alam Anda** HÔTEL $$

(☎0812 465 6485 ; www.alamanda.de ; Sambirenteng ; ch 45-110 € ; ❄≋). Près de Sambirenteng, à 1 km au nord du Poinciana Resort (entre Kubu et Tejakula), la splendide architecture tropicale de ce complexe est due à un architecte allemand, propriétaire des lieux. Un récif au large assure l'activité du centre de plongée. De tailles diverses, les 30 chambres vont de la chambre sommaire d'un *losmen* aux bungalows avec vue. Toutes sont joliment décorées de chaume et de bambou.

Spa Village Resort Tembok HÔTEL $$$

(☎0362-32033 ; www.spavillage.com ; Tembok ; pension complète d à partir de 260 $US ; ❄@≋). En arrivant dans ce complexe hôtelier luxueux en bord de mer de 31 chambres, vous choisirez les soins et les activités quotidiennes qui vous rajeuniront de l'intérieur. Les repas sains privilégient les produits locaux. Au nord-ouest de Tembok.

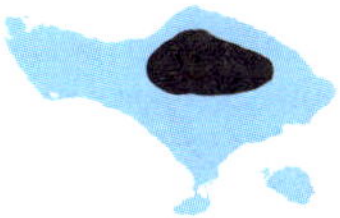

Montagnes du Centre

Dans ce chapitre ➡

Le top des restaurants

- Pulu Mujung Warung (p. 223)
- Strawberry Hill (p. 226)
- Ada Babi Guleng (p. 231)
- Puri Lumbung Cottages (p. 231)

Le top des hébergements

- Puri Lumbung Cottages (p. 231)
- Sarinbuana Eco Lodge (p. 233)
- Lakeview Eco Lodge (p. 223)
- Bali Mountain Retreat (p. 233)
- Sanda Boutique Villas (p. 233)

Pourquoi y aller

Bali possède un cœur brûlant. Les volcans, qui forment l'épine dorsale de l'île, semblent endormis, mais la lave bouillonne juste sous la surface, prête à jaillir.

Le Gunung Batur (1 717 m) émet en permanence des nuages de vapeur ; sa beauté magique parvient à faire oublier le harcèlement des divers rabatteurs. Des temples hindous entourent le Danau Bratan, tandis que le village de Candikuning abrite un fabuleux jardin botanique.

Depuis le vieux village colonial de Munduk, un centre de randonnée, un superbe panorama se dresse au-delà des collines jusqu'à la côte nord de Bali, qui rivalise en splendeur avec les nombreuses cascades alentour et les lacs Danau Tamblingan et Danau Buyan. À l'ombre du Gunung Batukau (2 276 m), vous découvrirez l'un des temples les plus mystiques de l'île. Juste au sud scintillent les rizières en terrasses de Jatiluwih, inscrites au patrimoine mondial de l'Unesco.

Parmi toutes ces merveilles, des petites routes mènent à des villages ignorés. Roulez au nord d'Antosari pour aller de surprise en surprise.

Quand partir

➡ **Toute l'année** Les montagnes du Centre peuvent être fraîches et brumeuses tout au long de l'année. Elles reçoivent beaucoup de pluie et fournissent l'eau qui ruisselle à travers rizières et champs jusqu'au sud. Les températures varient peu en fonction des saisons, mais peuvent descendre à 10°C la nuit en altitude.

➡ **Octobre-avril** Il pleut plus souvent pendant ces mois, mais des averses peuvent survenir à tout moment le reste de l'année.

➡ **Juillet-août** Il n'existe pas de pic touristique, hormis pour les foules qui viennent dans la région de Kintamani durant cette période.

RÉGION DU GUNUNG BATUR

☎0366

La région du Gunung Batur est une vaste cuvette au fond à moitié couvert d'eau, d'où émergent plusieurs cônes volcaniques spectaculaires. Par temps clair – essentiel pour apprécier la vue –, les eaux turquoise entourent les volcans les plus récents, aux flancs couverts de coulées de lave pétrifiée.

En 2012, l'Unesco a ajouté le **géoparc de Batur Caldera** (www.globalgeopark.org) à une liste de plus de 90 merveilles géologiques. À ce jour, cette inscription n'a eu que peu de retombées ; toutefois, quelques panneaux intéressants décrivant la géologique unique de la région ont commencé à apparaître le long des routes.

La route qui longe l'arête sud-ouest du cratère du Gunung Batur est l'un des principaux axes nord-sud de Bali, et offre des vues époustouflantes.

Même en journée, prévoyez un vêtement chaud, car le brouillard peut faire descendre la température à 16°C.

Les villages installés autour du cratère forment une bande continue et désordonnée. Kintamani, le plus important, a donné son nom au secteur. En venant du sud, Penelokan est le premier village, où les groupes en circuit organisé font halte pour la vue.

ℹ Renseignements

Les services sont peu nombreux. Emportez tout le nécessaire, y compris les espèces.

La région a mauvaise réputation en raison de la rapacité des prestataires.

Méfiez-vous des rabatteurs à moto qui proposent un circuit ou un hôtel de leur choix quand vous descendez du village de Penelokan au Danau Batur. Ces jeunes gens n'offrent aucun service utile et mieux vaut les ignorer. Les vendeurs peuvent être très agressifs dans la région.

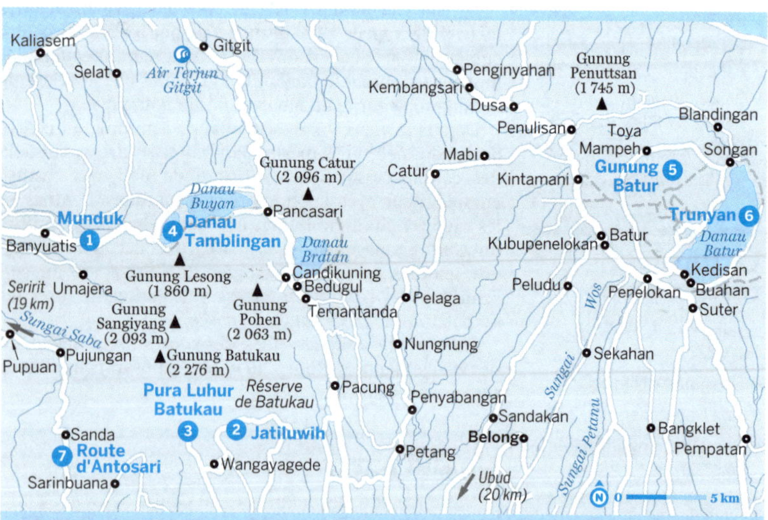

À ne pas manquer

1 Une randonnée aux alentours de **Munduk** (p. 229), jalonnés d'innombrables cascades

2 Les variétés anciennes de riz cultivées sur les splendides terrasses de **Jatiluwih** (p. 231), inscrites au patrimoine mondial de l'Unesco

3 Les psalmodies des prêtres au **Pura Luhur Batukau** (p. 232), l'un des temples les plus sacrés de Bali

4 Une randonnée guidée pour découvrir la nature et les temples anciens du **Danau Tamblingan** (p. 228)

5 La beauté surréaliste des versants couverts de lave du **Gunung Batur** (p. 220)

6 La superbe **route panoramique de Trunyan** (p. 225), via Buahan et Abang

7 L'exploration des innombrables routes secondaires, comme celle au nord d'**Antosari** (p. 233)

Comment s'y rendre et circuler

De la gare routière Batubulan à Denpasar, des *bemo* desservent régulièrement Kintamani (15 000 Rp). Les bus de la ligne Denpasar-(Batubulan)-Singaraja font halte à Penelokan et à Kintamani (environ 16 000 Rp). Vous pouvez aussi louer une voiture ou les services d'un chauffeur, mais refusez toute proposition de déjeuner-buffet.

Des *bemo* font la navette entre Penelokan et Kintamani (10 000 Rp pour les touristes). De Penelokan, des *bemo* descendent vers les villages en bord de lac le matin (environ 8 000 Rp jusqu'à Toya Bungkah). L'après-midi, vous devrez peut-être louer un moyen de transport (40 000 Rp au minimum).

Si vous circulez en véhicule privé, vous devrez vous arrêter à Penelokan ou Kubupenelokan pour acheter un billet d'accès (11 000 Rp/pers ; attention aux arnaqueurs qui demandent plus) à la région du Gunung Batur. Conservez le reçu pour ne pas payer à nouveau.

Gunung Batur

Les volcanologues décrivent le Gunung Batur comme une "double caldeira", c'est-à-dire un cratère à l'intérieur d'un autre. Le cratère externe est un immense ovale d'environ 14 km de longueur, avec une arête occidentale à 1 500 m d'altitude. Le cratère interne est un pic volcanique de forme classique, haut de 1 717 m. L'activité géologique se manifeste régulièrement, et plusieurs cônes plus petits ont surgi sur son flanc ouest au cours de la dernière décennie. Des éruptions majeures ont eu lieu en 1917, 1926 et 1963.

Ce spectacle fantastique fait oublier les tracas et les dépenses pour organiser un trek. Sachez que les nuages qui obstruent la vue sont plus nombreux de juillet à décembre. Quelle que soit la saison, renseignez-vous sur les conditions climatiques avant d'entreprendre l'ascension, ou même de venir dans la montagne.

L'association des guides locaux, le **HPPGB**, détient le monopole des ascensions guidées du Gunung Batur. De plus, le HPPGB est réputé intimider les grimpeurs pour les obliger à engager ses propres guides.

Cela dit, de nombreux visiteurs utilisent les services de guides du HPPGB sans incident et sont ravis des suggestions d'itinéraires sur mesure.

Les points suivants devraient vous aider pour une ascension plaisante :

- Renseignez-vous soigneusement sur l'accord passé avec le HPPGB, tels les tarifs par personne ou par groupe, le petit-déjeuner compris ou non, l'itinéraire précis, etc.
- Traitez avec l'une des agences de trekking. Il y aura toujours un guide du HPPGB, mais tous les arrangements s'effectueront par le biais de l'agence.

Les tarifs et les horaires du HPPGB sont affichés dans ses bureaux le long de la **route d'accès** (Mt Batur Tour Guides Association ; ⌚3h-15h) et à **Toya Bungkah** (Mt Batur Tour Guides Association ; ☎0366-52362 ; Toya Bungkah ; ⌚3h-15h). Parmi les treks proposés figurent les suivants :

- Lever du soleil au mont Batur : ascension et retour de 4h à 8h, 350 000 Rp par personne.
- Cratère principal du mont Batur : lever du soleil au sommet et tour du cratère de 4h à 9h30, 500 000 Rp par personne.
- Exploration du mont Batur : lever du soleil, caldeira et plusieurs cônes volcaniques de 4h à 10h, 600 000 Rp par personne.

Agences de trekking

Même les tour-opérateurs les plus fiables et les plus compétents doivent engager des guides du HPPGB pour l'ascension du Gunung Batur. Ils sont utiles pour organiser des excursions hors des sentiers battus.

La plupart des hébergements de la région peuvent vous mettre en contact avec des guides et des agences de trekking, ce qui ajoutera de 250 000 à 450 000 Rp au coût d'un trek/ascension.

Équipement

Si vous grimpez avant l'aube, emportez une lampe torche ou assurez-vous que le guide vous en fournira une. Prévoyez de bonnes chaussures de marche, un chapeau, un pull et de l'eau potable.

Itinéraires de trekking

L'ascension du Gunung Batur pour voir le lever du soleil reste le trek le plus prisé. En haute saison, une centaine de marcheurs arrive à l'aube au sommet. Les guides servent un petit-déjeuner moyennant 50 000 Rp, faisant souvent cuire une banane ou un œuf sur les fumerolles du volcan. Des buvettes (chères) jalonnent le parcours.

LES RESTAURANTS TOURISTIQUES

Évitez les affreux restaurants qui bordent le cratère (beaucoup ont fermé et leurs carcasses gâchent la vue). Ils offrent des déjeuners-buffets quelconques à partir de 100 000 Rp (les guides touchent habituellement une commission d'au moins 25%) et une cuisine sans intérêt. Les chauffeurs profitent également de la fête : les restaurants les plus bondés leur réservent souvent une salle avec équipements sportifs, TV, lits et nourriture gratuite.

(1 745 m). Dans la cour supérieure, des *bale* (pavillons) abritent des statues anciennes et des fragments de sculptures, dont certaines du XIe siècle. Par temps clair, la vue s'étend au nord par-delà les rizières en terrasses jusqu'à Singaraja, sur la côte.

Environs du Danau Batur

Les petits villages autour du Danau Batur jouissent d'un bel emplacement en bord de lac et de la vue sur les pics alentour. La pisciculture constitue l'une des principales activités et un âcre parfum d'oignon émane des multiples potagers. Ne manquez pas le trajet qui longe la côte est jusqu'à Trunyan.

Une route en lacets descend de Penelokan jusqu'aux rives du Danau Batur. Au bord du lac, vous pouvez prendre à gauche la route qui serpente à travers des champs de lave jusqu'à Toya Bungkah. Gare aux énormes camions de sable qui couvrent la route de poussière en transportant des matériaux de construction à travers Bali.

De Kedisan à Buahan

De Kedisan, une agréable promenade de 15 minutes conduit à Buahan, où des jardins potagers descendent jusqu'au lac.

Activités

C.Bali CIRCUITS D'AVENTURE

(☎ renseignements seulement 0813 5342 0541 ; www.c-bali.com ; Hotel Segara ; circuits à partir de 430 000 Rp). Géré par un couple australo-néerlandais, C.Bali propose des circuits à vélo dans la région et en canoë sur le lac. Les prix comprennent le transfert du sud de Bali. Des forfaits incluent des excursions de plusieurs jours. Attention : ces circuits sont souvent complets, aussi réservez bien à l'avance en ligne.

Bateaux du lac BATEAU

Ces bateaux partent d'une jetée bordée de boutiques de souvenirs. Le prix d'un circuit de 4 heures (Kedisan-Trunyan-Kuban-Toya Bungkah-Kedisan) dépend du nombre de passagers, avec un maximum de 7 personnes (le bateau coûte 452 000 Rp, sans compter les “frais” supplémentaires). Pour une promenade sur le lac, nous conseillons plutôt l'un des circuits en canoë de C.Bali.

Où se loger et se restaurer

Les rabatteurs à moto qui vous suivent le long de la descente depuis Penelokan tentent d'obtenir une commission d'un hôtel. Les hôtels locaux demandent que vous les appeliez pour réserver afin de noter votre nom et ne pas payer les rabatteurs.

Les restaurants des deux hôtels suivants servent du bon poisson local à l'ail.

Hotel Segara GUESTHOUSE $

(☎ 0366-51136 ; www.batur-segarahotel.com ; Kedisan ; ch 250 000-500 000 Rp ; @ 📶). Le Segara possède des bungalows, installés autour d'un café et d'une cour. Les moins chères des 32 chambres disposent d'eau froide, et les meilleures, d'eau chaude et d'une baignoire – parfaites pour se réchauffer après un trek matinal.

Kedisan Floating Hotel CAFÉ $$

(☎ 0366-51627, 0813 3775 5411 ; Kedisan ; repas à partir de 35 000 Rp ; 📶). Cet hôtel en bord de lac fait le plein au déjeuner. Le week-end, touristes et excursionnistes de Denpasar se disputent les tables sur la jetée, au-dessus du lac. La cuisine balinaise, qui comprend du poisson du lac, est excellente. Vous pouvez aussi loger sur place ; les bungalows au bord de l'eau constituent l'hébergement le plus attrayant (à partir de 400 000 Rp).

Buahan et Abang

Ces petits villages en bord de lac ont récemment tracé des pistes cyclables qui permettent de profiter de la vue sublime sur le Gunung Batur le long de la rive est.

Du carrefour en T de la route d'accès, en contrebas de Penelokan près de Kedisan, Trunyan se situe à 9 km. À pied, à vélo ou à moto, le parcours est vraiment enchanteur.

Les cyclistes devront mettre pied à terre sur quelques courts tronçons escarpés au nord d'Abang. Outre les vues, vous découvrirez un magnifique **banian** à l'est de Buahan et d'intéressants panneaux sur la géologie de la région, sponsorisés par Geopark, à l'embarcadère d'Abang.

Baruna Cottages GUESTHOUSE $
(☎0813 5322 2896 ; www.barunacottage.com ; Buahan ; ch à partir de 400 000 Rp). Les 9 chambres de cette petite propriété bien tenue varient en style et en taille ; celles de catégorie moyenne ont la meilleure vue. De l'autre côté de la route de Trunyan en venant du lac, elle comprend un ravissant café.

Trunyan

Habité par des Bali Aga, le village de Trunyan se niche entre le lac et le bord externe du cratère, et donne l'impression d'avoir quitté Bali. Les sourires sont moins fréquents dans ce coin isolé du Danau Batur, mais le cadre est splendide. Faites halte pour un pique-nique à la sortie du village.

Trunyan est connu pour son **Pura Pancering Jagat**, impressionnant avec son *meru* (sanctuaire) à sept toits. Le temple renferme une statue haute de 4 m de l'esprit gardien du village, mais les touristes n'ont pas le droit d'entrer. Ignorez les rabatteurs et les guides qui rôdent alentour et refusez de payer plus de 5 000 Rp pour vous garer ici.

Kuban

À environ 500 m de Trunyan, le cimetière de Kuban (ou Kuburan) est accessible uniquement à pied ou en bateau. Les habitants n'incinèrent ni n'enterrent leurs morts, ils les déposent dans des cages en bambou où ils se décomposent. Si vous décidez de visiter le cimetière, des petits malins vous demanderont des sommes exorbitantes. Nous vous conseillons de profiter de la vue sur la route de Trunyan et d'éviter ce spectacle macabre.

Vous pouvez rejoindre Kuban par bateau de Kedisan ou par une traversée très courte et chère de Trunyan (environ 450 000 Rp plus 150 000 Rp pour un "guide" qui insistera pour vous accompagner).

Toya Bungkah

Principal centre touristique, Toya Bungkah (également appelé Tirta) possède des sources thermales (*tirta* et *toya* signifient eau). Des voyageurs passent la nuit dans ce modeste village pour escalader le Gunung Batur tôt le matin.

Activités

Des sources thermales, situées dans deux endroits différents, sont depuis longtemps utilisées comme bassins de baignade.

Batur Natural Hot Spring SOURCES THERMALES
(☎0813 3832 5552 ; à partir de 150 000 Rp ; ⏲8h-18h). Ce complexe, qui ne cesse de s'agrandir, borde le lac. Il compte 3 bassins à des températures différentes où on peut se plonger successivement. L'ambiance des sources thermales contrebalance le côté un peu délabré de la région. Le droit d'entrée comprend casier et serviette, et le café sans prétention offre une belle vue.

Toya Devasya SOURCES THERMALES
(☎0366-51204 ; www.toyadevasya.com ; 150 000 Rp ; ⏲8h-20h). Cette retraite somptueuse est construite autour des sources. Un immense bassin contient une eau à 38°C, tandis que celui alimenté par le lac est à 20°C. Le droit d'entrée inclut des rafraîchissements. Hébergement possible et un café tape-à-l'œil

Où se loger

Évitez les chambres proches de la grand-rue bruyante du village ; préférez celles plus tranquilles avec vue sur le lac. Quelques cafés servent des repas corrects.

Under the Volcano III GUESTHOUSE $
(☎0813 3860 0081 ; ch 250 000 Rp). Joliment située au bord du lac en face de potagers, cette auberge possède 6 chambres propres et basiques : choisissez la n°1, qui jouxte l'eau. À proximité, deux autres auberges Volcano sont gérées par la même famille charmante (Under the Volcano II offre l'accès Wi-Fi).

Songan

Autour du lac, à 2 km de Toya Bungkah, Songan est un grand village intéressant, avec des jardins maraîchers qui s'étirent jusqu'au bord de l'eau. Le **Pura Ulun Danu Batur** se dresse au bout de la route, sous le cratère.

À Songan, un embranchement conduit à une route cahoteuse, mais praticable, autour de la base du cratère. Sur le côté nord-ouest du volcan, le village de **Toya Mampeh** (Yeh Mampeh) est entouré d'un vaste champ de gros blocs de lave noire, héritage de l'éruption de 1974. Plus loin, le **Pura Bukit Mentik** a été totalement entouré de lave en fusion lors de cette éruption, mais le temple et son imposant banian ont été épargnés, ce qui lui vaut le surnom de "temple chanceux".

RÉGION DU DANAU BRATAN

En venant du sud de Bali, les rizières en terrasses laissent progressivement la place à la région montagneuse fraîche et souvent brumeuse du Danau Bratan. Candikuning, le principal village de la région, abrite le pittoresque Pura Ulun Danu Bratan, un temple important. Bedugul, à la pointe sud du lac, offre le plus d'attraits pour les touristes. Les forêts et les cascades autour de Munduk et du proche Danau Tamblingan offrent de belles randonnées.

Le choix d'hébergements reste limité près du lac, le secteur visant principalement les touristes indonésiens. Le dimanche et les jours fériés, les berges sont bondées de couples d'amoureux et de familles venues à moto pour la journée. Munduk, en revanche, compte nombre d'excellents hôtels.

La région est réputée pour ses fraises, en vente partout. Sachez que le temps, souvent brumeux, peut être froid.

Bedugul

0368

"Bedugul" est parfois utilisé pour désigner les bords du lac. C'est en fait la première localité que l'on atteint dans les hauteurs en venant du sud de Bali et ce petit village ne justifie pas une longue halte.

Où se loger et se restaurer

Évitez les établissements délabrés sur la crête autour de Bedugul.

Strawberry Hill GUESTHOUSE $$
(0368-21265 ; www.strawberryhillbali.com ; Jl Raya Denpasar-Singaraja ; ch 450 000-600 000 Rp ;). Sur une colline, 17 petits bungalows coniques en bois s'agrémentent chacun d'une baignoire profonde et d'une belle vue sur le sud de Bali (certains ont une meilleure vue que d'autres ; comparez si possible). La carte indonésienne du café (plats à partir de 40 000 Rp) comprend du *soto ayam* (soupe de poulet) et du *gudeg yogya* (ragoût de jaque). Vous pouvez gratuitement cueillir des fraises dans le jardin de l'hôtel.

Bali Ecovillage BOUTIQUE-HÔTEL $$
(0819 9988 6035, réservations 0812 3646 3269 ; www.baliecovillage.com ; Dinas Lawak ; ch/bungalow à partir de 50/100 $US). Dans un endroit isolé près de plantations de café, ce lodge en bambou est entouré de verdure ; la seule autre couleur est le bleu du ciel ! Il propose de nombreuses activités culturelles, du yoga et dispose d'un spa. Le restaurant sert une cuisine locale et occidentale à base de produits bio.

L'établissement se situe dans une vallée cachée près du village de Pelaga (p. 229), à 25 km de Bedugul.

Depuis/vers Bedugul

Tous les minibus ou *bemo* qui circulent entre le sud de Bali et Singaraja font halte à Bedugul sur demande.

Candikuning

0368

Souvent noyé dans la brume, Candikuning abrite un beau jardin botanique et l'un des temples les plus photographiés de Bali.

À voir et à faire

Jardin botanique de Bali JARDIN
(0368-2033211 ; www.balibotanicgarden.org ; Kebun Raya Eka Karya Bali ; indonésiens/étrangers 7 000/18 000 Rp, parking 6 000 Rp ; 7h-18h). Fondé en 1959, ce jardin couvre plus de 154 ha au bas des versants du Gunung Pohen. Ne manquez pas le jardin Panca Yadnya (des Cinq Offrandes), qui conserve des plantes utilisées dans les anciennes cérémonies hindoues.

Certaines plantes sont étiquetées avec leur nom scientifique, et la brochure de promenades autoguidées (20 000 Rp) se révèle utile. Le somptueux secteur des orchidées est souvent fermé pour éviter les vols ; vous pouvez demander qu'on vous l'ouvre. Repérez le buisson de rotang, d'où provient le rotin qui sert à ++er des meubles.

Dans le jardin, vous pourrez jouer les Tarzan au **Bali Treetop Adventure Park** (0361-852 0680 ; www.balitreetop.com ; Kebun Raya Eka Karya Bali ; adulte/enfant 24/16 $US ; 9h30-18h). Treuils, cordes, filets, etc. permettent d'explorer la forêt depuis les hauteurs ; divers parcours sont adaptés à des âges différents.

Région du Danau Bratan

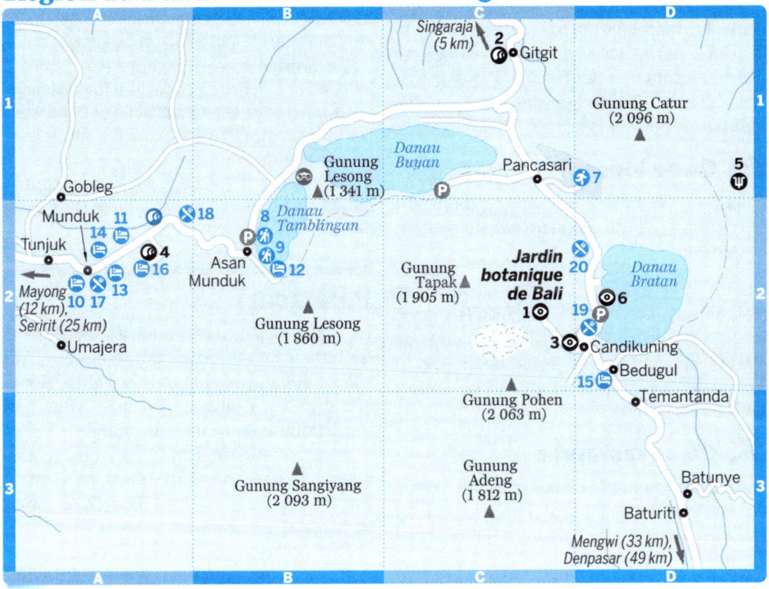

Région du Danau Bratan

Les incontournables
1 Jardin botanique de Bali C2

À voir
2 Air Terjun Gitgit C1
3 Marché de Candikuning C2
4 Cascades de Munduk A2
5 Pura Puncak Mangu D1
6 Pura Ulun Danu Bratan D2

Activités
7 Bali Handara Golf & Country Club Resort D1
Bali Treetop Adventure Park .... (voir 1)
8 KT Kastana B2
9 Organisasi Pramuwisata Bangkit Bersama B2

Où se loger
10 Guru Ratna A2
Kebun Raya Bali .... (voir 1)
11 Manah Liang Cottages A2
Meme Surung .... (voir 10)
12 Pondok Kesuma Wisata B2
13 Puri Alam Bali A2
14 Puri Lumbung Cottages A2
15 Strawberry Hill D2
16 Villa Dua Bintang A2

Où se restaurer
17 Don Biyu A2
18 Ngiring Ngewedang A2
19 Roti Bedugul D2
20 Strawberry Stop D2

Pura Ulun Danu Bratan TEMPLE
(Près de Jl Raya Denpasar-Singaraja ; adulte/enfant 30 000/15 000 Rp, parking 5 000 Rp ; billets 7h-17h, site 24h/24). Cet important sanctuaire hindou-bouddhique fut fondé au XVIIe siècle. Dédié à Devi Danu, la déesse des Eaux, il est édifié sur des îlots. Pèlerinages et cérémonies ont lieu dans ce temple afin que toutes les fermes de l'île reçoivent suffisamment d'eau grâce à l'ingénieux système d'irrigation (*subak*).

Des *meru* (sanctuaires à plusieurs toits) hindous classiques, coiffés de chaume, se reflètent dans l'eau et se découpent sur les montagnes souvent cachées par les nuages – une image emblématique de Bali.

Malheureusement, il y règne un peu une ambiance de foire : des animaux sont entassés dans de petites cages, les visiteurs peuvent caresser des serpents ou tenir d'énormes chauves-souris, et des stands de souvenirs bordent le parking.

Marché de Candikuning MARCHÉ
(Jl Raya Denpasar-Singaraja ; parking 2 000 Rp). Dans ce marché touristique en bord de la route, parmi les vendeurs de camelote, des habitants viennent acheter des fruits, des légumes, des herbes, des épices et des plantes en pot.

Où se loger

Quelques *guesthouses* sans prétention bordent la route qui mène au jardin botanique.

Kebun Raya Bali GUESTHOUSE $$
(Bali Botanic Garden ; ☎0368-2033211 ; www.kebunrayabali.com ; Candikuning ; ch à partir de 450 000 Rp). Au cœur du jardin botanique, le Kebun Raya Bali offre 14 chambres confortables de style hôtel.

Où se restaurer

Pour un excellent bol de *bakso ayam (*soupe de poulet*)*, faites halte à l'un des stands en bord de route, à l'endroit où la route en provenance de Candikuning rejoint le Danau Bratan et tourne vers le nord. Sinon, de nombreux restaurants avec parking accueillent les bus touristiques.

Strawberry Stop CAFÉ $
(☎0368-21060 ; Jl Raya Denpasar-Singaraja ; en-cas à partir de 15 000 Rp ; ⏲8h-19h). Les fraises de la région entrent dans la composition des milk-shakes, jus de fruits, crêpes et autres douceurs. Les bananes les remplacent quand s'achève la saison des fraises. Le café sert aussi des repas complets.

Roti Bedugul BOULANGERIE $
(☎0368-21838 ; Jl Raya Denpasar-Singaraja ; en-cas 5 000 Rp ; ⏲8h-16h). Juste au nord du marché, cette boulangerie vend de bons *roti*, ainsi que des croissants et d'autres délices.

LEVER DU SOLEIL AU DANU BRATAN

Pour une expérience quasi surréaliste, traversez le Danau Bratan (p. 226) à la rame pour contempler le Pura Ulun Danu Bratan (p. 227) au lever du soleil ; organisez cette excursion la veille avec un batelier au temple. La plupart des visiteurs effectuent la balade dans la journée, mais le spectacle est totalement différent, et magique, dans la brume du petit matin.

Depuis/vers Candikuning

Le Danau Bratan longe la principale route nord-sud entre le sud de Bali et Singaraja.

Si le terminal principal se situe à Pancasari, les minibus font halte à Bedugul et Candikuning sur le trajet entre le terminal Ubung à Denpasar (20 000 Rp) et le terminal Sangket à Singaraja (20 000 Rp).

Mieux vaut toutefois disposer de son propre moyen de transport pour explorer les sites dispersés de la région.

Pancasari

La large vallée verdoyante au nord-ouest du Danau Bratan est en fait le cratère d'un volcan éteint. Au milieu de la vallée, sur la grand-route, Pancasari est une ville non touristique avec un marché animé.

Juste au sud de Pancasari, vous remarquerez l'entrée du **Bali Handara Golf & Country Club Resort** (☎0362-22646 ; www.balihandaracountryclub.com ; green à partir de 120 $US, location club à partir de 25 $US, ch partir de 95 $US), un golf 18 trous bien situé, qui bénéficie de la pluviosité (contrairement à ceux du sud de Bali). Il offre également un hébergement confortable à l'ambiance aseptisée des *resorts* des années 1970.

Danau Buyan et Danau Tamblingan

Au nord-ouest du Danau Bratan s'étendent deux lacs peu visités, le Danau Buyan et le Danau Tamblingan, où d'excellentes randonnées guidées sont depuis peu proposées. Plusieurs petits villages et vieux temples jalonnent les rives.

À voir et à faire

Quelques **cafés** et de bons sites de pique-nique, avec une vue panoramique, bordent la route de Munduk sur la colline qui surplombe les lacs.

Au **Danau Buyan**, un parking jouxte le lac, à 1,5 km de la route principale ; un gardien viendra chercher le paiement. Toute la région est dévolue aux cultures maraîchères et fruitières, notamment les fraises et les oranges, ainsi qu'à celle des fleurs bleues utilisées pour les offrandes.

Un **chemin de randonnée** de 4 km suit la rive sud du Danau Buyan à partir du parking, franchit la combe pour rejoindre le Danau Tamblingan, puis Asan Munduk.

HORS DES SENTIERS BATTUS

UNE ROUTE RAREMENT EMPRUNTÉE

Plusieurs routes étroites relient la région du Danau Bratan et celle du Gunung Batur. En dehors des habitants, peu de Balinais les connaissent et, si vous circulez avec un chauffeur, vous devrez peut-être insister. Un parcours de plus de 30 km fait remonter dans le temps et renvoie à une époque plus simple quand Bali ressemblait à des îles moins développées, telle Timor. Le paysage vous fera oublier votre destination.

Au sud de Bedugul, tournez à l'est à Tementanda et suivez une petite route sinueuse qui descend vers des ravins luxuriants coupés par des rivières. Après quelque 6 km, vous arrivez à un croisement en T ; prenez au nord pour rejoindre le joli village de **Pelaga**, à 5 km environ. Cette région est connue pour ses plantations bio de café et de cannelle, qui parfument les alentours. JED (voir p. 201), une association à but non lucratif qui promouvoit le tourisme rural, organise un circuit avec séjour chez l'habitant à Pelaga.

De Pelaga, grimpez la montagne en traversant tour à tour jungle et rizières. Continuez au nord jusqu'à Catur, puis dirigez-vous à l'est jusqu'au croisement avec la route qui descend vers le nord de Bali et poursuivez vers l'est sur 1 km jusqu'à Penulisan.

Le **pont Tukad Bangkung** à Petang constitue un détour intéressant ; haut de 71 m, il est considéré comme le pont le plus élevé d'Asie. Il est devenu une attraction touristique locale et les routes sont bordées de stands le week-end.

Il combine forêts et paysages lacustres. Si vous disposez d'un chauffeur, parcourez ce chemin dans un sens et demandez-lui de vous attendre au bout.

Au **Danau Tamblingan**, un parking est installé au bout de la route qui vient du village d'Asan Munduk.

KT Kastana GUIDES DE RANDONNÉE
(0857 3715 4849 ; randonnée guidée pour 1-4 pers à partir de 350 000 Rp ; 8h-17h). Installés dans une hutte le long de la route qui surplombe le Danau Tambligan, ces excellents guides organisent divers circuits vers et autour des lacs. Un circuit de 2 heures comprend habituellement la visite de temples anciens et une promenade en canoë sur le lac.

Organisasi Pramuwisata Bangkit Bersama GUIDES DE RANDONNÉE
(Guides Organization Standing Together ; 0852 3867 8092 ; Asan Munduk ; randonnée guidée pour 1-4 pers à partir de 300 000 Rp ; 8h30-16h). Autre excellent groupe de guides, il occupe une hutte près du parking du Danau Tamblingan. Comme le KT Kastana, il offre divers circuits autour des lacs, temples et montagnes, dont l'ascension du proche Agung Lesong (600 000 Rp) ; des bâtons de marche sont à disposition.

Où se loger et se restaurer

Pondok Kesuma Wisata GUESTHOUSE $
(0812 3791 5865 ; Asan Munduk ; ch à partir de 350 000 Rp). Juste au-dessus du parking du Danau Tamblingan, cette jolie *guest-house* possède 12 chambres propres avec eau chaude et un café plaisant (repas 15 000-30 000 Rp).

Munduk et ses environs

0362

Munduk est l'un des plus attrayants villages de montagne de Bali. Bénéficiant d'un climat frais et brumeux, il se situe parmi des collines luxuriantes couvertes de jungle, de rizières, de vergers et pratiquement tout ce qui pousse sur l'île. Des dizaines de **cascades** dévalent les précipices. Les possibilités de randonnées sont innombrables, et la région compte de séduisants hébergements, des anciennes résidences d'été hollandaises aux retraites qui offrent une immersion dans la culture locale. Nombre de visiteurs venus pour la journée s'attardent plus longtemps que prévu.

Des découvertes archéologiques suggèrent la présence d'une communauté développée dans la région de Munduk entre le Xe et le XIVe siècle. Lorsque les Néerlandais prirent le contrôle du nord de Bali dans les années 1890, ils installèrent des plantations de café, de vanille, de clous de girofle et de cacao.

À voir et à faire

De Pancasari à Munduk, la grand-route grimpe abruptement jusqu'au bord de l'ancien cratère. Faites halte pour la vue sur la vallée et les lacs, et observez les bandes de singes effrontés. En tournant à droite (est) au sommet, vous descendrez par une belle route jusqu'à Singaraja. En prenant le virage en lacet sur la gauche (ouest), vous suivrez une route de crête, avec le Danau Buyan d'un côté et une pente vers la mer de l'autre.

À **Asan Munduk** se situe un autre croisement en T. À gauche, la route descend au Danau Tamblingan. À droite, de superbes routes sinueuses conduisent au village de Munduk. Admirez le superbe panorama sur le nord de Bali et l'océan. Faites halte au **Ngiring Ngewedang** (☎0812 380 7010 ; en-cas 15 000-40 000 Rp ; ⏲10h-17h), un café à 5 km à l'est de Munduk qui cultive des caféiers sur les versants alentour. Il sert un vrai café et non pas le kopi luwak ultra-branché.

Où que vous logiez, le personnel vous indiquera les possibilités de **randonnées**. De multiples sentiers conduisent en 2 heures ou plus à des plantations de café, des rizières, des cascades, des villages ou au Danau Tamblingan et au Danau Buyan. Ils peuvent s'emprunter seul pour la plupart, mais un guide vous fera découvrir des cascades et d'autres merveilles loin des sentiers battus et difficiles à dénicher.

Où se loger et se restaurer

Vous aurez le choix entre les maisons hollandaises du village et des établissements plus écologiques dans la campagne. Presque tous disposent d'un café, qui sert habituellement une bonne cuisine locale. Outre plusieurs chambres d'hôtes sommaires, le village compte deux ou trois *warung* charmants et quelques échoppes qui vendent des produits de base (dont de l'insecticide pour chasser les moustiques).

♥ **Villa Dua Bintang** GUESTHOUSE $

(☎0812 3700 5593, 0361-401 1416 ; www.villaduabintang.com, mrika30@yahoo.com ; Jl Batu Galih ; ch à partir de 400 000 Rp). Nouvelle adresse, cette *guesthouse* se tient dans une rue ombragée, à 500 m de la route principale, à 1 km à l'est de Munduk. Elle offre 4 chambres somptueuses, dont 2 assez grandes pour les familles, construites parmi des arbres fruitiers et la forêt. Des odeurs de clou de girofle et de noix de muscade flottent dans l'air et un café est installé sur place. Rico, le charmant propriétaire, parle français.

Meme Surung GUESTHOUSE $

(☎0362-700 5378 ; www.memesurung.com ; ch 250 000-350 000 Rp ; 📶). Dans le village, ces 2 attrayantes maisons hollandaises mitoyennes renferment 11 chambres à la décoration simple et traditionnelle. La vue depuis la longue véranda en bois constitue le principal atout de cette adresse.

Puri Alam Bali GUESTHOUSE $

(☎0812 465 9815 ; www.purialambali.com ; ch 250 000-500 000 Rp ; 📶❄). Perchées au-dessus d'un précipice à l'extrémité est du village, les 15 chambres (toutes avec eau chaude et balcon) bénéficient d'une vue qui s'améliore à mesure que l'on monte. Le café sur le toit mérite la visite pour le panorama. Le long escalier en ciment depuis la route est un bon entraînement pour la randonnée.

Guru Ratna GUESTHOUSE $

(☎0813 3719 4398 ; www.guru-ratna.com ; ch 175 000-350 000 Rp ; 📶). Hébergement le moins cher du village, le Guru Ratna propose 7 chambres confortables avec eau chaude (et sdb communes pour certaines).

LES CASCADES DE MUNDUK

Parmi les nombreuses cascades aux alentours de Munduk, les trois suivantes peuvent se découvrir en une randonnée de 4 à 6 heures (sachez que les cartes de la région fournies par les *guesthouses* et les hôtels sont souvent imprécises et qu'il est facile de se tromper de chemin). Heureusement, même les détours imprévus sont superbes. Les nuages de brume des cascades s'ajoutent à l'air déjà saturé d'eau et des gouttes ruissellent de chaque feuille. Les multiples chemins sont raides et glissants ; reposez-vous dans les petits cafés perchés au sommet de certaines cascades.

Cascade de Munduk (Tanah Braak ; 5 000 Rp). À environ 2 km à l'est de Munduk, des panneaux indiquent cette cascade (appelée Tanah Braak) le long de la route. Bien qu'ils annoncent un sentier de 700 m, il semble plus long. C'est la cascade la plus facile à rejoindre sans guide ni carte.

Cascade de la Golden Valley. Plutôt courte mais large, surmontée d'un ravissant café.

Cascade de Melanting. Haute de plus de 25 m, elle se situe à 500 m de la cascade de Munduk.

À NE PAS MANQUER

LES RIZIÈRES DE JATILUWI

À Jatiluwih, qui signifie "vraiment m
vous découvrirez des rizières en ter
de vert. Ces rubans émeraude s'éta

Les terrasses, classées par l'Unes
à Bali. Vous comprendrez pourquoi e
serpente sur 18 km. Ne manquez pa
qui coule dans les canaux et les con
du riz cultivé ici n'est pas la version h
à des variétés traditionnelles. Remar

Prenez le temps de vous asseoir p
à peu toutes les subtilités. Ce qui à p
se révèle être du riz à différents stade

Des cafés jalonnent la route et l'un
Babi Guleng (déj 35 000 Rp ; ⏲10h-1
excellence, le cochon de lait mariné e
que quelques tables, chacune bénéfic

Les virages serrés obligent à condu … la route de Jatiluwih agréable à vélo. Les visiteurs doivent acquitter un péage (15 000 Rp/pers, plus 5 000 Rp/voiture), qui ne sert visiblement pas à l'entretien de la route. Le trajet s'effectue néanmoins en une heure au plus.

Vous pouvez rejoindre cette route par l'ouest de la route de Tabanan à Pura Luhur Batukau, ou par l'est de la grand-route vers Bedugul, près de Pacung. Les chauffeurs la connaissent tous et les habitants vous renseigneront volontiers.

Les meilleures, dans la maison coloniale hollandaise, comportent des boiseries sculptées et un joli porche.

♥ Puri Lumbung Cottages GUESTHOUSE $$
(☎0362-701 2887, 0812 383 6891 ; www.purilumbung.com ; bungalows 80-160 $US ; @📶). Fondé par Nyoman Bagiarta afin de développer le tourisme durable, ce charmant hôtel possède 43 beaux bungalows à étage et des chambres parmi les rizières. Les balcons offrent une vue splendide jusqu'à la côte (surtout ceux des n^os^32 à 35). Renseignez-vous sur les chambres isolées dans la forêt.

Des dizaines de treks et de cours sont proposés. Le restaurant de la *guesthouse*, le Warung Kopi Bali (plats 45 000-85 000 Rp), est sponsorisé par une école de cuisine suisse. L'établissement se situe à 700 m avant Munduk, sur la droite en venant de Bedugul.

Manah Liang Cottages BUNGALOWS $$
(☎0362-700 5211 ; www.manahliang.com ; ch à partir de 450 000 Rp ; 📶). À 800 m à l'est de Munduk, cette auberge campagnarde (dont le nom signifie "bien-être") dispose de bungalows traditionnels donnant sur un terrain luxuriant. Les sdb en plein air (avec baignoire) et les porches sont très plaisants. Un court chemin conduit à une cascade. Cours de cuisine et randonnées guidées.

Don Biyu CAFÉ $
(www.donbiyu.com ; plats 25 000-50 000 Rp ; 📶). Surfez sur Internet, sirotez un bon café, admirez la vue sublime et savourez un plat occidental ou asiatique, le tout servi dans un agréable pavillon ouvert.

ℹ Depuis/vers Munduk

Des minibus partent du terminal Ubung à Denpasar pour Munduk (22 000 Rp) plusieurs fois par fois. Si vous conduisez vers la côte nord, la route principale à l'ouest de Munduk traverse des villages pittoresques jusqu'à Mayong (où vous pouvez tourner au sud pour rejoindre l'ouest de Bali). La route descend ensuite jusqu'à la mer à Seririt, dans le nord de l'île.

RÉGION DU GUNUNG BATUKAU

☎0361

Le Gunung Batukau est la deuxième plus haute montagne de Bali (2 276 m), le troisième sommet majeur et le pic sacré de l'ouest de l'île. Il est souvent négligé, ce qui

[illegible]N

[illegible] e montagne de Pupuan par la route qui vient [illegible] re itinéraire qui emprunte les petites routes au cœur [illegible] ulukan, sur la route Denpasar-Gilimanuk dans l'ouest [illegible] grimpe abruptement de la côte en offrant de belles vues sur [illegible] er. Elle traverse une région qui produit des épices, que vous verrez [illegible] nt sur des nattes au bord de la route. Après environ 10 km et juste [illegible] ari, la route étroite et sinueuse traverse le **Bunut Bolong**, un tunnel [illegible] ux arbres énormes (le *bunut* est une sorte de ficus ; *bolong* signifie "trou"). [illegible] n, la route descend en spirale vers Pupuan en traversant certaines des [illegible] elles rizières en terrasses de Bali. Faites halte pour une promenade jusqu'aux [illegible] endides **cascades** proches de Pujungan, à quelques kilomètres au sud de Pupuan. Suivez les panneaux le long d'une mauvaise route étroite, puis marchez sur 1,5 km jusqu'à la première cascade. Continuez ensuite vers la suivante, haute de 50 m.

est sans doute un bienfait au vu des hordes de vendeurs qui polluent le Gunung Agung.

Vous pouvez gravir ses versants glissants à partir du Pura Luhur Batukau, l'un des temples les plus sacrés et méconnus de l'île, ou simplement admirer les rizières en terrasses autour de Jatiluwih.

Deux principaux itinéraires mènent à la région du Gunung Batur. Le plus aisé passe par Tabanan : suivez la route du Pura Luhur Batukau vers le nord sur 9 km jusqu'à une bifurcation, prenez à gauche (vers le temple) et continuez sur 5 km jusqu'à un croisement près d'une école dans le village de Wangayagede. Là, vous pouvez aller tout droit jusqu'au temple ou tourner à droite (est) vers les rizières de Jatiluwih.

L'autre itinéraire part de l'est. Sur la grand-route Denpasar-Singaraja, repérez une petite route vers l'ouest, au sud de l'hôtel Pacung Indah. Suivez ensuite une série de petites routes goudronnées vers l'ouest jusqu'aux rizières de Jatiluwih. Vous vous perdrez sans doute, mais les habitants vous indiqueront le chemin et le paysage est superbe.

À voir et à faire

Pura Luhur Batukau TEMPLE HINDOU

(don 10 000 Rp). Le Pura Luhur Batukau, sur les pentes du Gunung Batukau, était le temple d'État quand Tabanan était un royaume indépendant. Il possède un *meru* à 7 toits dédié à Maha Deva, l'esprit gardien de la montagne, ainsi que des sanctuaires consacrés aux lacs Bratan, Buyan et Tamblingan. De tous les temples que l'on peut facilement visiter à Bali, celui-ci est certainement le plus chargé de spiritualité.

Le *meru* principal, dans la cour intérieure, comprend des petites portes qui abritent des objets cérémoniels. Une atmosphère fraîche et brumeuse règne dans ce temple entouré de forêt, et les psalmodies des prêtres se mêlent aux chants des oiseaux.

Face au temple, effectuez une courte marche sur la gauche pour découvrir un petit torrent, dont le cours turbulent fait vibrer l'air. Remarquez l'inhabituel sanctuaire de la fertilité.

Il n'y a généralement ni rabatteurs ni foule de touristes. Respectez les traditions et comportez-vous de manière appropriée lors de la visite du temple (voir p. 325). Vous pourrez emprunter un sarong sur place.

Gunung Batukau VOLCAN

Du Pura Luhur Batukau, haut perché sur les pentes du Gunung Batukau, vous pouvez grimper jusqu'au sommet (2 276 m) à condition d'engager un guide ; cela peut s'organiser à la billetterie du temple. Attendez-vous à payer 1 000 000 Rp pour une escalade épuisante par des sentiers boueux, qui demande au moins 7 heures (autant pour la descente).

Vous serez récompensé par des vues splendides alternant avec la traversée d'une jungle épaisse, et le plaisir d'emprunter un chemin bien moins fréquenté que ceux des pics de l'est. Sinon, une petite randonnée de 2 heures coûte 200 000 Rp pour 2 personnes.

Passer la nuit sur la montagne est sans doute possible, mais l'aller-retour s'effectue généralement dans la journée. Contactez les guides à l'avance pour savoir s'ils peuvent organiser le camping en altitude.

Où se loger

Deux lodges isolés se cachent sur les pentes du Gunung Batukau. Ils sont desservis par une petite route sinueuse spectaculaire qui dessine un long V inversé sur la montagne à partir de Bajera et Pucuk, sur la grand-route Tabanan-Gilimanuk dans l'ouest de Bali.

Sarinbuana Eco Lodge LODGE $$
(0361-743 5198 ; www.baliecolodge.com ; Sarinbuana ; s/d à partir de 88/105 $US ;). Ces superbes bungalows à étage sont construits sur le flanc d'une colline, à 10 minutes de marche d'une forêt pluviale protégée. Luxueux et rustique, avec, entre autres, réfrigérateur, sdb en marbre et savon artisanal.

Des ateliers culturels, des cours de yoga et des treks guidés sont proposés. Le lodge s'efforce de respecter l'environnement et son restaurant bio balinais est excellent.

Bali Mountain Retreat LODGE $$
(082 8360 2645 ; www.balimountainretreat.com ; ch 270 000-870 000 Rp ;). Les jolies chambres sont aménagées dans des bungalows raffinés, disposés à flanc de colline. Une piscine et un jardin complètent l'architecture alliant influences traditionnelles et contemporaines. Certaines chambres ont une grande véranda, parfaite pour admirer de la vue. Parmi les chambres petits budgets, un ancien grenier à riz avec un lit. D'excellents treks sont organisés.

Depuis/vers le Gunung Batuka

Vous devrez disposer de votre propre moyen de transport pour explorer la région ; le mieux consiste à louer une voiture dans une autre région plus touristique.

ROUTE D'ANTOSARI

0361

Si la plupart des voyageurs traversent les montagnes via Candikuning ou Kintamani, un troisième itinéraire très pittoresque relie les côtes nord et sud de l'île. De la route Denpasar-Gilimanuk dans l'ouest de Bali, une route part vers le nord d'**Antosari**, traverse le village de Pupuan et descend vers Seririt, à l'ouest de Lovina dans le nord de Bali.

Commençant parmi les rizières, la route longe après 8 km une superbe vallée de rizières en terrasses. Parcourez encore 2 km pour arriver au **Sari Wisata** (0812 398 8773 ; 8h-18h), un ravissant relais routier créé par une famille charmante. De somptueux jardins bordent l'escarpement, embellissant une vue déjà remarquable.

Plus loin dans les contreforts du Gunung Batukau, à 20 km au nord d'Antosari, vous sentirez les odeurs des épices cultivées à **Sanda** avant de voir le village. Remarquez les vieux greniers à riz surélevés, qui jouxtent chaque maison.

Après 8 km vers le nord à travers les plantations de café, vous arriverez à **Pupuan**. Continuez sur 6 km pour atteindre le clou du trajet : la magnifique **vallée rizicole** proche de Subuk. De là, il reste environ 6 km jusqu'à Mayong, où vous pouvez tourner à l'est vers Munduk et le Danau Bratan, ou continuer tout droit jusqu'à Seririt.

Sanda Boutique Villas LODGE $$
(0828 372 0055 ; www.sandavillas.com ; bungalows à partir de 85 $US ;). Juste au nord de Sanda, cet hôtel de charme est un havre de paix. La piscine à débordement semble se fondre dans les rizières en terrasses, les 7 bungalows sont superbes et le café sert une excellente cuisine fusion (dîner à partir de 5 $US). Les sympathiques propriétaires vous conseilleront des promenades parmi les plantations de café et les rizières.

Kebun Villas LODGE $$
(0361-780 6068 ; www.kebunvilla.com ; ch 60-75 $US ;). Parsemés à flanc de colline, les 8 bungalows, ornés de meubles anciens, profitent d'une vue panoramique sur les rizières dans la vallée. Vous devrez descendre jusqu'au fond de la vallée pour rejoindre l'immense et invitante piscine.

Nord de Bali

Dans ce chapitre ➜

Le top des restaurants

- Damai (p. 243)
- Jasmine Kitchen (p. 243)
- Buda Bakery (p. 243)
- Global Village Kafe (p. 242)

Le top des hébergements

- Taman Sari (p. 248)
- Matahari Beach Resort (p. 249)
- Damai (p. 242)
- Taman Selini Beach Bungalows (p. 248)

Pourquoi y aller

Bien qu'un sixième de la population vive dans le nord de l'île, cette vaste région reste négligée par de nombreux voyageurs, qui se cantonnent à l'axe sud de Bali-Ubud.

Les fabuleux sites de plongée et de snorkeling autour de Pulau Menjangan, une île proche, comptent parmi les principaux attraits du secteur. Non loin, bordant une baie incurvée, Pemuteran est sans doute la plus jolie ville balnéaire de Bali. À l'est se tient Lovina, une plage tranquille avec des hôtels à prix doux et des bars qui offrent des *happy hours* au coucher du soleil. De beaux hôtels de charme jalonnent la côte nord, tandis que des randonnées faciles conduisent à des cascades dans l'arrière-pays.

Rejoindre le nord de Bali est déjà un enchantement. Des routes suivent le littoral peu peuplé à l'ouest et à l'est, d'autres traversent les montagnes où vous découvrirez des lacs de cratère et pourrez faire une halte en chemin pour une randonnée dans la brume.

Quand partir

➜ **Haute saison** La majeure partie du nord de Bali ne connaît pas de haute saison touristique. Pemuteran fait exception, avec une forte fréquentation en juillet, août et pendant les fêtes de fin d'année.

➜ **Toute l'année** Le Nord est toujours plus sec que le Sud. Les jours ensoleillés sont la norme toute l'année (la plupart des visiteurs apprécient la climatisation dans les chambres). Toutefois, les matinées peuvent être fraîches dans les hauteurs de l'arrière-pays.

À ne pas manquer

1 La plongée ou le snorkeling autour de **Pulau Menjangan** (p. 247), le meilleur site de Bali

2 Les merveilles sous-marines au large de **Pemuteran** (p. 246), jolie ville balnéaire

3 L'ambiance détendue et les prix doux de **Lovina** (p. 238), une station balnéaire où l'on oublie le temps

4 Une randonnée dans les collines verdoyantes jusqu'à de fraîches cascades, telle **Air Terjun Singsing** (p. 244)

5 La riche culture du royaume de Buleleng dans les musées de **Singaraja** (p. 237), longtemps capitale royale

6 Les temples à l'ornementation raffinée, comme le **Pura Maduwe Karang** (p. 239)

7 La découverte, à pied ou en bateau, du **Taman Nasional Bali Barat** (p. 250), ainsi que la faune et la flore de la mangrove, de la savane et des collines luxuriantes

De la **gare Penarukan**, à 2 km à l'est de la ville, des *bemo* se rendent à Yeh Sanih (10 000 Rp) et Amlapura (20 000 Rp, 3 heures) via la route côtière ; et des minibus rallient Denpasar (gare Batubulan, 25 000 Rp, 3 heures) via Kintamani.

Comment circuler

Des *bemo* circulent entre les trois principales gares de bus/*bemo* (environ 7 000 Rp).

Environs de Singaraja

Plusieurs temples importants sont disséminés autour de Singaraja.

SANGSIT

À 8 km au nord-est de Singaraja se situe un excellent exemple de l'architecture du nord de Bali. À Sangsit, le **Pura Beji** (Jl Raya Sangsit), un temple dédié à la déesse Devi Sri qui protège les rizières, appartient au *subak* (association villageoise de riziculteurs) local. Les sculptures très travaillées de la façade représentent démons et *naga* (serpents mythiques). À l'intérieur, des sculptures très diverses couvrent le moindre espace. À 500 m de la grand-route vers la côte.

HORS DES SENTIERS BATTUS

AU FIL DES ROUTES DE CAMPAGNE

Les routes secondaires autour de Singaraja offrent d'intéressantes découvertes, rarement visitées.

- **Jagaraga** Le **Pura Dalem** du village est un petit temple avec de ravissants panneaux sculptés le long de la façade. Sur le mur extérieur, notez une vieille voiture, un bateau à vapeur et même un combat aérien entre d'anciens avions.
- **Sawan** Centre de fabrication de gongs et d'instruments du gamelan. Vous verrez la fonte des gongs et la sculpture élaborée des châssis du gamelan. Pour séjourner dans la jungle, choisissez la **Villa Manuk** (☎0362-27080 ; www.villa-manuk.com ; près Sawan ; ch à partir de 460 000 Rp ; 🏊), un ensemble de 2 villas avec une grande piscine alimentée par une source naturelle. La vue sur les rizières, les promenades jusqu'aux cascades, la vie rurale et le calme absolu enchantent les hôtes.

Le **Pura Dalem** (temple des Morts), dans les rizières à 500 m au nord-est du Pura Beji, est orné de scènes de châtiments dans l'au-delà, et d'autres représentations humoristiques et parfois érotiques.

Les bus et *bemo* qui partent vers l'est de la gare Penarukan font halte à Sangsit.

Gitgit

À 11 km au sud de Singaraja, un chemin bien indiqué court de la grand-route vers l'ouest sur 800 m jusqu'à la cascade d'**Air Terjun Gitgit** (carte p. 227 ; adulte/enfant 10 000/5 000 Rp). Le chemin est bordé de stands de souvenirs et de guides aussi insistants qu'inutiles. La cascade dévale sur 40 m en produisant une brume rafraîchissante.

Environ 2 km plus haut sur la colline, une **chute** à plusieurs niveaux se situe à 600 m à l'ouest de la grande route. Le chemin traverse un pont étroit et suit la rivière en amont, ponctuée de plusieurs cascades, à travers une jungle luxuriante.

Les minibus réguliers qui relient Denpasar et Singaraja s'arrêtent à Gitgit. Les cascades sont aussi une étape majeure pour les circuits organisés dans le centre et le nord de Bali.

Lovina

☎0362

Détendue, dépourvue de hauts immeubles et peu chère, cette station balnéaire est aux antipodes de Kuta. Les jours s'écoulent paisiblement, tout comme les nuits. La mer calme, la plage relativement étroite et l'absence de distractions frénétiques en font l'endroit idéal pour mettre à jour son carnet de voyage, méditer devant un coucher du soleil, finir un livre ou simplement laisser la journée se fondre dans la suivante.

Des palmiers ombragent çà et là la côte ensoleillée. Chaque après-midi dans les villages de pêcheurs comme Anturan, vous pouvez assister à la préparation des *prahu* (bateaux traditionnels à balancier) pour la pêche de nuit ; alors que le soleil couchant embrase le ciel, les lumières des esquifs font penser à des nuées de lucioles.

Le secteur touristique s'étire sur 8 km dans une succession de villages côtiers – Kaliasem, Kalibukbuk, Anturan, Tukad Mungga, collectivement appelés Lovina. Kalibukbuk, à 10,5 km à l'ouest de Singaraja, en est le centre. En journée, la circulation sur la route principale est dense et bruyante.

À NE PAS MANQUER

LE PREMIER CYCLISTE DE BALI

Le **Pura Maduwe Karang** (temple du Propriétaire foncier ; Kubutambahan) est l'un des temples les plus curieux du nord de Bali, remarquable pour ses panneaux sculptés. L'un d'eux, le plus fameux, représente un gentleman conduisant une **bicyclette**, avec une fleur de lotus en guise de roue arrière. Il se tient en bas de la plinthe principale dans l'enceinte intérieure. Le cycliste pourrait être W. O. J. Nieuwenkamp, un artiste néerlandais qui aurait apporté la première bicyclette à Bali en 1904.

Comme le Pura Beji à Sangsit, ce temple en pierre sombre est dédié aux esprits de l'agriculture, mais celui-ci veille sur des terres non irriguées. Vous le trouverez dans le village de Kubutambahan – repérez les 34 personnages sculptés du *Ramayana* qui entourent l'enceinte. Kubutambahan borde la route entre Singaraja et Amlapura, à 1 km à l'est de l'embranchement vers Kintamani. Des *bemo* et des bus réguliers le traversent.

À voir et à faire

Plages

Les plages, composées de sable volcanique gris et noir, ne sont pas spectaculaires, mais sont plutôt propres près des hôtels. Les récifs qui protègent le rivage garantissent une eau calme et claire.

Une **promenade** longe la plage à Kalibukbuk et se poursuit par un sentier qui borde le rivage, pas toujours très propre. Admirez la vue à l'est sur la côte nord montagneuse de Bali. Fabuleux couchers de soleil.

Parmi les plus belles plages figurent celle à l'est du **monument au Dauphin** (Jl Bina Ria) de Kalibukbuk et la plage incurvée un peu plus loin à l'ouest. Les hôtels bon marché d'Anturan arborent un beau ruban de sable. Le Spice Beach Club (p. 243), à l'extrémité ouest, est plus haut de gamme.

Amarrés près du rivage, les bateaux de pêche fascinent avec leurs larges balanciers, et leurs motifs peints, tous différents.

Observation des dauphins

L'excursion en bateau à l'aube pour observer les dauphins constitue l'attraction phare de Lovina, à tel point qu'un monument rend hommage à ces cétacés.

Certains jours, aucun dauphin ne se montre, mais la plupart du temps au moins quelques-uns font surface.

Attendez-vous à des sollicitations incessantes. Le prix est fixé à 50 000 Rp par personne par le cartel des propriétaires de bateau. Le circuit commence à 6h et dure environ 2 heures. Sachez que vous risquez de vous retrouver au milieu d'une armada de bateaux à moteur bruyants.

Certains s'interrogent sur l'impact de tous ces bateaux sur les dauphins. Sans cesse traqués, pourquoi reviennent-ils ? C'est peut-être tout simplement parce les poissons sont abondants au large de Lovina.

Plongée et snorkeling

La plongée sur le récif local est meilleure à faible profondeur, et la plongée de nuit est populaire. Nombre de visiteurs séjournent à Lovina et plongent à Pulau Menjangan, à 2 heures de route à l'ouest.

L'eau est généralement claire et certaines parties du récif se prêtent au snorkeling, malgré le blanchiment du corail et les dégâts provoqués par la pêche à la dynamite. Le meilleur site se trouve à l'ouest, à quelques centaines de mètres au large des Billibo Beach Cottages. Une sortie en bateau (2 heures) coûte 200 000 Rp, avec l'équipement.

Spice Dive PLONGÉE
(☎0362-41512 ; www.balispicedive.com ; près Jl Raya Lovina ; 2 plongées consécutives à partir de 50 € ; ⏲8h-21h). Le Spice Dive est un centre important qui propose des sorties de snorkeling et des plongées de nuit (60 €), ainsi que des excursions à Pulau Menjangan (snorkeling/plongée 35/65 €). À l'extrémité ouest du chemin de la plage, avec le Spice Beach Club.

Vélo

Les routes au sud et à l'ouest de Jl Raya Lovina sont excellentes pour le vélo, avec une circulation limitée et de jolis parcours parmi les rizières et les collines.

Vous louerez facilement un vélo à partir de 20 000 Rp par jour ; pour une bonne sélection, essayez **Sovina Shop** (☎0362-41 402 ; Jl Ketapang).

Lovina

Lovina

À voir

1 Monument au Dauphin B2

Activités

2 Araminth Spa C3
3 Sovina Shop C2
4 Spice Dive A2

Où se loger

5 Harris Homestay B2
6 Homestay Purnama A2
7 Padang Lovina B2
8 Puri Bali Hotel C2
9 Rambutan Hotel C2
Sea Breeze Cabins .... (voir 17)
10 Suma Hotel F2
11 Villa Taman Ganesha C2

Où se restaurer

12 Akar B2
13 Bakery Lovina C3
14 Global Village Kafe B2
15 Jasmine Kitchen B2
16 Marché nocturne C3
17 Sea Breeze Café B2
18 Seyu B2
Spice Beach Club .... (voir 4)
19 Warung Barclona C2
20 Warung Dolphin F2

Où prendre un verre et faire la fête

21 Kantin 21 .... A3
22 Pashaa B3
23 Poco Lounge B2

Autres activités

Araminth Spa SPA

(☎0362-41901 ; Jl Ketapang ; massages à partir de 150 000 Rp ; ⏰10h-21h). Nombreux traitements et massages, y compris balinais et ayurvédiques, dans un cadre reposant.

Ciego Massage MASSAGE

(☎0877 6256 1660 ; Jl Raya Lovina, Anturan ; messages 1 heure à partir de 70 000 Rp ; ⏰10h-19h). Des masseurs aveugles compétents dans un établissement sans prétention.

Cours

♥ **Warung Bambu Pemaron** COURS DE CUISINE

(☎0362-31455 ; Pemaron ; cours 1/2 pers à partir de 500 000/660 000 Rp ; ⏰8h-13h). Après des courses dans le grand marché de Singaraja, vous préparerez (et savourerez) jusqu'à 8 plats balinais classiques dans une salle aérée au milieu des rizières à l'est de Lovina. Le personnel est charmant et les prix comprennent les transports locaux.

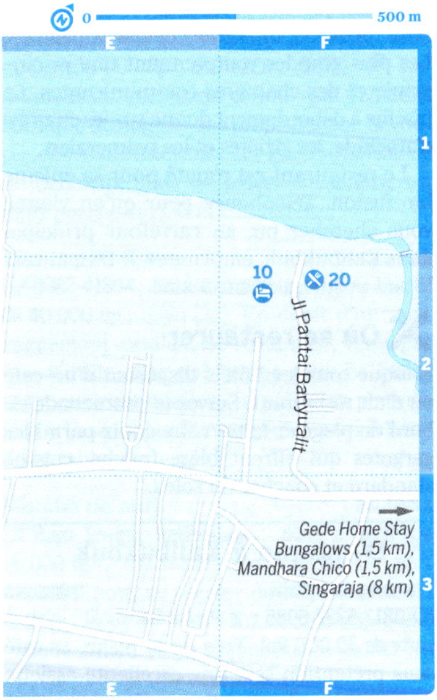

Circuits organisés

Komang Dodik RANDONNNÉE
(0877 6291 5128 ; lovina.tracking@gmail.com ; randonnées à partir de 250 000 Rp). Komang Dodik organise des randonnées de 3 à 7 heures dans les collines de la côte nord. Vous pourrez ainsi découvrir une série de cascades hautes de plus de 20 m dans une grotte en pleine jungle. Les itinéraires incluent également la visite de plantations de café, de clous de girofle et de vanille.

Où se loger

Les hôtels sont installés le long de Jl Raya Lovina et des routes secondaires qui rejoignent la plage. Ils visent plutôt les petits budgets ; ne venez pas ici pour un séjour luxueux. Ceux qui bordent la route principale souffrent du bruit de la circulation.

Pendant les périodes creuses, les prix de toutes les chambres sont négociables ; méfiez-vous des rabatteurs qui racontent n'importe quoi et indiquent des prix qui comprennent leur substantielle commission.

Anturan

Quelques petits chemins et une route asphaltée, Jl Kubu Gembong, conduisent à ce petit village de pêcheurs animé, repaire d'authentiques voyageurs. Anturam est loin de la vie nocturne de Lovina ; comptez environ 20 000 Rp pour le transport retour à Kalibukbuk.

Mandhara Chico GUESTHOUSE $
(0812 360 3268 ; www.mandhara-chico-bali.com ; près Jl Kubu Gembong, Anturan ; ch avec ventil/clim à partir de 200 000/250 000 Rp ;). Tenue par une famille, cette excellente adresse propose 12 chambres sommaires mais soignées au bord d'une petite plage de sable noir.

Gede Home Stay Bungalows CHEZ L'HABITANT $
(0362-41526 ; www.gede-homestay.com ; Jl Kubu Gembong, Anturan ; ch 200 000-300 000 Rp ;). Cette maison au bord de la plage est la propriété d'un pêcheur. Parmi les 8 chambres, les moins chères se contentent d'eau froide et les meilleures disposent de la clim et d'eau chaude.

D'Anturan À Kalibukbuk

De nombreux hôtels modestes bordent Jl Pantai Banyualit, même si la plage n'est guère attrayante. Un espace de verdure jouxte la mer et la marche le long du littoral jusqu'à Kalibukbuk est courte mais pittoresque.

Villa Taman Ganesha GUESTHOUSE $$
(0362-41272 ; www.taman-ganesha-lovina.com ; Jl Kartika 45 ; ch 30-60 € ;). Cette charmante *guesthouse* se situe dans une ruelle paisible, bordée d'enclos familiaux. Le jardin luxuriant est planté de frangipaniers du monde entier ; le propriétaire est un paysagiste allemand. Elle comporte 4 chambres intimes et confortables, à 400 m de la plage et à 10 minutes de marche de Kalibukbuk.

Suma Hotel GUESTHOUSE $
(0362-41566 ; www.sumahotel.com ; Jl Pantai Banyualit ; ch 300 000-750 000 Rp ;). Parmi les 13 chambres, les meilleures bénéficient de la clim et de l'eau chaude et celles en étage, de la vue sur la mer ; les grands bungalows sont plaisants, à l'instar de la piscine et du café. Temple à proximité.

Kalibukbuk

Le village de Kalibukbuk est le "centre" de Lovina. Jl Mawar est plus calme et plus agréable que Jl Bina Ria. De petits *gang* (ruelles), bordés d'hébergements bon marché, partent de ces deux rues.

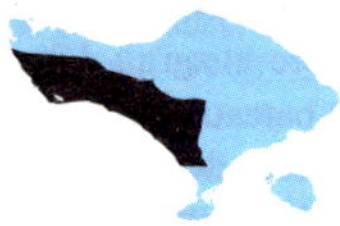

Ouest de Bali

Dans ce chapitre ➡

Le top des plages

- Balian Beach (p. 256)
- Yeh Gangga (p. 255)
- Pura Rambut Siwi (p. 258)

Le top des hébergements

- Bali Silent Retreat (p. 256)
- Alila Villas Soori (p. 256)
- Gajah Mina (p. 257)
- Taman Wana Villas & Spa (p. 260)
- Puri Dajuma Cottages (p. 258)

Pourquoi y aller

Si les zones touristiques du sud de Bali continuent de s'étendre vers l'ouest, à l'instar de Canggu, l'ouest de Bali, reste une région en grande partie peu visitée. À l'exception des abords de la route côtière entre Tabanan à Gilimanuk, le reste du territoire est une terre d'exploration peu fréquentée, entre plages sauvages, jungle luxuriante et rizières.

Sur la côte rocheuse, les surfeurs se mesurent aux rouleaux sur de superbes plages, comme celles de Balian et de Medewi. Certains des temples les plus sacrés de Bali marquent le paysage, du Pura Tanah Lot, pris d'assaut, au Pura Taman Ayun, et au Pura Rambut Siwi, merveilleusement isolé.

La proprette ville de Tabanan représente l'épicentre du *subak*, ingénieux système d'irrigation (inscrit sur la Liste du patrimoine mondial de l'Unesco) qui garantit une répartition équitable de l'eau.

Quand partir

➡ **Avril-septembre** La saison sèche est idéale pour visiter l'ouest de Bali (ces dernières années toutefois, la saison sèche était plus humide que d'habitude et la saison humide un peu plus sèche). La randonnée dans le Taman Nasional Bali Barat est beaucoup plus facile quand il n'y a pas de boue, et les eaux de Pulau Menjangan sont alors claires et propices à la plongée.

➡ **Mai-août** La côte ouest ne connaît guère de haute saison (si ce n'est que les mois sans *r* sont plus propices au surf).

À ne pas manquer

1. L'ambiance décontractée de **Balian Beach** (p. 256) où se mêlent surfeurs et fêtards branchés
2. La longue gauche qui fait la joie des surfeurs à **Pantai Medewi** (p. 257)
3. La sérénité du **Pura Taman Ayun** (p. 254)
4. La spiritualité qui se dégage le matin du **Pura Tanah Lot** (p. 254), avant l'animation de l'après-midi
5. La sérénité du **Pura Rambut Siwi** (p. 258), un important temple en bord de mer
6. Une course de buffles près de **Negara** (p. 258)
7. Les petites routes avec des fruits à portée de main, des arches de bambou et des ruisseaux, près de **Kerambitan** (p. 255)

boutiques de surf (location de planches à partir de 100 000 Rp la journée).

Le village de Medewi abrite un marché et des magasins d'alimentation et de produits de la vie de tous les jours.

Où se loger et se restaurer

Vous trouverez à vous loger le long du principal chemin menant au spot de surf, ainsi que plus à l'est à environ 2 km. Un stand au bord de la plage prépare des plats goûteux.

Mai Malu GUESTHOUSE **$**
(☎0819 1617 1045 ; maimalu.co.id ; en retrait de Tabanan-Gilimanuk Rd ; ch à partir de 150 000 Rp, plats à partir de 35 000 Rp ;). Près de l'autoroute sur la route secondaire pour Medewi, une adresse prisée (et quasi la seule) qui sert pizzas, hamburgers et plats indonésiens dans une salle moderne. Ambiance détendue et chambres basiques avec ventilateur.

Warung Gede & Homestay GUESTHOUSE **$**
(☎0812 397 6668 ; ch à partir de 100 000 Rp, repas à partir de 15 000 Rp). Une *guesthouse* qui propose des chambres rudimentaires avec eau froide et ventil aux tarifs imbattables. L'adresse est située près de la plage rocheuse. Belle vue sur la mer depuis le petit café en plein air qui sert des plats indonésiens ainsi que de bons petits-déjeuners occidentaux.

Medewi Beach Cottages HÔTEL **$$**
(☎0361-852 8521 ; www.medewibeachcottages.com ; ch à partir de 80 $US ;). Autour de la vaste piscine, 27 chambres modernes et confortables (avec TV sat) sont réparties dans de jolis jardins, à deux pas du spot de surf. Seul bémol : des barrières séparant les cottages de la plage et obstruant la vue. Petite annexe attenante pour les surfeurs avec eau froide/ventil pour 200 000 Rp.

Puri Dajuma Cottages HÔTEL **$$$**
(☎0365-470 0118 ; www.dajuma.com ; cottages à partir de 160 $US ;). En venant de l'est sur la route principale, impossible de manquer ce complexe balnéaire, bien signalé. Les 18 bungalows valent leur prix : chacun dispose d'une sdb extérieure close, d'un jardin privatif et d'une vue sur l'océan. Le spot de Medewi se situe à 2 km à l'ouest.

Depuis/vers Medewi

La plage de Medewi est à 75 km de l'aéroport. Une voiture avec chauffeur coûte environ 600 000 Rp la journée. Vous pourrez prendre un bus (25 000 Rp) ralliant Gilimanuk depuis la gare routière d'Ubung à Denpasar et vous faire déposer au croisement de la route vers la plage.

Negara

☎0365

Construite au cœur des larges plaines fertiles qui séparent les montagnes de l'océan, Negara est une ville prospère et pratique pour une halte. Bien que capitale de district, elle offre peu d'intérêt et ne s'anime vraiment que pendant les **courses de buffles** qui ont lieu dans la région. Dans Jl Ngurah Rai, la principale artère commerçante (au sud de

LE PURA RAMBUT SIWI

Juché sur une falaise qui domine une longue plage de sable noir, ce magnifique temple de la mer, ombragé de frangipaniers, est l'un des plus importants de l'ouest de Bali. Comme le Pura Tanah Lot et le Pura Ulu Watu, il fut fondé au XVIe siècle par le prêtre Nirartha, qui choisissait l'implantation de ses temples avec soin. Contrairement au Tanah Lot, c'est un site paisible et peu touristique. Les jours où aucune cérémonie n'a lieu, vous n'y verrez qu'une poignée de marchands de boissons.

Selon la légende, lors de sa première visite, Nirartha donna une mèche de ses cheveux aux villageois. Celle-ci est conservée dans une boîte enfouie dans le *meru* (sanctuaire) à 3 étages dont le nom signifie "Adoration des cheveux". Le grand *meru* n'est pas accessible, mais on le voit bien par la porte. Le temple entier est accessible depuis le parking par d'imposantes marches en pierre. Le gardien loue des sarongs pour 2 000 Rp et fait volontiers découvrir le temple et la plage. Il présente ensuite le livre d'or et sollicite un don (10 000 Rp). Un sentier longeant la falaise puis une série de marches mène, en contrebas, à un petit temple encore plus ancien, le **Pura Penataran**.

Le temple se situe entre Air Satang et Yeh Embang, à 7 km à l'ouest de Medewi et 48 km à l'est de Gilimanuk. La route de 500 m jusqu'au site à travers de belles rizières est bien indiquée. Ne manquez pas le tournant, près d'un groupe de *warung* sur la grand-route de Tabanan-Gilimanuk.

LES COURSES DE BUFFLES

La région de Negara est connue pour ses courses de buffles (appelés *mekepung*), qui culminent lors de la **Bupati Cup**, à Negara, le dimanche avant le 17 août, fête de l'Indépendance.

Les animaux sont de dociles kérabaux, qui galopent sur une distance de 2 km de route ou de plage en tirant de petits chariots. Les conducteurs, vêtus de couleurs vives, se tiennent debout ou à genoux sur les chariots. Le vainqueur n'est pas forcément le premier à passer le poteau d'arrivée. Le style est également pris en compte et l'attelage le plus élégant marque des points. De nombreux paris ont lieu sur les résultats.

Des courses importantes se déroulent certains dimanches pendant la saison sèche (juillet-octobre). Les courses et les séances d'entraînement se tiennent le dimanche matin dans différents sites autour de Perancak, sur la côte, et ailleurs, notamment à Delod Berawan et Mertasari. Trouver ces manifestations tient de la gageure. Si vous êtes à Negara un dimanche de courses, les gens se feront un plaisir de vous orienter. Tentez votre chance auprès du **Jembrana Government Tourist Office** (☎0365-41060 ; Jl Dr Setia Budi 1, Negara ; ⊙9h-15h lun-ven) en demandant si une démonstration est prévue pour les touristes (elles sont en principe organisées certains jeudis après-midi).

Putu Surf Shop (☎0817 973 5213 ; Medewi Beach ; sorties à partir de 250 000 Rp), à Medewi Beach, qui emmène des groupes voir les courses certains dimanches matin de juillet à octobre, pourra aussi vous renseigner. Au vu des horaires des transports, mieux vaut dormir à Medewi Beach ou Pemuteran la veille.

Il convient néanmoins de noter que la course de buffles est dénoncée par les associations de protection animale qui la jugent inhumaine. En effet, de la pâte au piment serait en effet introduite dans l'anus des buffles et des bâtons taillés en pointe utilisés comme cravaches pour les faire avancer plus vite.

l'axe Tabanan-Gilimanuk), vous trouverez des distributeurs d'argent, des *warung*, des boulangeries et un **Hardy's Department Store** (☎0365-40709 ; Jl Ngurah Rai ; ⊙8h-22h).

Environs de Negara

À la sortie sud de Negara, **Loloan Timur** est un village principalement habité par des Bugis (originaires de Sulawesi), dont les traditions remontent à trois siècles. Notez les maisons sur pilotis, dont certaines sont décorées de pièces de bois chantournées.

Le dimanche matin, des séances d'entraînement pour les courses de buffles ont lieu sur un terrain de football près de Delod Berawan. Pour y assister, quittez la route Gilimanuk-Denpasar à Mendoyo et prenez au sud vers la côte, où une houle irrégulière déferlent sur les plages de sable noir.

C'est à **Perancak** que Nirartha accosta à Bali en 1546. Le **Pura Gede Perancak**, temple en pierres de calcaire blanc, commémore cet événement. Ignorez le petit zoo fatigué et baladez-vous sur le port de pêche.

Autrefois capitale de la région, **Jembrana** est devenue la patrie du gamelan *jegog*, composé d'imposants instruments en bambou au son grave et profond. Des concerts rassemblent souvent des groupes pour des joutes musicales. Essayez d'assister à un concert pendant une fête locale. Renseignez-vous auprès de votre chauffeur ou d'un habitant pour en connaître les dates.

Belimbingsari et Palasari

Au nord de la grand-route, deux étonnantes villes chrétiennes méritent le détour.

Malgré l'opposition des Néerlandais, des missions tentèrent d'évangéliser Bali et parvinrent à convertir certains habitants, pour la plupart rejetés par leur propre communauté. En 1939, ils furent incités à fonder des communautés chrétiennes dans les régions isolées de l'ouest de Bali.

Palasari, où réside une communauté catholique, possède une grande église en pierre blanche sur une vaste place ombragée. L'influence balinaise y est présente – les toits rappellent les *meru* des temples hindous et la façade ressemble à l'entrée d'un temple.

Non loin, Belimbingsari accueille la plus grande église protestante de Bali. Moins imposante que celle de Palasari, son architecture comporte également des éléments balinais. Ainsi, la cloche est remplacée par un *kulkul* (tambour d'alarme taillé dans un tronc d'arbre creux), semblable à ceux des temples hindous. On entre par un portail de style *aling-aling* (mur de défense), et les chérubins sculptés semblent très balinais. Venez un dimanche pour visiter l'intérieur.

Où se loger

Taman Wana Villas & Spa BOUTIQUE-HOTEL $$
(☎0361-727770 ; www.bali-tamanwana-villas.com ; Palasari ; ch 80-300 $US ; ❄📶🏊). Ce complexe isolé se situe à 2 km de l'église de Palasari, au bout d'une route magnifique qui traverse la jungle. Ce luxueux refuge à l'allure monastique compte 27 chambres aménagées dans d'étonnantes constructions circulaires. Vue panoramique. Demandez une chambre donnant sur les rizières.

Depuis/vers Belimbingsari et Palasari

Ces deux bourgs se situent au nord de la grand-route et le meilleur moyen de les visiter consiste à effectuer une boucle avec son propre véhicule. Sur la grand-route, à 17 km à l'ouest de Negara, repérez les panneaux indiquant les Taman Wana Villas. Suivez cette direction sur 6,1 km jusqu'à Palasari. En venant de l'ouest, empruntez l'embranchement pour Belimbingsari, à 20 km au sud-est de Cekik. Une bonne route conduit au village. Entre les deux bourgades, il est facile de se perdre entre la multitude de voies étroites carrossables, mais des habitants vous indiqueront le chemin.

Cekik

Au carrefour de Cekik, une route poursuit vers l'ouest jusqu'à Gilimanuk, tandis qu'une autre part vers le nord de Bali. Tous les bus et les *bemo* qui desservent Gilimanuk transitent par Cekik.

Dans les années 1960, des **fouilles archéologiques** ont permis de découvrir les preuves de présence humaine les plus anciennes de Bali. Dans les tumulus funéraires les archéologues ont trouvé offrandes, bijoux en bronze, outils de travail et plats en terre, le tout datant de 1000 av. J.-C. Certains de ces objets sont exposés au Museum Manusia Purbakala Gilimanuk à Gilimanuk.

En prenant au sud au carrefour, on rejoint un **mémorial de guerre**, construction ressemblant à une pagode entourée d'un escalier en spirale. Il commémore le débarquement après la Seconde Guerre mondiale des forces indépendantistes qui s'opposèrent aux Néerlandais.

Cekik abrite l'**administration du parc** (☎0365-61060 ; www.tnbalibarat.com ; Jl Raya Cekik ; ⏲7h-17h) du Taman Nasional Bali Barat (p. 250).

Gilimanuk

Terminus des ferries qui traversent le détroit entre Bali et Java, Gilimanuk voit passer les voyageurs qui continuent leur chemin en bateau ou en bus, sans vraiment s'arrêter.

À voir

À 500 m à l'est de l'embarcadère des ferries, le personnel du **Museum Manusia Purbakala Gilimanuk** (musée de l'Homme préhistorique ; ☎0365-61328 ; don apprécié 10 000 Rp ; ⏲horaires variables) se fera une joie de vous accueillir. Ce musée présente une série de squelettes découverts en 2004 et dont l'âge est estimé à 4 000 ans. La région est habitée depuis des millénaires.

Sur la côte nord, faites un arrêt sur le littoral pour voir la mer et les vagues se renforcer à l'approche du détroit de Bali.

Où se loger et se restaurer

Les bons hébergements sont rares même si l'offre est nombreuse, surtout à Pemuteran.

Hotel Lestari HÔTEL $
(☎0365-61504 ; Jl Raya ; ch 110 000-250 000 Rp ; ❄). De la chambre simple avec ventil à la suite climatisée, cet hôtel est sans prétention. À 1,7 km à l'est du terminal des ferries.

Asli Mentempeh BALINAIS $
(Terminal Lama ; repas à partir de 20 000 Rp ; ⏲8h-22h). Les propriétaires gèrent plusieurs établissements similaires dans le quartier. Celui-ci sert du *chicken betutu*, une spécialité locale à base de poulet cuit à l'étouffée relevé et parfumé aux herbes. Dans l'ancienne gare routière, à 500 m à l'est de l'embarcadère des ferries, à 50 m de la grand-route.

Comment circuler

Des bus circulent fréquemment entre l'immense gare routière de Gilimanuk et celle d'Ubung à Denpasar (30 000 Rp, 2/3 heures), ainsi que sur la route côtière vers Singaraja (25 000 Rp). Des minibus plus petits mais un peu plus confortables effectuent également ces parcours pour 5 000 Rp de plus.

Des ferries (adulte/enfant 6 500/5 500 Rp, voiture 124 000 Rp) effectuent la traversée 24h/24 vers Ketapang, sur l'île de Java (30 min).

Lombok

Dans ce chapitre ➡

Le top des plages

- Sire (p. 273)
- Pantai Segar (p. 285)
- Pantai Dagong (p. 286)
- Mawi (p. 286)
- Selong Blanak (p. 286)

Le top des hébergements

- Pearl Beach (p. 267)
- Qunci Villas (p. 271)
- Rinjani Beach Eco Resort (p. 273)
- Tugu Lombok (p. 273)
- Coco Beach (p. 272)

Pourquoi y aller

Longtemps restée dans l'ombre de Bali de l'autre côté du détroit de Lombok, l'île intéressera les voyageurs cherchant une alternative à Bali. Il faut dire que Lombok offre tous les charmes des tropiques avec ses ravissantes plages de sable blanc, son surf, ses forêts luxuriantes et ses sentiers de randonnée au milieu des rizières et des champs de tabac. Le tout dominé par le puissant Gunung Rinjani, le deuxième volcan d'Indonésie, couronné d'un lac de cratère scintillant et de sources chaudes.

Autre atout majeur : la côte sud de Lombok, encore sauvage, qui abrite des spots de surf de classe internationale, d'immenses baies aux eaux turquoise et d'impressionnants promontoires. Le développement des infrastructures sur ces plages splendides est inévitable, mais, en attendant, il est facile de les explorer grâce à l'amélioration de l'état des routes.

Si vous vous rendez sur les charmantes îles Gili, une étape à Lombok est incontournable. Le réseau de transports y est efficace et l'atmosphère décontractée.

Quand partir

Lombok jouit d'un climat tropical, chaud et humide, tout au long de l'année, avec une saison des pluies marquée, entre fin octobre et avril.

➡ **Juillet-août** Les mois les plus secs, juillet et août, coïncident avec la haute saison touristique.

➡ **Novembre-avril** La saison des pluies est idéale pour assister à une fête locale, comme la spectaculaire fête du Riz ou Perang Topat (à Pura Lingsar en novembre ou décembre), les combats au bâton de Peresean (en décembre) ou les courses de buffles de Narmada (en avril).

À ne pas manquer

1 Le surf (ou l'apprentissage du surf) sur la crête des vagues de **Gerupuk** (p. 285)

2 L'ascension du **Gunung Rinjani** (p. 276), l'incomparable sommet sacré de Lombok

3 La découverte de la sublime **plage de Mawun** (p. 286)

4 Une crique déserte au **nord de Senggigi** (p. 272)

5 Une fête sasak, comme à Peresean, près de **Mataram** (p. 264)

6 Une immersion dans le bonheur insulaire de **Gili Asahan** (p. 267)

7 Les splendides paysages de montagne de la **vallée de Sembalun** (p. 275)

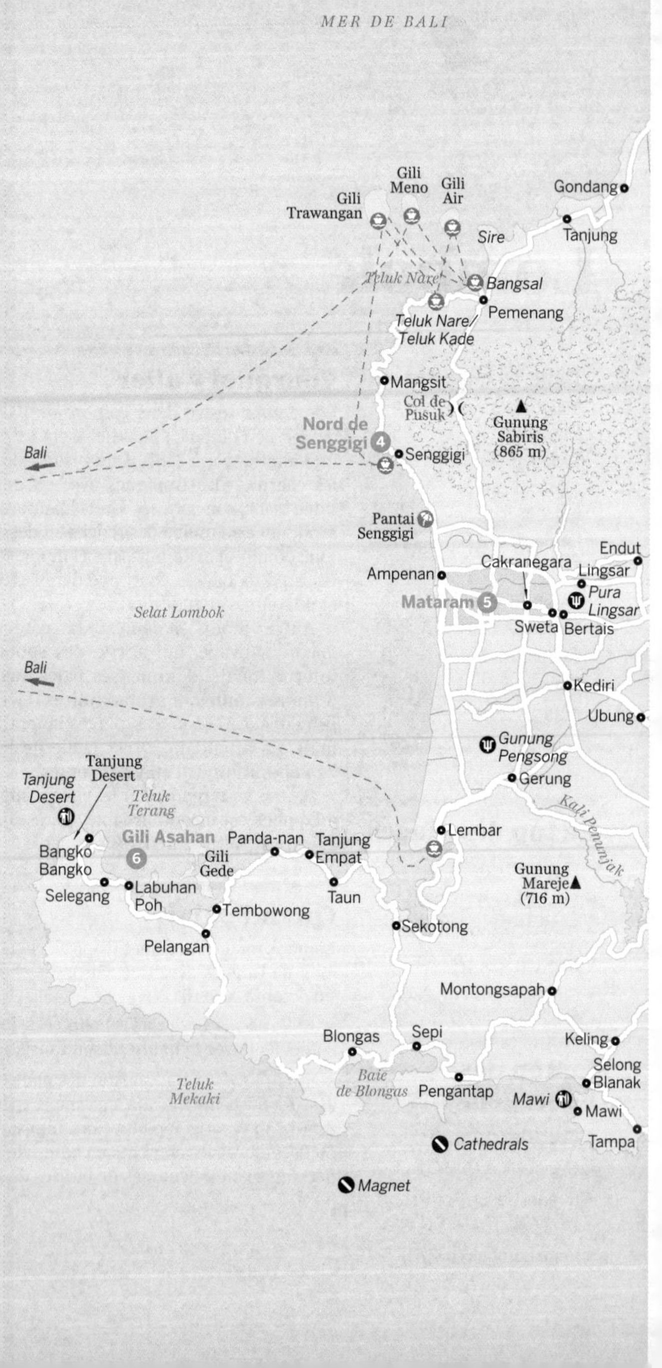

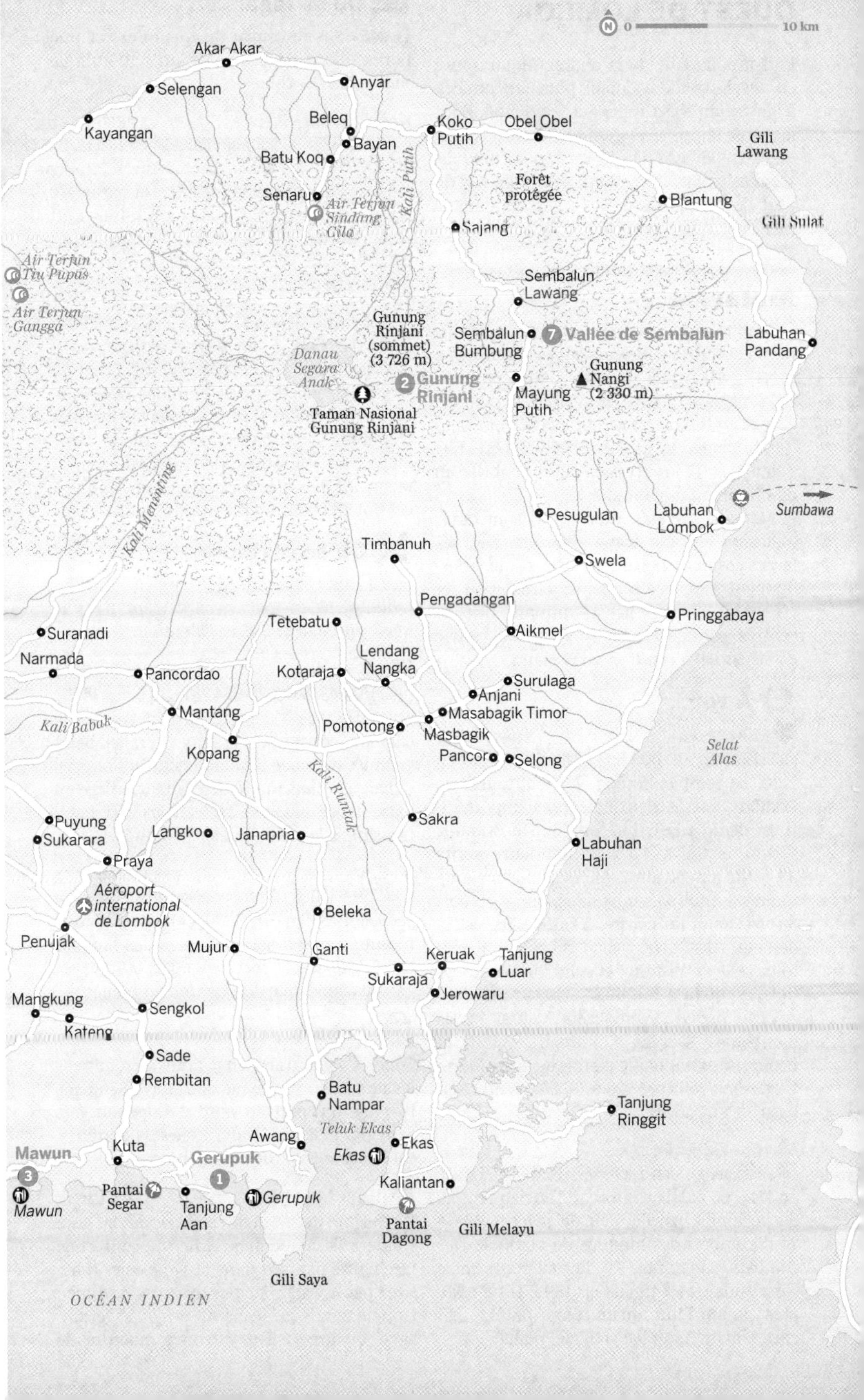

0
10 km
Akar Akar
Anyar
Selengan
Kayangan
Beleq
Bayan
Batu Koq
Koko
Putih
Obel Obel
Gili
Lawang
Senaru
Air Terjun
Sindang
Gila
Kali Putih
Forêt
protégée
Blantung
Sajang
Gili Sulat
Air Terjun
Tiu Pupas
Air Terjun
Gangga
Sembalun
Lawang
Gunung
Rinjani
(sommet)
(3 726 m)
Sembalun
Bumbung
7 Vallée de Sembalun
Labuhan
Pandang
Danau
Segara
Anak
2 Gunung
Rinjani
Gunung
Nangi
(2 330 m)
Mayung
Putih
Taman Nasional
Gunung Rinjani
Kali Menimting
Pesugulan
Labuhan
Lombok
Sumbawa
Timbanuh
Swela
Pengadangan
Pringgabaya
Tetebatu
Aikmel
Suranadi
Narmada
Pancordao
Kotaraja
Lendang
Nangka
Surulaga
Anjani
Mantang
Masabagik Timor
Kali Babak
Pomotong
Masbagik
Kopang
Pancor
Selong
Selat
Alas
Kali Runtak
Puyung
Sakra
Sukarara
Langko
Janapria
Labuhan
Haji
Praya
Aéroport
international
de Lombok
Beleka
Penujak
Mujur
Ganti
Keruak
Tanjung
Luar
Sukaraja
Jerowaru
Mangkung
Sengkol
Kateng
Sade
Rembitan
Batu
Nampar
Tanjung
Ringgit
Teluk Ekas
Awang
Ekas
Ekas
Mawun
Kuta
Gerupuk
3
1
Kaliantan
Mawun
Pantai
Segar
Tanjung
Aan
Gerupuk
Pantai
Dagong
Gili Melayu
Gili Saya
OCÉAN INDIEN

OUEST DE LOMBOK

0370

Plus grande ville de la région, Mataram est en développement depuis plusieurs années, à l'instar du Nusa Tenggara occidental. Dans le même temps, la station balnéaire de Senggigi semble figée depuis les années 1990. Le secteur le plus attrayant se trouve au sud du port de Lembar, avec ses avancées dans la mer et de nombreuses îles bucoliques.

Mataram

La capitale de Lombok est le résultat de l'agrégation de plusieurs villes : Ampenan (port), Mataram (centre administratif), Cakranegara (centre des affaires, souvent abrégé en Cakra), ainsi que Bertais et Sweta (où se trouve la gare routière) à l'est. Elle s'étend sur 12 km d'est en ouest et abrite un demi-million d'habitants.

Même si les sites intéressants sont rares, Mataram est une étape plaisante avec ses larges avenues bordées d'arbres, qui bourdonnent des bruits de la circulation et regorgent de marchés traditionnels et de centres commerciaux. Si vous avez envie d'authenticité, l'endroit vous plaira.

À voir

Pura Meru TEMPLE HINDOU
(Jl Selaparang ; 10 000 Rp ; 8h-17h). Érigé en 1720, ce temple hindou, le plus grand de Lombok, est le deuxième plus important. Il est dédié à la trinité hindouiste Brahma, Vishnu et Shiva. La cour intérieure abrite 33 petits autels, ainsi que trois *meru* (sanctuaires à multiples toits de chaume) en bois de tek. Celui du centre, à onze toits, est la demeure de Shiva ; celui du nord, à neuf toits, celle de Vishnu ; et celui du sud, à sept toits, est dédié à Brahma.

Ces *meru* symbolisent aussi trois montagnes sacrées : Rinjani, Agung et Bromo, sans oublier le mythique mont Meru. Le gardien vous prêtera un *sash* (ceinture en tissu) et un sarong.

Mayura Water Palace PARC
(Jl Selaparang ; don apprécié ; 7h-19). Édifié en 1744, ce palais comprend l'ancien temple de la famille royale, lieu de pèlerinage (le 24 décembre) des hindous de Lombok. Des combats sanglants s'y déroulèrent entre Néerlandais et Balinais en 1894. Il ne reste plus aujourd'hui qu'un parc public mal entretenu avec un lac artificiel pollué.

Où se loger

Loger dans le centre de Mataram est une bonne façon de découvrir un authentique mode de vie local.

Hotel Melati Viktor GUESTHOUSE $
(0370-633830 ; Jl Abimanyu 1 ; ch 100 000/200 000 Rp). Les 37 chambres impeccables aux hauts plafonds, la cour de style balinais et les statues hindoues en font l'un des meilleurs rapports qualité/prix en ville. Ventil dans les chambres les moins chères.

Hotel Lombok Raya HÔTEL $$
(0370-632305 ; www.lombokrayahotel.com ; Jl Panca Usaha 11 ; ch 400 000-650 000 Rp ;). Chouchou des hommes d'affaires, cet établissement bien situé loue 134 grandes chambres confortables avec balcon. Une étape hors du temps, dans le bon sens du terme. De récentes rénovations ont donné à cet hôtel le peps dont il avait besoin.

Où se restaurer

Fast-foods occidentaux, bars à nouilles indonésiens et *warung* abondent dans le Mataram Mall et les rues alentour.

Ikan Bakar 99 POISSON $
(0370-643335, 0370-664 2819 ; Jl Subak III 10 ; plats 20 000-55 000 Rp ; 11h-22h). Au menu, calmars, crevettes, poissons et crabes badigeonnés de sauce piquante et grillés ou frits et baignés dans une sauce Padang épicée ou aigre-douce gluante. Mêlez-vous aux habitants dans la salle carrelée et voûtée.

Mi Rasa BOULANGERIE $
(0370-633096 ; Jl AA Gede Ngurah 88 ; en-cas à partir de 5 000 Rp ; 6h-22h). Cette boulangerie récente a un vif succès auprès des familles de Cakra. On y sert beignets, biscuits et gâteaux, ainsi que des *wonton* au poulet.

Achats

Pour les objets d'artisanat, faites un tour dans les nombreux magasins de Jl Raya Senggigi, l'avenue qui part au nord d'Ampenan vers Senggigi. Jl Panca Usaha, avec ses boutiques, est la principale rue commerçante.

Pasar Mandalika MARCHÉ
(7h-17h). Ce marché proche de la gare routière de Mandalika, à Bertais, offre une fascinante plongée dans la vie locale. N'hésitez pas à y aller si vous avez passé un peu trop de temps sur le circuit des *bule* ("étrangers" en argot). On y trouve quantité de

Mataram

Mataram

Les incontournables

1 Pura Meru D2

À voir

2 Mayura Water Palace D2

Où se loger

3 Hotel Lombok Raya A2
4 Hotel Melati Viktor B2

Où se restaurer

5 Ikan Bakar 99 .... B2
6 Mi Rasa C2

Achats

7 Mataram Mall A2
8 Pasar Cakranegara D2

produits : fruits et légumes, poisson (frais et séché), paniers remplis d'épices et céréales colorées, viande, sucre de palme ou pâte de crevette piquante. L'artisanat est le moins cher de l'ouest de Lombok.

Lombok Handicraft Centre ARTISANAT
(Jl Hasanuddin ; 9h-18h). Situé à Sayang Sayang (2 km au nord de Cakra), ce centre d'artisanat présente un vaste choix d'objets, tels que masques, textiles et céramiques provenant de tout Nusa Tenggara.

Pasar Cakranegara MARCHÉ
(angle AA Gede Ngurah et Jl Selaparang ; 9h-18h). Des étals originaux où l'on trouve des ikats (tissus traditionnels) de bonne qualité et un marché alimentaire animé.

Mataram Mall GALERIE MARCHANDE
(Jl Selaparang ; 7h-21h). Une galerie marchande occupant plusieurs étages, avec un supermarché, des grands magasins, des boutiques d'électronique et de vêtements ainsi que quelques bons restaurants.

Renseignements

Rumah Sakit Harapan Keluarga (0370-670000 ; www.harapankeluarga.co.id ; Jl Ahmad Yani 9 ; 24h/24). Le plus récent et le meilleur hôpital privé de Lombok, à l'est du centre de Mataram. Médecins parlant anglais et équipements modernes.

Depuis/vers Mataram

L'aéroport de Mataram est fermé depuis l'ouverture, en 2011, du nouvel aéroport près de Praya.

BEMO

Mataram est très étendue. Des *bemo* (minibus) jaunes font la navette entre la gare routière de Kebon Roek, à Ampenan, et celle de Mandalika,

Senggigi

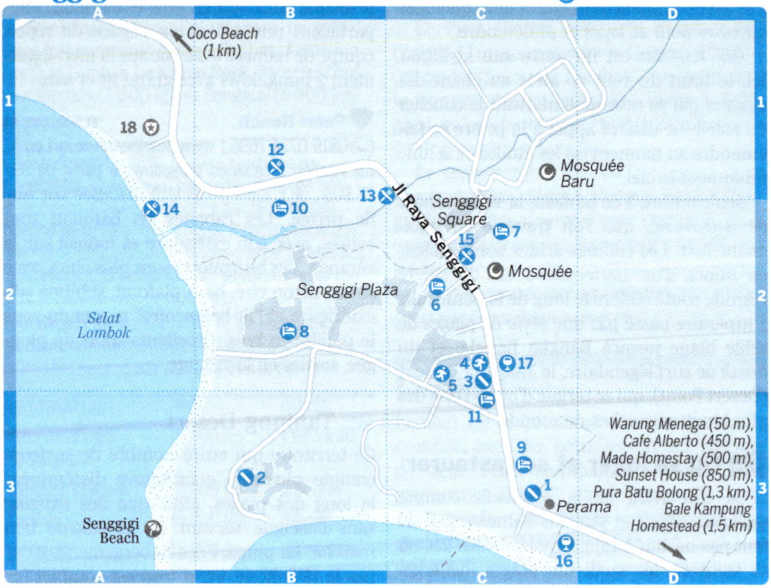

Senggigi

Cette station balnéaire traditionnelle occupe un joli site : une série de vastes baies ourlées de sable fin sur fond de cocotiers et de montagnes couvertes de jungle. En fin d'après-midi, on peut admirer le soleil rouge s'enfoncer dans l'océan près du cône géant du Gunung Agung de Bali.

Les touristes ne sont pas nombreux et l'on trouve d'excellents hôtels et restaurants. La principale rue commerçante et ses boutiques n'ont rien d'avenant. Les entraîneuses de bar sont bien voyantes et les vendeurs de plage se montrent parfois insistants.

La région de Senggigi s'étire sur 10 km le long de la route du littoral ; le quartier huppé de Mangsit se situe à 3 km au nord du centre de Senggigi.

À voir

Pura Batu Bolong TEMPLE HINDOU

(Près de Jl Raya Senggigi ; don apprécié ; 7h-19h). À 2 km au sud du centre de Senggigi, le Pura Batu Bolong n'est pas le temple hindou le plus impressionnant de Lombok, en revanche c'est l'un des plus charmants. Au coucher du soleil, n'hésitez pas à vous joindre aux habitants qui présentent des offrandes devant les 14 autels et pagodes agrippés à un promontoire volcanique s'avançant dans la mer. Une cavité naturelle s'ouvre dans la roche, d'où le nom de *batu bolong*, qui signifie "rocher percé".

Activités

Snorkeling, plongée et surf

On peut pratiquer le snorkeling près du centre de Senggigi, à 3 km au nord de la ville. Masques, palmes et tubas (40 000 Rp/jour) sont loués sur la plage. Les sorties de plongée au départ de Senggigi s'effectuent habituellement autour des îles Gili.

Blue Coral Diving PLONGÉE

(0370-693441 ; www.bluecoraldive.com ; Jl Raya Senggigi ; 2 plongées consécutives 800 000 Rp). Le plus grand centre de plongée de Senggigi fréquente les mêmes sites que les prestataires implantés dans les îles Gili.

Blue Marlin PLONGÉE

(0370-693719 ; www.bluemarlindive.com ; Holiday Resort Lombok, Jl Raya Senggigi ; 2 plongées consécutives 800 000 Rp). La branche locale du centre de plongée réputé de Gili Trawangan.

Dream Divers PLONGÉE

(0370-693738 ; www.dreamdivers.com ; Jl Raya Senggigi ; 2 plongées consécutives à partir de 800 000 Rp). L'annexe de Senggigi, l'original

Senggigi

Activités

1 Blue Coral Diving ... C3
2 Blue Marlin ... B3
3 Dream Divers ... C2
4 Rinjani Trekking Club ... C2
5 Royal Spa ... C2

Où se loger

6 Central Inn ... C2
7 Hotel Elen ... C2
8 Santosa Villas ... B2
9 Sendok Hotel ... C3
10 Sonya Homestay ... B2
11 Wira ... C3

Où se restaurer

12 Asmara ... B1
13 Cafe Tenda Cak Poer ... C1
14 Office ... A2
15 Square ... C2

Où prendre un verre et faire la fête

16 Hotel Lina ... C3
17 Papaya Café ... C2

Achats

Asmara Collection ... (voir 12)

Renseignements

18 Police touristique ... A1

étant aux Gili. D'autres activités proposées comme des treks sur le Rinjani.

Randonnée

Rinjani Trekking Club SPORTS D'AVENTURE

(☎0370-693202 ; www.info2lombok.com ; Jl Raya Senggigi ; ⏲9h-20h). Cette agence, sans doute la meilleure parmi les autres prestataires de la rue, connaît bien les itinéraires et l'état des sentiers sur le Gunung Rinjani, et propose un large choix de randonnées guidées.

Massages, spas et instituts de beauté

Équipés d'huiles et de nattes, nombre de masseurs convoitent le client sur les plages de Senggigi. Comptez autour de 60 000 Rp pour une heure. Les hôtels peuvent aussi faire venir un masseur dans votre chambre (à partir de 75 000 Rp). Soyez vigilant : beaucoup d'"instituts de beauté" installés dans la rue proposent des massages d'une toute autre nature.

♥ **Qamboja Spa** SPA

(☎0370-693800; www.quncivillas.com ; Qunci Villas, Mangsit ; massages à partir de 30 $US ; ⏲8h-22h). Superbe spa d'hôtel, où l'on choisit son type de massage : thaïlandais, balinais, shiatsu, etc. Toutes sortes d'huiles sont proposées selon l'effet recherché : relaxation, harmonie, raffermissement, etc.

Royal Spa SPA

(☎0370-660 8777 ; près de Jl Raya Senggigi, Senggigi Plaza ; soins à partir de 100 000 Rp ; ⏲10h-21h). Professionnel sans être cher, ce spa propose une séduisante gamme de gommages, de massages et de soins. Le massage *lulur*, avec pose de masque sur le corps, est un vrai moment de plaisir.

Où se loger

À Senggigi, les hébergements s'échelonnent tout au long de la côte. Même si vous logez quelques kilomètres plus loin, comme à Mangsit, vous ne vous sentirez pas isolé, car de nombreux restaurants assurent le transport gratuit et les taxis sont très bon marché.

En dehors de juillet-août, les hébergements des catégories moyenne et supérieure accordent des rabais allant jusqu'à 50%.

Senggigi

♥ **Wira** GUESTHOUSE $

(☎0370-692153 ; www.thewira.com ; Jl Raya Senggigi ; dort à partir de 75 000 Rp, ch 250 000-350 000 Rp ; ❄📶). Ce *losmen* de charme se trouve du côté de la plage, dans la rue principale de Senggigi. Il abrite 11 chambres sobres, attrayantes et spacieuses, avec mobilier en bambou et véranda privée à l'avant. Également un dortoir de 10 lits. Utilisez l'entrée tranquille dans une rue secondaire, à l'écart de Jl Raya Senggigi.

Hotel Elen HÔTEL $

(☎0370-693077 ; Jl Raya Senggigi ; ch à partir de 120 000 Rp ; ❄). L'adresse préférée des voyageurs à petit budget depuis longtemps. Les chambres sont rudimentaires, mais celles qui donnent sur la fontaine avec cascade et le bassin de carpes koi ont un grand patio carrelé qui profite des embruns marins.

Sonya Homestay CHEZ L'HABITANT $

(☎0813 3989 9878 ; Jl Raya Senggigi ; ch 100 000-160 000 Rp ; ❄📶). Cette adresse familiale comportant 9 chambres basiques (les moins chères ont un ventil), pourvues d'agréables patios. Le propriétaire, Nathan, propose des circuits guidés (en voiture) dans Mataram et

FÊTES ET CÉRÉMONIES SASAK

On ne sait pas grand-chose sur l'origine des Sasak, plus grande ethnie de l'île de Lombok, mais ils descendraient d'une lignée de Balinais, convertis à l'islam au XVIIe siècle. La plupart des fêtes et des rites de cette communauté sont fondés sur les traditions animistes et hindoues et ont perdu en popularité, mais certains perdurent.

Lebaran Topat Cette cérémonie propre à l'ouest de Lombok se déroule 7 jours après la fin du mois de jeûne (Aïd al-Fitr ; ramadan) du calendrier islamique. Les familles se retrouvent au cimetière pour verser de l'eau sur les tombes et faire des offrandes de fleurs, de feuilles de bétel et de chaux en poudre. On peut observer cette cérémonie notamment dans le **cimetière de Bintaro**, dans les faubourgs d'Ampenan.

Malean sampi Signifiant "courses de vaches" en sasak, ces courses de buffles se déroulent dans les rizières à **Narmada**, juste à l'est de Mataram. Attelés par deux, les buffles sont conduits par un cocher qui dirige l'attelage au fouet sur un parcours défini. La manifestation, qui a lieu début avril, marque le début de la saison des semailles.

Gendang beleq On jouait de ce "gros tambour" à l'origine avant les batailles. Aujourd'hui, de nombreux villages du centre de Lombok possèdent un orchestre *gendang*, comptant jusqu'à 40 tambours, qui jouent lors des fêtes et des cérémonies. Les tambours (qui peuvent atteindre 1 m de long) sont suspendus au cou des musiciens.

Peresean Cet art martial (combat au bâton) est une lutte entre deux adversaires torse nu armés de bâtons de rotin et de boucliers rectangulaires recouverts de peau de vache. Les Sasak croient que le sang répandu sur la terre favorise l'arrivée des pluies bienfaitrices de la saison humide. Fin juillet, on peut voir des démonstrations de *peresean* à Senggigi et, fin décembre, un championnat à Mataram.

les environs. En retrait de la route, dans un petit jardin ombragé.

Sendok Hotel AUBERGE $

(☎ 0370-693176 ; www.sendokhotellombok.com ; Jl Raya Senggigi ; ch à partir de 350 000 Rp ; ❄📶🏊). Cette *guesthouse* est plus attrayante que le pub (sympathique, tout de même) installé derrière. Les 28 chambres sont décorées de jolies antiquités javanaises et d'un carrelage aux couleurs criardes. Les sdb sont correctes (certaines avec eau chaude). Toutes les chambres sont lumineuses, aérées et dotées d'une véranda privée à l'avant.

Made Homestay CHEZ L'HABITANT $

(☎ 0819 1704 1332 ; Jl Raya Senggigi ; ch 130 000-180 000 Rp ; ❄📶). Bon choix pour les petits budgets : les 6 chambres sont pourvues de grands lits en bambou et de vérandas privées à l'avant. Les chambres climatisées sont un peu plus chères, mais le rapport qualité/prix reste correct en haute saison. Douches froides uniquement.

Bale Kampung Homestay GUESTHOUSE $

(☎ 0818 0360 0001, 0370-660 0001 ; Jl Raya Senggigi ; ch 150 000-250 000 Rp ; ❄📶). À 300 m au sud du Pura Batu Bolong, ce petit bâtiment en briques, au toit de chaume, offre 15 chambres d'un très bon rapport qualité/prix. Les plus chères ont la clim et l'eau chaude. L'adresse est un peu excentrée, mais le transport est assuré depuis/vers Senggigi.

Central Inn HÔTEL $

(☎ 0370-692006 ; Jl Raya Senggigi ; ch à partir de 300 000 Rp ; ❄📶🏊). Situées dans divers bâtiments de style motel, les 54 chambres, avec vue sur les collines environnantes, se distinguent par des hauts plafonds, un carrelage frais et des fauteuils en bambou. L'établissement se trouve dans la rue principale, côté plage, éloigné du bruit mais pas directement sur la plage.

Sunset House HÔTEL $$

(☎ 0370-667 7196, 0370-692020 ; www.sunsethouse-lombok.com ; Jl Raya Senggigi 66 ; ch 350 000-700 000 Rp ; ❄📶🏊). Cet hôtel compte 35 chambres, simples mais décorées avec goût et bien équipées. Il est situé sur le front de mer paisible menant au Pura Batu Bolong. Les chambres des étages supérieurs ont une vue imprenable sur l'océan, orientée vers Bali. Wi-Fi dans les espaces communs.

Santosa Villas RESORT $$

(☎ 0370-693090 ; www.santosavillasresort.com ; Jl Raya Senggigi ; ch à partir de 80 $US ; ❄📶🏊👪). Cet hébergement confortable compte 187 chambres standards et des villas de luxe disséminées dans un grand jardin en bordure d'une belle plage. Il est situé au milieu de la grand-rue de Senggigi.

Chandi RESORT $$$
(☎0370-692198 ; www.the-chandi.com ; Batu Balong ; ch à partir de 150 $US ;). Ce boutique-hôtel se situe à environ 1 km au sud du Pura Batu Balong. Chacune des 15 chambres dispose d'un salon extérieur et d'un intérieur moderne avec haut plafond et sdb extérieure originale. Vous passerez sans doute une bonne partie de vos journées sur la vaste terrasse surélevée, face à la mer.

Mangsit

Qunci Villas RESORT $$$
(☎0370-693800 ; www.quncivillas.com ; Mangsit ; ch à partir de 140 $US ;). Cette adresse éblouissante est la promesse d'une expérience luxueuse. Tout est magique, de la nourriture à la jolie piscine en passant par le spa. Mention spéciale à la vue sur la mer (le complexe est à 160 m de la plage). Les 78 chambres sont dans le même esprit. Vous aurez bien du mal à quitter ce paradis.

Jeeva Klui RESORT $$$
(☎0370-693035 ; www.jeevaklui.com ; Jl Raya Klui Beach ; ch à partir de 160 $US, villas à partir de 330 $US ;). Au nord de Mangsit, nichée au fond de la baie, voici l'une des plus belles adresses du secteur, avec une piscine à débordement et une jolie plage, quasi privée et abritée par un promontoire rocheux. Avec leurs colonnes en bambou et leur véranda, les 35 chambres au toit de chaume ont du charme à revendre. Les villas privées (avec piscine) sont luxueuses.

Où se restaurer et prendre un verre

La palette gastronomique de Senggigi s'étend des restaurants pour les touristes aux simples *warung*. Beaucoup d'établissements assurent le transport le soir – téléphonez pour qu'on vienne vous chercher.

Jusqu'à récemment, il n'y avait pas beaucoup d'établissements à Senggigi affichant la double casquette de bar et de restaurant. Toutefois, une sorte de "fièvre de Pattaya" semble avoir touché la ville. On voit ainsi sortir de terre d'imposants bâtiments en parpaings en périphérie du centre proposant karaoké, salon de massages, etc.

Étape incontournable : siroter un verre au coucher du soleil dans l'un des nombreux établissements modestes jalonnant la plage.

Senggigi

Cafe Tenda Cak Poer INDONÉSIEN $
(Jl Raya Senggigi ; plats 12 000-15 000 Rp ; 18h-tard). Pas entièrement clos, ce *warung* en bord de route ravit sa clientèle, perchée sur des tabourets, qui se délectent de plats classiques cuits au wok. Goûtez le *nasi goreng* (riz frit) très relevé et aillé, et attendez-vous à une bonne suée.

Asmara INTERNATIONAL $
(☎0370-693619 ; www.asmara-group.com ; Jl Raya Senggigi ; plats 25 000-80 000 Rp ; 8h-23h ;). Cette adresse, prisée par les familles, propose une cuisine du monde allant du carpaccio de thon à l'escalope viennoise, en passant par des classiques locaux comme le *sate pusut* (brochettes de viande ou de poisson haché). Aire de jeux et menu enfant.

Office INTERNATIONAL $
(☎0370-693162 ; Jl Raya Senggigi, Pasar Seni ; plats 25 000-65 000 Rp ; 9h-22h). Près du pseudo "marché d'art", ce pub sert des spécialités indonésiennes et occidentales, ainsi qu'un menu thaïlandais qui a la faveur des clients avertis. Billards, jeux de balles et tables installées sur le sable, à proximité des bateaux de pêche. L'une des meilleures adresses de Senggigi pour prendre un verre au coucher du soleil, en toute décontraction.

Square INTERNATIONAL $$
(☎0370-693688 ; Jl Raya Senggigi ; plats 40 000-150 000 Rp ; 11h-23h ;). Ce restaurant haut de gamme au joli mobilier propose carte et menu mixant saveurs occidentales et indonésiennes, telles les crevettes sautées au wok, accompagnées d'une sauce Worcestershire. La cuisine est un cran au-dessus de la moyenne locale en terme d'audace. Service satisfaisant. Demandez une table à l'écart du bruit de la route.

Warung Menega POISSON $$
(☎0370-663 4422 ; Jl Raya Senggigi ; Batu Layar Beach ; repas 80 000-250 000 Rp ; 11h-23h). Goûtez aux succulentes grillades de poisson de Jimbaran dans ce restaurant en bord de mer. Choisissez parmi la pêche du jour : barracuda, calmar, vivaneau, mérou, langouste, thon et crevettes – le tout grillé sur des écorces de noix de coco et servi sur des tables éclairées à la bougie.

Face à une merveilleuse plage de sable blanc, le délicieux spa s'inspire du temple bouddhique de Borobudur, à Java. Le restaurant rappelle un vaste grenier à riz et le décor des chambres reflète la tradition indonésienne.

Oberoi Lombok RESORT $$$
(☎0370-638444 ; www.oberoihotels.com ; ch à partir de 300 $US, villas à partir de 450 $US ; ❄📶🏊). En matière de havre paradisiaque, l'Oberoi excelle. Cœur de l'hôtel, la piscine s'étage sur 3 niveaux pour conduire le regard jusqu'à la ravissante plage privée. Baignoires en marbre encastrées, parquets en tek, meubles anciens et tapis orientaux : l'ensemble respire le luxe d'un raja indonésien. Service impeccable. Certaines chambres présentent un excellent rapport qualité/prix.

Gondang et ses environs

Au nord-est du village de Gondang, un chemin de 6 km vers l'intérieur des terres mène à l'**Air Terjun Tiu Pupas**, une cascade haute de 30 m (30 000 Rp/pers), impressionnante en saison humide. De là, le chemin continue vers d'autres chutes d'eau, dont l'**Air Terjun Gangga**, la plus belle. Un guide (environ 80 000 Rp) est utile pour ne pas se perdre dans l'enchevêtrement des sentiers.

Bayan

La religion *wetu telu*, forme d'islam teintée d'animisme, est née dans les modestes mosquées au toit de chaume cachées dans les contreforts du Rinjani. La plus belle, la **Masjid Kuno Bayan Beleq**, près du village de Beleq, serait la plus ancienne de Lombok. Son toit surbaissé, son sol en terre et ses cloisons en bambou dateraient de 1634. L'intérieur abrite un énorme tambour qui servait autrefois pour l'appel à la prière.

Senaru

Perché sur une crête d'où la vue s'étend vers le Rinjani et l'océan, le village de Senaru, constitués de plusieurs hameaux, sert d'étape pour ceux qui partent à l'assaut du Gunung Rinjani. Même si vous ne faites pas l'ascension du volcan, le coin offre de belles balades vers des cascades spectaculaires.

Senaru vient du terme *sinaru*, signifiant "lumière". Quand vous gravirez la colline en direction du ciel et des nuages, vous comprendrez pourquoi.

À voir et à faire

L'**Air Terjun Sindang Gila** (10 000 Rp) est une série de cascades spectaculaires à 20 minutes de marche de Senaru. On y accède en parcourant une jolie forêt à flanc de colline. Les plus intrépides gagneront le cours d'eau et se laisseront asperger par la cascade qui éclate sur la pierre volcanique noire à 40 m en surplomb.

Autre chute d'eau où l'on peut se baigner, l'**Air Terjun Tiu Kelep** se trouve en amont, à 50 minutes de marche. Il faut engager un guide (60 000 Rp) pour y accéder, certains tronçons du sentier étant rudes et escarpés. En chemin on croise parfois des macaques crabiers (localement appelés *kera*) et, plus rarement, le langur argenté.

Au bout de la route se trouve le village traditionnel sasak de **Dusun Senaru**. Ses habitants vous le feront visiter (don apprécié) après vous avoir offert des noix de bétel (ou du tabac) à mâcher.

La plupart des pensions organisent des excursions guidées et des activités avec la population locale, notamment une **promenade rizières et cascades** (150 000 Rp/pers), qui inclut Sindang Gila et la visite d'une ancienne mosquée en bambou, et la **Senaru Panorama Walk** (150 000 Rp/pers), qui vous fera découvrir les traditions locales et de superbes vues.

Vous n'aurez pas besoin de guide pour atteindre Air Terjun Sindang Gila, car le sentier est bien indiqué. En revanche, il est conseillé d'en avoir un pour se rendre à la seconde cascade. Sachez que les individus qui attendent autour de la billetterie des cascades ne sont pas toujours des guides officiels et mieux vaut les éviter. Vous trouverez facilement un guide certifié en ville en rejoignant le petit ensemble de boutiques à côté de l'entrée d'Air Terjun Sindang Gila.

Où se loger et se restaurer

Tous les hébergements et restaurants de Senaru sont installés sur le tronçon de 6,5 km qui débute à Bayan, passe par Batu Koq et grimpe jusqu'au bureau principal du parc Gunung Rinjani, à côté du Rinjani Trekking Centre.

Sur la douzaine d'hébergements, la plupart sont de modestes lodges de montagne – le climat étant plus frais, nul besoin de climatisation. Les endroits ci-dessous bordent la route de Bayan à Senaru et sont répertoriés dans l'ordre, à partir du haut de la route.

Rinjani Lighthouse GUESTHOUSE $
(☎0818 0548 5480 ; www.rinjanilighthouse.mm.st ; ch 350 000-800 000 Rp). Installé sur un vaste plateau à 200 m du bureau du parc du Rinjani, cette *guesthouse* spectaculaire loue des bungalows au toit de chaume (tailles diverses, de double à familial). Les propriétaires connaissent bien le Rinjani.

Gunung Baru Senaru BUNGALOWS ¢
(☎0819 0741 1211 ; rinjaniadventure@gmail.com ; ch 150 000 Rp ;). Petite propriété familiale comprenant 5 bungalows basiques et carrelés, avec toilettes à l'occidentale et *mandi* (salle de bains) dans un jardin fleuri.

Pondok Senaru & Restaurant LODGE $
(☎0818 0362 4129 ; pondoksenaru@yahoo.com ; ch 250 000-600 000 Rp, plats 20 000-50 000 Rp ; restaurant 7h-21h ;). Quatorze élégants petits bungalows aux toits de tuiles et suites bien équipées (eau chaude). Le restaurant offre une vue sublime sur les rizières de la vallée. À l'entrée de la cascade.

Rinjani Lodge GUESTHOUSE $$
(☎0819 0738 4944 ; www.rinjanilodge.com ; ch 500 000-1 000 000 Rp ;). Une nouvelle adresse qui abrite 5 bungalows confortables avec un panorama sublime sur le nord de Lombok, jusqu'à l'océan. Les chambres sont bien meublées et le restaurant et la piscine profitent du même point de vue. Les singes gris apprécient le jardin. L'établissement se trouve sous l'entrée de la cascade.

Sinar Rinjani LODGE $
(☎0818 540 673 ; www.senarutrekking.com ; ch 150 000-350 000 Rp ;). Les 8 chambres sont immenses et équipées de douche à effet pluie (avec eau chaude pour certaines) et de lits *king size*. Depuis le restaurant sur le toit, le point de vue est imprenable. À 2,1 km du haut de la route.

Renseignements

Au sommet de la colline, le Rinjani Trek Centre (p. 277) et ses guides font autorité pour organiser des excursions autour du Rinjani.

Depuis/vers Senaru et Batu Koq

Depuis la gare de Mandalika à Bertais (Mataram), prenez un bus pour Anyar (25 000-30 000 Rp, 2 heures 30). Les *bemo* ayant été supprimés entre Anyar et Senaru, vous devrez prendre un *ojek* (moto-taxi ; à partir de 20 000/pers en fonction des bagages).

À NE PAS MANQUER

ESCAPADES DANS LA VALLÉE DE SEMBALUN

Suivre une route qui serpente à travers la vallée de Sembalun est la garantie de panoramas spectaculaires. Ainsi, l'itinéraire au nord jusqu'à Koko Putih traverse d'épaisses forêts d'anacardiers. Pour une escapade inoubliable, parcourez les 60 km entre Aikmel et Sembalun Lawang. La partie élevée de cette route est bordée d'une forêt tropicale. Depuis la route, on peut admirer la flore unique ainsi que des populations de singes noirs et gris.

Le bord sud de la vallée recèle des points de vue sensationnels.

Vallée de Sembalun

☎0376

La vallée de Sembalun est plus précisément un plateau d'altitude situé sur le versant oriental du Gunung Rinjani. Entourée de volcans et de pics, cette vallée verdoyante et aussi très agricole. Lorsque les nuages s'écartent, le sommet du volcan s'impose tout entier au regard.

Sembalun Lawang et Sembalun Bumbung, les deux principaux villages de la vallée, qui vivent de la culture du chou, de la pomme de terre, des fraises et, surtout, de l'ail, tirent maintenant quelques revenus de la randonnée et du tourisme.

Activités

Rinjani Information Centre RANDONNÉE
(RIC ; ☎0818 0572 5754 ; Sembalun Lawang ; 6h-18h). C'est l'adresse pour organiser son trek autour du Rinjani. L'établissement est tenu par un personnel bien informé et parlant anglais. Il présente d'intéressants panneaux sur la flore, la faune, la géologie et l'histoire de la région et propose la location de matériel de randonnée et de camping. Deux autres randonnées sont proposées : la **Village Walk** (150 000 Rp/pers, 2 pers au minimum, 4 heures) et la **Wildflower Walk** (550 000 Rp/pers, avec guide, porteurs, repas et matériel de camping, 2 jours), au milieu des prairies fleuries.

Le centre se trouve à côté d'une imposante statue représentant une gousse d'ail, au bord de la route principale.

Où se loger

Sembalun Lawang est un village rustique et la plupart des *guesthouses* font payer l'eau chaude. Le Rinjani Information Centre (RIC) pourra vous indiquer des chambres chez l'habitant (150 000-500 000 Rp).

Lembah Rinjani LODGE $
(☎0818 0365 2511, 0852 3954 3279 ; Sembalun Lawang ; ch 300 000-400 000 Rp). Cet établissement loue 15 chambres rudimentaires, mais propres et carrelées, avec véranda et point de vue époustouflant sur les montagnes et le coucher du soleil.

Maria Guesthouse GUESTHOUSE $
(☎0852 3956 1340 ; Sembalun Lawang ; ch 250 000 Rp). Cette adresse propose 3 vastes bungalows à toit en tôle, situés à l'arrière d'un enclos familial. Intérieur lumineux et carrelage au sol. Autres points positifs, l'accueil de la famille et le jardin.

Rinjani Information Centre LODGE $
(RIC ; ☎0817 571 3041 ; Sembalun Lawang ; ch à partir de 200 000 Rp). Le personnel du RIC propose 5 chambres basiques avec grand lit, sdb privée et minuscule terrasse. Juste derrière le bureau.

Depuis/vers la vallée de Sembalun

Depuis la gare routière de Mandalika à Bertais (Mataram), grimpez dans un bus pour Aikmel (20 000 Rp) puis changez pour un *bemo* à destination de Sembalun Lawang (15 000 Rp).

Il n'y a pas de transport en commun entre Sembalun Lawang et Senaru. Il faut donc louer un *ojek* (moto-taxi) pour un trajet moyennement confortable (environ 200 000 Rp).

Gunung Rinjani

Dominant la partie nord de Lombok, le puissant Gunung Rinjani, qui culmine à 3 726 m, est le deuxième plus haut volcan d'Indonésie. Il revêt une grande importance spirituelle pour les hindous et les Sasak qui font le pèlerinage, les nuits de pleine lune, jusqu'à son lac et son sommet afin d'y déposer des offrandes. Le Rinjani fait partie des trois montagnes sacrées indonésiennes, avec l'Agung de Bali et le mont Bromo de Java.

La montagne a aussi une importance climatique. Son sommet retient l'humidité, tandis que ses émissions de cendres sont une source de fertilité pour les rizières, les champs de culture et les plantations de cajous et de mangues.

Gunung Rinjani

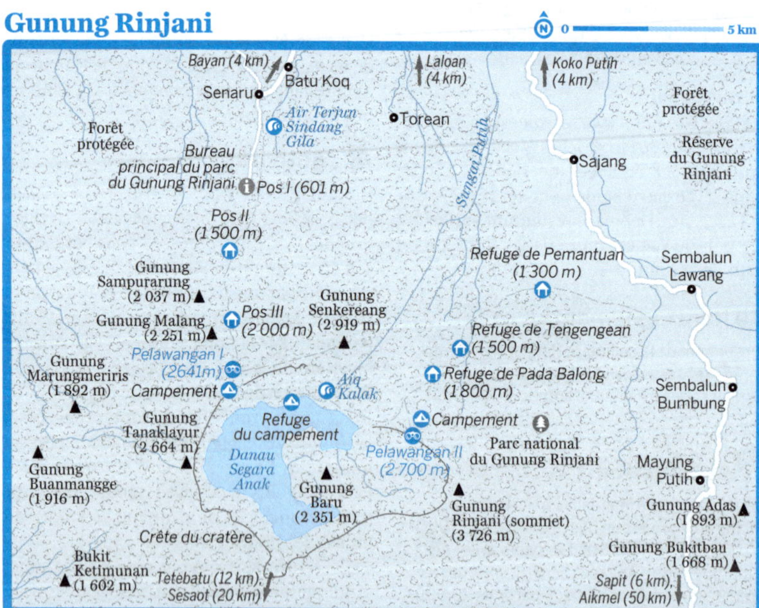

Dans son immense caldeira, à 600 m en contrebas de la crête du cratère, un magnifique lac en forme de croissant, le **Danau Segara Anak** ("Enfant de la mer"), déploie ses eaux turquoise sur 6 km. Lors d'une cérémonie appelée *pekelan*, les Balinais jettent des bijoux dans le lac, avant de poursuivre leur chemin vers le sommet sacré.

L'un des cônes du volcan, le Gunung Baru (2 351 m), vieux de 200 ans, émerge du lac en une silhouette fumante et menaçante. Au cours de la dernière décennie, il a connu des éruptions, crachant périodiquement un panache de fumée et de cendres sur l'ensemble de la caldeira du Rinjani. Le cratère renferme des sources chaudes naturelles appelées **Aiq Kalak**. Les habitants qui souffrent de problèmes dermatologiques marchent jusqu'ici avec un pochon d'herbes médicinales puis se baignent ou se frictionnent avec l'eau chaude.

Treks organisés

Les randonnées jusqu'au cratère, au lac et au sommet du volcan ne doivent pas être prises à la légère et nécessitent impérativement l'aide d'un guide. Il est déconseillé de faire l'ascension durant la saison des pluies (de novembre à mars), quand les sentiers sont glissants et que le risque de glissement de terrain est avéré. D'ailleurs, le bureau du parc national interdit fréquemment l'accès au volcan pendant les trois premiers mois de l'année. La période de juin à août est la seule (quasi) exempte de pluie ou de nuages, mais il peut faire froid au sommet – prévoyez de vous habiller chaudement.

Pour organiser un trek, le plus simple est de s'adresser au **Rinjani Trek Centre** (RTC ; ☎0817 572 4863, 0878 6432 3094 ; ⏲6h-16h) à Senaru ou au **Rinjani Information Centre** (RIC ; ☎0878 6334 4119 ; ⏲6h-18h) à Sembalun Lawang. Les deux centres ont instauré un système de roulement pour permettre à tous les des guides de travailler régulièrement.

Excepté certaines options "luxe", les agences offrent itinéraires et tarifs identiques (les prix de base des guides et des porteurs sont fixés par le RTC et le RIC). Ce sont les treks de Senaru à Sembalun Lawang, via le lac du sommet, ainsi que l'aller-retour de Sembalun Lawang au sommet qui sont les plus demandés.

Un trek de 3 jours au lac et au sommet coûte au moins 300 $US par personne pour 2 à 4 personnes (nourriture, équipement, guide, porteurs, droits d'entrée du parc et transport de retour sur Senaru compris). Le tarif par personne diminue si le groupe est plus important. Un trek de 2 jours jusqu'à la crête du cratère coûte de 150 à 200 $US.

AGENCES

À Mataram, Senggigi et sur les îles Gili, des agences organisent des treks autour du Rinjani, comprenant le trajet depuis et vers le point de départ.

John's Adventures TREKKING
(☎0817 578 8018 ; www.rinjanimaster.com ; Senaru). Riche d'une longue expérience, cette agence propose des tentes avec toilettes et d'épais tapis de sol. Ses randonnées démarrent de Senaru ou de Sembalun. L'agence de Senaru se trouve 2 km en contrebas du bureau du parc.

Rudy Trekker TREKKING
(☎0818 0365 2874 ; www.rudytrekker.com ; Senaru). Ce prestataire sérieux, installé à Senaru, propose différents itinéraires, dont le fameux circuit de 3 jours et 2 nuits au départ de Sembalun Lawang. L'agence se trouve près de l'entrée d'Air Terjun Sindang Gila. Très utile, une liste de ce qu'il faut apporter est affichée dans l'agence.

Guides et porteurs

Il est interdit, et très dangereux, de partir seul(e) en randonnée. Dans le passé, des randonneurs sont morts en tentant l'ascension sans guide. Voir p. 37 pour les consignes de sécurité.

Les guides et les porteurs appliquent généralement des tarifs fixés assez librement. Ces tarifs sont toujours compris dans le prix total du circuit. En règle générale, un pourboire de 20 000 à 50 000 Rp par jour est donné au guide à la fin du trek.

Droit d'entrée et équipement

Le droit d'entrée au parc national du Rinjani s'élève à 150 000 Rp par jour. Avant d'entamer un trek, il est nécessaire de s'inscrire et de régler ce droit au RTC de Senaru ou au RIC de Sembalun Lawang. Ce droit d'entrée pourrait augmenter dans le futur.

Il faut impérativement prévoir une tente et un sac de couchage, que l'on peut louer au RTC ou au RIC. Vous aurez aussi besoin de chaussures de marche, de vêtements chauds, d'un K-way, de gants et d'une lampe torche, qui sont disponibles à la location également à l'un des deux bureaux. Comptez au moins

L'ASCENSION DU GUNUNG RINJANI

Pour faire l'ascension du Gunung Rinjani, beaucoup choisissent le trek de 5 jours qui consiste à rallier Sembalun Lawang depuis Senaru. On peut aussi tenter l'ascension depuis Sembulan, plus haut sur le versant, par une marche éprouvante de 2 jours aller-retour.

Jour 1 : de Senaru Pos I au Pos III (5 à 6 heures)

L'inscription, la location des services d'un guide et de porteurs, ainsi que le règlement du prix d'entrée au parc s'effectuent au **Rinjani Trek Centre** (Pos I, 601 m), au sud de Senaru. Juste après, tournez à droite à la bifurcation du sentier qui monte à travers des terres agricoles broussailleuses pendant une heure environ avant d'atteindre l'entrée du **parc national du Gunung Rinjani** (Taman Nasional Gunung Rinjani). Le large chemin se poursuit pendant 2 heures 30 jusqu'au Pos II (1 500 m), qui dispose d'un abri. Après 1 heure 30 de montée, vous arriverez au Pos III (2 000 m), pourvu de deux abris délabrés. Les marcheurs campent généralement au Pos III au terme du premier jour.

Jour 2 : du Pos III à Danau Segara Anak et à Aiq Kalak (4 heures)

Du Pos III, il faut environ 1 heure 30 pour atteindre le bord du cratère, **Pelawangan I** (2 641 m). Mettez-vous en route de bonne heure pour profiter du coucher du soleil. On peut camper à Pelawangan I, mais le site présente des inconvénients : le terrain plat est limité, il n'y a pas d'eau et le vent est fort.

Comptez à peu près 2 heures pour descendre à **Danau Segara Anak**, jusqu'aux sources chaudes, **Aiq Kalak**. La première heure s'effectue le long d'une pente très abrupte avec de nombreux rochers. Depuis le flanc de la paroi du cratère, prévoyez 30 minutes de marche facile sur un terrain vallonné autour du lac. Plusieurs emplacements se prêtent au camping. Les habitants préfèrent bivouaquer près des sources chaudes pour se baigner et récupérer de la fatigue.

Jour 3 : d'Aiq Kalak à Pelawangan II (3 à 4 heures)

Le sentier part à côté du dernier abri des sources chaudes et s'éloigne du lac sur une centaine de mètres avant de virer sur la droite. Il traverse ensuite le versant nord du cratère, un parcours de 1 heure le long de pentes herbeuses, avant de céder la place à un terrain escarpé qui monte sans interruption ; du lac, il faut environ 3 heures pour atteindre le bord du cratère (2 639 m). À cet endroit, un panneau indique la direction du Danau Segara Anak. Puis le sentier bifurque ; prenez tout droit pour rallier Sembalun ou longez le bord du cratère jusqu'au campement de **Pelawangan II** (2 700 m).

Jour 4 : de Pelawangan II au Rinjani (5 à 6 heures aller-retour)

Le Gunung Rinjani se déploie en arc de cercle au-dessus du camp, mais sa proximité n'est qu'apparente. Soyez prêt à partir à 3h du matin afin d'atteindre le sommet au lever du soleil. Le vent est souvent violent à cet endroit et peut empêcher l'accès au sommet.

Il faut 45 minutes pour gravir le sentier abrupt, glissant et mal délimité qui débouche sur la crête menant au Rinjani. La montée est ensuite plus facile. Après une heure de marche en direction d'un faux pic, le **sommet du Rinjani** (3 726 m) apparaît. Le sentier se fait alors plus escarpé. 350 m avant le sommet, vous devrez franchir un amas de roches imposantes (comptez environ 1 heure). La vue depuis le sommet est époustouflante. Au total, prévoyez 3 heures pour la montée jusqu'au sommet et 2 heures pour la descente.

Jour 4-5 : de Pelawangan II à Sembalun Lawang (6 à 7 heures)

Après l'ascension du pic, il est possible de rejoindre Lawang le jour même. Très abrupte, la descente fait souffrir les articulations. Du campement, revenez sur vos pas par le rebord du cratère. Peu après l'embranchement pour le Danau Segara Anak, un chemin facile sur la droite descend à **Pada Balong** (ou Pos 3, 1 800 m). Il suffit de le suivre pour arriver 2 heures plus tard au refuge de Pada Balong.

De là, le chemin ondule vers la savane de **Sembalun Lawang**, en passant par le refuge de Tengengean (Pos 2, 1 500 m), situé dans une belle vallée fluviale. Encore 30 minutes à travers de hautes herbes et vous rejoindrez le refuge isolé de **Pemantuan** (Pos 1, 1 300 m). Comptez 2 heures pour gagner Sembalun Lawang par une piste en terre.

100 000 Rp par jour et par personne pour un équipement complet. N'oubliez pas un baume apaisant (contre les douleurs musculaires) et un maillot de bain pour le lac et les sources thermales. Vérifiez votre équipement auprès de votre guide ou à l'agence de trekking.

Prévoyez un sac pour mettre vos déchets, y compris le papier toilette. Plusieurs camps du Rinjani font penser à des décharges à ciel ouvert.

Provisions

Les treks organisés par le RTC et le RIC se chargent de la nourriture, mais vous pouvez aussi emporter vos propres provisions. Approvisionnez-vous à Mataram, où les prix sont moins élevés et le choix plus vaste qu'ailleurs, ou bien à Senaru et à Sembalun Lawang. Emportez de l'eau en quantité suffisante (la déshydratation provoque le mal de l'altitude) et emmener des piles de rechange pour votre matériel électronique (l'altitude peut les rendre inutilisables) ainsi qu'un briquet.

Renseignements

Parc national du Rinjani (Taman Nasional Gunung Rinjani ; ☎0370-660 8874 ; www.rinjaninationalpark.com). Le site officiel du parc permet d'accéder à de bonnes cartes, des renseignements fiables et une rubrique utile rapportant des escroqueries commises par des agences douteuses.

Rinjani Trekking Club (☎0370-693202 ; www.info2lombok.com ; Jl Raya Senggigi, Senggigi). Ce club de randonnée, qui organise des treks, propose un site très utile.

Tetebatu

☎0376

Sillonnée de ruisseaux et de canaux alimentés par les sources du Rinjani, parsemée de villages traditionnels, la région de Tetebatu est un véritable grenier alimentaire, avec ses rizières, ses vergers et ses pâturages. Sans oublier des plantations de tabac et des forêts peuplées de singes où coulent de superbes cascades. C'est une base idéale, au climat agréable, pour de longues promenades (à 400 m d'altitude, on échappe à la moiteur de la côte). Les nuits offrent un concert de bruits apaisants, du chant des grenouilles au gargouillement des cours d'eau.

Le bourg est très étendu, avec des hébergements et des services regroupés sur la route (surnommée “route des cascades”) au nord et à l'est de la station centrale d'*ojek*. Cette dernière est le principal carrefour et point de départ vers les autres localités.

À voir et à faire

Partant de la route principale au nord de la mosquée, un sentier ombragé de 4 km pénètre dans la **Taman Wisata Tetebatu** (Monkey Forest, forêt du Singe), peuplée de singes noirs et recelant de nombreuses chutes d'eau. Pour explorer ce territoire, un guide est nécessaire.

Deux **chutes d'eau** sont situées sur les versants sud du parc national du Gunung Rinjani. Elles sont accessibles en transport privé ou par une belle randonnée de 2 heures (aller simple) à travers les rizières depuis Tetebatu. Louez les services d'un guide (150 000 Rp) par l'intermédiaire de votre hôtel.

Du parking au bout de la route d'accès au parc national du Gunung Rinjani, un chemin escarpé de 2 km mène à la superbe **Air Terjun Jukut**, qui plonge de 20 m de hauteur dans un profond bassin, au milieu d'une luxuriante forêt.

Où se loger et se restaurer

♥ **Tetebatu Mountain Resort** BUNGALOWS $
(☎0812 372 4040, 0819 1771 6440 ; ch 350 000-400 000 Rp ; wi-fi). Ces bungalows sasak à 2 étages comptent 23 chambres et sont le meilleur hébergement du village. Ils comprennent une chambre par étage – idéal pour les groupes d'amis – et un balcon offrant une vue magique sur les rizières.

Cendrawasih Cottages BUNGALOWS $
(☎0878 6418 7063 ; ch à partir de 200 000 Rp, plats 20 000-45 000 Rp ; restaurant 8h-21h). Nichés dans une rizière, ces ravissants petits bungalows en briques ressemblent à des *lumbung* (grenier à riz), avec lits en bambou et véranda privée. Dans le très beau restaurant sur pilotis, on s'installe sur des coussins pour savourer des plats sasak, indonésiens ou occidentaux tout en contemplant un superbe panorama sur les rizières. À environ 500 m à l'est de l'intersection.

Hakiki Inn BUNGALOWS $
(☎0818 0373 7407 ; www.hakiki-inn.com ; ch 150 000-400 000 Rp ; wi-fi). Ensemble de 7 bungalows entourés d'un jardin fleuri, le long des rizières. L'endroit surplombe la parcelle familiale, à environ 600 m de l'intersection.

indonésiens ou aux produits de la mer. Au **marché** (dim et mer), on trouve un choix étendu de produits alimentaires et de première nécessité.

Cafe 7 CAFÉ $
(Jl Pariswata Kuta ; plats à partir de 40 000 Rp ; 11h-1h ;). Ambiance décontractée dans ce bar qui accueille souvent des concerts. Les cocktails sont chers mais préparés avec des alcools de bonne qualité. La carte est principalement occidentale, avec notamment de délicieux burgers. Dans Jl ke Mawan.

DJ Coffee Corner CAFÉ $
(Jl ke Mawan ; plats à partir de 15 000 Rp ; 8h-20h ;). Cet élégant café climatisé, avec jardin à l'arrière, tranche avec le style local. Véritable expresso, jus de fruits, en-cas légers et viennoiseries.

Warung Jawa 1 INDONÉSIEN $
(Jl ke Mawan ; repas 15 000-20 000 Rp ; 11h-22h). Ce grand restaurant en plein air, fait de bambou et de tôle, sert un *nasi campur* (riz avec un choix d'accompagnements) à prix mini. Il propose tous les classiques indonésiens ainsi que des jus de fruits et de la Bintang (bière) à seulement 18 000 Rp.

Warung Bamboo INDONÉSIEN $
(Jl Pariwisata ; plats 25 000-35 000 Rp ; 8h-22h). Plusieurs anciens *warung* de plage ont été déplacés dans une petite rue, de l'autre côté de la route côtière. Celui-ci, en bambou comme son nom l'indique, est rudimentaire mais sert de bons produits de la mer et différents plats à base de riz et de pâtes. N'hésitez pas à demander un assaisonnement "Lombok spicy" (épicé façon Lombok).

Full Moon Cafe CAFÉ $
(Jl Pariwisata ; plats à partir de 30 000 Rp ; 8h-tard). Un autre établissement qui a gagné à être déplacé de l'autre côté de la route. Le café à l'étage a un air de cabane dans un arbre, avec une vue imprenable sur l'océan. Le menu annonce tous les classiques, des crêpes à la banane aux plats indonésiens à base de riz. Venez pour le point de vue et le coucher du soleil, puis profitez de la soirée.

Warung Bule POISSON $$
(0819 1799 6256 ; Jl Pariwisata ; plats 40 000-250 000 Rp ; 8h-22h ;). Le meilleur restaurant de Kuta, fondé par l'ancien chef du Novotel, sert des poissons à prix abordables. Excellents tempura et ceviche à la tahitienne en entrée. Son trio de langouste, crevettes et mahi-mahi est délicieux. En haute saison, l'adresse est très courue.

Ashtari VÉGÉTARIEN $$
(0877 6549 7625 ; www.ashtarilombok.com ; Jl ke Mawan ; repas 20 000-80 000 Rp ; 7h-22h ;). Perché sur une colline à 2 km à l'ouest de la ville, sur la route de Mawan, ce spacieux restaurant-lounge, avec grande terrasse, jouit d'une vue spectaculaire sur la baie et les péninsules rocheuses. L'ambiance est décontractée et chic à la fois.

Dwiki's PIZZERIA $$
(0859 3503 4489 ; Jl ke Mawan ; plats 35 000-70 000 Rp ; 8h-23h ;). Au milieu de bars à cocktails, un endroit relaxant pour déguster une pizza à pâte fine cuite au feu de bois. Beaucoup de classiques indonésiens et une liste d'options végétariennes un cran au-dessus de la moyenne. Livraisons.

Warung Rasta CAFÉ
(0882 1907 1744 ; Jl Pariwisata ; 8h-tard). Dans cette modeste cabane, le menu annonce des plats traditionnels, mais le succès tient surtout à ses jeunes propriétaires indonésiens qui créent une atmosphère festive et détendue, appréciée des surfeurs. L'endroit se remplit vite le soir et les guitaristes s'en donnent à cœur joie.

Renseignements

La ville compte plusieurs DAB et les connections Wi-Fi sont courantes.

DÉSAGRÉMENTS ET DANGERS

Si vous décidez de louer un vélo ou une moto, prenez garde de bien choisir votre loueur. Les transactions sont informelles sans échange de contrat de location. Certains voyageurs nous ont rapporté que, à la suite du vol de leur moto de location, ils ont dû payer des sommes importantes en dédommagement au propriétaire (complice ou non du vol). Pas de problème en revanche si vous louez la moto auprès de votre pension.

Si vous remontez la côte à l'ouest et à l'est de Kuta, faites attention la nuit tombée, car des agressions ont été signalées dans le secteur.

Les vendeurs de rue et de plage sont nombreux et très tenaces.

Depuis/vers Kuta

Il faut au moins 3 *bemo* pour arriver à Kuta depuis Mataram. Le premier vous conduira de la gare routière de Mandalika à Mataram jusqu'à Praya (10 000 Rp), le deuxième vous mènera à Sengkol (5 000 Rp) et le troisième à Kuta (5000Rp). Il est plus simple d'emprunter les bus quotidiens desservant Mataram (125 000 Rp) ainsi que Senggigi et Lembar (150 000 Rp dans les deux cas).

De l'aéroport, un taxi à prix fixe coûte 85 000 Rp. En ville, vous verrez de nombreuses offres pour des courses à partager à plusieurs voyageurs. Les destinations desservies sont notamment Bangsal pour les îles Gili en bateau public (160 000 Rp), Seminyak à Bali via le ferry public (200 000 Rp) et Senaru (400 000 Rp).

Comment circuler

Des *bemo* irréguliers desservent l'est de Kuta jusqu'à Awang et Tanjung Aan (5 000 Rp), et à l'ouest jusqu'à Selong Blanak (10 000 Rp). Ils peuvent être loués pour rejoindre les plages alentour. La plupart des pensions louent des motos pour environ 50 000 Rp/jour. Des *ojek* stationnent au carrefour principal.

Est de Kuta

Une route en bon état longe la côte vers l'est, faisant défiler une succession de baies splendides ponctuées de caps – un parcours extraordinaire à moto.

Pantai Segar et Tanjung Aan

À 2 km à l'est de Kuta, autour du premier promontoire, **Pantai Segar** est une jolie plage, sans ombre, à l'eau turquoise. On peut s'y baigner et il y a un *break* à 200 m au large.

En continuant sur 3 km toujours vers l'est, le route se dégrade et on rejoint le site spectaculaire de **Tanjung Aan** : une gigantesque baie en forme de fer à cheval avec deux croissants de sable fin bordées de rochers aux extrémités. La plage est très agréable pour la baignade, avec un peu d'ombre et un parking gardé (pas cher). Si le projet d'un grand complexe touristique aboutit, le secteur changera radicalement.

Gerupuk

À seulement 1,6 km de Tanjung Aan, Gerupuk (parfois appelé Gerupak) est un village côtier fatigué dont le millier d'habitants vivent de la pêche, de la récolte des algues et de l'exportation de langoustes. Certains font aussi office de guide et de chauffeur pour amener les surfeurs vers les cinq **spots de surf** exceptionnels de l'immense baie.

Pour pouvoir surfer, vous devrez prendre un bateau pour aller du port de pêche, qui borde les filets à langoustes, jusqu'au *break* (200 000 Rp). Le capitaine vous aidera à trouver la bonne vague et attendra patiemment. Il y a quatre vagues *inside* et un *break* qui déroule au large à gauche. Les vagues peuvent prendre beaucoup d'ampleur dès que la houle se forme.

Où se loger et se restaurer

Les hôtels et *warung* appréciés des surfeurs sont de plus en plus nombreux à Gerupuk.

Surf Camp Lombok GUESTHOUSE $
(☎0819 1608 6876 ; www.surfcampindonesia.com ; Gerupuk ; 1 semaine à partir de 650 €). À l'extrémité est du village de Gerupuk, vous logerez dans une *long house* (maison longue et étroite) en bambou typique de Bornéo, bien équipée. Autour de la plage, le cadre est verdoyant et on se sent loin de tout. Le forfait comprend tous les repas, cours de surf, séances de yoga et autres activités. Il y a des dortoirs de 4 lits et une chambre double.

Edo Homestay AUBERGE $
(☎0818 0371 0521 ; Gerupuk ; ch 150 000-600 000 Rp ;). Au cœur du village, cet établissement loue 18 chambres modestes mais propres (certaines avec ventil), avec lits doubles et tentures colorées. Également, un restaurant correct et une boutique de surf (location de planches 100 000 Rp/jour).

Spear Villa GUESTHOUSE $
(☎0818 0371 0521 ; www.s-pear.com ; ch à partir de 400 000 Rp ;). C'est l'hébergement le plus agréable de Gerupuk. Les chambres propres et modernes (avec clim et TV sat) donnent sur une piscine. La clientèle se compose surtout de surfeurs japonais.

♥ **Bumbangku** BUNGALOWS $$
(☎0370-620833, 0852 3717 6168 ; www.bumbangkulombok.com ; ch 375 000-750 000 Rp ;). Situé de l'autre côté de la baie par rapport à Gerupuk, Bumbangku est merveilleusement isolé. On s'y sent comme sur une île et les 28 chambres vont de la simple cabane en bambou sur pilotis, avec sdb extérieure, à des chambres plus confortables, avec grands lits, draps d'excellente qualité, sdb extérieure et TV. Le transfert depuis Gerupuk/l'aéroport coûte 100 000/250 000 Rp. Attendez-vous à être mouillé pendant le trajet.

Ekas et ses environs

Ekas est une localité peu fréquentée, où les vagues et les falaises vertigineuses font penser à Ulu Watu, à Bali. Avec un véhicule, il est facile d'arriver jusqu'ici depuis l'ouest et le nord. En scooter de Kuta, comptez 1 heure 30.

Ekas est un petit village endormi, mais en continuant vers le sud dans la péninsule, vous ferez des découvertes époustouflantes. À 6,5 km environ d'Ekas, sur une route en mauvais état mais carrossable, on accède

LA SURPÊCHE DE REQUINS SE POURSUIT

Tous les jours, des bateaux de pêche vont et viennent à Tanjung Luar, marché au poisson au sud-est de Lombok. Ce marché, qui a très mauvaise réputation auprès des associations écologiques, est spécialisé dans certaines espèces marines : requins, raies mantas, dauphins, etc.

Les jours de grosse pêche, jusqu'à 100 requins et raies mantas sont vidés et découpés. Si la chair est consommée localement, les ailerons de requins et les branchies de raie sont vendus aux enchères. Le plus souvent, les acheteurs exportent leur marchandise vers Hong Kong, où ces mets sont très prisés. Du fait de la pêche intensive de requins à Lombok, les bateaux doivent aller jeter leurs filets jusqu'au détroit de Sumba, entre l'Australie et l'Indonésie, une importante voie de migration de cette espèce.

Une étude récente menée par Project Aware (www.projectaware.org), une association de plongeurs et de protection de l'environnement, a montré que les mesures prises par le gouvernement pour interdire la pêche des dauphins, de certaines espèces de requins, de tortues et de raies mantas ne sont pas appliquées.

En 2014, l'Indonésie a classé l'ensemble de son territoire marin en zone de protection de la raie manta. Difficile de dire aujourd'hui si cette décision limitera la surpêche de cette espèce et les exportations vers les pays consommateurs.

à **Pantai Dagong**, une immense plage de sable blanc déserte aux vagues turquoise.

Demandez la direction de **Heaven Beach**, autre paradis de sable blanc et de vagues à environ 4 km d'Ekas. Malgré la présence d'un complexe hôtelier, vous pourrez accéder au rivage. N'oubliez pas qu'en Indonésie toutes les plages sont publiques.

Où se loger et se restaurer

Des complexes hôteliers très chics sont nichés dans les belles criques au sud d'Ekas. Repérez aussi les nouvelles *guesthouses* au bord des chemins ruraux.

Ocean Heaven RESORT DE CHARME **$$**
(☎0812 375 1103 ; www.sanctuaryinlombok.com ; ch tout compris 130-175 $US/pers ; ❄📶🏊). Occupant quasiment tout le terrain face à la plage, ce complexe hôtelier avec spa est tenu par les propriétaires de Heaven on the Planet, situé plus haut sur la falaise. Les 6 chambres allient luxe et décontraction. La plupart des clients passent par l'établissement pour organiser leur transport.

Heaven on the Planet BOUTIQUE-HÔTEL **$$$**
(☎0812 375 1103 ; www.sanctuaryinlombok.com ; tout compris 160-225 $US/pers ; ❄📶🏊). Le "Paradis sur la planète" se compose de 5 chambres aménagées en haut de la falaise, d'où vous aurez une vue inégée sur la mer. Les surfeurs pourront même prolonger le surf à la tombée de la nuit grâce à des projecteurs. Kitesurf, plongée et snorkeling sont également possibles.

Ouest de Kuta

À l'ouest de Kuta se succède une autre série de plages sublimes et de superbes *breaks* de surf. Les promoteurs ont là aussi des projets, mais pour l'instant le côté sauvage est préservé. Récemment la route a été améliorée. Elle serpente à l'intérieur des terres, traversant des champs de tabac, de patates douces et de riz, ponctuée de bifurcations qui permettent d'accéder aux plages et des points de vue splendides sur la côte.

Mawun (Mawan)

À seulement 600 m de la route principale, cette crique en forme de croissant est flanquée d'imposants promontoires et baignée d'eaux azur. Il n'y a personne, à l'exception d'un village de pêcheurs d'une dizaine de maisons au toit de chaume. La **plage** est idéale pour la baignade. Il y a un parking goudronné (voiture/moto 10 000/5 000 Rp) et quelques cafés modestes.

Mawi

À 16 km environ à l'ouest de Kuta, une petite route rejoint Mawi. Bien que la bande de sable soit assez étroite, c'est un endroit splendide avec de nombreuses plages. Attention au courant très fort dans cette baie. Il y a un parking (voiture/moto 10 000/5 000 Rp) et quelques vendeurs.

Selong Blanak

À l'ouest de Mawi, alors que l'on pense avoir admiré les plus belles plages de Kuta, on accède à Selong Blanak. Contemplez la vaste plage de sable blanc, dont l'eau est idéale pour la baignade. Vous pourrez louer des planches de surf (100 000 Rp/jour) et trouver un bateau pour atteindre les *breaks* (3 heures à partir de 500 000 Rp). Le parking (voiture/moto 10 000/5 000 Rp) est à seulement 400 m en retrait de la route principale, sur une route en bon état.

Un superbe ensemble de villas se niche dans les falaises, avec un café situé en retrait de la mer. **Sempiak Villas** (☎0821 4430 3337 ; www.sempiakvillas.com ; Solong Blanak ; villas à partir de 1 100 000 Rp ; ❄ ≋) est l'une des propriétés les plus luxueuses de Kuta.

Ses pavillons octogonaux sont construits à flanc de colline au-dessus de la plage. Au niveau de la mer, le **Laut Biru Cafe** (Solong Blanak ; plats 40 000-80 000 Rp ; ⏲8h-20h ; 📶) est ouvert à tous. On y savoure des petits-déjeuners (muesli et yaourt ou œufs et toasts) et des déjeuners et dîners à base de spécialités indonésiennes. Le tout servi dans une bâtiment au toit de chaume avec patio, sur fond de musiques du monde remixées.

Blongas et ses environs

De **Pengantap**, la route grimpe à travers un cap avant de redescendre vers une baie splendide. En poursuivant sur 1 km, on rejoint l'embranchement pour **Blongas**, à l'ouest – une mauvaise route sinueuse et abrupte au panorama enchanteur. Blongas occupe une baie isolée du même nom au paysage à couper le souffle. Parmi d'autres hébergements très corrects, **Blongas Bay Lodge** (☎0370-645974 ; www.thelodge-lombok.com ; bungalows 850 000-950 000 Rp, plats 75 000 Rp) loue des bungalows spacieux avec toit de tuiles, situés dans une jolie cocoteraie.

Dive Zone (☎0813 3954 4998 ; www.divezone-lombok.com ; Blongas Bay ; 2 plongées à partir de 75 $US) met l'accent sur deux fameux sites de plongée de la région, **Magnet** et **Cathedrals**. Le meilleur moment pour y aller est à la mi-septembre. On peut y voir des raies mantas et des requins-marteaux, qui se concentrent autour du pinacle de juin à novembre. La plongée n'est pas facile ; elle nécessite d'être habitué aux courants forts.

EST DE LOMBOK

☎0376

De la côte est de Lombok, les voyageurs ne voient généralement que Labuhan Lombok, le port des ferries pour Sumbawa. Pourtant, la route qui longe le littoral nord-est est en assez bon état pour permettre de faire le tour complet de l'île.

Labuhan Lombok

CENTRE DE TRANSPORTS

Labuhan Lombok (appelé aussi Labuhan Kayangan ou Tanjung Kayangan) est le port d'embarquement pour Sumbawa. Le centre-ville, à 3 km à l'ouest du terminal des ferries, n'a rien d'attrayant, mais présente des vues superbes sur le Gunung Rinjani.

ℹ Depuis/vers Labuhan Lombok

BUS ET BEMO

Des bus et des *bemo* fréquents relient la gare routière de Mandalika, à Mataram, à Labuhan Lombok, en 2 heures (25 000 Rp). Certains bus vous déposent seulement à l'entrée du port d'où l'on peut prendre un autre *bemo* jusqu'au terminal des ferries (à pied, c'est trop long).

FERRY

Il existe des liaisons en ferry entre Lombok et Sumbawa et en bus entre Mataram et Sumbawa.

Sud de Labuhan Lombok

Capitale du district administratif de l'est de Lombok, **Selong** a conservé quelques demeures hollandaises de l'époque coloniale. Le nœud des transports de la région se situe juste à l'ouest de Selong, à **Pancor**, où les *bemo* partent pour la plupart des destinations du sud.

Tanjung Luar, avec ses nombreuses maisons bugis sur pilotis, est l'un des plus importants ports de pêche de Lombok (et le théâtre de l'un des commerces d'ailerons de requins les plus déplorables d'Indonésie). Passé le port, la route tourne à l'ouest vers **Keruak**, un centre de construction de bateaux en bois, avant de continuer vers **Sukaraja**, village sasak traditionnel où l'on peut acheter des sculptures sur bois. À l'ouest de Keruak, une route part vers le sud en direction de **Jerowaru** et de la spectaculaire péninsule du Sud-Est. Pour l'emprunter, il faut avoir son propre véhicule. Même si les routes sont correctes, les panneaux sont rares et on se perd facilement.

Îles Gili

Dans ce chapitre ➡

Le top des restaurants

- Adeng Adeng (p. 302)
- Scallywags (p. 307)
- Kayu Café (p. 297)
- Pasar Malam (p. 296)

Le top des hébergements

- Kai's Beachouse (p. 307)
- Adeng Adeng (p. 302)
- Woodstock (p. 293)
- Eden Cottages (p. 294)
- Pondok Santi (p. 296)

Pourquoi y aller

Trois petites îles ourlées de sable blanc et de cocotiers, entourées d'une mer turquoise : les Gili sont une vision du paradis. La popularité de ces îlots a grimpé en flèche et ils prospèrent plus que tout autre endroit d'Indonésie – des vedettes rapides transportent les visiteurs directement de Bali et un nouvel hôtel ouvre pratiquement chaque mois.

L'attrait unique des Gili se comprend facilement : la sérénité perdure (ni motos ni chiens !) et la conscience écologique s'accroît. Les constructeurs font preuve de plus de goût que de rapacité, et les vilains bâtiments en béton restent rares.

Chaque île possède son caractère propre, Trawangan (surnommée Gili T) est de loin la plus cosmopolite, avec des bars à l'ambiance festive, des hébergements et des restaurants qui frisent le chic tropical. Gili Air, la plus "couleur locale", offre un parfait mélange d'animation et de langueur. Meno reste quant à elle une île déserte idyllique.

Quand partir

- **Octobre-mars** La saison des pluies dure approximativement de fin octobre à fin mars. Toutefois, même au cœur de cette période, quand il pleut des cordes à Mataram ou Bali, les Gili peuvent être sèches et ensoleillées.
- **Juin-août** Pendant la haute saison, de juin à fin août, il devient difficile de trouver une chambre et les prix peuvent doubler, mais le beau temps est quasi assuré.
- **Mai-septembre** Ce sont les meilleurs mois pour découvrir les îles Gili.
- Pas de saison de cyclones à redouter.

Depuis/vers les îles Gili

DEPUIS BALI

Des bateaux rapides proposent des liaisons express (environ 2 heures) entre Bali et Gili Trawangan. Ils partent de plusieurs endroits à Bali, dont Benoa Harbour, Sanur, Padangbai et Amed. Certains passent par Nusa Lembongan. Beaucoup font escale à Teluk Nare/Teluk Kade au nord de Senggigi à Lombok, avant de poursuivre vers Air et Trawangan (vous devrez changer pour rejoindre Meno).

Le site Internet **Gili Bookings** (www.gilibookings.com) présente un choix de compagnies et de tarifs. Il est pratique pour avoir une idée des services offerts, mais vous obtiendrez peut-être un prix plus intéressant en achetant directement votre billet à la compagnie.

Autres précisions :

- Les prix ne sont pas fixes ; vous pourrez obtenir une réduction sur les tarifs publiés, particulièrement en période creuse.
- Si vous n'avez pas besoin d'un transport depuis/vers le bateau, demandez une remise.
- Les horaires annoncés sont illusoires. Des départs sont annulés ou retardés, et des escales imprévues rallongent le temps de trajet.
- Réservez bien à l'avance en juillet et août.
- La mer peut être très agitée entre Bali et Lombok, surtout pendant la saison des pluies.
- Aucune réglementation ne régit les bateaux rapides : le service et les standards de sécurité sont variables. Des accidents graves se sont déjà produits et des bateaux ont coulé (voir p. 385).

Amed Sea Express (☎0878 6306 4799 ; www.gili-sea-express.com ; à partir de 300 000 Rp/pers). Rallie Amed en 1 heure 15 avec une grande vedette. Cela offre la possibilité de plusieurs itinéraires intéressants.

Blue Water Express (☎0361-895 1111 ; www.bluewater-express.com ; aller à partir de 500 000 Rp). De Serangan et de Padangbai à Bali jusqu'à Teluk Kade, Gili T et Gili Air.

Bali Brio (www.balibrio.com ; adulte/enfant 550 000/450 000 Rp). Des bateaux de Sanur à Nusa Lembongan, puis Bangsal et les Gili.

Gili Cat (☎0361-271680 ; www.gilicat.com ; adulte/enfant 700 000/550 000 Rp). Une compagnie bien établie qui relie Padangbai, Gili T et Teluk Kade.

Perama (☎0361-750808 ; www.peramatour.com ; 275 000 Rp/pers). Relie Padangbai, les Gili et Senggigi avec un bateau moins rapide.

Scoot (carte p. 298 ; www.scootcruise.com ; 9h-21h). Des bateaux entre Sanur, Padangbai, Nusa Lembongan et les Gili.

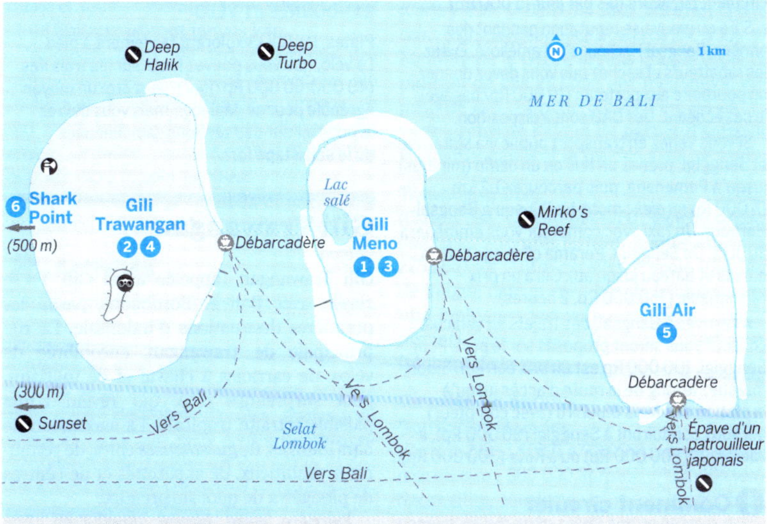

À ne pas manquer

1. Le snorkeling parmi les tortues au large de **Gili Meno** (p. 301)
2. Les fêtes trépidantes de **Gili Trawangan** (p. 298), pour danser jusqu'à l'aube
3. La sérénité absolue sur la côte ouest de **Gili Meno** (p. 300)
4. Une plongée en apnée près de **Gili Trawangan** (p. 297)
5. Une balade sur **Gili Air**, avec baignade et rafraîchissements (p. 305)
6. La plongée en compagnie de requins de récif à **Shark Point** (p. 295)

Gili Trawangan

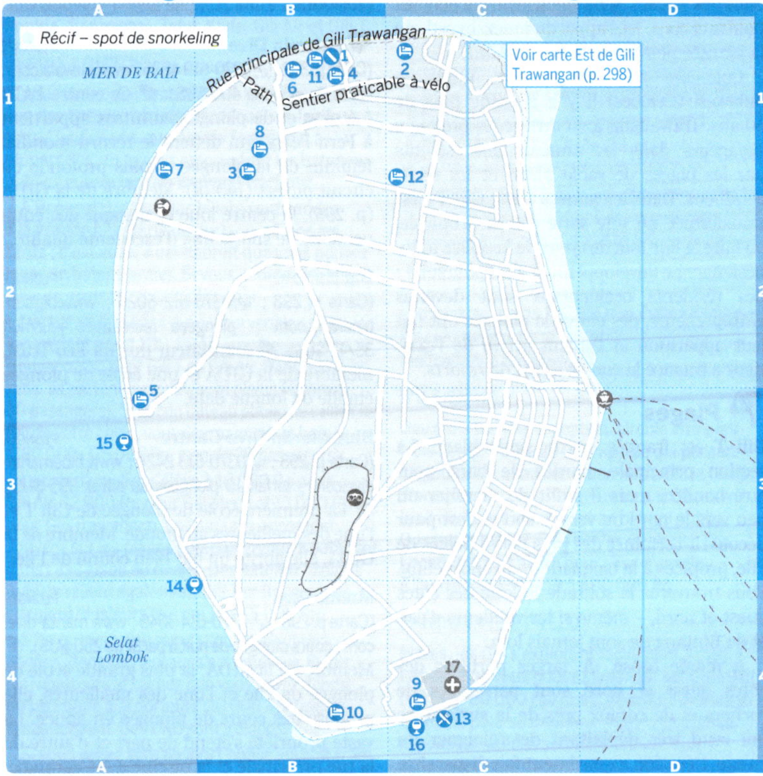

Randonnée et vélo

Vous pouvez faire le tour de l'île à pied en 2 heures. La colline à la pointe sud-est (avec des vestiges de canons japonais de la Seconde Guerre mondiale) offre une splendide vue au coucher du soleil sur le Gunung Agung à Bali.

Le vélo est un excellent moyen de circuler sur l'île, sauf sur la côte nord. Les chemins qui traversent l'intérieur de Gili T sont habituellement en bon état. Le long de l'artère principale, plusieurs échoppes louent des bicyclettes à partir de 50 000 Rp la journée.

Yoga

Gili Yoga YOGA

(Carte p. 298 ; ☎0370-614 0503 ; www.giliyoga.com ; 100 000 Rp/pers ; ⏲cours tlj). Propose des cours quotidiens de vinyasa et fait partie de Freedive Gili.

Spas

Exqisit Spa SPA

(Carte p. 298 ; ☎0370-612 9405 ; www.exqisitvillasandspa.com ; massages 1 heure à partir de 180 000 Rp ; ⏲10h-22h). Un spa en front de mer, avec des salles de soins entourées de rideaux pour les massages, des sièges en cuir pour les soins des mains et des pieds ou la réflexologie, ainsi qu'un café-bar. La longue liste de services comprend du shiatsu et un massage "anti-gueule de bois" (220 000 Rp).

Cours

Gili Cooking Classes COURS DE CUISINE

(Carte p. 298 ; ☎0877 6324 1215 ; www.gilicookingclasses.com ; cours à partir de 250 000 Rp ; ⏲11h30, 16h, 20h). Cet établissement avenant possède une grande cuisine destinée aux cours dans la rue principale. Grand choix de cours et possibilité de manger ce que vous avez préparé.

Gili Trawangan

Activités

1 Lutwala Dive B1

Où se loger

2 Alam Gili C1
3 Coconut Garden B1
4 Eden Cottages B1
5 Five Elements A3
6 Gili Eco Villas B1
7 Hotel Ombak Sunset A1
8 Kelapa Villas B1
9 Kokomo C4
10 Pondok Santi B4
11 Wilson's Retreat B1
12 Woodstock C1

Où se restaurer

Kokomo .... (voir 9)
13 Pearl Beach Lounge C4

Où prendre un verre et faire la fête

14 Exile A4
15 Serene Sunset A3
16 Surf Bar C4

Renseignements

17 Centre médical C4

Où se loger

Gili T compte plus de 5 000 chambres et près de 200 hébergements, des huttes sommaires aux élégantes villas climatisées avec piscine privée. Pourtant, en pleine saison, l'île affiche souvent complet ; réservez suffisamment à l'avance. Nombre d'établissements sont tenus par des familles locales qui ont peu ou pas d'expérience de l'hôtellerie. Presque toutes les écoles de plongée offrent de bons hébergements de catégorie moyenne, parfois inclus dans un forfait de plongée. Les établissements les moins chers se regroupent dans le village, où la mosquée fait office de réveil. Rejoignez les côtes nord ou ouest pour fuir la foule.

Dans tous les établissements pour petits budgets et dans la plupart de ceux de catégorie moyenne, l'eau du robinet est saumâtre. Quelques bungalows haut de gamme disposent d'eau pure. Les tarifs indiqués correspondent à la haute saison et peuvent baisser de 50% hors saison. Sauf mention contraire, le petit-déjeuner est compris.

Village

Oceane Paradise BUNGALOWS $
(Carte p. 298 ; ☎0812 3779 3533 ; ch à partir de 300 000 Rp ; ❄📶). Une superbe propriété qui comprend 4 bungalows en bois avec d'attrayantes sdb extérieures.

Pondok Gili Gecko GUESTHOUSE $
(Carte p. 298 ; ☎0818 0573 2814 ; ch à partir de 350 000 Rp ; 📶). Cette jolie *guesthouse*, décorée sur le thème du gecko, offre 4 chambres très propres avec ventil au plafond et patio carrelé privé surplombant le jardin.

Rumah Hantu GUESTHOUSE $
(Carte p. 298 ; ☎0819 1710 2444 ; ch à partir de 300 000 Rp ; 📶). Un ensemble simple et bien tenu de 5 chambres en bambou tissé, avec haut plafond, dans un petit jardin. Direction accueillante et attentive.

♥ **Woodstock** BUNGALOWS $$
(Carte p. 292 ; ☎0821 4765 5877 ; www.woodstockgili.com ; ch 350 000-700 000 Rp ; ❄📶🏊). L'adresse la plus branchée de Trawangan. Communiez avec les esprits de Joan Baez et de Jimi Hendrix dans l'une des 11 chambres aux accents tribaux, avec porche privé et sdb extérieure. Elles entourent une jolie piscine. Wi-Fi seulement à la réception.

Alexyane Paradise BUNGALOWS $$
(Carte p. 298 ; ☎0878 6599 9645 ; ch 600 000-750 000 Rp ; ❄). Cinq beaux bungalows en bois sombre avec hauts plafonds, lits en bambou et de belles sdb extérieures.

Lumbung Cottages 2 BUNGALOWS $$
(Carte p. 298 ; ☎0878 6589 0233 ; www.lumbungcottage.com ; bungalows à partir de 600 000 Rp ; ❄📶🏊). Onze bungalows de style *lumbung* (grenier à riz) entourent une piscine à fond noir au cœur du village, à flanc de colline.

Gili Joglo VILLAS $$$
(Carte p. 298 ; ☎0813 5678 4741 ; www.gilijoglo.com ; villas à partir de 160 € ; ❄📶). Trois villas fabuleuses avec service de majordome. L'une d'elles est aménagée dans une *joglo* (maison javanaise traditionnelle) avec des sols en béton poli, 2 chambres et une vaste salle intérieure-extérieure. Nous préférons celle construite avec deux *gladak* (maisons de la classe moyenne) des années 1950, un peu plus petite.

Artère principale

♥ **Gili Hostel** AUBERGE DE JEUNESSE $
(Carte p. 298 ; ☎0877 6526 7037 ; www.gilihostel.com ; dort à partir de 155 000 Rp ; ❄📶🏊). La seule auberge de jeunesse de l'île possède 7 dortoirs mixtes de 7 lits avec sol en béton, hauts plafonds, mezzanines et toit pointu de

style toraja. Le bar sur le toit, agrémenté de fauteuils poires, transats et hamacs, offre la vue sur la cime des arbres, les collines et la fête autour de la grande piscine.

Sama Sama Bungalows BUNGALOWS **$$**
(Carte p. 298 ; ☎0370-612 1106 ; ch 400 000-700 000 Rp ; ❄📶). À quelques mètres du débarcadère des vedettes, ces bungalows de style *lumbung* sont parfaits si vous voulez séjourner au cœur de l'animation.

Kokomo VILLAS DE LUXE **$$$**
(Carte p. 292 ; ☎0370-613 4920 ; www.kokomogilit.com ; villas 225-600 $US ; ❄📶🏊). Modernes, bien conçues et somptueusement équipées, ces 11 petites villas sont installées dans un complexe à l'extrémité sud, plus tranquille, de la rue principale. Piscine privée, décoration contemporaine et charmant salon intérieur-extérieur.

Bord de plage

Blu d'aMare BUNGALOWS **$$**
(Carte p. 298 ; ☎0858 8866 2490 ; www.bludamare.it ; ch à partir de 1 200 000 Rp ; ❄📶). Cinq ravissantes *joglo* javanaises des années 1920 avec de splendides parquets anciens, des lits "queen size" et des douches d'eau douce. La trattoria sert une excellente cuisine.

Balé Sampan HÔTEL **$$**
(Carte p. 298 ; ☎0812 3702 4048 ; www.balesampanbungalows.com ; ch vue jardin/piscine 82/88 $US ; ❄📶🏊). Sur un beau et large tronçon de plage, les 13 jolies chambres modernes ont des couettes en duvet et une sdb en pierre. L'hôtel possède une piscine d'eau douce et un café qui sert un authentique petit-déjeuner anglais.

Tanah Qita BUNGALOWS **$$**
(Carte p. 298 ; ☎0370-613 9159 ; bungalow 500 000-900 000 Rp ; ❄📶). Le Tanah Qita ("Patrie") propose de grands *lumbung* impeccables, avec lit à baldaquin, et d'autres plus petits avec ventil, tous très propres. Le jardin est une merveille champêtre.

Soundwaves BUNGALOWS **$$**
(Carte p. 298 ; ☎0819 3673 2404 ; www.soundwavesresort.com ; ch 250 000-850 000 Rp ; 📶). Le Soundwaves compte 12 chambres simples et propres avec sols carrelés, certaines dans des bungalows en bois en "A", d'autres dans un bâtiment en béton à étage, chacune avec un patio donnant sur la plage.

Trawangan Dive AUBERGE DE JEUNESSE **$$**
(Carte p. 298 ; ☎0813 3770 2332, 0370-614 9220 ; www.trawangandive.com ; dort 12 $US, ch à partir de 88 $US ; ❄📶🏊). Cette auberge de jeunesse est dotée d'un dortoir de 3 lits doubles. Comme partout à Gili T, la tendance est à l'embourgeoisement : 11 chambres sont climatisées, et 28 autres sont prévues. L'auberge se situe près des bars les plus animés.

Côtes nord, sud et ouest

♥ **Eden Cottages** BUNGALOWS **$$**
(Carte p. 292 ; ☎0819 1799 6151 ; www.edencottages.com ; bungalows 550 000 Rp ; ❄🏊). Six bungalows en béton coiffés de chaume, autour d'une piscine bordée d'un jardin à l'ombre des cocotiers. Les chambres propres comportent de jolis meubles en rotin, une sdb en pierre, une TV-DVD et une douche d'eau douce. Pas de Wi-Fi, ce qui contribue à la sérénité des lieux.

♥ **Wilson's Retreat** RESORT **$$**
(Carte p. 292 ; ☎0370-612 0060 ; www.wilsonsretreat.com ; ch à partir de 120 $US ; ❄📶🏊). Nouveau venu sur la côte nord, le Wilson's possède 18 chambres et 4 villas avec piscine privée. Vaste et chic, il conserve néanmoins le charme indolent de Gili. L'excellent café surplombe une belle portion de plage.

Coconut Garden BUNGALOWS **$$**
(Carte p. 292 ; ☎0812 3782 6482 ; www.coconutgardenresort.com ; ch à partir de 850 000 Rp ;

RESPECTER LA CULTURE LOCALE

Presque tous les habitants des îles Gili sont musulmans. Les visiteurs doivent tenir compte de certaines considérations culturelles :

- Il n'est pas acceptable de se promener en maillot de bain dans les rues du village, même si vous avez vu d'autres touristes le faire. Couvrez-vous dès que vous quittez la plage ou la piscine de l'hôtel.
- Un bain de soleil nu ou seins nus est choquant, où que ce soit.
- Pendant le mois du ramadan, nombre d'habitants jeûnent pendant la journée et il n'y a pas de fêtes délurées sur Gili Trawangan.

LA PLONGÉE AUX GILI

Les îles Gili sont une destination de choix pour la plongée en raison de l'abondance et de la diversité de la vie marine. Tortues et requins de récif à pointe noire ou blanche sont communs et l'on voit aussi des hippocampes, des aiguilles de mer et de multiples crustacés. Au moment de la pleine lune, de grands bancs de poissons-perroquets à bosse viennent se régaler d'œufs de coraux ; à d'autres époques de l'année des raies mantas évoluent près des sites de plongée.

Si des années de pêche à l'explosif et un blanchiment dû à El Niño ont endommagé les coraux à moins de 18 m de profondeur, les récifs sont en bonne voie de reconstitution. Les Gili possèdent également leur lot de corail vierge.

Les critères de sécurité sont relativement stricts. Devant la multiplication des écoles de plongée, plusieurs d'entre elles ont fondé la Gili Island Dive Association (GIDA), qui organise chaque mois des réunions sur la sauvegarde de l'environnement et l'impact écologique de la plongée. Toutes respectent une charte de standards concernant la sécurité des plongeurs, la limitation du nombre de plongeurs par jour et à la préservation des sites. Pour cette raison, nous recommandons de plonger avec des centres GIDA (reconnaissables au logo) ; ils disposent tous d'oxygène sur leurs bateaux et de radios en état de marche. Ils proposent aussi des prix fixes pour les plongées récréatives, l'entraînement et le brevet. Quelques exemples de prix :

Plongées d'initiation 65 $US

Cours Open Water 370 $US

Cours de secouriste-plongeur 390 $US

Quelques-uns des meilleurs sites de plongée :

Deep Halik Site en forme de canyon, idéal pour la plongée dérivante. Des requins à pointe noire ou blanche se montrent souvent entre 28 et 30 m.

Deep Turbo À environ à 30 m, ce site est parfait pour la plongée au nitrox. Il recèle d'impressionnants éventails de mer et des requins-léopards cachés dans les crevasses.

Mirko's Reef Du nom d'un populaire moniteur de plongée aujourd'hui disparu, cette gorge n'a jamais subi d'explosion et possède de superbes formations intactes de coraux mous et tabulaires.

Japanese Wreck Réservée aux plongeurs expérimentés (-45 m), cette épave d'un patrouilleur japonais (de la Seconde Guerre mondiale) gît à 45 m.

Shark Point Peut-être le site le plus excitant des Gili, avec la rencontre régulière de requins de récif et de tortues, ainsi que des bancs de poissons-perroquets à bosse et de raies mantas.

Sunset (Manta Point) D'imposants coraux tabulaires et la présence fréquente de requins et de grands poissons pélagiques.

). Ce joli *resort* loue 4 *gladak* spacieux et pimpants, coiffés de toits de tuiles et reliés à des sdb extérieures en terrazzo. Linge somptueux, lits "queen size" et pelouse vallonnée plantée de cocotiers. Il se situe dans un quartier calme à l'intérieur des terres et peut être difficile à trouver. Téléphonez au préalable.

Alam Gili HÔTEL $$

(Carte p. 292 ; 0370-613 0466 ; www.alamgili.com ; ch 65-95 $US ;). Un jardin luxuriant et l'emplacement paisible sur la plage constituent les principaux atouts. Les 9 chambres et villas de cette petite propriété s'agrémentent d'élégantes touches de style balinais ancien. Piscine et café de plage.

Danima GUESTHOUSE $$

(Carte p. 298 ; 0878 6087 2506 ; www.giliresortdanima.com ; ch 900 000-1 400 000 Rp ;). Cette pension intime et charmante est dotée d'une jolie plage et d'une piscine romantique. Elle propose 4 chambres avec lits flottants, plafonds voûtés, douches à effet pluie et terrasses avec sièges en rotin.

DÉSAGRÉMENTS ET DANGERS

- Bien que cela reste rare, des étrangères ont été harcelées sexuellement, voire agressées, sur les Gili. Évitez de vous promener seule dans les endroits isolés des îles.
- Aussi calme que la mer puisse paraître, les courants sont puissants entre les îles. N'essayez pas de nager d'une île à l'autre car vous pourriez vous noyer.
- Le trafic de drogue reste endémique à Trawangan. On vous proposera peut-être des champignons, de la méthamphétamine et d'autres drogues.
- Des touristes ont été intoxiqués et certains sont morts après avoir bu de l'*arak* (vin de palme incolore) frelaté ; abstenez-vous d'en boire.
- La **police** est rarement présente sur les Gili (ce qui est en train de changer). Signalez les vols immédiatement au *kepala desa* (chef de village) de l'île, qui s'occupera du problème ; les écoles de plongée vous indiqueront où le trouver. Sur Gili Trawangan, contactez **Satgas**, l'organisation communautaire qui dirige les affaires insulaires, via votre hôtel ou votre centre de plongée. Satgas s'efforce de résoudre les problèmes et de retrouver des objets dérobés.

Hotel Ombak Sunset RESORT $$
(Carte p. 292 ; ☎0370-644333 ; www.ombaksunset.com ; ch 100-250 $US ;). Cet élégant complexe de 100 chambres jouit d'un emplacement privilégié pour les couchers de soleil sur la côte ouest. Parmi les chambres variées, choisissez-en une avec une terrasse orientée à l'ouest pour la vue sur Bali. L'établissement dispose même de son propre DAB.

♥ **Pondok Santi** RESORT $$$
(Carte p. 292 ; ☎0370-714 0711 ; www.pondoksanti.com ; ch à partir de 300 $US ;). Six bungalows somptueux sont espacés dans cette ancienne plantation de cocotiers. Des pelouses couvrent désormais la propriété du plus élégant *resort* de Gili T. Les chambres sont pourvues de douche extérieure et d'une riche décoration traditionnelle en bois. La plage est splendide et l'artère principale à courte distance.

Gili Eco Villas VILLAS $$$
(Carte p. 292 ; ☎0361-847 6419 ; www.giliecovillas.com ; villas 120-260 $US ;). Sept élégantes villas en tek recyclé, provenant d'anciennes demeures coloniales japonaises, sont installées derrière la plage sur l'idyllique côte nord de Trawangan. Confort et style sur le thème écologique (eau recyclée, potager bio, énergies solaire et éolienne). Wi-Fi dans les espaces communs.

Kelapa Villas VILLAS $$$
(Carte p. 292 ; ☎0812 3756 6003 ; www.kelapavillas.com ; villas 200-900 $US ;). Ce luxueux complexe dans les terres comprend 20 villas spacieuses et stylées, toutes avec piscine privée, ainsi qu'un court de tennis et une salle de sport.

Five Elements VILLAS $$$
(Carte p. 292 ; ☎0828 9799 5545 ; www.gili.fiveelementsresorts.com ; villas à partir de 250 $US ;). Les villas bien espacées entourent une piscine de 40 m sur un tronçon (encore) isolé de la côte ouest. Les chambres sont très confortables. Comme pour les autres établissements de la côte ouest, vous devrez marcher un bon moment pour dîner dans l'artère principale.

Où se restaurer

En soirée, de nombreux établissements de la rue principale présentent et grillent la pêche du jour. Ils sont assez similaires ; choisissez celui qui vous séduit le plus.

Ailleurs dans la rue, des bars de plage proposent des plats indonésiens classiques, à déguster avec une Bintang fraîche les pieds dans le sable. Un nombre croissant de cafés branchés les concurrence.

♥ **Pasar Malam** MARCHÉ DE NUIT $
(Carte p. 298 ; plats 15 000-30 000 Rp ; 18h-24h). Installé tous les soirs devant le marché de Gili T, ce marché de nuit est l'endroit où savourer des spécialités locales, comme des soupes de nouilles épicées, des fritures salées, un succulent *ayam goreng* (poulet frit) ou du poisson grillé. Se promener entre les stands et regarder tous les plats vous mettra en appétit. De longues tables sont à disposition.

Green Cafe INDONÉSIEN $
(Carte p. 298 ; ☎0878 6335 4272 ; plats à partir de 20 000 Rp ; 18h-23h). Notre stand favori du Pasar Malam se tient à l'arrière, mais vous le

trouverez facilement : repérez les nombreux clients hésitant entre les grillades, les salades et un éventail de desserts (parfaitement emballés si vous souhaitez les emporter). Dans la journée, les propriétaires tiennent un café tout au fond de la place.

Ecco Cafe — CAFÉ $

(Carte p. 298 ; ☎ 0878 6027 0200 ; plats 33 000-60 000 Rp ; ⏲ 8h-22h ; 📶). De part et d'autre de l'artère principale, cet excellent café ressemble à un bateau en bois échoué sur la plage. De l'autre côté de la rue, il possède une élégante boutique de vêtements.

Warung Kiki Novi — INDONÉSIEN $

(Carte p. 298 ; plats à partir de 15 000 Rp ; ⏲ 8h-22h). Les résidents de longue date affirment que ce *warung* sert le meilleur *nasi campur* (riz avec divers accompagnements) des Gili. Dans la salle chaleureuse, vous vous régalerez de bons plats indonésiens à petits prix, de sandwichs et de salades à l'occidentale, sans oublier les soupes.

Cafe Gili — INTERNATIONAL $$

(Carte p. 298 ; plats 35 000-70 000 Rp ; ⏲ 8h-22h ; 📶). Coussins en bord de plage, éclairage aux chandelles et musique douce. La cuisine s'étire d'une salle chaulée, au chic bohème, jusqu'au rivage de l'autre côté de la rue. À la carte : œufs à la florentine, sandwichs-baguette, salades composées et plats de pâtes ou de poisson corrects.

♥ Kayu Café — CAFÉ $$

(Carte p. 298 ; ☎ 0878 6239 1308 ; plats 40 000-80 000 Rp ; ⏲ 8h-22h ; ❄ 📶). Deux possibilités : le café principal climatisé, du côté terre de la rue principale, offre un bon choix de viennoiseries, de salades et de sandwichs, ainsi que d'excellents jus de fruits. De l'autre côté de la rue, le café de plage est en bois et en plein air. Le service peut être lent ; commandez à l'intérieur.

♥ Scallywags — INTERNATIONAL $$

(Carte p. 298 ; ☎ 0370-614 5301 ; www.scallywags-resort.com ; repas 40 000-180 000 Rp ; ⏲ 8h-22h ; 📶). Le Scallywags se distingue par un décor de plage classique mais joliment conçu, de jolis verres, de superbes cocktails et un service attentif. Au menu, de savoureux produits de la mer – langouste fraîche, steaks de thon, vivaneau et espadon – et un beau bar à salades. Les poissons grillés semblent toujours aussi délicieux.

Kokomo — INTERNATIONAL $$

(Carte p. 292 ; ☎ 0370-613 4920 ; www.kokomogilit.com ; plats 60 000-200 000 Rp ; ⏲ 8h-23h ; ❄ 📶). Seul véritable restaurant gastronomique de l'île, le Kokomo utilise des produits de la mer pêchés localement et une sélection de viandes importées. Il propose de nombreuses salades, de délicieux steaks et plats de pâtes, mais pour un festin, choisissez un plateau de fruits de mer ou de sashimis (avec du saumon de l'Atlantique et du thon jaune). Superbe emplacement en front de mer.

Il Pirata — PIZZA $$

(Carte p. 298 ; ☎ 0813 3842 0848 ; plats 70 000-100 000 Rp ; ⏲ 11h-23h). Le four à bois est rarement au repos dans cette bonne pizzeria, juste à l'intérieur des terres. Il y a parfois une longue file d'attente pour les pizzas à emporter : mieux vaut s'attabler dans le jardin et boire une bière fraîche en dégustant une pizza croustillante. La *Romana* est authentique et savoureuse.

Pearl Beach Lounge — INTERNATIONAL $$

(Carte p. 292 ; ☎ 0370-613 7788 ; www.pearl-beachlounge.com ; plats 60 000-180 000 Rp ; ⏲ 8h-23h ; 📶). Un restaurant-lounge hyper branché, sur la plage. Dans la journée, dépenser 100 000 Rp en nourriture et boissons donne accès à la piscine, aux confortables transats de plage et à une carte de burgers. Le soir, le splendide pavillon principal en bambou s'anime, et la carte comporte des plats de viande et de poisson plus sophistiqués.

PLONGER EN APNÉE

Freedive Gili (carte p. 298 ; ☎ 0370-614 0503 ; www.freedivegili.com ; cours débutant/avancé 275/375 $US). La plongée en apnée (*freediving*) est une technique qui permet d'explorer les fonds jusqu'à 30 m de profondeur et au-delà en retenant son souffle. Freedive Gili, l'école de Trawangan, appartient à un plongeur expérimenté qui est parvenu à 90 m de profondeur. Elle propose des cours de 2 jours pour débutants et de 3 jours pour plongeurs confirmés, avec théorie, techniques de respiration et entraînement. Après 2 jours de cours, nombre de participants parviennent à descendre à 20 m en une seule respiration.

Renseignements

ARGENT

Les DAB sont nombreux dans l'artère principale et vous en trouverez même sur la côte ouest.

INTERNET ET TÉLÉPHONE

Le Wi-Fi s'est propagé sur Trawangan ; il est disponible dans les hôtels et cafés, mais la connexion est lente. Dans la rue principale, **Flash Internet** (carte p. 298 ; 18 000 Rp/heure ; 8h-23h ;) offre des connexions rapides et dispose d'imprimantes.

URGENCES

Un **centre médical** (carte p. 292 ; 9h-17h) se tient juste au sud de l'Hotel Vila Ombak. Pour tout problème de sécurité, contactez **Satgas**, une organisation communautaire, via votre hôtel ou centre de plongée.

Depuis/vers Gili Trawangan

Vous pouvez acheter des billets et prendre les bateaux publics ou d'île en île à l'**embarcadère** (carte p. 298). Les compagnies de bateaux rapides suivantes disposent de bureaux à Gili T :

Bali Brio (carte p. 298 ; 0828 9710 2336 ; Sama Sama Bungalows ; 9h-21h)

Blue Water Express (carte p. 298 ; 9h-21h)

Gili Cat (carte p. 298 ; 0361-271680 ; www.gilicat.com ; 9h-21h)

Perama (carte p. 298 ; 0370 638 514 ; www.peramatour.com ; 9h-20h)

Scoot (carte p. 298 ; www.scootcruise.com ; 9h-21h). Les bateaux relient Sanur, Padangbai, Nusa Lembongan et les Gili.

Gili Meno

0370

Gili Meno, la plus petite des trois îles, semble quasi déserte, même en haute saison. La plupart des hébergements jalonnent la côte est, près de la plus jolie plage. L'intérieur de l'île abrite des habitations éparses, des plantations de cocotiers et un lac salé. Des parties isolées de la côte ouest peuvent sembler négligées voire désolées, mais elles possèdent une ambiance particulière.

Plages

Ourlée de sable, Gili Meno possède l'une des plus belles plages des Gili à la pointe sud-est : large, couverte de fin sable blanc et idéale pour la baignade. La côte ouest est plus rocailleuse, avec des débris de coraux et de nombreux rochers et coraux proches de la surface à marée basse. Le nord-est de Meno est également frangé de sable, que l'érosion grignote par endroits.

À voir

Le grand lac salé qui s'étend au milieu de l'île est peuplé de grandes aigrettes, ce qui en fait un site naturel fascinant.

Turtle Sanctuary PROTECTION DES TORTUES
(www.gilimenoturtles.com ; don apprécié ; bureau 9h-18h ;). La réserve de tortues de Meno se compose de divers petits bassins d'eau filtrée dans lesquels s'ébattent des bébés tortues vertes et caouannes. Elles sont nourries et soignées jusqu'à ce qu'elles atteignent environ 8 mois, puis elles sont relâchées. Le centre a eu un impact considérable sur les populations de tortues. Plongez avec masque et tuba et vous en apercevrez certainement.

Activités

Comme sur les autres Gili, la plupart des activités sont liées à la mer. Le **tour de l'île** à pied constitue une belle promenade de moins de 2 heures.

Si vous pouvez louer un **vélo** pour 50 000 Rp par jour, vous n'irez pas bien loin. Le chemin de la plage qui part de la pointe sud et longe la côte ouest jusqu'au bout du lac salé est couvert de sable, sans ombre et vous devrez pousser votre vélo. Vous pourrez pédaler jusqu'à la côte nord-ouest sur le bon chemin qui suit le côté nord du lac, mais vous retrouverez le sable mou à la pointe nord.

Plongée et snorkeling

La meilleure plage de Meno, une merveille de sable blond, s'étend au sud du port principal, juste avant l'embranchement signalé vers Tao Kombo.

La côte nord-est, la côte ouest vers le nord, et les alentours de l'ancienne jetée du Bounty Resort (abandonné) sont les meilleurs endroits pour pratiquer le snorkeling. L'équipement se loue à partir de 40 000 Rp par jour.

Blue Marlin Dive Centre PLONGÉE
(0370-639980 ; www.bluemarlindive.com). Succursale du centre de Trawangan. Il dispose également de chambres.

Divine Divers PLONGÉE
(0852 4057 0777 ; www.divinedivers.com). Sur la côte ouest et uniquement présent à Meno. Il possède un bar-restaurant sur une jolie portion de plage.

LES GILI VERTES

Quand vous payez votre note d'hôtel ou de plongée sur les Gili, on vous proposera peut-être de régler une "Eco Tax" (50 000 Rp/pers), une contribution volontaire instaurée par le **Gili Eco Trust** (www.giliecotrust.com) pour sauvegarder l'environnement des îles.

Cette cause mérite d'être défendue. En raison de leur popularité croissance, les Gili subissent une énorme pression environnementale. La multiplication des constructions et des déchets ainsi que la destruction des récifs due à la pêche au cyanure ou à la dynamite ne sont que quelques-uns des problèmes. "En haute saison, on dénombre 5 000 visiteurs sur les Gili, plus 5 000 travailleurs qui, pour la plupart, viennent de Lombok en bateau", explique Delphine Robbe, la coordinatrice d'Eco Trust.

Plus récemment, les plages de sable de Trawangan, jadis vastes, ont été érodées. Par endroits, elles ont totalement disparu, mais plusieurs initiatives visent à sauver le récif et enrayer l'érosion.

Biorock, un projet de régénération du corail supervisé par le Gili Eco Trust et plusieurs centres de plongée, a réussi à réduire l'érosion des plages et à développer la vie marine. Des morceaux de corail vivant (peut-être endommagés par une ancre ou des coups de palmes maladroits) sont transplantés sur une structure artificielle dans la mer. Des électrodes fournissent un courant de basse tension afin de provoquer des réactions électrolytiques qui accélèrent la croissance du corail et la formation d'un récif artificiel, comme ce qui a été fait à Pemuteran à Bali. Plus de 100 installations Biorock entourent les Gili. Vous les verrez lors d'une sortie de plongée ou de snorkeling ; leurs formes inhabituelles – des fleurs, un avion, une tortue, une étoile, une raie manta et même un cœur – sont couvertes de jeunes coraux et d'éponges.

Parmi les autres initiatives d'Eco Trust :

- Distribution gratuite de sacs réutilisables pour limiter les sacs en plastique ; encourager les restaurants à cesser d'utiliser des pailles en plastique.
- Intense campagne d'information pour inciter les habitants et les commerçants à recycler leurs déchets. Il existe actuellement plus de 1 000 poubelles de recyclage sur les îles.
- Protection des chevaux des îles. Des consultations vétérinaires sont offertes, ainsi que des programmes de formation des cochers. Toutefois, comme le précise Delphine Robbe : "de nombreux cochers font travailler leur cheval à la dure pendant 3 ans puis le vendent pour la boucherie à Lombok et en achètent un autre".

Outre le paiement de l'Eco Tax, les visiteurs peuvent contribuer à la protection de l'environnement de multiples façons :

Nettoyer les plages Eco Trust et Trawangan Dive (p. 291) organisent chaque semaine des séances de nettoyage des plages et des mains supplémentaires sont toujours bienvenues. Pendant que vous admirez le sable blanc et l'eau turquoise, pensez à nettoyer la plage. Déposez tout ce que vous trouvez dans une poubelle de recyclage.

Dénoncer la maltraitance des chevaux Quiconque voit un conducteur de *cidomo* (carriole à cheval) maltraiter un cheval peut relever le numéro de la carriole et le communiquer à Eco Trust (☎0370-625020 ou ☎0813 3960 0553), qui contactera le cocher. Malheureusement, les nombreuses carrioles qui transportent de lourds chargements de matériaux de construction ou de Bintang ne sont pas immatriculées.

Construction d'un récif Pour 600 $US, vous pouvez effectuer deux plongées par jour pendant deux semaines et participer à la construction d'un récif Biorock. Renseignez-vous auprès d'Eco Trust.

Gili Meno Divers PLONGÉE
(☎0878 6536 7551 ; www.giliairdivers.com ; Kontiki Cottages ; ⏲9h-17h). Un centre de plongée tenu par des Français et des Indonésiens.

Yoga

Mao Meno YOGA
(☎0819 9937 8359 ; www.mao-meno.com ; cours à partir de 9 $US ; ⏲tous les jours). Différents

Gili Meno

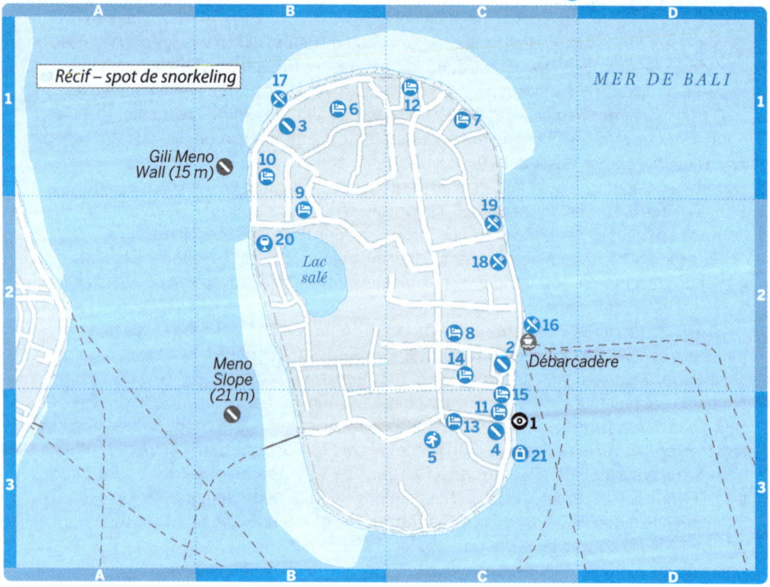

types de yoga, notamment ashtanga et vinyasa. Le centre loue des bungalows sobres dans sa propriété, à l'intérieur de l'île (à partir de 45 $US/nuit).

Où se loger

Meno n'échappe pas au développement des Gili, et de nouveaux hôtels apparaissent au nord – certaines sont plutôt luxeux. L'île reste cependant la meilleure option si vous voulez jouer les Robinson Crusoé. Les prix ont augmenté aussi fortement que le nombre de visiteurs.

Tao Kombo BUNGALOWS **$**

(0878 6033 1373 ; www.tao-kombo.com ; ch 30-40 € ;). Cet établissement à l'agencement novateur compte 7 bungalows *lumbung* avec toit de chaume, sol en pierre et sdb extérieure. Il comprend le populaire Jungle Bar, à 200 m de la rue principale, dans les terres. Les propriétaires sont très impliqués dans des projets communautaires.

Diana Café BUNGALOWS **$**

(0809 3317 1943 ; ch 250 000-400 000 Rp). Oasis classique de Meno, le Dina Café offre 4 bungalows à toit de chaume, propres et chics, au bord du lac salé, à 3 minutes de marche de la plage, où il en possède 4 autres.

Tropicana Hideaway BUNGALOWS **$$**

(0878 6431 3828 ; ch 200 000-700 000 Rp ;). Un modeste ensemble de 5 bungalows propres et sommaires dans un jardin ensoleillé, planté de palmiers. Vous trouverez plusieurs adresses similaires dans ce secteur.

Adeng Adeng BUNGALOWS **$$**

(0818 0534 1019 ; www.adeng-adeng.com ; ch 80-220 € ;). Une *guesthouse* originale, nichée parmi les arbres derrière une belle étendue de sable. Les 5 bungalows en bois disposent de tout le confort et d'une élégante sdb extérieure en terrazzo. La vaste propriété est ponctuée de touches décoratives artisanales.

Jepun Bungalows BUNGALOWS **$$**

(0819 1739 4736 ; www.jepunbungalows.com ; bungalows 250 000-500 000 Rp ;). À 100 m du port et du principal chemin bordant la plage, les charmants hébergements sont éparpillés dans un jardin. Choisissez entre les jolis *lumbung* à toit de chaume, les bungalows ou la maison familiale ; tous sont équipés d'une sdb avec eau douce (chaude) et de bons lits. Trois sont climatisés.

Kebun Kupu Kupu GUESTHOUSE **$$**

(0819 0742 8165 ; www.facebook.com/kupukupuresort ; ch à partir de 500 000 Rp ;).

Gili Meno

À voir
1 Turtle Sanctuary (réserve de tortues)...C3

Activités
2 Blue Marlin Dive Centre ...C2
3 Divine Divers ...B1
4 Gili Meno Divers ...C3
5 Mao Meno ...C3

Où se loger
6 Adeng Adeng ...B1
7 Ana Bungalow ...C1
Diana Café ...(voir 20)
8 Jepun Bungalows ...C2
9 Kebun Kupu Kupu ...B2
10 Mahamaya ...B1
11 Mallias Bungalows ...C3
12 Paul's Last Resort ...C1
13 Tao Kombo ...C3
14 Tropicana Hideaway ...C2
15 Villa Nautilus ...C3

Où se restaurer
Adeng Adeng ...(voir 6)
16 Rust Warung ...C2
17 Webe Café ...B1
18 Ya Ya Warung ...C2
19 Zoraya Cafe ...C2

Où prendre un verre et faire la fête
20 Diana Café ...B2

Achats
21 Art Shop Botol ...C3

À 300 m de la plage, cet ensemble de 6 bungalows se situe dans un endroit paisible, ombragé de palmiers, près du lac salé. Une superbe piscine est à disposition et les propriétaires français font honneur à la cuisine française (goûtez la crème brûlée)

Ana Bungalow BUNGALOWS $$
(0878 6169 6315 ; www.anawarung.com ; ch 400 000-600 000 Rp ;). Quatre jolis bungalows en bambou à toit de chaume pentu, avec des grandes fenêtres, et des sols en galets dans les sdb extérieures. Tenu par une famille, l'établissement possède une ravissante librairie d'occasion sur la plage, près des 4 ravissants *beruga* (pavillons ouverts sur les côtés) où l'on dîne à la lueur des lampions ; les produits de la mer sont excellents. Bravo pour l'honnêteté des propriétaire : “la connexion Wi-Fi est faible”.

Paul's Last Resort BUNGALOWS $$
(0878 6569 2272 ; ch à partir de 500 000 Rp ;). Après rénovation, les 3 cabanes en bambou ont été remplacées par plusieurs bungalows solides et confortables, sur une belle plage de sable blanc.

Mallias Bungalows AUBERGE $$
(0878 6413 0719 ; www.malliaschild.com ; ch 350 000-1 000 000 Rp ;). L'emplacement, sur la meilleure plage de Meno, est imbattable. Les bungalows en bambou et chaume sont très simples (climatisés pour certains), avantageux au bas de la gamme des prix, bien moins à l'échelon supérieur.

Villa Nautilus VILLAS $$
(0370-642143 ; www.villanautilus.com ; ch à partir de 105 $US ;). Ces 5 villas bien conçues et confortables sont construites sur un terrain verdoyant, à côté de la plage. De style contemporain avec bois naturel, marbre et calcaire, elles s'agrémentent d'élégantes sdb alimentées d'eau douce.

Mahamaya BOUTIQUE-HÔTEL $$$
(0888 715 5828 ; www.mahamaya.co ; ch à partir de 200 $US ;). Un bijou moderne blanchi à la chaux, les services d'un *resort* et 14 chambres dotées d'un beau sol en pierre, de patios en marbre brut et de meubles en bois cérusé. Vous pourrez dîner au bord de l'eau dans le restaurant, très correct.

Où se restaurer et prendre un verre

Presque tous les restaurants de Meno offrent une vue splendide sur la mer, ce qui compense la lenteur du service.

Webe Café INDONÉSIEN $
(0821 4776 3187 ; plats à partir de 20 000 Rp ; 8h-22h ;). Merveilleusement bien situé, le Webe Café possède des tables basses sur le sable, à un mètre de l'eau turquoise. Il est réputé pour ses plats indonésiens et sasak, comme le *kelak kuning* (vivaneau aux épices jaunes) et propose un barbecue de produits de la mer presque tous les soirs. Il loue également 3 bungalows rudimentaires (à partir de 350 000 Rp).

Zoraya Cafe CAFÉ $
(Plats à partir de 25 000 Rp ; 8h-22h). Dans ce café détendu, des petites plateformes à toit de chaume permettent de siroter une Bintang à prix doux ou déguster un repas

simple au bord de la mer, en regardant les allées et venues sur le sable.

Rust Warung INDONÉSIEN **$**

(☎0370-642324 ; plats 15 000-75 000 Rp ; ⏲8h-22h). Représentant le plus visible de l'empire Rust (qui comprend la seule épicerie de Meno), ce *warung* bénéficie d'une situation privilégie, dominant le port et la plage. Renommé pour son poisson grillé (avec ail et sauce aigre-douce), il sert aussi des pizzas et d'excellents pancakes à la banane à toute heure. Demandez le sambal maison.

Ya Ya Warung INDONÉSIEN **$**

(Plats 15 000-30 000 Rp ; ⏲8h-22h). Un *warung* de plage délabré qui propose des plats indonésiens clasiques, des curries, des pancakes et des pâtes, avec un panorama à la hauteur de vos espérances.

♥ **Adeng Adeng** THAÏLANDAIS **$$**

(Plats 30 000-80 000 Rp ; ⏲8h-22h). Pour changer des saveurs indonésiennes, essayez l'élégance d'inspiration thaïlandaise de l'Adeng Adeng. Les propriétaires, suédois, servent quelques spécialités, ainsi que d'excellents plats parfaitement épicés. Terminez la soirée par un bon cognac ou whisky.

Diana Café BAR

(⏲8h-21h). Si par extraordinaire vous trouvez le rythme de vie trop rapide à Meno, rendez-vous dans ce petit bar tiki. Le Diana ne pourrait être plus simple : un bar en chaume et bambou bancal, quelques tables sur le sable, un ou deux hamacs, du reggae en musique de fond et une vue sublime.

Achats

Art Shop Botol ARTISANAT

(⏲horaires variables). Un grand stand d'artisanat juste au sud de l'hôtel Kontiki Meno, qui vend des masques, des paniers sasak, des sculptures en bois et des gourdes. Il est tenu par un vieux monsieur, qui a 11 enfants et d'innombrables petits-enfants.

Renseignements

Meno ne compte aucun DAB et peu d'établissements acceptent les cartes bancaires ; prévoyez des espèces.

Depuis/vers Gili Meno

Le **débarcadère** est un endroit paisible. Vérifiez bien les horaires des bateaux publics car sur cette petite île il faut parfois attendre longtemps pour qu'un bateau se remplisse. Aucun bateau

SNORKELING AUX GILI

Entourées de récifs coralliens, les Gili sont idéales pour le snorkeling. Masque, tuba et palmes se trouvent facilement et se louent environ 40 000 Rp par jour. Assurez-vous que votre masque vous convient : pressez-le doucement sur votre visage et inspirez ; s'il tient bien, il est adapté.

Les excursions de snorkeling – souvent en un bateau à fond de verre – sont très prisées. Habituellement, comptez 150 000 Rp par personne ou 650 000 Rp pour le bateau. Vous partirez vers 10h et explorerez trois sites ou plus, avec éventuellement une pause-déjeuner sur une autre île. Sur Gili T, de nombreux opérateurs vendent ces excursions le long de la rue principale ; n'hésitez pas à négocier les prix.

À Trawangan et Meno, des tortues fréquentent régulièrement les récifs proches des plages. Vous serez entraîné par le courant et devrez revenir à pied au point de départ. Les tombants de la côte est à Gili Air sont aussi de bons sites.

Vous pourrez facilement échapper à la foule. Chaque île possède une partie plus sauvage, habituellement là où l'accès à la mer est entravé par des coraux à faible profondeur. Porter des sandales en caoutchouc facilite l'entrée dans l'eau. Évitez au maximum d'écraser le corail, glissez-vous dans l'eau et nagez le plus horizontalement possible.

Parmi les nombreuses raisons de pratiquer le snorkeling dans les Gili figure la rencontre de tortues à écailles (ou tortues imbriquées) et de tortues vertes. Voici quelques-uns des meilleurs sites :

- Le tombant de Gili Meno (Meno Wall)
- La pointe nord de la plage de Gili T
- Le tombant de Gili Air (Air Wall)

rapide ne dessert directement Meno, mais certains fournissent des correspondances. Vous pouvez aussi rejoindre Trawangan ou Air et prendre le bateau public d'île en île en fin d'après-midi.

Gili Air

0370

Île la plus proche de Lombok, Gili Air oscille entre la sophistication de Gili T et la langueur de Meno. Ses plages de sable blanc sont probablement les plus belles des Gili et il y a juste assez d'animation pour pimenter la vie nocturne. Le snorkeling est excellent en face de l'artère principale – une charmante allée sablonneuse parsemée de bungalows en bambou et de petits restaurants au bord d'une mer turquoise.

Si le tourisme domine l'économie de l'île, la noix de coco, la pêche et les éléments décoratifs en bois qui embellissent les *guesthouses* chics des Gili constituent d'importantes sources de revenus. Une courte promenade animée longe la plage dans le sud-est de l'île, mais reste plus sablonneuse qu'asphaltée.

Plages

Tout le côté est de l'île est ourlé de superbes plages de fin sable blanc, qui descendent en pente douce dans une eau turquoise au fond sablonneux. De belles plages privées jalonnent le reste du littoral, mais les rochers et les coraux constituent un problème à marée basse.

Activités

Sports aquatiques

Tout le long de la côte est, un récif abrite d'innombrables poissons colorés ; un tombant s'étend de 100 m à 200 m du rivage. L'équipement de snorkeling, se loue pour environ 40 000 Rp par jour.

L'île possède d'excellents centres de plongée qui pratiquent les tarifs standards des Gili.

Blue Marine Dive Centre PLONGÉE
(0812 377 0288 ; www.bluemarlindive.com). Bien situé à la superbe pointe nord-est de l'île. Cours de plongée en apnée.

Gili Air Divers PLONGÉE
(0878 6536 7551 ; www.giliairdivers.com ; Sunrise Hotel ; 8h-20h). Ce centre de plongée franco-indonésien se distingue par son charme et ses compétences.

Oceans 5 PLONGÉE
(0813 3877 7144 ; www.oceans5dive.com). Une piscine d'entraînement de 25 m, un biologiste marin résident et de jolies chambres d'hôtel.

7 Seas PLONGÉE
(0370-663 2150 ; www.7seas-international.com). Un vaste centre de plongée, avec un choix d'hébergements et une piscine pour s'entraîner ou se rafraîchir.

Gili Kite Surf KITESURF
(0819 0746 6201 ; www.gilikitesurf.com ; cours 1 600 000 Rp, location à partir de 650 000 Rp/heure). Ce centre dynamique loue également des planches de stand-up paddle, des wakeboards et des kayaks. Il s'installe souvent sur la plage sud-ouest.

Vélo

Les vélos se louent 50 000 Rp par jour. De longs tronçons du chemin côtier au nord et à l'ouest sont recouverts de sable et impraticables. En revanche, les chemins à l'intérieur des terres sont pour la plupart en béton et se parcourent facilement. Quelques boutiques louent des vélos équipés de gros pneus, qui roulent mieux dans le sable.

Spas et yoga

H2O Yoga YOGA
(0877 6103 8836 ; www.h2oyogaandmeditation.com ; cours à partir de 100 000 Rp ; tlj). Ce superbe centre de yoga et de méditation se tient en retrait de la plage, sur un chemin bien indiqué dans le village. Les cours, excellents, ont lieu dans un charmant *beruga* circulaire. Des massages sont proposés.

Harmony Spa SPA
(0812 386 5883 ; massages à partir de 120 000 Rp ; 10h-19h). L'emplacement splendide sur la côte nord régénère à lui seul. Soins du visage, du corps et autres. Téléphonez avant de venir.

Où se loger

La quarantaine d'hébergements de Gili Air se regroupent essentiellement sur la côte est. L'Ouest reste plus isolé.

Bintang Beach 2 BUNGALOWS $
(0877 6522 2554 ; ch 200 000-350 000 Rp ;). Sur la tranquille côte nord-ouest de Gili Air, cet enclos sablonneux et bien tenu comprend 14 chambres et bungalows, qui varient d'économiques (avec ventil) à haut de gamme. Le bar est très plaisant.

Vista Mare ITALIEN $$

(☎0812 386 5883 ; plats 30 000-90 000 Rp ; 8h-22h). Ce café italien aux murs chaulés semble tout droit venu de Naples. Il propose un barbecue de poisson chaque soir (thon, mérou, etc.), ainsi qu'une sélection de pâtes et quelques plats occidentaux et asiatiques. Dans la journée, il sert d'excellents jus de fruits et des repas plus légers. Il se tient sur une belle étendue de sable.

Biba ITALIEN $$

(☎0819 1727 4648 ; www.bibabeach.com ; plats 30 000-90 000 Rp ; 11h30-22h). Réservez une table sur le sable pour un repas romantique. Les pizzas et les *foccacie* sont les meilleures des îles ; vous pouvez aussi vous régaler d'authentiques raviolis, gnocchis et tagliatelles. Le four est allumé à 19h tous les soirs.

Le Cirque FRANÇAIS, PÂTISSERIE $$

(☎0370-623432 ; www.lecirque-giliair.com ; plats 35 000-110 000 Rp ; 7h-23h ;). Un restaurant bien conçu avec une pâtisserie hors pair et des tables le long du rivage. Le menu du dîner est ambitieux et un plat de poisson est proposé chaque soir. Le menu enfant comprend de savoureuses préparations, comme la “saucisse clown”.

Chill Out CAFÉ $$

(www.chilloutbungalows.com ; plats 40 000-100 000 Rp ; 8h-23h). Venez ici pour nager et prendre un verre devant une vue fabuleuse, et restez dîner les pieds dans le sable. Barbecue de poisson chaque soir et bonnes pizzas cuites dans un four à bois.

Où prendre un verre et faire la fête

Si Gili Air est habituellement calme, des fêtes ont lieu lors de la pleine lune et la promenade dans le Sud-Est peut s'animer en haute saison. Toutefois, alors que des raves durent jusqu'à l'aube sur Gili T, l'endroit le plus couru de Gili Air est plutôt le stand de gaufres !

Mirage CAFÉ

(9h-tard). Sur une superbe étendue de plage avec de splendides couchers de soleil tous les soirs, le Mirage reste inégalé pour un verre au crépuscule. La carte comprend des en-cas et des plats végétariens.

Zipp Bar BAR

(9h-tard). Ce grand bar offre une excellente sélection de boissons alcoolisées, dont des cocktails aux fruits frais, et des tables sur une belle plage. Il accueille une fête à chaque pleine lune.

Legend Bar BAR

(7h-tard). Peint aux couleurs rasta officielles – rouge, vert et jaune –, ce bar reggae un peu canaille organise une grande fête dansante à la pleine lune.

Renseignements

Des **distributeurs de billets** jalonnent la promenade sud-est. **Royal Medical** (☎0878 6442 1212 ; standard téléphonique 24h/24) possède un modeste centre médical. **Siti Shop** (8h-20h), une épicerie bien fournie, se tient dans le village.

Depuis/vers Gili Air

Le **débarcadère** est animé. En raison de l'activité commerciale et de la popularité de Gili Air, les bateaux publics se remplissent assez rapidement pour le trajet de 15 minutes jusqu'à Bangsal. La billetterie dispose d'un agréable espace d'attente ombragé.

Comprendre Bali et Lombok

Bali et Lombok aujourd'hui

À Bali, l'ambiance générale est aussi torride que les températures. Avec un nombre de touristes record (près de 4 millions d'étrangers et 8 millions d'Indonésiens), vous trouverez une foule de visiteurs dans toute l'île. Dans les médias, Bali occupe également une place prépondérante et les journalistes traquent le sensationnel dès lors qu'un étranger est impliqué – surtout s'il s'agit d'un Australien. Dans ces conditions, beaucoup d'habitants et d'amoureux de Bali aimeraient que l'île puisse s'offrir une période de répit bien méritée.

À voir

Act of Killing – L'Acte de tuer (Joshua Oppenheimer, 2013). Un documentaire bouleversant sur le massacre, en 1965, d'opposants politiques indonésiens accusés d'être des sympathisants communistes (il y eut des dizaines de milliers de victimes à Bali).

Cowboys in Paradise (Amit Virmani, 2011). Un documentaire très divertissant sur les innombrables gigolos qui sévissent dans le sud de Bali. En anglais.

À lire

- **Sang et volupté à Bali** (10/18, 2001). Cette captivante saga de Vicki Baum retrace la conquête de l'île par les Néerlandais au début du siècle dernier.
- **Le Goût de Bali** (Mercure de France, 2005). Un recueil de textes sur Bali signés Henri Michaux, Antonin Artaud, Clara Malraux, Catherine Jordis, etc.
- **Mange, Prie, Aime** (Calmann-Lévy, 2008). Le best-seller d'Elizabeth Gilbert attire chaque année à Bali, et à Ubud notamment, des milliers de visiteurs (des visiteuses surtout).

Développement effréné

Dans l'est de Bali, Sidemen Road est une route qui traverse l'une des plus belles régions de l'île, un véritable paradis de verdure. Néanmoins, le beau ruban d'asphalte est désormais complètement défoncé par endroits, en raison du passage continuel des camions. La même histoire se répète partout dans l'île : des convois de camions chargés de sable, de pierre et d'autres matériaux sillonnent les routes pour répondre aux besoins de développement fulgurant du sud de Bali.

Plus étonnant encore – au-delà du rythme effréné des nouveaux projets immobiliers –, c'est que personne ne sait véritablement ce qui sera construit. À Bali, le système de gouvernement central est très laxiste, et, du coup, les dirigeants locaux ont beaucoup d'influence. Peu de projets sont mis en place par le pouvoir central et il n'existe quasiment pas de système de demande de permis de construire. Par conséquent, le nombre d'hôtels de chaîne a explosé. Du jour au lendemain, des dizaines d'établissements ont ouvert leurs portes dans le sud de l'île, souvent dans des secteurs éloignés des plages, des restaurants et de la vie nocturne, et la plupart du temps en bordure de routes très fréquentées. Le nombre de copropriétés hôtelières – dans lesquelles des chambres sont vendues à des particuliers à qui on promet un retour sur investissement – est également en augmentation constante. En 2014, Bali comptait déjà 5 000 chambres en copropriété (toutes dans le sud de l'île) alors que les promoteurs cherchaient à en vendre 8 000 de plus.

Une formule du responsable de l'office du tourisme de Bali, Ngurah Wijaya, est souvent citée : "Nous aimons Bali jusqu'à la tuer". En effet, le développement ne semble pas prêt de s'arrêter. Ainsi, lorsque les autorités ont annoncé que 50% des vastes mangroves autour de Benoa Harbour et de l'aéroport allaient être préservées, elles ont aussi fait savoir que les 50% restantes allaient être déblayées afin d'y construire un immense complexe avec des hôtels, des attractions touristiques et même une piste de Formule 1. Il semble toutefois que cette proposition ait provoqué la colère des Balinais, puisque de nombreux habitants ont décidé de rejoindre des associations de défense de l'environnement pour protester contre la destruction de la mangrove. Vu l'ampleur des intérêts économiques en jeu dans ce projet, l'avenir nous dira si cette mobilisation aura servi à quelque chose.

Le problème de l'eau

Les chiffres sont aussi stupéfiants que désolants : selon plusieurs rapports et études, 260 des 400 rivières de Bali se tarissent désormais plusieurs fois par an. Par ailleurs, en raison de la baisse du niveau des nappes phréatiques, le Sud doit puiser dans des puits contaminés par de l'eau saumâtre. Si les nouvelles routes qui traversent la péninsule de Bukit favorisent le développement de cette région semi-aride, n'oublions pas que l'eau doit y être acheminé depuis d'autres régions de Bali.

Ironie du sort, ce n'est qu'en 2012 que le système unique d'irrigation des rizières de Bali a été inscrit au patrimoine mondial de l'Unesco. Aujourd'hui pourtant, les cultivateurs de riz font face à de sérieux problèmes, car certaines sources sont détournées pour alimenter de nouveaux projets immobiliers, créant de graves pénuries d'eau. L'un des cultivateurs nous a expliqué : "Regardez tout le maïs qui pousse dans les rizières. Nous le plantons uniquement lorsque nous n'avons pas assez d'eau, car le maïs est moins gourmand en eau que le riz. Mais le maïs est beaucoup moins rentable." Peu de statistiques sont actuellement disponibles, mais une chose est sûre : il y a de plus en plus de maïs qui pousse dans les légendaires rizières de Bali.

L'espoir

On l'a surnommé le Barack Obama indonésien. Premier président indonésien élu démocratiquement n'ayant aucun lien fil avec l'ancienne dictature de Suharto ni avec l'armée, Joko Widodo (ou Jokowi, comme on l'appelle) incarne le rêve indonésien par excellence. L'espoir est immense, et l'ancien maire de Jakarta, dont les partisans vantent la simplicité, devra se montrer à la hauteur. Si les électeurs balinais lui ont apporté deux fois plus de suffrages qu'à son adversaire, l'ancien général Prabowo Subianto, des résultats opposés ont été obtenus à Lombok, bien plus conservatrice. Les Balinais hindous, qui assistent avec inquiétude à la montée d'un islamisme radical à Jakarta, espèrent que le mandat de Jokowi aboutira à l'union, et non à la division du pays.

POPULATION :
BALI 4,2 MILLIONS ;
LOMBOK 3,3 MILLIONS

SUPERFICIE : **BALI 5 620 KM² ;**
LOMBOK 5 435 KM²

POURCENTAGE DES TERRES EXPLOITÉES POUR LA CULTURE DU RIZ À BALI : **28%**

SALAIRE MENSUEL MOYEN DANS LE SECTEUR DU TOURISME : **100-200 $US**

Sur 100 personnes à Bali

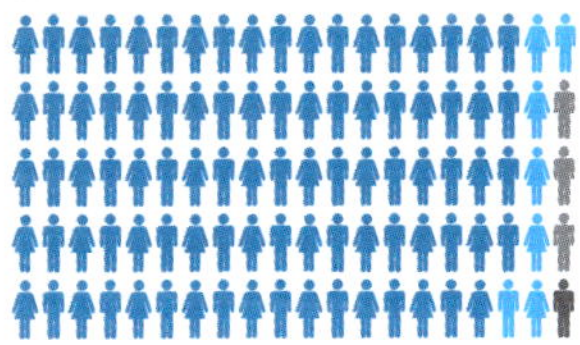

89 sont Balinais
7 sont Indonésiens originaires d'autres îles
3 sont d'autres nationalités
1 est un touriste

Religion

(% de la population)

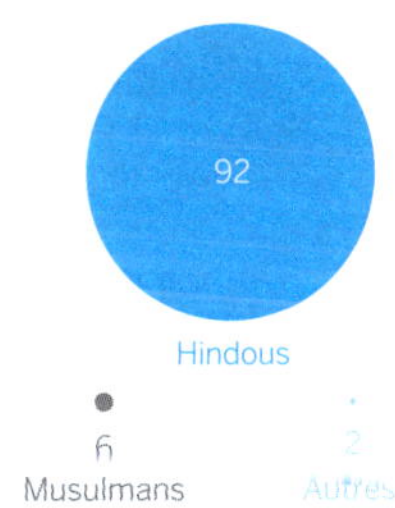

Population au km²

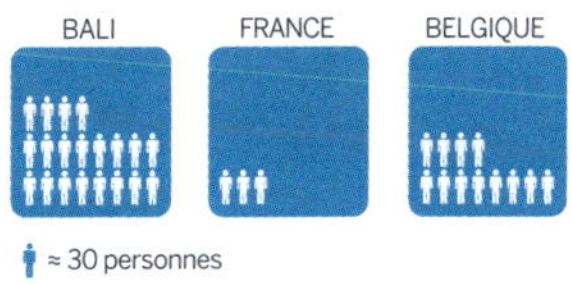

Histoire

Tandis que l'islam se propage à Java au XIIe siècle, les rois du royaume hindou de Majapahit se réfugient à Bali. Dans le même temps, le brahmane Nirartha fait établir des temples, dont Rambut Siwi, Tanah Lot et Ulu Watu. Au XIXe siècle, les Néerlandais forment des alliances avec des princes locaux et parviennent à conquérir Bali (et Lombok). C'est à partir des années 1930 que les Occidentaux commencent à découvrir les arts balinais, puis arrivent les premiers surfeurs dans les années 1960. Malgré l'essor du tourisme, la culture unique de Bali a su résister de façon remarquable.

Sutasoma est un poème épique (*kakawin*) javanais composé au XIVe siècle. Il prône la tolérance entre les adeptes des deux cultes majeurs de l'Indonésie à l'époque dite classique (Ve-XVe siècle), les bouddhistes et les hindouistes.

Les premiers Balinais

Les signes d'une présence humaine à l'âge de la pierre sont rares à Bali. On sait cependant que l'île était habitée dès la préhistoire – des fouilles ont mis au jour des fossiles humains vieux de 250 000 ans sur l'île voisine de Java. Les premiers objets (outils en pierre et vaisselle en terre cuite, exhumés près de Cekik, dans l'ouest de Bali) dateraient d'il y a 3 000 ans. Les recherches se poursuivent, et vous pourrez voir des ossements de près de 4 000 ans au Museum Manusia Purbakala Gilimanuk (p. 260). Tout indique que l'âge du bronze a débuté à Bali avant 300 av. J.-C.

On sait peu de choses sur le début de l'hindouisme dans l'archipel indonésien, si ce n'est qu'il fut sans doute introduit vers le VIIe siècle par les marchands venus du sous-continent indien. Les premières traces d'écriture, qui remontent au IXe siècle, ont été retrouvées sur un pilier en pierre, près de Sanur. À cette époque, Bali ressemblait déjà à ce qu'elle est aujourd'hui. Ainsi y cultivait-on le riz, au moyen d'un système d'irrigation complexe encore en usage. Les arts, quant à eux, commençaient déjà à s'épanouir.

Si les historiens ont peu d'informations sur les premiers habitants de Bali, ils ignorent tout du Lombok d'avant le XVIIe siècle. On suppose que les premiers habitants sont des Sasak, venus d'une région englobant l'Inde et le Myanmar actuels.

CHRONOLOGIE

- 50 000 000

Une faille se forme dans la croûte terrestre entre l'Asie et l'Océanie. Appelée ligne Wallace, elle constituera une frontière biologique entre les deux continents.

2 000 ans av. J.-C.

À cette époque disparaît l'un des premiers habitants connus de Bali, dont les restes sont aujourd'hui exposés à Gilimanuk.

VIIe siècle

Les marchands indiens introduisent l'hindouisme à Bali. On sait peu de choses sur leur commerce, mais on estime qu'ils ont pu repartir avec des pénis en bois sculpté et des livres en *lontar*.

Les influences hindoues

Java étend son influence sur Bali sous le règne du roi Airlangga (1019-1042), voire plus tôt. Alors que son oncle vient de perdre le trône, Airlangga, âgé de 16 ans, s'enfuit dans les forêts de l'ouest de Java. Le jeune homme, qui deviendra l'un des plus grands souverains javanais, gagne peu à peu des appuis et reconquiert l'ancien royaume de son oncle. Grâce à sa mère, qui s'était installée à Bali et remariée juste après sa naissance, des relations s'établissent naturellement entre Java et Bali. Le javanais parlé à la cour – le kawi – se diffuse dans la noblesse balinaise, et les mémoriaux taillés dans la pierre que l'on voit à Gunung Kawi (p. 176), près de Tampaksiring, témoignent des influences architecturales qu'exerça Java sur Bali au XIe siècle.

Après la mort d'Airlangga, Bali demeure semi-indépendante deux siècles durant, jusqu'à l'avènement de Kertanagara, souverain de la dynastie Singasari qui domine Java. Kertanagara conquiert Bali en 1284, mais son règne ne dure que huit ans. Son assassinat provoque l'effondrement du royaume. Son fils Vijaya (ou Wijaya) fonde la grande dynastie de Majapahit. Java étant alors livrée au chaos, Bali retrouve son autonomie, et la dynastie des Pejeng acquiert un pouvoir considérable. Des temples et des vestiges de cette époque sont encore découverts à Pejeng, près d'Ubud.

Sites les plus anciens

- *Goa Gajah*
- *Gunung Kawi*
- *Tirta Empul*
- *Pilier de pierre*

La fin de la dynastie Pejeng

En 1343, Gajah Mada, le légendaire Premier ministre des Majapahit, défait le roi Pejeng, Dalem Bedaulu, replaçant Bali sous l'influence javanaise.

Continuant d'étendre leur suprématie, les Majapahit dominent peu à peu une grande partie de l'archipel indonésien. Vers la fin du XIVe siècle, la "capitale" balinaise de la dynastie se déplace à Gelgel, près de l'actuelle Semarapura, d'où régnera pendant 200 ans le "roi de Bali", le Deva Agung. À Bali, la dynastie de Gelgel – sous le règne de Dalem Batur Enggong – en profite pour étendre son pouvoir : à l'est, sur Lombok et à l'ouest, sur Java, par-delà le détroit.

L'effondrement de la dynastie Majapahit, en 1478, au profit de petits royaumes déliquescents, favorise l'expansion de l'islam depuis les États commerçants du littoral nord jusqu'au cœur de Java. Alors que la dynastie Majapahit s'effondre, de nombreux membres de l'intelligentsia, dont le brahmane Nirartha, émigrent à Bali. Ce dernier aurait apporté à la religion balinaise toute sa complexité et aurait contribué à la fondation des "temples de la mer", dont les fameux Pura Luhur Ulu Watu et Pura Tanah Lot. Artistes, artisans, danseurs, musiciens et acteurs fuient également à Bali, qui connaît alors une effervescence culturelle qui n'a jamais cessé depuis.

Des cheveux de Nirartha, le grand prêtre qui a façonné l'hindouisme balinais au XVIe siècle, seraient enfoui dans le Pura Rambut Siwi, superbe temple de la mer dans l'ouest de Bali.

IXe siècle

Un graveur sur pierre dresse une liste, en sanskrit, de victoires militaires ancestrales. Cet objet, qui serait le plus ancien fabriqué à Bali, a été découvert à Sanur ; il atteste l'influence précoce de l'hindouisme.

1019

Le futur monarque Airlangga naît à Bali. Il vit dans la jungle de Java jusqu'à ce qu'il s'empare du pouvoir et devienne le roi des deux îles, dont il unifie les cultures.

XIIe siècle

Dix remarquables statues hautes de 7 m sont taillées dans la paroi rocheuse au Gunung Kawi, au nord d'Ubud. D'autres monuments sont réalisés dans les vallées environnantes.

1292

Bali obtient son indépendance de Java à la mort de Kertanagara, le puissant souverain qui a régné sur les deux îles pendant huit ans. Le pouvoir passe alors fréquemment d'une île à l'autre.

L'aéroport de Bali porte le nom d'I Gusti Ngurah Rai, héros national mort en dirigeant la résistance contre les Néerlandais à Marga, en 1946. La lettre qu'il a écrite en réponse à la demande de reddition néerlandaise s'achève ainsi : "La liberté ou la mort !"

paramilitaires, nationalistes et anticolonialistes, et les Balinais sont prêts à s'opposer au retour des Néerlandais.

L'indépendance

En août 1945, quelques jours après la reddition japonaise, Sukarno, le plus influent parmi les nationalistes, proclame l'indépendance de l'Indonésie. Toutefois, il faudra encore quatre années pour arriver à ce résultat. Le 20 novembre 1946, réitérant pour ainsi dire le célèbre *puputan* survenu près de cinquante ans plus tôt, un groupe de combattants pour la liberté mené par le charismatique Gusti Ngurah Rai (qui a donné son nom à l'aéroport de Bali) se fait éliminer par les Néerlandais lors de la bataille de Marga dans l'ouest de Bali. Les occupants acceptent finalement l'indépendance de l'archipel en 1949. Mais c'est la proclamation du 17 août 1945 qui demeure célébrée de nos jours.

Bali, Lombok et les autres îles de l'Est sont tout d'abord regroupées en une province démesurée : Nusa Tenggara. En 1958, reconnaissant son erreur, le gouvernement central divise la région en trois nouvelles entités, dont Bali et Nusa Tenggara Barat, qui inclut Lombok.

LA BATAILLE DE LOMBOK

En 1894, les Néerlandais envoient une armée pour soutenir les Sasak de l'est de Lombok dans leur rébellion contre le raja balinais, qui contrôle l'île avec l'aide des Sasak de l'Ouest. Le raja capitule rapidement, mais le prince héritier décide de poursuivre la lutte.

Une nuit, une troupe de Balinais et de Sasak de l'Ouest attaque le campement néerlandais situé dans le palais flottant de Mayura, obligeant les Hollandais à se réfugier dans un temple. Dans le même temps, les Balinais assiègent un autre camp à l'est de Mataram, et toute l'armée néerlandaise présente sur Lombok doit se retirer à Ampenan où, d'après un témoignage, les soldats "étaient si nerveux qu'ils tiraient dès que la moindre feuille tombait d'un arbre". Ces combats causeront de grandes pertes en hommes et en armes dans le camp néerlandais.

Après avoir remporté les premières batailles, les Balinais commencent à perdre du terrain, harcelés par les Sasak de l'Est. Bientôt, les Néerlandais reçoivent des renforts de Java et attaquent Mataram, livrant des combats de rue contre les soldats aussi bien que contre les civils balinais et sasak de l'Ouest. Plutôt que de se rendre, les Balinais – hommes, femmes et enfants – opteront pour le *puputan* ("combat à mort" rituel), fauchés par les fusils et les tirs d'artillerie de l'ennemi.

À la fin du mois de novembre 1894, les Néerlandais attaquent Sasari et, là encore, un grand nombre de Balinais choisissent le *puputan*. À la chute de la dynastie, la population finit par abandonner la lutte.

1856

Le commerçant danois Mads Lange meurt mystérieusement à Kuta, probablement empoisonné par des rivaux. Il s'était constitué une fortune en vendant des articles balinais aux navires ancrés près de la plage.

1891-1894

Après des années de vaines rébellions, les Sasak incendient un palais et finissent par s'imposer dans l'est de Lombok. Avec l'aide des Néerlandais, le pouvoir balinais est chassé de l'île en moins de trois ans.

1908

La royauté balinaise se suicide avec panache. Parés de leurs plus belles tenues et armés de kriss, les Balinais marchent sous le feu des Néerlandais dans un *puputan* ("combat à mort" rituel) à Klungkung.

1912

L'Allemand Gregor Krause photographie des Balinaises à demi nues. Il publie un "livre d'art" en 1920 et les vapeurs néerlandais amarrés à Singaraja transportent désormais des touristes.

Le coup d'État et ses répercussions

Au début, le chemin de la liberté n'est pas aisé. Quand, en 1959, après plusieurs rébellions violentes, Sukarno prend en main le pouvoir de façon plus directe, il se révèle aussi incapable d'administrer le pays en temps de paix qu'il s'était montré un leader révolutionnaire charismatique. Au début des années 1960, tirant parti de ses atermoiements, l'armée, les communistes et d'autres groupes luttent pour la suprématie. Le 30 septembre 1965, une tentative de coup d'État – attribuée au Partai Komunis Indonesia (PKI, ou Parti communiste) – entraîne la chute de Sukarno. Faisant preuve d'une grande habileté politique et militaire, le général Suharto parvient à contrôler la situation et émerge comme leader. Le PKI est déclaré illégal, et une vague de massacres des "suspects" communistes gagnera tout l'archipel.

À Bali, les événements prennent d'autant plus d'importance au niveau local que les principales organisations politiques nationales – le Partai Nasional Indonesia (PNI, ou Parti nationaliste) et le PKI – cristallisent les différences entre les traditionalistes, désireux de conserver l'ancien système des castes, et les radicaux qui rejettent ce système répressif et exhortent à la réforme agraire. Après le coup d'État avorté, les traditionalistes religieux se lancent dans une chasse aux sorcières contre les "communistes impies". Finalement, l'armée intervient pour contrôler les purges anticommunistes, mais les exécutions – entre 50 000 et 100 000 victimes, sur une population d'environ deux millions d'habitants – n'épargnent aucune famille. Plusieurs dizaines de milliers d'habitants de Lombok disparaissent eux aussi.

L'éruption de 1963

En plein désordre politique, Bali connut en 1963 l'éruption volcanique la plus désastreuse en 100 ans. Le Gunung Agung entra en éruption et la portée prophétique et politique de cette catastrophe naturelle allait être considérable.

L'Eka Dasa Rudra, le plus grand des sacrifices balinais qui n'a lieu qu'une fois par siècle sur le calendrier balinais, devait en effet atteindre son apothéose le 8 mars 1963. Plus de 100 années s'étaient déjà écoulées depuis le dernier Eka Dasa Rudra, mais les prêtres étaient en désaccord sur la date la plus faste.

Le temple Pura Besakih figurait évidemment au cœur des festivités, mais, au moment des derniers préparatifs, fin février, le comportement du Gunung Agung devint étrange. En dépit de quelques scrupules et des inquiétantes rumeurs qui persistaient, les cérémonies furent maintenues sous la pression politique.

Kuta s'est toujours distinguée du reste de Bali. À l'époque royale, la région était un lieu d'exil pour les sujets mécontents et les fauteurs de troubles. Le secteur était trop aride pour faire pousser du riz, la pêche permettait tout juste de survivre et la côte offrait des kilomètres de sable inutilisable...

Femme aux nombreux pseudonymes, K'tut Tantri quitta Hollywood pour Bali en 1932. Après la guerre, elle rejoignit les révolutionnaires indonésiens dans leur combat contre les Néerlandais. Sous le nom de Surabaya Sue, elle défendit leur cause depuis Surabaya. Son autobiographie, *Revolt in Paradise*, fut publiée en 1960.

1925

Le plus grand danseur moderne balinais, Mario, réalise pour la première fois le Kebyar Duduk, œuvre qu'il dansera longtemps. Partant d'une position courbée, il évolue comme s'il était en transe au rythme lancinant du gamelan.

1936

Les Américains Robert et Louise Koke construisent un complexe de bungalows au toit de palmes sur la plage déserte de Kuta. C'est la fin du tourisme guindé et le début des distractions et de la détente au soleil.

1945

Après la capitulation du Japon, les nationalistes, dont Sukarno, proclament l'indépendance de l'Indonésie face aux Néerlandais. Il s'ensuit une période de troubles intensifs.

1946

Le défenseur de l'indépendance Ngurah Rai meurt avec ses hommes à Marga. Ce *puputan* sape le moral des colons néerlandais et, peu après, l'Indonésie accède à son indépendance.

Le 17 mars, le Gunung Agung entra en éruption. La catastrophe fit plus de 1 000 victimes (plutôt 2 000 selon certaines estimations) et détruisit des villages entiers, laissant plus de 100 000 habitants sans toit. En plusieurs endroits, des torrents de lave et de boue volcanique brûlante coulèrent jusqu'à la mer, engloutissant les routes et isolant la pointe est de Bali. L'île entière fut couverte de cendres. Les traces de coulées de lave sont encore visibles depuis la grand-route près de Tulamben.

LA COLONISATION TOURISTIQUE

Dès les années 1920, le gouvernement néerlandais réalise que l'industrie du tourisme, en plein essor, pourrait tirer parti de l'originalité de la culture balinaise. Sa campagne publicitaire, axée sur des images de Balinaises aux seins nus, attire rapidement les riches aventuriers occidentaux. Ils accostent au nord (dans l'actuelle Singaraja) avant d'effectuer à travers l'île un circuit de trois jours, dépourvu de toute fantaisie, avec à la clé des spectacles culturels standardisés dans un hôtel de Denpasar géré par le gouvernement. Les récits de l'époque sont nourris d'images d'Européens qui, sous couvert d'intérêt pour la culture, ne cherchent en réalité qu'à voir des femmes dénudées. Désir souvent frustré, car les Balinaises se couvraient dès qu'elles entendaient les vieux tacots néerlandais approcher.

Dès cette époque, toutefois, certains voyageurs arrivèrent de manière autonome, souvent à la demande d'artistes occidentaux expatriés, comme Walter Spies à Ubud. Parmi ces visiteurs figurent Robert et Louise Koke, un couple d'Américains de Hollywood. Lors d'un voyage, ils accostent à Bali en 1936. Consterné par les ennuyeuses restrictions qu'imposent les autorités touristiques néerlandaises, le couple construit quelques bungalows avec des feuilles de palmier et d'autres matériaux locaux sur la plage déserte de Kuta, qui n'est alors occupée que par quelques familles de pêcheurs vivant dans le dénuement.

La nouvelle se répand rapidement et les bungalows ne tardent pas à afficher complet. Souvent, les visiteurs prévoient de rester à Bali quelques jours seulement, mais finissent par y rester de longues semaines et ils n'hésitent pas à parler de l'île autour d'eux. Les Néerlandais, qui ont tout d'abord dénigré les "huttes primitives et malpropres" des Koke, réalisent bientôt que l'expansion du tourisme peut être profitable à tous. D'autres Occidentaux construisent des hôtels au toit de palmes, ainsi que des bungalows qui deviendront l'emblème de Bali dans les décennies suivantes.

La Seconde Guerre mondiale balaie tourisme et hôtels (les Koke échappent de justesse aux Japonais), mais les visiteurs reviennent peu à peu après le conflit. Bali devient alors une île dont la popularité ne cesse de croître au fil des années.

1949

La comédie musicale *South Pacific* est jouée à Broadway et sa chanson "Bali Hai" va introduire dans des millions d'esprits des clichés sur Bali (même si elle est plutôt inspirée des îles Fidji).

Années 1960

L'allongement de la piste d'aéroport pour accueillir des gros porteurs, les tarifs relativement accessibles des vols et l'ouverture du Bali Beach Hotel à Sanur marquent le début du tourisme de masse.

1963

Le Gunung Agung, volcan sacré, entre en éruption et rejette d'énormes coulées de lave : une bonne partie de l'est de Bali est détruite et on dénombre un millier de morts, voire plus, et 100 000 sans-abri.

1965

La rivalité entre communistes et conservateurs éclate après une supposée tentative de coup d'État. Les conservateurs l'emportent et les purges font des dizaines de milliers de victimes à Bali.

LES ATTENTATS DE BALI

Le samedi 12 octobre 2002, deux explosions retentissent sur l'artère animée de Jalan Legian, à Kuta. La première a lieu devant le Paddy's Bar et, quelques secondes plus tard, une bombe beaucoup plus puissante anéantit le Sari Club.

On dénombre plus de 200 morts et disparus, mais on ne connaîtra sans doute jamais le nombre exact de victimes. Beaucoup de Balinais touchés rentrent dans leur village, où ils décèdent, faute de traitement médical adapté.

Les autorités indonésiennes ont finalement attribué les attentats à un groupe terroriste islamique, la Jemaah Islamiyah. Elles ont arrêté des dizaines de fondamentalistes, dont beaucoup ont été emprisonnés et trois condamnés à mort. Mais les peines ont été dans l'ensemble assez légères, notamment dans le cas d'Abu Bakar Bashir, un chef religieux radical que l'on désigne souvent comme le responsable des attentats. Sa condamnation a finalement été annulée par la Cour suprême indonésienne en 2006, provoquant la fureur de nombreux Balinais et Australiens. (En 2011, il a été renvoyé en prison pour 15 ans suite à une nouvelle condamnation pour terrorisme.)

Le 1er octobre 2005, trois candidats au suicide font exploser leur bombe – l'un dans un restaurant de Kuta Square et les deux autres dans des cafés du front de mer à Jimbaran. Cette fois encore, c'est l'œuvre de la Jemaah Islamiyah. En dépit de documents indiquant que les attentats visaient les touristes, 15 des 20 victimes sont des Balinais et des Javanais qui travaillaient dans ces établissements.

Umar Patek a également été reconnu coupable en 2012 pour avoir aidé à assembler les bombes qui ont explosé à Bali en 2002, et condamné à 20 ans de prison. Mais les menaces sont toujours présentes : en 2012, la police balinaise a abattu cinq terroristes présumés.

L'ère Suharto

Dans le sillage du coup d'État manqué de 1965, Suharto se pose en président et prend le contrôle du gouvernement. Sous l'"Ordre nouveau" de Suharto, l'Indonésie oriente sa politique extérieure et son économie vers l'Occident.

Sur le plan politique, Suharto veille à ce que son parti, le Golkar, massivement soutenu par l'armée, devienne le plus puissant. Les autres partis sont interdits ou paralysés. Des élections régulières contribuent à maintenir un simulacre de démocratie, mais, jusqu'en 1999, le Golkar sort invariablement vainqueur des urnes. Durant cette période où les intérêts commerciaux l'emportent sur la démocratie, Bali, puis Lombok connaissent un développement économique important. De grands complexes hôteliers apparaissent à Sanur, Kuta et Nusa Dua, souvent grâce à des investisseurs faisant partie du gouvernement.

À l'intérieur du Bajra Sandhi Monument (ou monument de la "Lutte du peuple"), à Denpasar, une série de dioramas (tableaux en relief comprenant de petits personnages en terre) évoque de façon amusante de grands moments de l'histoire de Bali.

1970

Une jeune femme commence à vendre des bonbons à Kuta. Encouragée par les surfeurs, elle construit une hutte qu'elle nomme Made's Warung, devenue aujourd'hui un restaurant florissant.

1972

Le cinéaste Alby Falzon emmène de jeunes Australiens à Bali pour réaliser son documentaire sur le surf, *Morning on Earth*, qui jouera un rôle majeur pour attirer une génération d'Australiens vers Kuta.

1998

Suharto, qui a toujours eu des liens très étroits avec Bali, démissionne après 32 ans de présidence. Sa famille continue de contrôler plusieurs complexes balnéaires de l'île, dont le Pecatu Indah.

2000

Les émeutes qui enflamment l'Indonésie atteignent Lombok, où des centaines de maisons et de commerces appartenant à des Chinois, à des chrétiens et à des Balinais sont pillés et incendiés.

La tradition balinaise veut que les visiteurs respectueux soient bienvenus aux crémations. Pour savoir où il y en a, renseignez-vous autour de vous, auprès de votre hôtel ou à l'office du tourisme d'Ubud.

Bien qu'illégaux car impliquant des paris d'argent, les combats de coqs ont un succès fou à Bali. Il est facile de les repérer grâce à quelques indices : un grand nombre de voitures et de motos garées sur le bas-côté, mais personne en vue. Vous pouvez aussi vous rendre à Pantai Masceti, dans l'est de Bali, où se dresse une immense arène accueillant des combats de coqs.

Les offrandes

Quel que soit votre lieu de séjour, vous verrez tous les jours des femmes déposer des offrandes au temple familial et dans leur maison, ainsi que dans les hôtels, les boutiques et autre endroit public. Vous assisterez certainement à de vibrantes cérémonies, quand tous les villageois revêtent leurs habits de fête et que la police ferme les routes pour une spectaculaire procession de plusieurs centaines de mètres ; les hommes jouent du gamelan, tandis que les femmes portent sur la tête de somptueuses offrandes de fruits et de gâteaux.

Ces manifestations n'ont rien de superficiel. Elles font partie du quotidien des Balinais, tel qu'ils le vivraient sans spectateurs. Les spectacles de danse et de musique des hôtels font partie des rares événements "mis en scène" pour les touristes, mais reflètent l'accueil balinais traditionnel réservé aux visiteurs, appelés *tamu* (hôtes).

Lombok

À Lombok, l'*adat* (tradition, coutumes) régit les moindres aspects de la vie quotidienne, notamment en matière de fréquentation, de mariage et de circoncision. Le vendredi après-midi, officiellement consacré au culte, les administrations et de nombreux bureaux ferment. Les femmes, dont beaucoup travaillent dans le tourisme, portent souvent le foulard et très rarement le voile. Les jeunes filles musulmanes de classe moyenne peuvent habituellement choisir leur mari. La circoncision des garçons sasak se pratique généralement entre 6 et 11 ans et s'accompagne d'une fête après une procession dans le village.

Du fait de la forte présence balinaise à Lombok, on peut souvent y voir des cérémonies hindoues. Les minorités *wetu telu*, chinoises et bugis ajoutent à la diversité.

LA NOTION DU TEMPS

À Bali, pour connaître la date du jour et la semaine, vous devrez sans doute consulter un prêtre. Le calendrier balinais est d'une telle complexité qu'il n'a été rendu public que depuis une soixantaine d'années. Encore aujourd'hui, la plupart des Balinais ont recours à un prêtre ou à un chef de l'*adat* pour déterminer le jour le plus propice à une entreprise.

Le calendrier rythme la vie quotidienne. Qu'il s'agisse de la construction d'une maison, de la plantation du riz, du limage des dents, d'un mariage ou d'une crémation, aucun événement ne sera réussi s'il n'a pas lieu à la date idoine.

Le calendrier balinais intègre trois systèmes : le calendrier grégorien de 365 jours, le calendrier *wuku* (ou Pawukon) de 210 jours et le calendrier lunaire *çaka*, de 12 mois, qui débute avec Nyepi en mars ou en avril. De plus, certaines semaines sont réservées aux humains, d'autres aux animaux et au bambou et chacune comporte son lot d'activités interdites, comme se marier, couper du bois ou du bambou, etc.

En plus de la date, chaque case du calendrier comprend le mois lunaire, les noms de chacun des 10 "jours" de la semaine, les caractéristiques des natifs du jour selon l'astrologie balinaise et le symbole de la pleine ou nouvelle lune. Au bas de chaque mois figurent une liste des jours propices à des activités spécifiques, ainsi que les dates de l'*odalan* (anniversaire) des temples, des fêtes hautes en couleur où les touristes sont les bienvenus.

Jadis, les prêtres consultaient un *tika* – un tissu peint ou du bois sculpté représentant le cycle *wuku* – avec de petits symboles géométriques figurant les jours propices. Aujourd'hui, si nombre de Balinais possèdent un calendrier, ils ont toujours recours aux services des prêtres !

Vie de village

La vie de village n'est pas l'apanage des campagnes, elle existe partout à Bali. Avec ses néons, son chaos et ses distractions venus d'ailleurs, même Kuta reste un village où règne le *banjar*, l'organisation de quartier qui régit rencontres, célébrations, organisations et prises de décisions.

Pouvoir local à la balinaise

Dans l'administration de Bali, plus de 3 500 *banjar* détiennent un immense pouvoir. Constitué par les hommes mariés d'une zone donnée (soit environ 50 à 500 personnes), le *banjar* contrôle la plupart des activités de la communauté, qu'il s'agisse de l'organisation d'une cérémonie dans un temple ou de prises de décisions importantes sur l'usage des terres. Les décisions sont prises à l'unanimité et malheur à celui des membres qui se dérobe à son devoir. Il peut lui en coûter une amende ou pire : se voir banni du *banjar*.

Bien que les femmes et les enfants soient admis au *banjar*, seuls les hommes assistent aux réunions où sont prises les décisions importantes. Les femmes, souvent propriétaires de leur affaire dans les zones touristiques, doivent, pour exercer leur influence, communiquer par le truchement de leur mari. S'il est une chose que les étrangers apprennent vite, c'est qu'on ne contrarie pas le *banjar*. Ainsi, des rues entières de restaurants et de bars ont été fermées sur l'ordre du *banjar*, pour n'avoir pas suffisamment pris en considération ses réclamations en matière de bruit.

TIGES DE BAMBOU

Lors des cérémonies telles que Galungan, on place devant les maisons des *penjor* (tiges de bambou) décorés dont les pointes s'inclinent au-dessus du chemin. Les décors sont aussi divers que les artistes qui les réalisent, mais la partie haute symbolise toujours la queue du Barong et le pic du Gunung Agung. Les *sampian*, les pointes ornementées, sont très raffinées.

Riziculture

La culture du riz forme l'épine dorsale de la société balinaise. Traditionnellement, chaque famille en cultive suffisamment pour subvenir à ses besoins, faire des offrandes aux dieux et, parfois, en vendre un peu au marché. Divinité la plus populaire de l'île, Devi Sri est la déesse de l'Agriculture, de la Fertilité et de la Prospérité. Chaque stade de la culture s'accompagne de rituels pour exprimer la gratitude et conjurer une maigre récolte, les intempéries ou les ravages des souris et des oiseaux.

Subak et répartition de l'eau à Bali

Les difficultés à labourer et à irriguer les terrains montagneux en terrasses obligent les villageois à partager travaux et responsabilités. Grâce à un système pluriséculaire, les quatre lacs de montagne et l'entrelacs de rivières de l'île arrosent les champs grâce à un réseau de canaux, de barrages, de canalisations en bambou et de tunnels creusés dans la roche. Plus de 1 200 *subak* (associations villageoises) président la gestion et la distribution équitable de l'eau et tout cultivateur doit faire partie de son *subak* local, base du puissant *banjar* de chaque village.

Le *subak* est à la base d'une fascinante organisation démocratique qui a rejoint en 2012 la liste du patrimoine mondial de l'Unesco.

Bien que le tourisme ait transformé la société civile balinaise, passée d'une population essentiellement composée d'agriculteurs à des activités et à des modes de vie plus diversifiés, la responsabilité collective héritée de la riziculture continue de dicter le code moral de la vie quotidienne, même en milieu urbain.

1. Ogoh-ogoh 2. Paniers d'offrandes
3. Rizières irriguées grâce au système du *subak*, Jatiluwih (p. 231)
4. Procession lors d'une crémation

FARLEY BARICUATRO (WWW.COLLOIDFIRL.BLOGSPOT.COM) / GETTY IMAGES ©

L'esprit des lieux

Ce ne sont pas les plages, la plongée ou la vie nocturne qui font de Bali une destination si particulière, mais bien la richesse de sa culture. Lombok, avec son puissant volcan, est tout aussi fascinante.

Crémation

Les crémations balinaises (p. 327) sont des cérémonies très élaborées. Lorsque quelqu'un meurt, le corps peut être enterré le temps que la famille réunisse l'argent nécessaire pour lui faire un véritable adieu dans une tour décorée.

Subak

Emblématique de l'esprit balinais, le *subak* est un système d'irrigation des rizières (p. 329). Par le biais d'une organisation collaborative, l'eau qui part du haut de la montagne s'écoule du champ d'un agriculteur à un autre, jusqu'à la dernière parcelle de terre qui est assurée de ne pas rester sèche.

Offrandes

À tout moment de la journée, les femmes déposent leurs offrandes (p. 328) dans les 10 000 temples, et plus, que compte Bali. Ces offrandes peuvent être minuscules, telle une poignée de pétales de fleurs sur une feuille de bananier, ou bien immenses et très élaborées.

Ogoh-ogoh

D'énormes monstres apparaissent dans tout Bali au cours des semaines précédant Nyepi, le jour du Silence (p. 326). Ces figures élaborées en papier mâché atteignent 10 m de haut et leur fabrication peut prendre des semaines. Le jour de Nyepi, ces "esprits maléfiques" sont brûlés dans toute l'île.

Montagne sacrée

Si les Balinais ont leurs volcans sacrés, les Sasak de Lombok ont le Gunung Rinjani (p. 276). Ce volcan, le deuxième plus haut sommet d'Indonésie, occupe une place importante dans leur système de croyance, qui comporte également des éléments de l'islam. Les flancs du volcan accueillent de nombreuses cérémonies.

Petit-déjeuner

Nombre de Balinais entament la journée avec une tasse de café noir sucré et quelques *jaja* sucrés achetés au marché : pâtisseries colorées, gâteaux de riz gluant, bananes bouillies ou frites, et *kelopon* (boulettes de riz sucrées). Parmi les fruits frais les plus appréciés figurent le *salak* (ou "fruit serpent") à la peau écailleuse et le jaque, également délicieux cuit avec des légumes.

Le *bubuh injin* (flan de riz noir avec sucre de palme, noix de coco râpée et lait de coco), proposé en dessert dans les restaurants touristiques, est en fait un plat servi au petit-déjeuner, excellent pour démarrer la journée. Également offert sur les marchés le matin, le *bubur kacang hijau* (flan de haricots mungo), parfumé au gingembre et aux feuilles de pandanus, est servi chaud avec du lait de coco.

Pour préparer un vrai repas à la balinaise et tout savoir sur le poulet satay, le nasi goreng ou le gado-gado, suivez les conseils d'*Un dîner à Bali*, (Marabout, 2013), de Sandra Mahut.

Déjeuner et dîner

La ménagère ou le cuisinier d'un *warung* termine la préparation des plats de la journée en milieu de matinée. Le déjeuner, repas principal, a lieu vers 11h, lorsque la nourriture vient d'être préparée. Les restes sont consommés au dîner ou par les touristes qui déjeunent souvent bien plus tard. Le dessert reste une exception ; pour les grandes occasions, il se résume à des fruits frais ou à une glace à la noix de coco.

Le secret d'un bon *nasi campur* est souvent le propre *base* du cuisinier, qui parfume le porc, le poulet ou le poisson, et le *sambal*, délicatement relevé ou fortement pimenté. Parmi les plats innombrables, voici quelques-uns des plus appréciés : le *babi kecap* (ragoût de porc en sauce soja sucrée), l'*ayam goreng* (poulet frit), l'*urap* (légumes vapeur à la noix de coco), le *lawar* (salade de noix de coco hachée, d'ail et de piment avec de la viande de porc ou de poulet mélangée avec un peu de

LES JOIES DU SAMBAL

Heinz von Holzen, chef-propriétaire du restaurant Bumbu Bali de Tanjung Benoa et auteur de plusieurs livres de cuisine balinaise, précise que, contrairement à une croyance répandue, "la cuisine balinaise n'est habituellement pas épicée, mais le *sambal* l'est". Les Balinais apprécient les plats relevés et ajoutent une dose généreuse de *sambal* à chaque repas. Goûtez-en une pointe avant de vous servir ! Si vous n'aimez pas la nourriture épicée, demandez *tanpa sambal* (sans pâte de piment) ; pour beaucoup, *tamba* (plus de) *sambal* est bien meilleur !

Autre information sur le *sambal* : si l'on vous apporte une bouteille de la classique mixture commerciale au goût sucré, demandez du "sambal balinais". Cela vous fera découvrir bien plus de plaisirs gustatifs, car chaque cuisinier de Bali (et de Lombok) concocte à sa propre manière le fameux *sambal*. Ajoutez les nombreux *sambal* provenant d'autres îles indonésiennes et vous obtenez de multiples variétés. En voici quelques-unes :

Sambal bajak Sambal javanais très courant – une sauce crémeuse à base de tomates, relevée avec des piments écrasés puis adoucie avec du sucre de palme et des échalotes et frite.

Sambal balado Piments, échalotes, ail et tomates revenus dans de l'huile, pour un *sambal* littéralement chaud. Souvent préparé à la commande.

Sambal matah Un *sambal* balinais cru, composé d'échalotes finement émincées, de minuscules piments, de pâte de crevette et de citronnelle. Divin.

Sambal plecing Un *sambal* de Lombok, avec des piments forts dans une sauce tomate – très relevé.

Sambal taliwang Un autre *sambal* de Lombok à base de piments *naga jolokia*, d'ail et de pâte de crevette. L'une des grandes spécialités culinaires de la voisine de Bali.

LES SAVEURS SASAK ÉPICÉES DE LOMBOK

Les Sasak de Lombok sont majoritairement musulmans. Le porc, largement présent dans la cuisine balinaise, est ici remplacé par le poisson, le poulet, les légumes et le riz. Le fait que *lombok* signifie "piment" en *bahasa indonesia* est significatif : en effet, les Sasak aiment les plats épicés, tel l'*ayam taliwang* (poulet entier coupé en deux, rôti sur des coques de noix de coco et servi avec une sauce tomate au piment et citron vert).

L'*ares* est un plat composé de piments, de lait de coco et de cœur de bananier, parfois mélangé à de la viande. Le *sate pusut* est une délicieuse combinaison de poisson, de poulet ou de bœuf émincé, parfumée avec du lait de coco, de l'ail, du piment et d'autres épices ; ce mélange enrobe une tige de citronnelle ou de canne à sucre et grille.

sang), le tofu ou *tempeh* sauté dans une sauce au soja ou pimentée, les cacahuètes grillées, le poisson ou les œufs salés, les *perkedel* (gâteaux de maïs frits) et divers satay de chèvre, de poulet et de porc.

Si vous logez chez l'habitant, comme à Ubud, vous verrez les membres de la famille s'activer toute la journée à préparer les repas.

Bali, de Fred Chesneau (Mango, 2014), fournit une sélection de recettes traditionnelles, accompagnées d'astuces, d'informations sur les produits locaux et d'anecdotes sur l'île.

Plats de fête

La nourriture ne se limite pas au plaisir et aux besoins. Comme tous les aspect de la vie balinaise, elle fait partie intégrante des rituels quotidiens et constitue un élément majeur des cérémonies en l'honneur des dieux. Le menu varie en fonction de l'importance de l'événement. Le *babi guling* (cochon de lait), de loin le plat le plus révéré, est servi lors des rites de passage tels la bénédiction d'un bébé de trois mois, le limage des dents d'un adolescent ou le mariage.

Le *babi guling* constitue la quintessence de l'expérience gastronomique à Bali. Le porcelet est farci de piments, de curcuma, de gingembre, de galanga, d'échalotes, d'ail, de graines de coriandre et d'herbes aromatiques, badigeonné de curcuma et d'huile de coco, puis grillé à la broche sur un feu de bois. Tournée sur la broche pendant des heures, la viande s'imprègne des saveurs des épices, le feu apporte un délicieux goût fumé à la peau croustillante.

À défaut d'être invité à un repas de fête, vous pourrez savourer du *babi guling* dans des *warung* et des cafés. Voici quelques bonnes adresses :

- Warung Ibu Oka (p. 164). Le temple touristique du cochon de lait à Ubud.
- Warung Babi Guling Sanur (p. 118). En bord de route, le *warung* exceptionnel de Sanur.
- Bali Re (p. 249). Pour un repas revigorant après une longue journée de plongée au large de Pemuteran.
- Sari Kembar (p. 87). Un établissement réputé pour le *babi*, à mi-chemin entre Kerobokan et Denpasar.
- Gianyar Babi Guleng (p. 187). Si vous ne pouvez pas attendre jusqu'au fabuleux marché de nuit de Gianyar, faites halte ici.

En dépit de son nom, le mangoustan n'a rien de commun avec la mangue. Fruit tropical apprécié pour sa saveur de pêche et la texture de ses quartiers crémeux, il est souvent surnommé le "roi des fruits".

Le *bebek* ou l'*ayam betutu* (canard ou poulet fumé) est un autre plat de fête prisé. Le volatile est farci avec des épices, enveloppé dans de l'écorce de noix de coco et des feuilles de bananier, et cuit toute une journée sur des balles de riz et des coques de noix de coco. Ubud est le meilleur endroit pour le canard fumé – allez au Bebek Bengil (p. 165) ; il fournit les nombreux restaurants qui proposent du *bebek betutu* sur commande.

Souvent servi lors des mariages, le *jukut ares* est un bouillon léger et parfumé à base de tiges de bananier, de poulet ou de porc émincé. Le satay des grandes occasions, le *sate lilit,* est un mélange odorant de poisson, de poulet ou de porc émincé avec citronnelle, galanga, échalotes, piment, sucre de palme, combava et lait de coco, enfilé sur des brochettes et grillé.

Warung

Le *warung*, une gargote traditionnelle en bord de rue, est l'endroit le plus fréquenté pour un repas à Bali ou à Lombok. Il y en a pratiquement partout dans les villes et plusieurs dans les villages. Dans ces établissements simples et bon marché, à l'ambiance détendue, vous partagerez parfois une table avec des inconnus tout en observant l'animation. La cuisine, fraîchement préparée, diffère d'un endroit à l'autre. Elle est habituellement présentée dans un comptoir vitré à l'entrée, où vous pouvez composer votre propre *nasi campur* ou commander celui du jour.

Seminyak et Kerobokan, en particulier, comptent de nombreux *warung* accueillants pour les visiteurs.

Les suivants sont nos préférés, mais vous en dénicherez bien d'autres.

➡ Warung Satria (p. 124). Un classique de Denpasar qui sert une cuisine exquise.

➡ Nasi Ayam Kedewatan (p. 167). Une simple salle ouverte en façade à la lisière d'Ubud, recommandée pour les *sate lilit* (brochettes de poisson, de poulet ou de porc émincé).

➡ Warung Kolega (p. 87). Des dizaines d'excellents plats balinais.

➡ Warung Sulawesi (p. 87). Des plats délicieux de tout l'archipel, servis dans une cour familiale ombragée.

➡ Warung Teges (p. 166). Une succulente cuisine balinaise prisée des habitants, juste au sud d'Ubud.

MANGER À BALI

Pour une liste exhaustive des restaurants de Bali, consultez www.balieats.com (en anglais). Le site est continuellement actualisé et les critiques sont souvent enthousiastes.

Manger, ou pas, à la mode balinaise

Les Balinais n'ont pas l'habitude de parler au cours des repas et les membres d'une famille mangent rarement ensemble ; chacun se sert quand il a faim.

Les Balinais mangent avec la main droite, utilisée pour donner et recevoir les bonnes choses. La main gauche est réservée aux activités déplaisantes (comme les ablutions). On se lave les mains avant de passer à table, même si l'on se sert de couverts. Dans les restaurants locaux, un lavabo est toujours installé à côté des toilettes. Si vous mangez à la balinaise, rincez-vous les mains dans le bol d'eau posé sur la table après le repas ; se lécher les doigts est mal vu.

Les Balinais se montrent chatouilleux au niveau du comportement et de la tenue. Il est impoli d'entrer dans un restaurant torse nu ou de manger à moitié dévêtu.

Quand vous mangez devant un Balinais, il est poli de l'inviter à se joindre à vous, même si vous savez qu'il va refuser ou que vous n'avez rien à lui offrir. Si vous êtes invité chez des Balinais, vos hôtes insisteront pour que vous mangiez davantage, mais vous pouvez refuser poliment de vous resservir ou de goûter un plat qui ne vous tente pas.

FAST-FOOD À LA BALINAISE

Les stands de rue offrent habituellement la cuisine balinaise la plus authentique (Denpasar compte cependant quelques excellents restaurants). Les habitants de tout milieu se pressent autour des stands de restauration dans les marchés et les villages, hèlent les *pedagang* (marchands ambulants) qui transportent des en-cas salés et sucrés à vélo ou à moto, et font la queue pour des satay ou des *bakso* (boulettes de viande chinoises dans un bouillon léger) devant les carrioles *kaki-lima*. *Kaki-lima* (littéralement "cinq pieds"), se réfère aux trois pieds de la carriole et aux deux jambes du vendeur, souvent originaire de Java.

Question santé, la cuisine de rue fraîchement préparée est généralement saine, mais les plats qui ont attendu peuvent être douteux ou contenir des conservateurs à éviter.

UN PARADIS POUR LES VÉGÉTARIENS

Bali est un paradis pour les végétariens. Le tofu et le *tempeh* font partie des aliments de base et de nombreux plats balinais sont végétariens. Goûtez le *nasi saur* (riz parfumé à la noix de coco grillée et accompagné de tofu, de *tempeh*, de légumes et parfois d'un œuf), l'*urap* (un savoureux mélange de légumes vapeur avec noix de coco râpée et épices), le *gado-gado* (tofu et *tempeh* mélangés à des légumes vapeur, un œuf dur et sauce aux cacahuètes) et le *sayur hijau* (des légumes verts, habituellement du *kangkung* – ipomée aquatique – avec une sauce tomate pimentée).

De plus, vous pouvez facilement commander un *nasi campur* sans viande, avec des légumes sautés, de la salade, du tofu et du *tempeh*. À Bali ou Lombok, les curries et les plats sautés comme le *cap cay* peuvent se commander avec de la viande, du poisson ou simplement des légumes.

La plupart des restaurants servent pâtes et salades végétariennes à l'occidentale et les établissements végétariens conviennent généralement aux végétaliens. Seminyak et Ubud sont de bons endroits pour trouver des restaurants servant des repas sans viande.

Boissons

Bière

Bière nationale indonésienne, la Bintang est une blonde agréable. En revanche, la bière Bali Hai est décevante.

Vin

Les amateurs de vin devront avoir un portefeuille bien garni. Les hôtels et restaurants haut de gamme proposent de bons vins du monde entier, mais de lourdes taxes font grimper les prix. Une bouteille de vin australien correct avoisine 50 $US.

Parmi les producteurs de vin locaux, Artsan Estate, le plus fiable, évite les taxes d'importation en faisant venir du raisin d'Australie-Occidentale. Hatten Wine, dans le nord de Bali, est apprécié de ceux qui aiment le rosé très sucré. Two Islands rencontre aussi le succès.

Alcools locaux

Lors des grandes réunions, les hommes boivent de l'*arak* (vin de riz ou de palme fermenté), généralement sans excès. Prenez garde à l'*arak* frelaté (voir p. 395), rare mais assez dangereux. La population majoritairement musulmane de Lombok désapprouve la consommation d'alcool.

Jus de fruits frais

Marchés, stands de rue, *warung* et cafés servent d'excellents rafraîchissements sans alcool, parfois de couleurs très vives. Le *cendol*, l'un des plus populaires à Bali, se compose de sucre de palme, de lait de coco frais, de glace pilée et de divers autres parfums et ingrédients.

Café et thé

Nombre de restaurants occidentaux offrent des cafés et des thés importés en plus des marques locales, dont certaines très bonnes.

Café le plus cher (environ 200 000 Rp la tasse) et sans doute le plus rare au monde, le *kopi luwak* n'existe qu'en Indonésie. Il doit son nom à une civette palmiste (*luwak*) originaire de Sulawesi, de Sumatra et de Java, qui se nourrit de baies de café mûres. À l'origine, les producteurs ramassaient les grains intacts dans les excréments de la civette pour en faire un café réputé pour son absence d'amertume. Aujourd'hui, l'intérêt pour le café *luwak* dépasse toute raison et provoque de nombreux abus, des imitations à la maltraitance avérée des animaux (voir p. 177).

Producteurs locaux très appréciés

Big Tree Farms – *chocolat, sucre de palme*

FREAK Coffee – *café*

Kopi Bali – *café*

Sari Organik – *jus de fruits, thés*

Si vous buvez un café avec un Balinais, ne vous étonnez pas s'il en verse un peu sur le sol. Il s'agit d'une coutume ancestrale pour se protéger des esprits malins.

1

M. GEBICKI / GETTY IMAGES ©

1. Bière Bintang **2.** *Nasi campur* **3.** *Babi guling* au Warung Ibu Oka (p. 164), Ubud **4.** Brochettes de satay accompagnées de *sambal*

3

CARLINA TETERIS / GETTY IMAGES ©

Délices à la balinaise

Colorées, parfumées et particulièrement savoureuses, les spécialités culinaires de Bali vous séduiront à coup sûr.

Babi guling

Plat jadis réservé aux grandes occasions, le *babi guling* (p. 335) est devenu un classique de la cuisine balinaise. Le cochon de lait farci d'épices et rôti est proposé dans de nombreux établissements.

Nasi campur

Sorte de "plat national" servi le midi, le *nasi campur* (p. 334) défie toute description. Dans des centaines de *warung* (gargotes), le client commence d'abord par prendre une assiette puis choisit le riz (jaune, blanc ou rouge), avant d'hésiter devant les alléchantes préparations de viande, de poisson et de légumes.

Sambal

Il existe au moins autant de variétés de ce condiment de base (p. 334), utilisé pour relever bon nombre de plats balinais, que de *nasi campur*. Les chefs gardent jalousement leurs propres recettes de *sambal*, aux innombrables déclinaisons.

Marchés de nuit

Les *pasar malam* (marchés de nuit) sont des endroits très appréciés pour dîner à Bali et à Lombok. Les meilleurs comptent des dizaines de stands où des employés mitonnent un choix de spécialités locales à un rythme effréné. Flânez et faites votre choix parmi les offres alléchantes.

Bintang

Rêve d'un directeur de marketing : on ne dit pas "bière" à Bali, on dit "Bintang". À l'origine de cet empire, une blonde rafraîchissante et désaltérante, tout aussi agréable le midi en pleine chaleur que le soir, en admirant le coucher du soleil.

tellement révéré qu'une danseuse classique reste considérée comme une "grande *legong*" à l'âge adulte.

La prestigieuse troupe de Peliatan, Gunung Sari, qui se produit souvent à Ubud, est renommée pour son *legong keraton* (*legong* du palais). L'histoire, très stylisée et symbolique, met en scène deux *legong* dansant en miroir. Savamment maquillées et vêtues de brocart doré, elles racontent l'histoire d'un roi qui retient une jeune fille en captivité, ce qui provoque une guerre au cours de laquelle il meurt.

Les femmes portent souvent des offrandes au temple en dansant le *pendet*, qui consiste en des mouvements des yeux, de la tête et des mains d'une précision extraordinaire et d'une coordination parfaite. Chaque geste du poignet, de la main et des doigts est chargé de signification.

Sanghyang et danse du feu kecak

Ces danses furent inventées pour chasser les mauvais esprits d'un village. Sanghyang est un esprit divin qui habite un danseur en transe. Le *sanghyang dedari* est dansé par deux jeunes filles qui exécutent un *legong* parfaitement symétrique, les yeux fermés. Des chœurs les accompagnent jusqu'à ce qu'elles s'effondrent sur le sol. Un *pemangku* (prêtre chargé des rituels) met fin à leur transe au moyen d'eau bénite.

Dans le *sanghyang jaran*, un jeune garçon en transe danse autour d'un feu de coques de noix de coco (et par-dessus ce feu), en "chevauchant" un tronc de cocotier. Variante du *sanghyang jaran*, la danse du feu *kecak* est présentée à Ubud presque tous les jours.

Autres danses

Danse du guerrier, le *baris* est l'équivalent masculin du *legong* ; énergie et esprit belliqueux remplacent la grâce et la féminité. Le danseur talentueux doit transmettre les pensées et les émotions d'un guerrier se préparant au combat, puis affrontant l'ennemi : qualités chevaleresques, fierté, colère, prouesse et enfin regret.

Dans le *topeng* (litt. "pressé contre le visage" comme un masque), les danseurs incarnent chacun le personnage figuré sur le masque qu'ils arborent. L'exercice requiert une grande habileté, car l'intervenant ne peut exprimer les pensées et les sentiments que par ses mouvements ou des séquences chantées, mais sans recours aux expressions faciales. Il lui arrive d'alterner les masques pour interpréter plusieurs rôles.

Terre d'encens : journal de Bali, de Frédéric Tellier (Éd. de l'Amandier, 2010), nous fait decouvrir les arts de la scène, en particulier le *topeng*,.

Lombok

Lombok a ses propres danses, beaucoup moins promues. Des représentations ont lieu dans quelques hôtels de luxe et dans le village de Lenek. En juillet, vous pourrez voir des spectacles de danse et de *gendang beleq* (grosse caisse) à Senggigi. Le *gendang beleq*, une spectaculaire danse guerrière, est exécuté par des hommes et de jeunes garçons qui jouent d'instruments de musique inhabituels lors des fêtes de l'*adat* (traditions, coutumes) dans le centre et l'est de Lombok.

Musique

Bali

La musique balinaise est basée sur le gamelan, également appelé gong. Le *gong gede* (grand orchestre) en constitue la forme traditionnelle, avec 35 à 40 musiciens. Gamelan plus ancien, le *selunding* reste joué à l'occasion dans des villages bali-aga comme Tenganan.

Version moderne et populaire du *gong gede*, le *gong kebyar* compte jusqu'à 25 instruments. Ces percussions, tour à tour enlevées ou envoûtantes, accompagnent souvent les danses traditionnelles.

Le *gangsa*, instrument prédominant de la musique balinaise, ressemble à un xylophone. Le musicien frappe les touches avec un marteau, puis atténue le son immédiatement après. Deux tambours *kendang*, l'un mâle et l'autre femelle, déterminent le rythme et le caractère de la mélodie. Parmi les autres instruments figurent les graves tambours

Le site de la danse indonésienne (dharma.free.fr/index.html) est dédié à la promotion de la danse et de la culture d'Indonésie en France.

trompong, le petit gong *kempli* et les cymbales *cengceng* pour les morceaux rapides. Tous les instruments n'exigent pas la même dextérité.

Dans le sud de Bali et à Ubud, de nombreux magasins vendent des gongs, des flûtes, des xylophones et des carillons en bambou, et des CD sont en vente partout.

Lombok

Le *genggong*, spécifique à Lombok, est joué par sept musiciens qui accompagnent la mélodie de danses et de gestes de mains stylisés. Ils utilisent plusieurs instruments simples, dont une flûte de bambou, un *rebab* (luth recourbé à deux cordes) et des percussions.

Préserver et pratiquer la danse balinaise rare et ancienne et le gamelan, c'est la mission du Mekar Bhuana (www.balimusicanddance.com), un groupe culturel installé à Denpasar. Il parraine des spectacles et propose des cours.

Wayang kulit

Bien plus qu'un simple divertissement, le *wayang kulit* a été pendant des siècles l'équivalent du cinéma à Bali, tout en ayant le caractère sacré et sérieux d'une tragédie antique. Les représentations, longues et intenses, peuvent durer plus de six heures et souvent jusqu'à l'aube.

Utilisé à l'origine pour faire revenir les ancêtres, le spectacle est joué avec des marionnettes en cuir de buffle dotées d'un grand pouvoir spirituel ; le *dalang* (marionnettiste et conteur) est un personnage mythique. Doté d'un immense savoir-faire et d'une endurance remarquable, le *dalang* s'assied derrière un écran et manipule les figurines tout en racontant l'histoire, souvent en plusieurs dialectes.

Les récits dérivent essentiellement des grandes épopées hindoues du *Ramayana* et – dans une moindre mesure – du *Mahabharata*.

Vous pourrez en voir des représentations, réduites à moins de 2 heures pour les touristes, à Ubud.

Peinture

La peinture balinaise est sans doute la forme d'art la plus influencée par les idées et la demande occidentales. Les peintures traditionnelles, fidèles représentations du symbolisme religieux et mythologique, décoraient les temples et les palais. Les couleurs étaient produites avec de la suie, de l'argile et des os de cochon. Dans les années 1930, des artistes occidentaux introduisirent le concept de création artistique et de commercialisation des œuvres. Visant le marché touristique,

CES ARTISTES VENUS D'AILLEURS

Outre Arie Smit, plusieurs artistes occidentaux ont eu une profonde influence sur l'art balinais au début et au milieu du XXe siècle.

Walter Spies (1895-1942). Cet artiste allemand, qui visita Bali pour la première fois en 1925 et s'installa à Ubud en 1927, établit auprès des Occidentaux l'image de Bali telle qu'on la connaît aujourd'hui.

Rudolf Bonnet (1895-1978). Artiste néerlandais, Bonnet centra son œuvre sur la forme humaine et la vie quotidienne à Bali. Nombre de peintures classiques balinaises, représentant des marchés ou des combats de coqs, trahissent son influence.

Miguel Covarrubias (1904-1957). *Island of Bali*, écrit par cet artiste mexicain, reste une introduction classique à l'île et à sa culture.

Colin McPhee (1900-1965). Ce compositeur canadien a été un formidable protecteur de la musique et de la danse balinaises. Son livre *A House in Bali*, plein d'amusantes anecdotes sur la musique et l'architecture, reste l'un des meilleurs écrit sur Bali.

Adrien-Jean Le Mayeur de Merprès (1880-1958). Arrivé à Bali en 1932, cet artiste belge contribua à forger l'idée de la beauté sensuelle balinaise, notamment à travers les portraits de sa femme, la danseuse Ni Polok. Leur maison de Sanur est un musée.

L'*arja* s'apparente au *wayang kulit* pour les intrigues mélodramatiques, les effets sonores et les personnages facilement identifiables des bons (les *alus* raffinés) et des méchants (les grossiers *kras*). La représentation a lieu en plein air. Une petite maison est parfois construite sur scène et incendiée au moment le plus dramatique.

ils encouragèrent la représentation de scènes de la vie quotidienne et l'utilisation de toute la variété des couleurs et des instruments modernes. L'éventail de thèmes, de techniques, de styles et de matériaux s'élargit considérablement et les premières femmes peintres apparurent.

On peut classer les styles en cinq grandes catégories : classique, ou Kamasan, du nom du village proche de Semarapura ; style d'Ubud, apparu dans les années 1930 sous l'influence du Pita Maha ; Batuan, qui débute à la même époque dans un village voisin ; Jeunes Artistes, après la guerre, dans les années 1960, influencé par l'artiste néerlandais Arie Smit ; puis le style moderne ou académique, abordant librement des thèmes créatifs, mais résolument balinais.

Où voir et acheter de la peinture

Riche d'assez peu de peintres originaux et créatifs, Bali compte, en revanche, de très nombreux imitateurs. Les boutiques, en particulier dans le sud de l'île, vendent pléthore de peintures dans le style en vogue, parfois de qualité, voire excellentes, mais le plus souvent standardisées.

Les musées d'Ubud (Neka Art Museum, Agung Rai Museum of Art, Museum Puri Lukisan) exposent les meilleures œuvres balinaises et certains des modèles européens dont elles s'inspirent. Allez voir aussi le travail créatif de femmes artistes à la Seniwati Gallery, à Ubud.

Des galeries comme la Neka Gallery et l'Agung Rai Gallery à Ubud vendent des œuvres de grande qualité. On peut passer un agréable après-midi à fouiner dans les galeries, où l'on rencontre le pire et le meilleur.

Peinture classique

Il existe trois genres fondamentaux : *langse*, *ider-ider* et calendriers. Les *langse* sont de grandes tentures décoratives pour les palais et les temples représentant des personnages de *wayang* (à la physionomie comparable à celle des marionnettes du théâtre d'ombres), des motifs floraux, des flammes et des montagnes. Les *ider-ider* sont des rouleaux suspendus aux avant-toits des temples. Les calendriers sont utilisés pour déterminer les dates des rituels et prédire l'avenir.

Les *langse* permettaient d'inculquer l'*adat* (traditions, coutumes) au petit peuple, tout comme la danse traditionnelle et les marionnettes du *wayang kulit*. Les personnages stylisés représentaient le bien et le mal : petits yeux allongés et traits fins pour les héros romantiques tels que Rama et Arjuna, gros yeux ronds, traits grossiers et visage poilu pour les démons et les guerriers. Un peu comme une BD, les peintures racontent une histoire au fil des panneaux, représentant souvent des scènes du *Ramayana* et du *Mahabharata*. Parmi les autres thèmes figurent des poèmes *kakawin* et les esprits démoniaques du folklore balinais ; regardez les plafonds peints du Kertha Gosa, à Semarapura.

Fondé pour conserver et promouvoir les techniques classiques, le Gunarsa Museum, près de Semarapura, est un bon endroit pour découvrir des peintures classiques dans un cadre moderne.

VISION SATIRIQUE

Bog Bog, magazine d'humour et de BD réalisé par des dessinateurs balinais, donne une vision satirique du contraste entre les mondes traditionnel et moderne de Bali. On le trouve dans les librairies, les supermarchés ou en ligne sur www.bogbogcartoon.com.

Pita Maha

Dans les années 1930, alors que les commandes des temples se tarissent, la peinture se meurt. Les artistes européens Rudolf Bonnet et Walter Spies, ainsi que leur protecteur Cokorda Gede Agung Sukawati, forme alors le Pita Maha (litt. "grande vitalité"), pour que la peinture, jusque-là purement religieuse, s'ouvre au commerce. Le groupe compta plus de cent membres à son apogée dans les années 1930 et fut à l'origine du Museum Puri Lukisan à Ubud, le premier musée consacré à l'art balinais.

L'influence de Bonnet et Spies se révèle déterminante. Certains artistes balinais, comme feu I Gusti Nyoman Lempad, commencent à développer un style propre. Les histoires narratives sont remplacées par des scènes uniques, et les légendes, par la vie quotidienne : récoltes, marchés, combats de coqs, offrandes, etc. Ces peintures sont connues sous le nom de style d'Ubud.

À la même époque, les peintres de Batuan conservent de nombreux éléments de la peinture classique. Ils décrivent la vie quotidienne, même si les nombreuses scènes – marché, danse et récolte du riz – figurent sur une seule toile. Le style de Batuan se distingue aussi par certains éléments modernes, comme un paysage balnéaire avec véliplanchiste.

Les techniques évoluent également. Les artistes utilisent des peintures et des matériaux modernes, tandis que les poses figées laissent la place à des représentations réalistes et à la perspective en 3D. Autre changement, les œuvres ne sont plus réservées au décor des palais et des temples.

Le style balinais du détail, lui, demeure inchangé. Ainsi, une forêt balinaise a-t-elle des branches, des feuilles et abrite de multiples animaux.

Ce dynamisme artistique fut interrompu par la Seconde Guerre mondiale et la lutte pour l'indépendance de l'Indonésie.

Jeunes Artistes

Arie Smit séjourne à Penestanan, près d'Ubud, en 1956 quand il remarque un garçon de 11 ans, occupé à dessiner dans la poussière. Smit se demande alors ce que l'enfant accomplirait avec un matériel approprié. Selon la légende, le père aurait refusé que l'enfant se consacrât à la peinture jusqu'à ce que Smit eût proposé de payer quelqu'un pour surveiller les canards de la famille.

D'autres "jeunes artistes" rejoignent bientôt le premier élève, I Nyoman Cakra, mais Smit ne leur donne aucune directive. Il leur fournit les matériaux et les encourage, leur laissant librement développer un talent naturel. Aujourd'hui, ces scènes de la vie rurale, toutes en couleurs vives, constituent l'un des piliers de l'art balinais touristique.

Tourné en 1952, *En route pour Bali* raconte l'histoire de deux chanteurs de music-hall australiens (Bob Hope et Bing Crosby) qui débarquent à Bali où ils se disputent les faveurs de la princesse balinaise Lala (la belle Dorothy Lamour).

PEINTRES BALINAIS D'AUJOURD'HUI

De nombreux artistes balinais ont reçu la reconnaissance internationale pour leur travail, dont les thèmes principaux sont généralement les injustices sociales et la remise en cause des valeurs modernes. Mais fidèles à l'esprit balinais, les œuvres sont subtiles et les messages communiqués sous forme de clins d'œil. Voici quelques noms à repérer :

Nyoman Masriadi Né à Gianyar, Masriadi est la star des peintres balinais contemporains, et certains de ses travaux se vendent autour d'un million de dollars. Il porte sur la société indonésienne un regard affûté ; ses techniques et motifs sont résolument modernes.

Made Djirna Originaire de la ville touristique et relativement prospère d'Ubud, Djirna dispose du contexte idéal pour produire ses œuvres, lesquelles brocardent le lien entre la richesse ostentatoire et les cérémonies religieuses balinaises modernes.

Agung Mangu Putra Ce peintre originaire des collines verdoyantes à l'ouest d'Ubud s'inspire du peuple balinais, complètement dépassé par le développement économique inégal de l'île. Il dénonce les conséquences de ce phénomène sur son milieu naturel.

Wayan Sudarna Putra Natif d'Ubud, il utilise la satire et la parodie dans ses œuvres, qui combinent plusieurs techniques pour dénoncer les absurdités de la vie et des valeurs indonésiennes d'aujourd'hui.

Gede Suanda Sayur Ses œuvres sont souvent très sombres, puisqu'il dénonce le pillage de l'environnement balinais. Il s'est associé à Putra pour créer une installation dans une rizière, près d'Ubud, avec dénormes poteaux blancs portant l'inscription "Not for sale" ("Pas à vendre").

I Nyoman Cakra vit toujours à Penestanan, continue de peindre et reconnaît devoir sa réussite à Smit. Parmi les "jeunes artistes", citons I Kegut Tagen, I Nyoman Tjarka et I Nyoman Mujung.

Autres styles

Des variantes dérivent des styles d'Ubud et des Jeunes Artistes. La représentation de forêts, de fleurs, de papillons, d'oiseaux et d'autres thèmes naturalistes, parfois appelée style Pengosekan, s'impose dans les années 1960. Ce serait un héritage d'Henri Rousseau, qui avait influencé Walter Spies. L'apparition de scènes sous-marines, avec poissons multicolores et coraux, constitue une autre évolution. Les paysages miniatures, très prisés, se situent entre les styles Pengosekan et d'Ubud.

Les nouvelles techniques produisent aussi des représentations très différentes de Rangda, de Barong, d'Hanuman et d'autres personnages de la mythologie balinaise et hindoue. Des scènes tirées de récits et de contes populaires font leur apparition, avec danseurs, nymphes et histoires d'amour à l'érotisme discret.

Artisanat

Bali est une vitrine de l'artisanat indonésien. Les boutiques de souvenirs vendent des marionnettes et des batiks de Java, des vêtements en ikat de Sumba, Sumbawa et Flores, des textiles et des sculptures sur bois de Bali, de Lombok et du Kalimantan. Le kriss, objet essentiel pour toute famille balinaise, provient souvent de Java.

À Lombok, île bien moins prospère, l'artisanat se résume à des objets pratiques, parfaitement réalisés et superbement finis. Les plus beaux exemples de tissages, de vanneries et de poteries sont très recherchés.

TISSAGE

Le tissage traditionnel perdure dans plusieurs villes et villages de Bali et Lombok. Gianyar (Bali) et Mataram (Lombok) sont de bons endroits où vous pourrez voir des tisserandes à l'œuvre.

Textiles et tissages

Bali

À Bali et à Lombok, les textiles tissés par les femmes servent aux vêtements de tous les jours, aux tenues de cérémonie ou sont offerts en cadeau. Ils font souvent partie de la dot et, lors des crémations, ils accompagnent l'âme du défunt pour le passage dans l'au-delà.

Le sarong fait fonction de vêtement, de drap, de serviette, etc. Les cotonnades bon marché, unies ou imprimées, sont réservées à l'usage quotidien et constituent une tenue de plage appréciée des touristes.

Pour les grandes occasions, comme une cérémonie au temple, hommes et femmes portent un *kamben*, un métrage de *songket* drapé autour de la poitrine. Tissé à la main selon la technique de la trame flottante, le *songket* se caractérise par des fils argentés et dorés. L'*endek*, une autre variété, s'apparente au *songket*, mais utilise des fils de trame teints.

Les hommes revêtent une chemise sous le *kamben* et les femmes, un *kebaya* (chemisier en dentelle à manches longues). Une fine bande de tissu appelée *kain* (ou *prada* quand elle est décorée de motifs à la feuille d'or), nouée autour de la taille sur le sarong, complète la tenue.

Où en acheter

Tous les marchés, notamment ceux de Denpasar, proposent un large éventail de textiles. Souvent, les boutiques de textiles se concentrent dans une rue, par exemple Jl Sulawesi, en face du marché principal à Denpasar, ou Jl Arjuna à Legian. À Ubud, Threads of Life est une galerie certifiée commerce équitable qui vend des textiles tissés main perpétuant le savoir-faire traditionnel. Les ateliers près de Gianyar dans l'est de Bali et de Blahbatuh au sud-est d'Ubud possèdent de grandes boutiques.

Pour des pièces sublimes, repérez la maison et atelier de Gusti Ayu Made Mardiani, Jepun Bali (p. 127), dans le sud de Denpasar.

Batik

Les sarongs en batik traditionnels, qui se placent entre le sarong en coton et le *kamben*, sont faits à la main dans le centre de Java. Les Balinais ont adapté le processus de teinture pour produire des tissus aux motifs chatoyants. N'achetez pas un "batik" sérigraphié : les couleurs se délavent et le motif n'apparaît souvent que d'un côté. Sur un véritable batik, la couleur doit apparaître des deux côtés "afin que le corps ressente ce que voient les yeux".

Ikat

La technique de l'ikat consiste à teindre les fils de chaîne (tendus sur le métier) ou ceux de trame (sur la navette) avant de tisser l'étoffe. Il en résulte un motif géométrique légèrement ondulé. Les couleurs sont habituellement dans des tons similaires : bleu et vert, rouge et brun, jaune, rouge et orange. Gianyar, dans l'est de Bali, abrite quelques ateliers où vous pourrez voir le tissage des sarongs en ikat sur des métiers actionnés à la main et au pied. Il faut compter environ 6 heures pour fabriquer un sarong.

Lombok

Lombok est réputée pour les tissages traditionnels sur des métiers à sangle dorsale ; les techniques se transmettent de mère en fille. Des motifs abstraits de fleurs ou d'animaux, tels des buffles, des dragons, des crocodiles et des serpents, ornent parfois ces tissus ravissants. Plusieurs villages sont spécialisés dans le tissage, d'autres dans les jolis paniers et les nattes en rotin ou en herbe. Près de Cakranegara et de Mataram, vous pourrez visiter des ateliers d'ikat de trame, tissé sur des métiers actionnés à la main et au pied.

Sukarara et Pringgasela sont des centres d'ikat et de *songket* traditionnels. De petites boutiques vendent des sarongs, des ceintures et des vêtements sasak ourlés de broderies colorées.

LES OFFRANDES : UN ART DE L'ÉPHÉMÈRE

Si les touristes à Bali sont accueillis comme des hôtes de marque, les divinités, les ancêtres, les esprits et les démons restent les personnages les plus importants. Les Balinais leur font des offrandes tout au long de la journée en signe de respect et de gratitude, ou pour apaiser un démon maléfique.

Un présent fait à un être supérieur doit attirer son regard, si bien que chaque offrande constitue une œuvre d'art. La plus courante consiste en une feuille de palmier à peine plus grande qu'une soucoupe, sur laquelle sont déposés fleurs, nourriture (du riz, mais parfois des crackers ou des sucettes) et quelques pièces de monnaie, surmontés d'un *saiban* (offrande pour un temple). Les sanctuaires plus importants et les grandes occasions exigent des offrandes plus recherchées telles que des pyramides de fruits ou de gâteaux ou même des animaux entiers, comme le *babi guling* (cochon de lait).

Une fois présentée aux dieux, l'offrande ne peut être utilisée à nouveau, aussi faut-il en confectionner tous les jours, une tâche habituellement réservée aux femmes. Vous verrez des offrandes prêtes à être assemblées sur les marchés.

Les offrandes destinées aux dieux sont placées en hauteur et celles pour les démons, sur le sol. Essayez de ne pas marcher dessus, mais si cela arrive, n'en faites pas un drame ; vu leur profusion, il est presque impossible de toutes les éviter. Au Bemo Corner à Kuta, les offrandes sont déposées devant le sanctuaire, au milieu de la route, et rapidement écrasées par les voitures. Partout sur l'île, des chiens rôdent autour des offrandes pour chiper les crackers. Les dieux et les démons absorbant instantanément l'essence des offrandes, les chiens se contentent des restes !

LES KRISS : DE SACRÉES DAGUES

Habituellement orné d'un manche ouvragé, incrusté de joyaux et doté d'une lame ondulée, le kriss est la dague de cérémonie traditionnelle depuis l'époque Majapahit. Souvent la possession la plus précieuse de la famille, le kriss est un symbole de prestige et d'honneur. On attribue à cette dague fabriquée par un maître artisan un grand pouvoir spirituel, la faculté de diffuser des ondes magiques et on ne l'utilise qu'avec le plus grand soin. Nombre de Balinais ne nettoient leurs lames que dans les eaux de la Sungai Pakerisan, la "rivière du Kriss", dans l'est de Bali, aux vertus surnaturelles.

Un homme, à Bali, se juge à ses kriss : dimension de la lame, qualité artistique du manche, nombre de kriss détenus et bien d'autres critères entrent en ligne de compte. Les manches sont considérés indépendamment du kriss (la lame) proprement dit. À mesure que sa fortune s'accroît, un homme dotera sa collection de manches de plus en plus précieux. Le kriss lui-même reste sacré – vous verrez souvent des offrandes déposées à côté des kriss exposés. Les ondulations de la lame (ou *lok*) ont une signification hautement symbolique. Elles sont toujours en nombre impair – trois, par exemple, symbolise la passion.

Le Museum Negeri Propinsi Bali à Denpasar abrite une riche collection de kriss.

Sculpture sur bois

Jadis réservée aux portes et aux colonnes, aux figures religieuses et aux masques de théâtre, la sculpture sur bois a adopté des formes plus modernes et une grande variété de styles. Tegallalang et Jati, sur la route au nord d'Ubud, en sont des centres renommés. Le long de la route entre Mas et Peliatan, les boutiques de souvenirs vendent des sculptures. Admirez des œuvres superbes et essayez-vous à créer vos propres objets dans l'atelier d'Ida Bagus Anom Suryawan (p. 151) à Mas.

Le style courant des personnages fins et élancés serait apparu après que Walter Spies eut donné à un sculpteur un long morceau de bois en lui demandant de réaliser deux pièces. Ne pouvant se résoudre à le scier en deux, le sculpteur façonna un danseur grand et mince.

Personnages religieux classiques, caricatures d'animaux, squelettes humains grandeur nature, cadres et troncs d'arbre sculptés en totems font partie des œuvres typiques. À Kuta, divers objets de bon goût (!) visent les buveurs de bière et les patrons de bar : décapsuleur en forme de godemiché (un best-seller !) ou panneaux portant de fines inscriptions.

Presque toutes les sculptures sont réalisées avec des essences locales, comme le *belalu*, un bois léger à croissance rapide, et des arbres fruitiers plus solides, tel le jacquier. L'ébène de Sulawesi est également utilisée. Le santal, un bois tendre au parfum délicat, est cher et sert à confectionner de petites pièces très détaillées (attention aux faux, très répandus).

À Lombok, des sculptures rehaussent les objets usuels (boîtes à tabac et à épices, manches de couteau et de casse-noix de bétel...). Le bois, la corne et l'os comptent parmi les matériaux employés et servent à fabriquer les masques allongés de style primitif, apparus récemment. Cakranegara, Sindu, Labuapi et Senanti sont les centres de sculpture de l'île.

Le bois perd son humidité dans un environnement plus sec. Pour éviter qu'une sculpture craque une fois chez vous, placez-la dans un sac plastique et laissez pénétrer un peu d'air une semaine par mois pendant quatre mois.

Les masques utilisés pour les spectacles de théâtre et de danse comme le *topeng* requièrent une technique particulière. Le maître sculpteur, toujours un homme, doit connaître les mouvements de chaque acteur afin de représenter fidèlement le personnage sur le masque. Les masques sont réputés posséder des propriétés magiques et auraient même le pouvoir de chasser les mauvais esprits.

D'autres masques, comme ceux de Barong et de Rangda, sont peints de couleurs vives et dotés de vrais cheveux, de dents énormes et d'yeux exorbités.

Puaya près de Sukawati, au sud d'Ubud, est le centre de fabrication de masques. Vous pourrez y visiter des ateliers et observer le processus de création de l'art cérémoniel. Le Museum Negeri Propinsi Bali à Denpasar possède une vaste collection de masques, idéale pour découvrir les différents styles avant un achat.

Sculpture sur pierre

Traditionnellement mise en œuvre dans l'ornement des temples, la sculpture sur pierre constitue aujourd'hui un souvenir apprécié, des reliefs de fleurs de frangipanier aux objets insolites reflétant le sens de l'humour balinais : grenouille tenant une feuille comme parapluie ou démon sur le côté d'une cloche plaquant les mains sur les oreilles.

Les sculptures occupent des emplacements précis dans les temples. Des personnages protecteurs, tel Arjuna, gardent les portes. Au-dessus de l'entrée principale, le visage monstrueux de Kala vous regarde et ses mains tendues tentent d'attraper les esprits maléfiques. Sur les murs latéraux d'un *pura dalem* (temple des morts), des panneaux sculptés décrivent parfois les horreurs qui attendent les méchants dans l'au-delà.

Parmi les plus anciennes sculptures en pierre de Bali, les scènes de personnes fuyant un énorme monstre à Goa Gajah (grotte de l'Éléphant) dateraient du XIe siècle. Dans la grotte, une statue de Ganesh, le dieu à tête d'éléphant, donne son nom au rocher. Le long de la route qui traverse Muncan, dans l'est de Bali, on peut voir des ateliers où d'énormes décorations destinées aux temples sont sculptées en plein air.

La plupart des œuvres locales sont réalisées à Batubulan dans une pierre volcanique grise appelée *paras*, si tendre qu'un coup d'ongle suffit à l'égratigner (selon la légende, c'est ainsi que le géant Kebo Iwa aurait créé la grotte de l'Éléphant).

Poterie

Pejaten, près de Tabanan, abrite plusieurs ateliers produisant des figurines en céramique et des tuiles vernissées. Jenggala Keramik, à Jimbaran, fabrique de splendides céramiques vernies de créateurs contemporains et accueille des expositions d'art et d'antiquités indonésiens.

Depuis des siècles, Lombok produit des pots en terre façonnés à la main, enduits d'une pâte d'argile ou de cendre pour améliorer la finition, et cuits dans un simple four alimenté de paille de riz. Pour les embellir et renforcer la solidité, les pots sont souvent couverts de canne tissée. Des modèles récents se distinguent par leurs couleurs vives et leurs décorations élaborées. Aujourd'hui, on peut assister à la création de ces *gerabah* au village de Penujak, dans le sud de Lombok, près de l'aéroport.

Joaillerie

Les orfèvres font traditionnellement partie de la caste *pande*, laquelle comprend également les forgerons et autres artisans du métal. Bali compte parmi les grands producteurs de bijoux et les tendances du moment y sont déclinées à l'infini.

Le travail en filigrane très fin est une spécialité balinaise, tout comme l'utilisation de minuscules grains en argent pour former un motif ou une texture décorative – cette technique délicate requiert une maîtrise totale de la chaleur pour que les fils ou les grains s'intègrent à la partie principale en argent sans l'abîmer. Les bijoux balinais sont presque toujours fabriqués à la main, sans utiliser de technique de fonte du métal.

L'expatrié John Hardy s'est bâti un empire en reproduisant les bijoux balinais anciens en argent et en proposant ses propres créations. Il s'est ensuite lancé dans la construction de bâtiments en bambou. À Ubud, en particulier dans le haut de Jl Hanoman, on découvre de nombreuses boutiques très créatives, spécialisées dans les bijoux en argent.

YUNAIDI JOEPOET / GETTY IMAGES ©

1. Tissage d'un double ikat 2. Dragon en pierre 3. Danse du *kecak*
4. Masque pour la danse du Barong, Garuda Wisnu Kencana Cultural Park (p. 101)